2023 초등·중등 특수교사 임용고시 2차시험 대비

초등·중등 특수교사임용 2차
면접·수업실연
현직교사 3명이 알려주는 임팩트한 합격백서

임용 합격 임팩트 체크

Fonis

감사의 글

2차 시험을 준비하시는 선생님들께

1년 간의 시간을 투자하며 탄탄히 준비해올 수 있었던 1차 시험과 달리 두 달 밖에 안되는 시간 동안 촉박하게 준비해야 하는 2차 시험… 1차 시험과는 차원이 다른 부담으로 다가왔었던 기억이 납니다.

이런 답답함을 누구보다 잘 알기에 학교 후배들에게 2차 시험 컨설팅을 하거나, 저희의 유튜브 채널 '리미쌔미'를 통해 임용에 관한 컨텐츠를 올려 수험생분들께 조금이나마 도움이 되고자 댓글을 달고 소통을 해왔었습니다. 그렇게 각개전투를 하며 지나온 결과, 우리의 2차 노하우를 책으로 엮어 수험생 분들께 공유해드리면 좋겠다는 결심이 있었습니다.

이 책에 초등 특수와 중등 특수를 아우르는 최신 기출 예시답안을 수록하였습니다. 또한 현직 교사로서의 수업 스킬과 면접 꿀팁, 교육정책에 대한 간단한 생각들을 담아보았습니다.

그리고 유튜버라는 저희의 장점을 살려 예시답안과 함께 '면접 및 수업실연 영상'을 함께 실었습니다. 글보다 영상 하나가 더 자세한 설명이 될 수 있을 것 같아 함께 실었으니, 저희가 제공해드리는 다채로운 임용 정보들이 수험생분들께 많은 도움이 되셨으면 좋겠습니다.

긴장되고 부담되시는 이 시기를 잘 이겨나가실 수 있도록 항상 응원하고 있겠습니다!
감사합니다.

김혜림, 현혜림, 오혜림 드림

목 차

PART 01　2차의 A to Z

CLASS 01　What? 임용고시 2차란 무엇인가? ·· 12
　1. 임용고시 2차 시험이란? ··· 12
　2. 공고문 확인하기 ··· 12

CLASS 02　Who? 스터디 구성은? ·· 16
　1. 어디서 구하나요? ··· 16
　2. 인원 수는 몇 명이 적당한가요? ··· 16
　3. 재수생끼리 구성하는 것이 유리할까요? ·· 16
　4. 스터디 횟수는 몇 번이 적당한가요? ··· 17
　5. 모여서 무엇을 하면 되나요? ·· 17

CLASS 03　When? 2차 스케줄 계획하기 ··· 18
　☆ 2차 스케줄 짜기 ·· 18

CLASS 04　Where? 어디에서 연습하나요? ·· 20
　1. 스터디 카페 ·· 20
　2. 대학 강의실 ·· 20
　3. 학교 교실 ·· 20

PART 02　수업 능력 평가

CLASS 01　수업 실연 준비하기 ·· 22
　1. 수업 실연 진행 안내 ·· 23
　2. 수업 실연 문제지 파악하기 ··· 25

목차

   3. 수업 실연 단계별 포인트 및 예시 ·· 29
   4. 스크립트 구상하기 ··· 37
   5. 수업 조건 채우기 ·· 53
   6. 과목별 수업 모형 ·· 57
   7. 수업 실연 TIP! ·· 58
   8. 자주하는 Q & A ·· 60

CLASS 02 수업 나눔 준비하기 ··· 63
   1. 수업 나눔 평가 포인트 ·· 64
   2. 수업 나눔의 기승전결 ·· 65
   3. 수업 나눔의 주제 유형 ·· 66
   4. 자주하는 Q & A ·· 70

CLASS 03 기출문제 ··· 71
   1. 초등 수업 실연 ·· 72
   2. 중등 수업 실연 ·· 89
   3. 수업 나눔 기출 ··· 102

CLASS 04 예상문제 ·· 108

PART 03 심층면접 평가

CLASS 01 교직적성 심층면접 준비하기 ·· 132
   1. 심층면접 구성 및 절차 ·· 133
   2. 심층면접 세부 준비 ·· 135
      ① 마인드 세팅 ·· 135
      ② 면접 태도 ··· 136
      ③ 시도별 교육정책 녹이기 ·· 137
      ④ 기출문제로 나만의 답변 만들기 ·· 138
      ⑤ 답변 형식 ··· 138
      ⑥ 즉답형 맹연습 ·· 141

3. 집단토의 ···142
   ① 집단토의란? ··142
   ② 평가기준 ··142
   ③ 절차 ··143
   ④ 집단토의 준비 ···144
4. 면접과 집단토의에서 자주하는 Q & A ···146
5. 중등 기출문제 분석(2022~2018) ···148
6. 초등 기출문제 분석(2022~2018) ···149
7. 대구 인문정신소양 도서 ··151
8. 경기도 심층면접평가 안내 ··152

CLASS 02 심층면접 기출문제(초등) ···153

[서울]
1. 2022년 면접 ··153
2. 2021년 면접 ··155
3. 2020년 면접 ··157
4. 2019년 면접 ··159
5. 2018년 면접 ··162

[경기]
1. 2022년 면접 ··164
2. 2021년 면접 ··167
3. 2020년 면접 ··170
4. 2019년 면접 ··173
5. 2018년 면접 ··175

[인천]
1. 2022년 면접 ··178
2. 2021년 면접 ··181
3. 2020년 면접 ··184
4. 2019년 면접 ··186
5. 2018년 면접 ··189

목차

[대구]
1. 2022년 면접 ···191
2. 2021년 면접 ···195
3. 2020년 면접 ···199
4. 2019년 면접 ···203
5. 2018년 면접 ···206

[평가원]
1. 2022년 면접 ···209
2. 2021년 면접 ···212
3. 2020년 면접 ···214
4. 2019년 면접 ···216
5. 2018년 면접 ···218

CLASS 03 심층면접 기출문제(중등) ···220

[서울]
1. 2022년 면접 ···220
2. 2021년 면접 ···224
3. 2020년 면접 ···228
4. 2019년 면접 ···232
5. 2018년 면접 ···235

[경기]
1. 2022년 면접 ···238
2. 2021년 면접 ···243
3. 2020년 면접 ···248
4. 2019년 면접 ···253
5. 2018년 면접 ···256

[인천]
1. 2022년 면접 ···259
2. 2021년 면접 ···262
3. 2020년 면접 ···267
4. 2019년 면접 ···270
5. 2018년 면접 ···273

[대구]
1. 2022년 면접 ··· 277
2. 2021년 면접 ··· 278
3. 2019년 면접 ··· 280
4. 2018년 면접 ··· 281

[평가원]
1. 2022년 면접 ··· 282
2. 2021년 면접 ··· 285
3. 2020년 면접 ··· 289
4. 2019년 면접 ··· 292
5. 2018년 면접 ··· 295

CLASS 04 집단토의 기출문제 ··· 299

[교과]
1. 2020년 경기 집단토의 ··· 299
2. 2019년 경기 집단토의 ··· 302
3. 2018년 경기 집단토의 ··· 304
4. 2017년 경기 집단토의 ··· 306
5. 2016년 경기 집단토의 ··· 307

[비교과]
1. 2020년 경기 집단토의 ··· 309
2. 2019년 경기 집단토의 ··· 309
3. 2018년 경기 집단토의 ··· 309
4. 2017년 경기 집단토의 ··· 310
5. 2016년 경기 집단토의 ··· 310

CLASS 05 예상문제 ··· 311

CLASS 06 심층면접 주요 주제(정책, 이론) ··· 321
☆ 면접에서 다루는 학교 속 Hot한 주제들 ··· 321
  1 교직관 ··· 321
  2 2022 개정 교육과정 ··· 324

목 차

- ③ 교육분야 5대 국정과제 ··327
- ④ 고교학점제 ···328
- ⑤ 그린스마트 미래학교 ···334
- ⑥ 환경생태교육 ···338
- ⑦ 원격수업(온라인 수업) ··340
- ⑧ 에듀테크 ··346
- ⑨ 메타버스 ··347
- ⑩ 개별 맞춤형 교육 ···349
- ⑪ 디지털 미디어 리터러시 교육 ····································351
- ⑫ 교육과정-수업-평가-기록 일체화 ······························353
- ⑬ 배움중심수업 ···356
- ⑭ 과정중심평가 ···358
- ⑮ IB(국제 바칼로레아) ··361
- ⑯ 전문적 학습공동체(동료 교사 관계) ··························364
- ⑰ 자유학년제 ···366
- ⑱ 기초학력 ··368
- ⑲ 민주시민교육(인성교육) ··370
- ⑳ 인권교육 ··372
- ㉑ 학교예술교육 ···374
- ㉒ 다문화 교육 ···376
- ㉓ 통합교육 ··378
- ㉔ 독도교육 ··380
- ㉕ 독서교육 ··381
- ㉖ 생활지도 ··383
- ㉗ 학급긍정훈육법(PDC) ···384
- ㉘ 학부모 상담 ···386
- ㉙ 아동학대 ··388
- ㉚ 학교폭력 ··391
- ㉛ 안전교육 ··397

PART 04　부록

CLASS 01　교육 관련 명언 ·· 400

CLASS 02　체크리스트 ·· 402
　　　　　1. 심층면접 체크리스트 ·· 402
　　　　　2. 수업 실연 체크리스트 ·· 404
　　　　　3. 수업 나눔 체크리스트 ·· 406

CLASS 03　기본교육과정 성취기준 ·· 408
　　　　　1. 성취기준 코드 ·· 408
　　　　　2. 성취기준 자료실 ·· 408
　　　　　3. 바른 생활 ··· 409
　　　　　4. 슬기로운 생활 ·· 410
　　　　　5. 즐거운 생활 ·· 411
　　　　　6. 국어 ··· 412
　　　　　7. 사회 ··· 417
　　　　　8. 수학 ··· 421
　　　　　9. 과학 ··· 431
　　　　　10. 실과 ··· 437
　　　　　11. 진로와 직업 ··· 439
　　　　　12. 체육 ··· 444
　　　　　13. 음악 ··· 449
　　　　　14. 미술 ··· 453
　　　　　15. 선택-재활, 여가활용, 정보통신활용, 생활영어, 보건 ································· 457
　　　　　16. 안전한 생활 ·· 474

참고문헌 ·· 477

2차 시험 예시 영상 바로가기

수업실연

2022 수업실연
활동1 예시 영상

2022 수업실연
활동2 예시 영상

2017 수업실연
예시 영상

심층면접

2022 심층면접
예시 영상

2021 심층면접
예시 영상

2020 심층면접
예시 영상

집단토의

2017 집단토의 예시 영상

초·중등 임용 2차 대비

PART
01
2차의 A to Z

class 1. What? 임용고시 2차란 무엇인가?
class 2. Who? 스터디 구성은?
class 3. When? 2차 스케줄 계획하기
class 4. Where? 어디에서 연습하나요?

CLASS 01 — What? 임용고시 2차란 무엇인가?

1. 임용고시 2차 시험이란?

임용고시 1차 시험이 교육학과 전공과목 문제에 서술형, 논술형으로 답하는 전문 지식을 평가하는 시험이라면, 2차 시험은 교사로서의 인격 및 자질, 교직관, 소양 등을 평가하는 시험입니다. 1차 시험에서 선발된 후 2차 시험에 최종 변별하여 합격하는 순서로 진행됩니다. 2차 시험은 이틀 간에 걸쳐 진행되며 지역별, 교과별로 문항 내용과 유형이 다르므로 공고문을 꼭 확인한 뒤 준비해야 합니다.

2차 시험과목	출제 범위 및 내용	문항 수
교직적성 심층면접	교원으로서의 적성, 교직관, 인격 및 소양	4문항 *시도마다 상이
교수·학습 지도안 작성	교수·학습 지도안 작성	1문항
수업실연	수업실연	1문항

2. 공고문 확인하기

각 지역마다 2차 문제 유형과 시간, 배점의 차이가 있어 시·도교육청별 공고문을 확인하고 준비하는 것이 매우 중요합니다. 2023학년도 2차 시험에 관한 공고를 꼭 확인해주세요.

구분						유·초등			중등			
	영역		문항	시험시간	구상시간	배점	문항	시험시간	구상시간	배점
서울	지도안		1	60분	–	15점	1	60분	–	15점
	수업실연	수업실연1	10분	15분	45점	1	20분	20분	45점
		성찰질문1	5분						
	면접	구상형1	5분	5분	40점	구상형2 즉답형1 추가질의2	15분	15분	40점
		즉답형1	3분						
		즉답형1	3분						

구분		유·초등				중등			
	영역	문항	시험시간	구상시간	배점	문항	시험시간	구상시간	배점
경기	수업실연	실연	15분	10분	30점	실연	15분	25분	60점
		나눔	10분			나눔	10분		
	면접	집단토의1	42분	40분	20점	집단토의1	42분	40분	20점
		구상형3	15분	15분		구상형3	15분	15분	20점
		즉답형2				즉답형2			
인천	지도안	1	60분	–	10점	–	–	–	–
	수업실연	1	15분	15분	50점	1	20분	20분	50점
	면접	구상형1	20분	20분	40점	구상형2	20분	20분	50점
		즉답형3				즉답형2			
강원	수업실연	1	15분	15분	40점	1	15분	15분	45점
	면접	구상형1	15분	15분	60점	구상형1	15분	15분	55점
		즉답형3				즉답형3			
세종	수업실연	1	20분	20분	50점	1	20분	20분	50점
	면접	구상형1	15분	15분	50점	구상형 즉답형 5 내외	15분	15분	50점
		즉답형3							
대전	지도안	1	60분	–	15점	1	60분	–	15점
	수업실연	1	15분	15분	45점	1	20분	20분	45점
	면접	구상형1	10분	10분	40점	구상형3	10분	10분	40점
		즉답형2				즉답형1			
충남	수업실연	1	15분	15분	50점	1	20분	20분	50점
	면접	구상형1	10분	10분	50점	구상형 즉답형 비공개 (공고문 참고)	10분	10분	50점
		즉답형2							

구분		유·초등				중등			
	영역	문항	시험시간	구상시간	배점	문항	시험시간	구상시간	배점
충북	수업실연	실연1	15분	20분	50점	실연1	15분	20분	50점
		성찰2	5분			성찰2	5분		
	면접	구상형2	20분	10분	50점	구상형2	20분	20분	50점
		즉답형2				즉답형2			
경북	지도안	1	60분	–	20점	1	60분	–	15점
	수업실연	1	15분	15분	40점	1	20분	20분	45점
	면접	구상형1	10분	10분	40점	구상형3	10분	10분	40점
		즉답형2				즉답형1			
경남	지도안	1	60분	–	10점	1	60분	–	15점
	수업실연	1	15분	15분	50점	1	20분	20분	45점
	면접	구상형1	10분	10분	40점	구상형3	10분	10분	40점
		즉답형2				즉답형1			
울산	지도안	1	60분	–	10점	1	60분	–	15점
	수업실연	1	15분	15분	40점	1	20분	20분	45점
	면접	구상형1	10분	10분	50점	구상형3	10분	10분	40점
		즉답형2				즉답형1			
부산	지도안	1	60분	–	20점	1	60분	–	15점
	수업실연	1	15분	15분	40점	1	20분	20분	45점
	면접	구상형1	10분	10분	40점	구상형3	10분	10분	40점
		즉답형2				즉답형1			

구분		영역	문항	유·초등			중등			
				시험시간	구상시간	배점	문항	시험시간	구상시간	배점
대구	수업실연		1	25분	25분	55점	1	25분	25분	40점
	면접	구상형1	10분	20분	25점	구상형3 즉답형1 (평가원)	25분	25분	60점
		즉답형2								
	인문 정신 소양 평가	구상형1	10분	20분	20점	구상형3 (자체)				
		즉답형2								
전북	수업실연		1	15분	15분	60점	1	20분	20분	60점
	면접	구상형1	10분	10분	40점	구상형3	10분	10분	40점
		즉답형2				즉답형1			
전남	수업실연		1	15분	15분	60점	1	20분	20분	50점
	면접	구상형1	10분	10분	40점	구상형3	10분	10분	50점
		즉답형2				즉답형1			
광주	수업실연	실연1	20분	30분	60점	1	20분	20분	60점
		나눔1	10분						
	면접	구상형1	10분	10분	40점	구상형3	10분	10분	40점
		즉답형2				즉답형1			
제주	수업실연		1	15분	15분	60점	1	20분	20분	50점
	면접	구상형1	10분	10분	40점	구상형3	15분	15분	50점
		즉답형2				즉답형1			

Who? 스터디 구성은?

1. 어디서 구하나요?

특꿈이나 한마음 같은 다음 카페를 주로 활용합니다. 2차 게시판에 지역별로 스터디를 구성하려는 게시글이 올라옵니다. 혹은 원하시는 스터디 구성대로 게시글을 올려 모집하셔도 됩니다. 노량진에 계시는 분들은 학원 내에서 스터디를 구성하시거나, 스터디 카페에 모집 쪽지를 붙여 구성하기도 합니다.

2. 인원 수는 몇 명이 적당한가요?

인원은 2- 4명 정도의 적은 인원으로 구성하는 것이 좋습니다. 3인으로 구성할 경우 연습시간보다 관찰시간이 길어지기 때문에 홀수는 추천하지 않습니다. 4명으로 구성할 경우도 연습 시간보다 관찰 시간이 길어질 수 있기 때문에 2인씩 팀을 짜 돌아가면서 시연을 하는 것을 권합니다. 이런 경우 내 수업이나 면접에 대해 다양한 피드백을 들어볼 수 있다는 것이 장점이 되겠습니다.

 리미쌔미 Fact Check

3인으로 구성해야 한다면?
3인으로 구성할 경우에는 관찰시간이 길어서 스터디 시간이 길어진다는 단점이 있지만 2명으로 구성할 때보다 나의 수업에 대해 다양한 의견을 주고 받을 수 있다는 것이 장점입니다. 실제로 같은 사람이라도 나의 첫 번째 수업과 두 번째 수업을 모두 관찰했을 때 또 다른 의견이 나올 수도 있습니다. 고정적 3인일 경우 내가 무엇이 반복적으로 잘 안되는지 파악하는데도 피드백을 더 깊게 받을 수 있을 것입니다.

3. 재수생끼리 구성하는 것이 유리할까요?

재수생들로만 스터디를 구성하려는 경우가 왕왕 있는데, 초수생과 함께 했을 때 시너지가 일어나는 경우도 있기 때문에 멤버를 적절하게 안배하시는 것도 중요합니다. 닫혀 있던 시야가 넓어지게 되기도 하고, 서로 가르치며 역동적으로 더 잘 배울 수 있을 것입니다.

4. 스터디 횟수는 몇 번이 적당한가요?

스터디 횟수는 정답은 없지만 주 3-4회(연속보다는 격일로)가 적당합니다. 격일로 하는 이유는 스터디 때 피드백 받은 내용을 다시 정리하고 내 것으로 만드는 시간이 필요하기 때문입니다. 스터디를 위해서 공부하는 것이 아니라 내 것을 만들기 위해 스터디를 하는 것이라고 목적 설정을 해야 합니다. 스터디를 하지 않을 땐 시책을 외우기도 하고, 피드백 받은 내용을 다시 연습합니다.

5. 모여서 무엇을 하면 되나요?

기출 위주로 연습합니다. 기출문제를 다 연습하게 되면 각자 예상문제를 만들어 연습을 하기도 합니다. 제비뽑기를 해 두 명씩 짝을 지은 다음, 동시에 구상을 하고 순번을 정해 시연을 합니다. 그리고 끝난 후 서로에게 피드백을 해줍니다. 이 때 두 사람이 동시에 시연을 해야 하기 때문에 스터디룸은 2개를 잡는 것이 좋습니다. 시연을 할 때 긍정적인 피드백을 많이 해주시면 좋은 시너지가 나겠지요?

> **리미쌔미 Fact Check**
>
> **꼭 영상녹화를 해놓으세요!**
> 면접과 시연(수업나눔까지) 연습때마다 영상녹화를 해놓으시길 추천드립니다. 어투, 말 습관, 시선처리 등을 캐치할 수 있어 불필요한 습관들을 수정해 나갈 수 있기 때문입니다. 또한 다른 선생님들께 내 수업에 대한 피드백을 받기 위해 영상을 보낼 때 따로 찍어서 보낼 필요가 없기 때문에 영상 녹화를 해놓으시기를 추천드립니다.

CLASS 03 · When? 2차 스케줄 계획하기

 2차 스케줄 짜기

2차 시험 유형과 배점을 확인한 뒤 본격적인 준비를 해나갑니다. 2차 준비기간은 1차 시험이 끝난 후 2차 시험을 보기까지 총 두 달의 기간이 주어집니다. 1차 시험이 끝난 후 일주일간 스터디 구성원을 모집하며 쉽니다. 2차 시험은 그룹 스터디를 하며 충분히 연습하고 정보를 공유하는 것이 중요하기 때문에 2차 준비 스케줄을 계획하실 때 스터디의 스케줄과 개인 연습(공부) 시간을 적절히 안배하며 준비하는 것이 중요합니다.

• 김쌤의 실제 운영 사례 •

	1차 시험 종료날
1주차	• 휴식(1박2일 보드타러 다녀옴) • 교육 관련 서적 구매하고 읽으며 쉼 • 4인 스터디 구함 • 쉬면서 EBS 우리 선생님이 달라졌어요 시청 • 공고문과 2차 서적 훑으며 감을 잡음
2주차	• 주 3회 만나 수업실연 및 나눔, 집단토의, 면접 연습 • 기출문제로 연습해가며 예상문제 만들어온 것 연습(항상 녹화함) • 4명이 만들어온 문제 무작위 뽑기해서 연습. 체크리스트에 체크하며 피드백하기(체크리스트는 부록 참고)
3,4주차	• 2주차와 같은 루틴으로 연습 • 스터디 없는 날 지도서 참고하여 수업실연 연습 • 1차 합격을 하게 될지, 불합격하게 될지 모르는 상황에서 멘탈관리 하는 것이 매우 중요. 불안감이 엄습해도 무조건 붙는다고 생각하고 연습함(떨어지면 그때 생각하자 하는 마음으로…)
	1차 합격 발표 당일

1주차	• 새로 4인 스터디 구함 • 같은 대기실이 아닌 사람들과 주 4회를 만나 수업실연 및 나눔, 면접 연습함(항상 녹화, 손목시계 보는 연습) • 집단토의 스터디는 못 구해서 연습 못함 • 경기기본교육계획, 혁신학교 자료 계속 외움 • 친분이 있는 현장 교사들에게 수업, 면접 영상을 메일로 보내 피드백 받음(6~7인 정도) • 실연 연습할 때 기능적 생활중심 교육과정 중심으로 연습함 • 학생 이름 가영이 나영이가 안 좋다는 이야기가 있어서 다른 이름으로 바꿔 연습했는데 결국 헷갈려서 그대로 씀
2,3주차	• 1주차 루틴 그대로 가지고 옴 • 타 과목 선생님들(음악, 미술, 특수로 구성)과 6인 스터디 구성해서 집단토의 연습 • 매일 모든 일과가 끝나고 타 지역 친구와 영상통화로 면접 스터디 함(즉답형 연습이 많이 됨) • 피드백 골라서 반영하기(무리하게 스타일 바꾸지 않기) • 마지막 3일 혼자 수업실연 및 나눔, 면접 연습(가족 앞에서도 가끔 함) • 마지막 2일 지인 찬스로 실제 학교 교실에서 연습(목소리 크기와 동선 파악 위해) • 현장에 계시는 선생님께서 내년부터 시행되는 정책 알려주시면서 보고 들어가라고 추천해 주신 것이 시험에 나옴. 내년부터 시행되는 것이 있다면 꼭 숙지할 것

2차 시험 당일

• **스터디 일일 시간표** •

수업실연	9:00~9:20	두 명씩 조 나누기 및 구상	두 명씩 짝꿍이 되어 한 번씩 연습합니다.
	9:20~9:35(15분)	수업실연(1) 실시	
	9:35~9:45(10분)	수업실연(1) 피드백	
	9:45~10:00(15분)	수업실연(2) 실시	
	10:00~10:10(10분)	수업실연(2) 피드백	
	10:10~10:20(10분)	휴식	
심층면접	10:20~10:30(10분)	구상	두 명씩 짝꿍이 되어 두 번씩 연습합니다.
	10:30~10:45(15분)	면접(9분)+피드백(6분)	
	10:45~11:00(15분)	면접(9분)+피드백(6분)	
	11:00~11:15(15분)	면접(9분)+피드백(6분)	
	11:15~11:30(15분)	면접(9분)+피드백(6분)	
	11:30~11:40(10분)	휴식	
	11:40~12:10(40분)	집단토의 구상	4명일 경우 28분 5명일 경우 35분 6명일 경우 42분
	12:10~12:38(28분)	집단토의 실시	

* 경기도 기준
* 스터디 초반에 지역별 기준에 맞추어 함께 하루 스케줄을 짭니다. 스터디 초반에는 4명의 수업시연을 다 보는 것도 추천합니다. 하지만 후반으로 갈수록 실연을 많이 해보는 것이 중요하므로 수업실연도 두 명씩 조를 짜 두 번씩 연습해보기를 추천합니다.

Where? 어디에서 연습하나요?

1. 스터디 카페

보통 스터디 카페에서 연습을 합니다. 요즘 스터디 카페들의 수가 많아져 접근성이 좋고, 구상과 시연을 하기 좋은 구조이기 때문입니다. 단, 넓은 공간이 아니라 동선을 연습하기엔 어려운 면이 있습니다.

2. 대학 강의실

보통 2차 연습을 위해 모교의 강의실을 사용하겠다고 하면 대부분의 학교에서는 흔쾌히 사용허가를 해주실 겁니다. 편하게 교실분위기처럼 연습해볼 수 있다는 장점이 있습니다.

3. 학교 교실

시험이 가까워 오면 주변 지인 찬스를 쓰셔서 실제 학교에서 시연을 해보시길 추천 드립니다. 그것이 어렵다면 2차 고사장 학교를 구글이나 네이버에 검색하셔서 교실 이미지 사진을 보고 이미지 트레이닝을 하시는 것도 추천합니다.

 리미쌔미 Fact Check

위에서 언급했듯이 4명으로 구성된 스터디인 경우 두 명씩 짝을 지어 시연을 해야 하기 때문에 공간은 2개를 확보하시는 것이 가장 좋습니다.

초·중등 임용 2차 대비

PART

02

수업 능력 평가

class 1. 수업 실연 준비하기
class 2. 수업 나눔 준비하기
class 3. 기출문제
class 4. 예상문제

CLASS 01 수업 실연 준비하기

📖 체크 포인트

수업 능력 평가 영역에서는 교사로서의 의사소통 능력과 학습지도 능력을 평가합니다. 수업자는 여러 수업 조건, 교수·학습 개요, 수업 자료, 학생 실태 등 많은 내용 중에 평가 조건을 충족할 수 있는 내용을 선별하는 순간 판단력을 길러야 합니다. 또한 학생들의 배움과 성장이 잘 일어나도록 종합적인 이해를 이끌어내야 하고 학습 목표 달성을 위해 학습 내용을 알맞게 구성해야 하며 적절한 교수 매체를 활용하여 개별화 교육을 실시해야 합니다. 그러나 일률적인 방식의 수업은 심사위원들에게 매력적으로 느껴지지 않을 것이기에 수업자는 단편적 수업보다 자신의 교직관과 개성, 지역별 특색 사업 등이 묻어날 수 있도록 재구성해야 합니다.

앞서 Part Ⅰ〈2차 시험의 A to Z〉에서 설명드린 내용처럼 수업 실연 평가 영역은 지역별로 출제 영역과 배점, 시간이 다릅니다. 현재 경기, 서울, 광주, 대구 지역에서는 기본적인 수업 실연 외에 추가적으로 수업 나눔(성찰)에 대한 평가가 이뤄지고 있습니다. 또한 지도안을 작성하고 평가하는 지역도 존재하여 지역별로 준비해야 하는 사항이 다른 것이 현실입니다. Part Ⅱ의 내용은 이런 지역별 차이 속에서도 공통적으로 적용할 수 있는 내용과 저희 〈리미쌔미〉 3인의 특색, 고득점 합격자들의 노하우를 알려드리고자 합니다.

초·중등 임용 2차 대비

1. 수업 실연 진행 안내

🎯 경기도 지역 예시로 알아보는 시험실 입실 절차!

수업 실연 및 수업 나눔, 그리고 심층 면접까지 각 시도별로 운영되는 절차가 다르므로 아래 경기도 지역의 예시는 참고하고 각 시도별 교육청 공고문을 확인하여 연습합니다.

경기도 지역 수업 실연 진행 절차 예시

① 수업 실연 절차

구분	진행 내용
대기실	• 수험생 유의사항 숙지 • 관리번호 추첨 • 관리번호 명찰 착용 • 휴대전화 등 반입 금지 물품 수거 • 화장실 이용은 감독관의 허가에 따라 1명씩 이용 가능 • 각종 서적 및 자료들 열람 불가

⇩
감독관 안내에 따라 **구상실**로 이동하며
개인 소지품은 **구상실 앞 복도**에 비치함

구상실	• 자신의 필기구만 지참하여 구상실 입장 • 감독관에게 문제지를 받아 구상 • 문제지의 여백에 자유롭게 구상 가능 • 종료령에 따라 문제지와 함께 퇴실 준비

⇩
감독관 안내에 따라 **평가실**로 이동하며
개인 소지품은 **평가실 앞 복도**에 비치함

평가실	• 입실하여 인사 "안녕하십니까, 관리번호 ○○입니다." • 평가위원의 시작 멘트(또는 시작령)와 함께 실연 실시 • 문제지 및 구상 내용 활용 가능 • 실연 종료령과 함께 실연 마무리하고 인사 "이상입니다." • 감독관에게 문제지 제출

⇩
감독관의 안내에 따라 **개인 소지품 및 휴대폰 등을 인계받고** 퇴장함

② 배치도 예시

① 대기실 배치도

		교탁			앞문
3-7	3-1	2-7	2-1	1-7	1-1
3-8	3-2	2-8	2-2	1-8	1-2
3-9	3-3	2-9	2-3	1-9	1-3
3-10	3-4	2-10	2-4	1-10	1-4
3-11	3-5	2-11	2-5	1-11	1-5
3-12	3-6	2-12	2-6	1-12	1-6

※ 관리번호 추첨 후 평가실과 관리번호 순서대로 자리에 착석함
※ 대기실 인원은 최대 36명
※ 관리번호는 평가실번호-관리번호로 구성됨

② 구상실 배치도

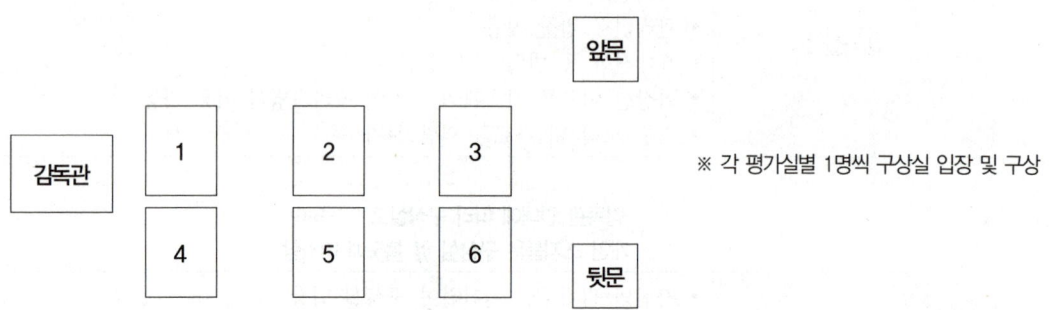

※ 각 평가실별 1명씩 구상실 입장 및 구상

③ 평가실 배치도

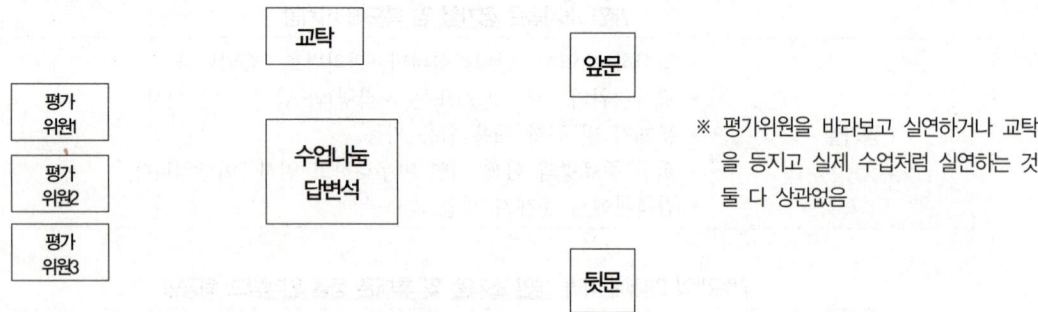

※ 평가위원을 바라보고 실연하거나 교탁을 등지고 실제 수업처럼 실연하는 것 둘 다 상관없음

초·중등 임용 2차 대비

2. 수업 실연 문제지 파악하기

🎯 **문제지를 포인트 있게 파악하자!**

수업 실연 문제는 크게 4가지로 나뉘어 '교수·학습 개요', '수업 조건', '수업 자료', '학생 현황' 형식으로 제시됩니다. 중요한 것은 문항 속에서 요구하는 부분이 무엇인지 체크하고 빠르게 나의 머릿속 스크립트에 적용해야 한다는 것입니다. 이 파트에서는 기출문제를 통해 문제지를 한눈에 파악하고 문항 속 각 요인을 쪼개어 살펴보도록 하겠습니다.

 **문항지 쪼개어 보기** 2022년도 중등 기출문제와 함께

① 본시 학습 지도 내용

- 교과 : 사회
- 학년 : 고등학생
- 학습 제재 : 생활과 경제(블럭수업100분)
- 학습 목표 : 세금의 종류를 안다.
  정부가 세금을 이용하여 공공서비스 하는 것을 찾고 발표한다.
- 전시 학습 : 정부의 경제생활
- 차시 학습 : 개인의 경제생활

➡ 본시 학습 지도 내용에는 전반적인 교수·학습 지도 개요가 제시됩니다. 교과, 학년, 제재, 목표, 전시, 차시 학습 등 본시 학습 지도를 위한 기본적인 내용입니다. 현재 적용되고 있는 교육과정을 바탕으로 출제되므로 각 교과의 중요한 제재와 목표는 미리 참고하는 것이 도움이 될 수 있습니다.

 리미쌔미 Fact Check

고등학생이라는 수준에 맞는 어휘력과 실생활 연계를 바탕으로 수업이 진행되어야 합니다. 전시 학습과 차시 학습에 대한 자세한 내용에 치중하여 본시 학습의 영역에서 벗어나지 않도록 주의해야 합니다.

② 수업 조건

- 활동1부터 활동2 발표 전까지 실연하시오.
- 수업 실연1에서 자료1을 활용하고, 수업 실연2에서 자료2를 활용하여 실연하시오.
- 수업 실연2에서 각 학생의 수준에 맞게 구상하여 실연하시오.
- 수업 실연3에서 다 수준 학생이 참여할 수 있게 구상하여 실연하시오.
- 수업 중 상호작용(교사와 학생, 학생과 학생 간)이 드러나게 수업하시오.
- 준호와 세영이의 문제행동을 긍정적 행동 지원으로 중재하여 실연하시오.
- 준호의 특성을 반영하여 중재하고 세영이는 선호 활동 기능에 근거하여 중재하여 실연하시오.
- 또래 학습을 활용하여 실연하시오.
- 활동1에서는 구술 평가, 활동2에서는 관찰 평가를 활용하여 실연하시오.
- 전자칠판, 그림 카드, 그림 자료, 태블릿 PC, 스티커 프린터, AAC

➡ 수업 조건은 나의 수업 안에 꼭 적용해야 하는 평가 조건이라고 볼 수 있습니다. 수업 실연 시 가장 까다롭게 다가오는 부분이기도 합니다. 실연해야 하는 수업 단계, 학생의 문제 행동, 교수·학습 방법, 제공되는 기자재, 보조 인력 등의 내용이 제시됩니다.

➡ 먼저 수업 단계인 '도입', '전개', '정리' 중 실연할 범위를 체크하여 수업 시간 분배를 해야 합니다. 제시된 범위가 '도입 : 동기유발~전개 : 활동1'인지, '전개 : 활동1~전개 : 활동2'인지 꼭 확인하고 실연에 착오가 없도록 합니다.

➡ 학생의 문제 행동은 서술된 내용을 참고하여 나만의 중재 방법을 적용합니다. 평가관들에게 정확히 드러날 수 있도록 계획합니다.

➡ 교수 학습 방법은 이 문제에서 제시된 또래 교수 외에 다양한 방법들이 출제되니 기출문제를 확인하여 다양한 방법으로 지도하는 방법을 익혀야 합니다.

> **리미쌔미 Fact Check**
> 수업 중 상호작용이 드러나게 실연하라는 조건과 또래 학습을 이용하라는 조건이 의미적으로 중복되는 것을 보아 놓치지 않고 활동을 구상해야 합니다.

초·중등 임용 2차 대비

③ 수업 자료

자료1	〈세금의 종류 그림 3개〉 물건을 사면 **부가가치세**를 냅니다. / 자동차를 사면 **개별소비세**를 냅니다. / 월급을 받으면 **소득세**를 냅니다.
자료2	〈공공서비스 그래픽 조직자〉 〈박물관, 유적지 사진〉 박물관, 미술관, 문화유적지 등을 관리하고 유지합니다. 〈전염병 관리 사진〉 질병으로부터 우리를 안전하게 지켜 줍니다. 〈빈칸〉 〈빈칸〉 〈빈칸〉 〈빈칸〉 세금 → 정부 / 편의, 안전

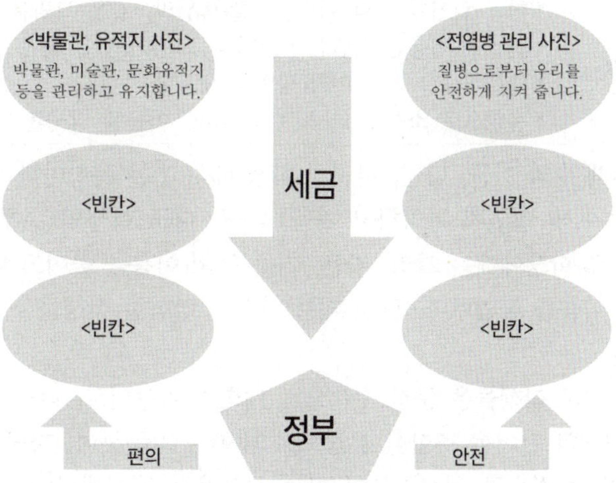

➡ 수업 자료는 제재와 관련된 사진, 그림, 그래프, 노래, 기사, 동영상 등이 제시됩니다. 요즘에는 한가지 자료가 아니라 다양한 형식의 자료들이 제시되어 한 번에 파악하기 어려우실 수 있습니다. 나만의 스크립트를 작성할 때 각 형식별 자료 사용 계획을 미리 세워두면 문제지를 받았을 때 구상하는 시간을 단축할 수도 있습니다. 예를 들어 '사진, 그림, 노래, 기사, 뉴스 등은 활동1에서 활용하고 그래프, 동영상 등은 활동2에서 활용해야지'라고 생각할 수 있습니다. 하지만 수업 조건 중에 '자료2는 활동2에서 활용하여 실연하시오.'라고 제시가 되는 경우가 많아서 무조건적으로 정해놓을 수는 없는 것이 현실입니다.

💡 리미쌔미 Fact Check

활동1과 활동2에 각각 활용해야 하는 자료가 있으므로 각 자료를 먼저 확인하고 활동을 구상하시길 바랍니다. 우리도 생소한 세금 영역이지만 학생들의 눈높이에 맞춰서 설명할 수 있는 방법을 생각해봅시다. 세금이라는 제재가 개념적으로는 어렵지만 일상생활과 연계하여 우리 주변에서 쉽게 볼 수 있는 것을 예를 들어 설명하면 좋습니다.

④ 학생 현황

수준	학생수	수행 수준
가	2명	• 4~5문장을 듣고 이해하며 문장으로 발화 가능 • 태블릿 PC 사용하여 스스로 검색 가능 • 스티커 프린터를 이용할 수 있음
나	3명	• 반복해서 문장을 말해주면 단어로 발화 가능 • 핵심 단어를 주면 태블릿 PC 사용 가능 • 스티커 프린터를 이용하는 것이 어려움 • 준호 : 과제가 어려우면 종이를 찢음 • 세영 : 모둠활동을 하고 싶어서 손가락 끝을 책상에 두드림 　　　 (문제행동의 기능 : 선호 활동하기)
다	1명	• 한글 읽기와 발화 어려움. 같은 낱말, 같은 그림은 찾아 고를 수 있음 • 한글을 이용한 학습은 어려우나 그림이 있는 경우 연결하여 학습 가능 • 태블릿 PC 속 이미지 파일을 활용할 수 있음 • 음성으로 소통은 안 되지만, AAC 이용해 의사를 나타낼 수 있음

➡ 학생의 전체 수와 가군, 나군, 다군의 학생 배치 수는 문항마다 다양하게 제시됩니다. 먼저 전체 학생의 수가 몇 명인지 파악하고 가군, 나군, 다군 학생의 수에 맞게 학생의 이름을 붙입니다. 보통 가군의 학생에게는 가영, 가은, 가준 등의 이름을 붙이고 나군, 다군의 학생에게도 비슷한 형식으로 이름을 붙입니다. 또는 때로 자신이 경험한 학생들을 생각하며 이름을 붙이는 경우도 있습니다.

➡ 대부분의 가군 학생들은 문장 수준으로 대화가 가능하고, 나군 학생들은 단어 수준으로 대답하거나 2~3개의 단어를 조합한 문장으로 대화가 가능하며, 다군 학생들은 보조의사소통 기기를 활용하거나 몸짓으로 의사소통이 가능한 경우로 제시됩니다.

➡ 특정 학생의 이름과 문제행동을 함께 제시하는 경우가 많이 있습니다. 제시된 학생 이름과 문제행동 중재 방법을 연결하여 구상해야 합니다.

> **리미쌔미 Fact Check**
>
> 위 문제처럼 가, 나, 다 수준 학생들의 의사소통 특성뿐 아니라 '스티커 프린터를 스스로 이용함'의 조건처럼 이용하는 것에 어느 정도 수준을 보이는지 제시하는 경우도 있습니다. 이런 조건들은 학생들 간의 상호작용 시 이용하면 좋습니다.

3. 수업 실연 단계별 포인트 및 예시

🎯 도입부터 정리까지 어떤 내용이 들어가야 하나?

① 도입

수업 실연에서 첫 단추를 잘 꿰는 것은 도입을 "얼마나 인상 깊게 시작했는가?"와 "수업에 대한 명확한 방향성이 드러났는가?" 이 두 가지로 설명될 수 있습니다. 도입은 나의 수업 실연 첫 시작을 열어주는 부분인 만큼 심사위원들에게 어필할 수 있는 무기로 사용될 수 있습니다. 그러나 도입 부분이 조건에 포함되지 않는 경우도 있으니 도입 부분에서 많은 에너지를 낭비하지 않도록 주의해야 합니다.

> **POINT 1.** 학생의 참여를 이끌어내는 동기 유발 방법 구상하기
> **POINT 2.** 학습 목표를 수준별로 제시하여 학생의 성장을 이끌어내기

👤 인사

보통 실연 범위에서 제외되지만 자신만의 개성을 드러내기 쉬운 단계이므로 간단하게 표현해도 괜찮습니다. 학생별로 다양한 방식으로 출석 체크를 하거나 개별적으로 수업 준비를 확인하는 방식을 활용하면 좋습니다.

> **Example**
> "우리 여러분 지금부터 즐거운 ○○교과 수업을 시작하겠습니다."
> "여러분 안녕하세요. 모두 웃는 얼굴로 바르게 착석하고 있네요. 우리 인사하고 수업 시작할까요? 차렷, 인사, 안녕하세요."
> "자 우리 인사하고 수업 시작할까요? 가영이 안녕하세요. 나영이 선생님이랑 하이파이브, 안녕하세요. 다영이 선생님 눈 바라보면서 눈인사, 안녕하세요. 그럼 지금부터 행복한 배움이 있는 ○○교과 수업을 시작하도록 하겠습니다."
> "다들 자리에 잘 앉아있네요~ 우리 교과서 ○○쪽을 펴볼까요?"

👤 전시 학습 상기

전시 학습과 본시 학습을 연계하여 설명하되 전시 학습 상기에 치중되지 않도록 유의하여 언급합니다. 학생의 포트폴리오, 배움 노트, 게시판에 걸린 결과물 등으로 상기시키면 단순한 질문 방법보다 다채로워질 수 있습니다.

> **Example**
>
> "우리 지난 시간에 어떤 것을 배웠는지 이야기 해볼까요? (가영 대답) 맞아요. 가영이가 말한 것처럼 우리는 ○○에 대해서 배웠었죠? 다들 기억하나요?"
> "여러분 우리 지난 시간에 배웠던 것을 생각해보기 위해 여러분들의 배움 노트를 열어볼 거예요. 다영이가 한번 가리켜 볼까요? 맞아요. 우리가 지난 시간에 배웠던 부분을 정확하게 짚어줬네요. 가영이가 큰 소리로 한번 말해줄래요?"
> "우리 교실 뒤에 게시판 한번 볼까요? 뭐가 생각나나요? 맞아요. 우리 지난 시간에 배웠던 ○○에 대한 결과물이죠. 잘 기억하고 있네요."

동기유발

학생들의 호기심을 유발할 수 있는 동영상이나 실물 자료, 노래, 이야기 등 다양한 자료를 준비합니다. 닫힌 질문보다 열린 질문으로 학생들의 창의성과 흥미를 이끌어내는 것이 좋습니다. 또한 실생활과 연계하는 요즘 수업의 트렌드를 반영하기 위해 현실과 동떨어진 동기유발 방법보다는 실생활에서 생각할 수 있는 자료를 준비하는 것이 바람직합니다. 보통 이번 수업 시간 이후의 긍정적 결과(사례) 또는 부정적 결과(사례)를 제시하여 학습 주제의 필요성을 느끼게 하는 방법을 사용합니다.

> **Example**
>
> "동영상을 보기 전에 집중해서 찾아봐야 할 것이 세 가지가 있어요. 첫 번째 누가 나왔는지, 두 번째 나온 물건이 무엇인지, 세 번째 뭐 하고 있는지. 동영상이 끝나고 이렇게 세 가지 질문을 할 건데 질문에 잘 대답하려면 집중해서 잘 봐야겠죠?"
> "우리 학생들 모두 지난 시간에 배운 것은 잘 기억하고 있으니 이번 시간에 배울 것에 대해 알아볼까요? 자 동영상을 한번 봅시다. 여러분 동영상 속에서 주인공인 영희가 왜 시내버스에서 넘어졌을까요? 맞아요. 안전 손잡이를 잡지 않아서 넘어졌죠. 자 그럼 우리 지금 영상에서 본 것과 같이 시내버스에서 지켜야 할 안전 수칙들을 더 알아보도록 할게요."
> "여러분 우리 이번 시간에 배울 내용을 확인하기 위해서 동영상을 먼저 볼게요. 자 동영상 속에서 뭐가 나왔나요? 맞아요. 철수가 버스에 있었죠. 그럼 혹시 철수의 표정을 봤나요? 그래요. 마지막에 철수가 기뻐했죠? 뿌듯해하는 것 같지 않나요? 왜 그랬을까요? 철수는 학교에서 배운대로 시내버스 이용하기 절차에 따라 스스로 버스를 이용한 것에 뿌듯해서 기뻐했어요. 여러분들 스스로 시내버스를 이용할 수 있을까요? 네 이번 시간이 지나면 여러분들도 철수처럼 시내버스 이용 방법에 대해서 알 수 있을 거예요."

목표 제시

목표 제시는 동기유발과 활동 시작 전의 징검다리 역할을 합니다. 단순히 목표 읽어보기, 제시하기, 판서하기에 그치지 않아야 합니다. 동기유발 및 학습 활동(절차)와 관련지어 학생이 오늘의 학습 목표를 이해할 수 있도록 설명해야 합니다. 또한 학생 현황에 제시된 수준과 연결될 수 있도록 개별 목표에 대한 위계를 명확히 세워야 합니다. 가 수준의 학생들은 문장 수준으로 읽기, 나 수준의 학생들은 단어 수준으로 읽기, 다 수준의 학생들은 한 음절이나 AAC 도구, 몸짓으로 표현하는 등의 현재 학생 현황을 잘 파악해야 합니다.

> **Example**
>
> "여러분들이 이번 수업을 통해서 이루게 될 학습 목표를 한번 확인해볼까요? 학습목표판(또는 칠판, TV속 PPT 등)을 봅시다. 첫 번째 가영이는 스스로 읽어볼까요? 네 나영이는 빨간색으로 표시된 단어만 읽어볼까요? 세 번째 다영이는 선생님이 읽어주는 목표에서 나오는 중요 단어를 손으로 가리켜볼까요?"
> "우리반 학습 목표를 선생님이 개별 학습지에 적어놨어요. 가영이는 학습지 속 학습 목표를 문장으로 읽어보고, 나영이는 선생님이 굵은 글자로 표시한 부분을 읽어주고, 다영이는 태블릿 속의 학습지에서 오늘 배울 중요 단어를 클릭 해볼까요?"

학습 활동 안내

보통 두 개의 활동으로 구성하고 학생들이 이해하기 쉬운 문장을 사용하여 활동명을 정합니다. 수업자가 구두로 첫 번째 활동과 두 번째 활동을 언급하고 넘어가는 방법과 활동 안내판(칠판 등)을 활용하여 시각적으로 제시하는 방법들이 있습니다. 교과마다 차이가 있지만 주로 활동1은 전체 개념 설명 및 개별적 지도, 활동2는 협동 학습, 실습 등으로 구성합니다. 또한 활동 안내에 너무 많은 시간이 분배되지 않도록 유의해야 합니다.

> **Example**
>
> "우리는 이번 시간에 개인별 목표를 달성하기 위해서 2가지 활동을 할 거예요. 첫 번째 활동은 ○○하기, 두 번째 활동은 XX하기. 준비 됐나요?"
> "여러분 이번 시간에 함께 할 활동명을 선생님이 칠판에 적어두었어요. 한번 가영이가 큰 소리로 읽어줄까요?"

사전 중재

교사의 특색이 드러나게 학급 규칙을 설명 및 강화물을 안내하거나 학생의 문제 행동 사전 중재를 준비할 수 있습니다. 학생 현황에 제시된 문제 행동 사전 중재에 대한 것을 언급함으로써 평가관들에게 조건을 채울 준비가 되어 있다는 것을 어필하는 방법 중에 하나입니다.

> **Example**
>
> "우리 학급 규칙 한 번씩 말하고 활동으로 들어가볼까요? 학급 규칙 시작 (학생 대답) 좋아요. 그러면 이 기세를 몰아서 첫 번째 활동으로!"
> "여러분 우리 학급 온도계 알죠? 오늘 여러분이 모두 학습 목표를 달성한다면 오늘 학급 온도계 1도를 올려주도록 하겠습니다. 10도를 채울 때마다 점심시간에 좋아하는 노래 번갈아 듣기! 알죠? (대답) 자 그러면 활동 준비"
> "자 우리 책상에 칭찬 스티커 판에 스티커 몇 개 붙어있나 봅시다. 스티커 10개 채우면 우리 뭐하기로 했었죠? 그래요. 10개를 채우는 친구에게는 각자 정한 보상을 주기로 했죠. 자 그럼 다들 기억하고 있으니 열심히 수업에 참여할 것이라고 믿고 활동 시작하겠습니다."
> "(자리 이탈 문제 행동 학생 앞에서) 우리 다영이는 자리에서 10분 동안 앉아 있으면 선생님이 우리 다영이가 좋아하는 슬라임을 쉬는 시간에 만지게 해줄게요. 잘 지킬 수 있죠?"

② 전개

도입 단계부터 실연을 시작했다면 활동1을 시작할 즈음에 "내가 도입을 잘했나?"라는 생각이 들기 때문에 혼돈과 걱정에 빠지기 쉽습니다. 그러나 전개에서 충분히 만회할 수 있다는 생각으로 구상지에 적은 나의 최상 답안을 최대한으로 실연하시길 바랍니다. 수업자는 학생 현황을 잘 생각하며 수업 전략을 잘 드러내야 하고 학생들의 배움과 성장이 있다는 것을 실연 속에서 보여줘야 합니다. 보통 활동1은 개념 학습, 활동2는 모둠 활동, 실습 등으로 구성하는 경우가 많습니다. 하지만 연습한 스크립트대로만 구상하지 않고 문항에 주어진 조건과 자료를 보고 신중히 결정하여야 합니다. 또한 활동1부터 활동3까지 제시되는 경우도 있으니 놓치지 않도록 문제지를 주의 깊게 보고 평소에 연습하던 활동1과 활동2를 나누고 쪼개서 활동3까지 구상해야 합니다.

POINT 1. 활동1과 활동2를 짜임새 있게 짜는 요령을 기르기
POINT 2. 모둠활동을 다양화하는 연습하기
POINT 3. 여러 학생에게 순회적으로 질문할 수 있도록 구상하기

ⓐ 활동1

활동1은 보통 개념 확인 및 개념 정리하는 활동으로 구성합니다. 해당 차시에서 중요한 개념을 학습하기 위해서는 교사의 이론적 설명이 필요하지만 일방적인 주입식 수업이 되지 않도록 주의합니다. 또한 전체적인 개념 학습이 이뤄지는 과정에서 학생들에게 개별 수준에 맞는 질문과 개방형 질문, 확장형 질문 등을 준비합니다. 수업자는 학생들과 소통하고 학생 중심의 수업이 나타나도록 구상해야 합니다.

보통 활동1에서 사용할 자료들은 핵심 개념이 녹아져 있는 뉴스, 기사, 책, 교과서, 활동지 등이 제시됩니다. 제시 자료를 활용할 때 이번 차시의 핵심 개념이 무너지지 않도록 해야 합니다. 자료를 활용할 때 수업자의 경험이나 학생들의 경험을 나누어 실생활과 연계되는 모습을 보여줄 수 있습니다.

수업자가 학생들의 가, 나, 다 수준에 개별 지도하는 것을 보여주기 위해 모든 내용마다 매번 가, 나, 다 수준별로 발문하는 것은 비효율적인 방법입니다. 예를 들어 "우리나라 겨울의 날씨는 어떤 가요?"에 라는 수업자의 질문에 "가영이는 너무 추워서 집 밖에 나가는 것을 좋아하지 않는구나", "나영이는, 눈사람? 아~ 우리 지난주에 학교에서 눈사람을 만든 것을 기억하는 거예요?", "다영이는 태블릿 pc에서 눈 쌓인 풍경을 선택해줬네요." 라는 모든 수준별 발문을 하는 것은 앞으로의 활동을 진행하기에 시간이 부족하다고 느낄 것입니다. 따라서 수업자는 가, 나, 다 수준별 학생들이 대답할 부분을 미리 구상하여 수업 효율성을 높이고 간결하게 활동이 운영될 수 있도록 해야 합니다. 한 질문에 한 학생이 대답하여 그 학생에 대한 수준별 발문을 하고 다음 질문에서도 다른 수준의 학생이 대답하여 그에 맞는 발문을 하는 식으로 진행되는 것이 좋습니다.

> **Example**
>
> "여러분 첫 번째 활동 시작하겠습니다. 다같이 활동박수 한번 (짝)"
> "여러분은 **에 대한 경험이 있나요? 오 우리 다영이가 @@하는 몸 동작을 보이는데 이게 무슨 뜻일까? 그래 나영아 우리 학교에서 ##했었던걸 다영이가 기억하는 것 같죠?"
> "선생님은 ~~적이 있는데 여러분은 ~~한 적 없나요?"
> "오 우리 나영이가 활동지에 있는 그림에 진한 글씨를 잘 읽어줬어요. 가영이가 한번 전체적으로 읽어줄까요?"
> "다영아 우리 가영이가 설명한 것(또는 나영이가 선택한 단어)과 관련된 다른 사진은 어떤게 있을까요? 다영이 학습지 안에서 한번 확인해볼까요?"
> "자 여러분 그러면 지금 첫 번째 활동을 통해서 우리 OO에 대한 개념에 대해 정리하고 자료(제시된 것)에 대해 알아봤어요~ 그럼 이제 두 번째 활동으로 넘어가 볼까요?"

활동2

활동2에서는 학생들이 활동1에서 학습한 내용을 생각하며 적용할 수 있는 자료들이 제시됩니다. 활동1에서 제시된 자료들을 학습했다는 전제하에 작성할 수 있는 학습지(그림과 연결하기 등)나 동적인 활동들이 제시됩니다. 자료가 제시되지 않더라도 활동1보다는 활동적인 내용을 구상하는 것이 좋습니다. 조금 더 실생활과 연계된 내용에 대한 모의 상황, 협동 활동을 통한 퀴즈, 협동 활동을 통한 보고서 만들기 등 학생과 학생 간의 상호작용이 나타날 수 있는 활동들이면 좋습니다. 모둠활동 시 학생들의 개별적 지도가 잘 드러나려면 각자 역할을 정해서 학생 개별 수준에 맞는 역할을 수행하도록 구상합니다. 또한 수업자는 모둠활동 중간에 전체 학생들에게 개별 지원을 제공하는 모습을 보여야 합니다. 특히 다 수준의 학생을 보조 인력에게 맡기고 나머지 학생들만 순회하는 모습은 피해야 합니다. 모둠활동이 끝나면 학생들끼리 조사, 작성, 제작한 결과물을 다른 학급 친구들에게 발표하는 시간을 가지면 좋습니다. 다른 학생들이 어떻게 했는지 서로 공유하면서 서로 학습한 내용을 확장하고 또래 학습이 이뤄질 수 있습니다.

> **Example**
> "자 여러분 활동 박수 두번! (짝짝), 두 번째 활동! @@하기!"
> "우리 첫 번째 활동을 통해서 배운 내용을 우리끼리 ~~해보는 시간을 가질거예요. 어떻게 하는지 궁금하죠? 선생님이 설명(또는 시범 등) 해줄게요."
> "활동2에서는 방금 설명한 활동을 우리 모둠활동(짝꿍활동)으로 해볼거예요. 우리 반 1학기 모둠(짝꿍) 다들 기억하죠? 그럼 다들 자리를 옮겨볼까요?"
> "우리 각 팀별 역할을 다시 한 번 더 말해줄게요. 가영이는 팀장으로서 친구들을 잘 도와주고 나영이와 다영이가 말한 내용을 마지막 칸에 글로 적어주세요. 나영이는 우리 아까 배운 내용을 잘 기억해서 중요하다고 생각하는 말을 제일 윗칸에 적어주면 됩니다. 그러면 가영이가 정리해줄거예요. 다영이는 팀원들과 사진을 보고 대화를 나눈 후 그림카드를 분류하고 마지막 가영이가 정리한 부분에 포인트 스티커를 붙여주세요."
> "(순회지도 시) 어 가영아 무슨일이예요? 아 나영이가 다른 단어를 적은 것 같다고? 그러면 우리 다영이 그림카드를 빌려서 나영이에게 같이 힌트를 줘볼까?"
> "우리 가영이가 A팀 팀장이죠? 오 다영이가 스티커(사진/그림 등)를 붙일 수 있게 단어로 힌트를 줬구나. 덕분에 다영이가 올바른 곳에 잘 붙였네요. 가영이 고마워요."
> "자 우리 이제 각 팀별로 완성한 것을 발표하는 시간을 갖겠습니다. 우리 상대 팀과 경쟁하는 것이 아니니 다른 친구들은 어떻게 생각했나 확인해보도록 합시다."

교과별 / 제재별 활동 키워드 참고

국어	역할놀이, 학습지 활동, 토의 및 토론, 배움노트
수학	모형 만들기, 학습지 활동, 구체물 활용, 배움노트
사회	모의 상황 훈련하기, 상황극(역할극)하기, 기사문 만들기, 보고서 작성 및 발표, 배움노트
과학	실험하기, 관찰하기, 보고서 작성하기, 배움노트
진로와직업	모의 상황 훈련하기, 실습하기, 상황극, 배움노트

③ 정리

정리 단계는 이번 차시의 제재와 목표, 실시한 활동들을 정리하여 다시 설명하고 평가를 하여 마무리하는 단계입니다. 또한 배운 내용과 실생활(가정 등)이 연계될 수 있도록 언급하면 좋습니다. 평가는 수업 시간에 강조했던 내용들을 잘 기억하고 있는지 퀴즈 형식으로 평가하는 방식이 자주 사용됩니다. 평가를 완료하면 사전에 안내했던 강화를 제공하여 학생들에게 보상을 해주고 이번 차시와 연결되는 차시 수업을 설명합니다.

> **POINT 1.** 배운 내용을 실생활과 연계하여 정리하기
> **POINT 2.** 적절한 방법으로 평가하기

내용 정리

정리 부분이 실연에 포함되는 경우가 많지 않기 때문에 중요한 포인트만 지켜서 한 문장으로 짧게 구상하시길 바랍니다. 이번 수업에서 배운 내용을 생활과 연계된다는 것을 포함하여 정리해주면 좋습니다.

> **Example**
>
> "여러분 우리 지금까지 ○○에 대해서 배웠어요. 이번 시간에 배운 것을 잘 기억해서 우리 일상생활에서 ~~해보도록 해요."
> "자 우리 자신의 포트폴리오를 꺼내봅시다. 포트폴리오에 오늘 완성한 학습지를 정리해 넣겠습니다."

평가

이번 차시를 잘 평가할 수 있는 방법을 선택해야 합니다. 퀴즈를 이용한 형성평가, 결과물 확인을 통한 수행평가 등을 사용하고 자기평가, 동료평가 등 다양한 평가 방법을 추가로 구상해도 됩니다.

> **Example**
>
> "여러분이 오늘 수업을 의미있게 보냈는지 확인하기 위한 간단한 퀴즈타임을 갖겠습니다."
> "여러분이 오늘 함께 완성한 완성물을 제출함에 따라서 오늘의 목표를 달성한 것으로 평가하겠습니다."
> "자 우리 배움 스티커판을 꺼내볼까요? 자신의 오늘 학습이 맘에 들면 '최고예요' 스티커를, 아쉬운 부분이 있었다면 '파이팅' 스티커를 붙여주면 됩니다."
> "여러분들이 이번 시간에 배운 내용을 우리 배움노트에 적어볼까요?"

강화

강화는 도입 부분에서 언급했던 내용을 반복 설명하고 제공합니다. 주로 사회적 강화를 사용하고 음식물 강화는 피하시는게 좋습니다.

> **Example**
>
> "그리고 오늘 수업하다 보니 우리 친구들이 개별 목표를 모두 다 달성했기 때문에 칭찬 스티커 1개씩 주도록 하겠습니다. 그렇다면 곧 우리 학생들 모두 10개를 채우겠네요. 다음 시간에 한번 또 채워 보도록 합시다!"

ⓐ 차시 예고

단순하게 다음 배울 내용을 언급하기보다 이번 차시와 이어서 설명하는 것이 학생들의 배움을 확장시킬 수 있습니다.

> **Example**
>
> "그럼 우리 이번 시간에 배운 내용인 OO를 잘 기억하고 다음 시간에는 AA하기를 이어서 알아보도록 합시다."
> "오늘 배운 것 중에 가장 중요한 포인트가 뭐였죠? 그래요. @@였죠! 그럼 ##는 어떻게 할까요? 네 이 부분은 다음 시간에 이어서 배워보도록 하겠습니다."

ⓐ 인사

학급 특색 인사를 살려 간단하게 언급하고 수업을 종료합니다.

> **Example**
>
> "자 그럼 여러분 오늘 수업도 수고많았습니다. 배움과 행복이 있는 0학년 0반 OO교과 수업 여기서 마치겠습니다."

초·중등 임용 2차 대비

4 스크립트 구상하기

🎯 나만의 스크립트를 만들자!

① 리미쌔미의 기본 스크립트

어떤 과목이나 제재, 차시가 나오더라도 뼈대가 될 수 있는 기본 스크립트를 준비하면 좋습니다. 아래는 리미쌔미 3인 3색 기본 스크립트입니다. 참고하셔서 자신만의 스크립트를 구상해봅시다.

오쌤의 스크립트

🎯 대본을 적어두고 그대로 외움/ 거의 활동만 문항지에 따라 구성함

1. 도입

1) 동기 유발

"자 여러분 지난 시간에 배운 것들까지 모두 잘 기억하고 있네요. 그렇다면 우리 이번 시간에 배울 내용에 대한 힌트를 선생님이 동영상으로 준비했어요. 동영상을 보기 전에 집중해서 찾아봐야 할 것이 세 가지가 있어요. 첫 번째 누가 나왔는지, 두 번째 나온 물건이 무엇인지(문제별 변동), 세 번째 뭐 하고 있는지(문제별 변동). 동영상이 끝나고 이렇게 세 가지 질문을 할건데 질문에 잘 대답하려면 집중해서 잘 봐야겠죠? (영상 시청) 여러분 모두 잘 보았나요? 네 좋아요. 그럼 첫 번째 질문! 동영상 속에 누가 나왔나요? (나영 대답) 맞아요. 나영이가 철수라고 하는데 여러분 모두 맞다고 생각하나요? 네 좋습니다. 두 번째 질문! 동영상 속에서 나온 물건이 무엇이죠? (다영 손듦) 우리 다영이가 손을 들었으니까 한번 태블릿 속에 있는 사진 중에 골라볼까요? (다영 고름) 여러분 여기 다영이가 고른 이 물건을 모두 영상 속에서 보았나요? 네 그럼 마지막 질문! 철수는 뭘 하고 있었을까요? (가영 대답 : 문장 수준으로 대답하지만 정확하지 않거나 이번 수업의 핵심 개념만 이야기하는 수준으로 대답한다는 가정) 가영이가 말한 대로 철수의 행동에 대해서 우리가 오늘 더 자세히 알아보도록 할 거예요."

> **Point**
>
> 동기유발에서 사용해야 하는 '자료 조건'이 없으면 동영상 시청으로 항상 구상함. 동기유발 자료로 사진이나 학습지가 조건으로 제시되는 경우에도 '질문 2~3개'의 포인트를 유지함

2) 목표 제시

"여러분들이 이번 수업을 통해서 이루게 될 학습 목표를 한번 확인해볼까요? TV 화면을 같이 봅시다. 첫 번째 목표는 가영이가 읽어볼까요? 네 좋아요. 나영이는 빨간색으로 체크된 단어만 읽어볼까요? 네 선생님이 한번 더 읽어줄게요. 다영이는 선생님이 읽어주는 목표에서 나오는 중요 단어를 학습지에서 손으로 가리켜 볼까요?"

Point

학생별로 문장, 단어, 행동 등으로 개별 목표가 표현될 수 있도록 구상함

3) 활동 안내

"우리는 이번 시간에 2가지 활동을 할 거예요. 첫 번째 활동은 ○○하기, 두 번째 활동은 XX하기. 다들 준비 됐나요?"

Point

활동하기는 활동명을 창의적으로 구상하여 제시하기도 함. 예를 들어 '안전사고 예방하기' 주제에서 활동1은 '안전 박사되기' 같은 학생들의 흥미를 불러 일으킬만한 요소를 넣음

4) 사전 중재

"자 우리 책상에 칭찬 스티커 판에 각자 스티커 몇 개 붙어있나 봅시다. 스티커 10개 채우면 우리 뭐하기로 했죠? 그래요. 10개를 채우는 친구에게는 각자 정한 보상을 주기로 했죠. 자 그럼 다들 기억하고 있으니 열심히 수업에 참여할 것이라고 믿고 활동 시작하겠습니다."

Point

수업자가 수업 중간 중간에 편하게 제시할 수 있는 것으로 구상하는 것이 좋음

2. 전개

1) 활동1

- 활동 박수 / 활동명 말하기
  "자 여러분 활동 박수 한번! (짝), 첫 번째 활동! ○○하기!"
- 자료 탐색 / 실생활 연계
  - 단어 수준 질문 "(자료를 보며) ~가 어디인가요?" → 나영 대답
  - 문장 수준 질문 "~~~가 어떤 상황인가요?" → 가영 대답
  - 몸짓 표현 발문 "오 다영이가 ~상황을 몸으로 표현했어요."

- 기존 지식과 연계된 질문(학생들이 정답을 바로 대답할만한 질문)
  "우리 지난 시간에 배웠다시피(또는 경험이 있다고 말했으니) 이 질문에는 대답할 수 있겠죠?"
- 학생 간 상호작용
  "어 다영아 우리 다시 한번 더 생각해볼까? 우리 다영이 자신있게 아주 잘 대답해줬는데 선생님 생각에는 이 힌트를 한번 보고 대답해보면 더 정확하게 말할 수 있을 것 같아요."
  "누가 선생님을 도와서 다영이에게 힌트를 줄까요?"
  "우리 가영이가 다영이에게 ~~힌트를 줄까요?"
  "가영이 다영이에게 도움을 줬으니 칭찬스티커 1개 줄게요."

조건에 따른 활동들
- 활동 마무리 / 활동2 안내
  "자 여러분 그러면 지금 첫 번째 활동을 통해서 우리 ○○에 대한 개념에 대해 정리하고 자료(제시된 것)에 대해 알아봤어요~ 그럼 이제 두 번째 활동으로 넘어가 볼까요?"

  > **Point**
  > 도입과 다르게 전개는 고정 스크립트를 정해놓는 것이 한정적이기 때문에 학생 수준별 발문을 정해놓고 문항지에 맞춰서 해당 제재 내용만 들어갈 수 있도록 미리 스크립트를 준비하는 것이 좋음

2) 활동2
- 활동 박수 / 활동명 말하기
  "자 여러분 활동 박수 두번! (짝짝), 두 번째 활동! @@하기!"
- 활동 안내
  "우리 첫 번째 활동을 통해서 배운 내용을 우리끼리 ~~해보는 시간을 가질거예요. 어떻게 하는지 궁금하죠? 선생님이 설명(또는 시범 등) 해줄게요."
- 모둠활동 안내
  "활동2에서는 방금 설명한 활동을 우리 모둠활동(짝꿍활동)으로 해 볼거예요. 우리 반 1학기 모둠(짝꿍) 다들 기억하죠? 그럼 다들 자리를 옮겨볼까요?"
- 역할 나눔
  "우리 각 팀별 역할을 다시 한 번 더 말해줄게요."
  - 가 수준 : 팀장 및 정리
  - 나 수준 : 중요 부분 체크
  - 다 수준 : 포인트 스티커 및 그림/사진

- 순회 지도(각 수준 학생들의 역할에 맞는 활동이 이뤄지는지 언급)
- 학생 간 상호작용
  "우리 가영이가 A팀 팀장이죠? 오 다영이가 스티커(사진/그림 등)를 붙일 수 있게 단어로 힌트를 줬구나. 덕분에 다영이가 올바른 곳에 잘 붙였네요. 가영이 고마워요."
- 발표
  "자 우리 이제 각 팀별로 완성한 것을 발표하는 시간을 갖겠습니다. 우리 상대 팀과 경쟁하는 것이 아니니 다른 친구들은 어떻게 생각했나 확인해보도록 합시다."

> **Point**
>
> 학생들 역할을 수준별로 정해두고 학생들 간의 상호작용이 충분히 이뤄지도록 함. 협동 학습 시 교사가 순회하며 개별 지도를 하는 것을 목표로 함

3. 정리

1) 내용 정리

"여러분 우리 지금까지 ○○에 대해서 배웠어요. 이번 시간에 배운 것을 잘 기억해서 우리 일상생활에서 ~~해보도록 해요."

> **Point**
>
> 일상생활에서 가정에서 등등 실생활과 연계될 수 있다는 것을 언급함

2) 강화

"그리고 오늘 수업하다 보니 우리 친구들이 개별 목표를 모두 다 달성했기 때문에 칭찬 스티커 1개씩 주도록 하겠습니다. 그렇다면 곧 우리 학생들 모두 10개를 채우겠네요. 다음 시간에 한번 또 채워 보도록 합시다!"

> **Point**
>
> 음식물 강화는 자제함

3) 차시 예고

"그럼 우리 이번 시간에 배운 내용인 ○○를 잘 기억하고 다음 시간에는 @@하기를 이어서 알아보도록 합시다."

> **Point**
>
> 이번 수업에 배운 내용과 연계하여 설명함

김쌤의 스크립트

🎯 진행할 순서에 따른 교사 활동만 적음 / 고정적인 학생 간 상호작용 연출내용은 있음

1. 도입

1) 동기 유발
- 동영상 시청 시 집중해서 볼 부분 전달
- 다 보고 이야기 나누기(동영상 내용을 누가? 무엇을? 왜?로 질문하기, 관련된 아이들의 경험 물어보기)

2) 학습목표 제시
- 다함께 배움 목표 읽기(다 읽고 동영상과 연관시켜 왜 배워야 하는지 나누기)
- 활동 1,2 설명하기
- 수업 약속 언급(자세는 바르게! 귀는 경청!), 강화 예고

2. 전개

1) 활동1
- 활동 읽기(지도사 활용해서 다 수준 학생이 읽기)
- 내용 설명하기, 질문 있는지 물어봄(이때 '가', '나' 학생 둘이 같이 손드는 상황 연출, 양보해주는 학생에게 칭찬, 윤리와 연계)
- 개별학습(다 수준 학생 문제행동 지도하기)
- 배움질문 만들기(여전히 모르는 것, 혹은 친구들에게 내고 싶은 것)

2) 활동2
- 활동 읽기
- 팀 학습 설명(1분간 팀 짜기, 2:2)
- 협동 학습(결과물이 맞나 서로 살펴보기)

- 강화 받기(스티커)
- 집에서도 해보자!(가정 연계)
- 배움질문 만들기(여전히 모르는 것, 혹은 친구들에게 내고 싶은 것)

현쌤의 스크립트

🎯 전체적인 순서에 따른 구조도만 만듦

1. **학생수준**
    - 가 : 영찬, 상윤
    - 나 : 준우, 영훈
    - 다 : 현정, 은서(휠체어)

2. **도입(3분)**
    - 동기유발 : 동영상은 카운트다운 로켓
    - 학습 목표 제시
        1) 각 수준별 제시(가는 스스로 읽어보시오- 요약/나는 같이/다는 스티커 or 초성)
        2) 학습 목표 위에 붙여 놓기

3. **전개(10분) - 활동 제목 붙이기**
    - 활동1 : 이론 수업 (5분)
        1) 교과서 사용하기
        2) 가르칠 내용 압축하기
        3) 이론 요약해주기
        4) 타 과목 연계
    - 활동2 : 활동수업 (5분)
        1) 수업 중간에 학습 목표 상기
        2) 학생 시켜서 나눠주기
        3) 팀 활동의 경우 팀이름 정하기(예뻐요, 사랑)
        4) 협동학습 구역에서 활동하기(해피투게더 공간) or 책상 밀기

4. 정리(2분)
   - 형성평가 : OX퀴즈
   - 강화 : 멋져요 스티커
   - 차시 예고

5. 행동중재방법
   - 종이 찢음 : 코팅
   - 말 작게함 : 멋져요 마이크
   - AAC사용 : 똑똑이 패드
   - 일어나는 아이 : 발표 시킴
   - 반응에 민감 : 옆자리와 조금 거리 둠
   - 저시력 기구 : 확대경, 확대자료 사용
   - 그 외(방해 행동) : 반응 대가
   - 지도사 활용

6. 강화방법
   - 매점 쿠폰 / 멋져요 스티커 / 구체적인 칭찬

② 리미쌤미의 2022년도 중등 기출문제 구상하기

2022학년도 중등 기출문제

본시 학습 지도 내용	▫ 교과 : 사회 ▫ 학년 : 고등학생 ▫ 학습 제재 : 정부의 경제활동 (블럭수업 100분) ▫ 학습 목표 : 세금의 종류를 안다. 　　　　　　정부가 세금을 이용하여 공공서비스 하는 것을 찾고 발표한다. ▫ 전시 학습 : 정부의 경제생활 ▫ 차시 학습 : 개인의 경제생활
수업 조건	▫ 활동1부터 활동2 발표 전까지 실연하시오. ▫ 수업 실연1에서 자료1을 활용하고, 수업 실연2에서 자료2를 활용하여 실연하시오. ▫ 수업 실연2에서 각 학생의 수준에 맞게 구상하여 실연하시오. ▫ 수업 실연3에서 다 수준 학생이 참여할 수 있게 구상하여 실연하시오. ▫ 수업 중 상호작용(교사와 학생, 학생과 학생 간)이 드러나게 수업하시오. ▫ 준호와 세영이의 문제행동을 긍정적 행동 지원으로 중재하여 실연하시오. ▫ 준호의 특성을 반영하여 중재하고 세영이는 선호 활동 기능에 근거하여 중재하여 실연하시오. ▫ 또래 학습을 활용하여 실연하시오. ▫ 활동1에서는 구술 평가, 활동2에서는 관찰 평가를 활용하여 실연하시오. ▫ 전자칠판, 그림 카드, 그림 자료, 태블릿 PC, 스티커 프린터, AAC
수업 자료	자료1 〈세금의 종류 그림 3개〉 물건을 사면 **부가가치세**를 냅니다.　　자동차를 사면 **개별소비세**를 냅니다.　　월급을 받으면 **소득세**를 냅니다.

수업 자료	자료2	⟨공공서비스 그래픽 조직자⟩ 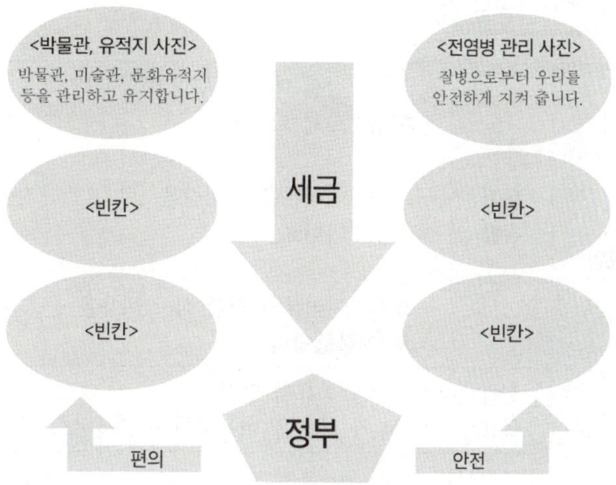 ⟨박물관, 유적지 사진⟩ 박물관, 미술관, 문화유적지 등을 관리하고 유지합니다. ⟨전염병 관리 사진⟩ 질병으로부터 우리를 안전하게 지켜 줍니다. ⟨빈칸⟩ ⟨빈칸⟩ ⟨빈칸⟩ ⟨빈칸⟩ 세금 → 정부 ← 편의 / 안전

학생 현황	수준	학생수	수행 수준
	가	2명	• 4~5문장을 듣고 이해하며 문장으로 발화 가능 • 태블릿 PC 사용하여 스스로 검색 가능 • 스티커 프린터를 이용할 수 있음
	나	3명	• 반복해서 문장을 말해주면 단어로 발화 가능 • 핵심 단어를 주면 태블릿 PC 사용 가능 • 스티커 프린터를 이용하는 것이 어려움 • 준호 : 과제가 어려우면 종이를 찢음 • 세영 : 모둠활동을 하고 싶어서 손가락 끝을 책상에 두드림 (문제행동의 기능 : 선호 활동하기)
	다	1명	• 한글 읽기와 발화 어려움. 같은 낱말, 같은 그림은 찾아 고를 수 있음 • 한글을 이용한 학습은 어려우나 그림이 있는 경우 연결하여 학습 가능 • 태블릿 PC 속 이미지 파일을 활용할 수 있음 • 음성으로 소통은 안 되지만, AAC 이용해 의사를 나타낼 수 있음

수업지도안

도입	동기 유발	– 교사 : 점심 메뉴는 무엇이었지요? – 학생 : 로제 떡볶이요. – 교사 : 여러분은 점심값을 냈나요? – 학생 : 아니요. – 교사 : 여러분의 점심 식사 비용은 공공 비용으로서 **국가에서 세금으로 지불**했답니다.	수업 실연 조건 아님
	학습 목표	• 세금의 종류를 안다. • 정부가 세금을 이용하여 공공서비스 하는 것을 찾고 발표한다.	
전개	활동 1	수업 실연 1	• 자료1 활용, 태블릿 PC 사용 학생들의 경험을 활용한 발문하기	– (유)개별활동 – (유)부가세와 부가가치세가 같다는 것을 안내한다. – (유)다 수준 학생에게는 영수증에 시각적 단서를 제공하여 '부가세'를 영수증에서 확인하도록 한다. – (자)태블릿 PC, 세금 그림자료
		수업 실연 2	– 활동1을 정리하는 수준별 학급 퀴즈 – 형성평가 활용(학생 수준에 맞게 평가 문제를 아래 빈칸에 적음) | 가 | | | 나 | | | 다 | |	
	활동 2	수업 실연 3	• 자료2 활용, 태블릿 PC, 스티커 프린터 사용 – 모둠활동 : 다 수준의 참여가 드러나야 함	– (유)이질적 모둠 구성 – (유)모둠활동 시 또래도우미 활용 – (유)다 수준 학생은 태블릿 PC에 이미지 파일을 넣어둔 것으로 활동한다. – (자)스티커 프린터, 태블릿 PC, 그래픽조직자 활동지

2022학년도 중등 기출문제 구상하기

오쌤의 구상지

1. 활동1
   - 활동 박수 / 활동명 말하기
   - 전자칠판 이용하여 자료1 띄우기
   - 가, 나, 다 수준 질문과 대답
     - 어떤 그림이 보이나요? → 자동차, 사람(나영)
     - 세 번째 그림 속 사람은 어떤 사람? → 건축가, 일하고 있다(가영)
     - 마트에서 살 수 있는 물건 그림? → 첫 번째 그림 가리키기(다영)
   - 1번 그림 설명 / 경험 연계
     - 마트에서 물건 산 경험? 영수증 받았죠?
     - 부가가치세 글자 함께 확인
     - 일상생활에서 쉽게 볼 수 있는 세금의 종류라는 것 설명
     - 가영 → 1번 문장 읽기
   - 2번 그림 설명 / 경험 연계
     - 자동차 값만 지불하는 것이 아닌 세금도 포함해서 지불한다 설명
     - 가영이의 경험(엄마 아빠랑 같이 중고차 보러 갔었다)
     - 가영 → 2번 문장 2번 읽기 / 나영 → 개별소비세 단어 말하기
   - 3번 그림 설명 / 배움 연계
     - 진로와 직업 시간에 직업과 월급에 대해 배운 것 상기
     - 월급 중에 소득세 설명
     - 다영 → 직업을 가진 사람 그림카드 고르기 → 소득세 내겠죠
   - 평가 설명 / 세영의 문제행동
     - 수준별 퀴즈 후 모둠활동 한다고 설명함. 퀴즈 맞히면 모둠별 도움벨 미리 주겠다 약속
   - 수준별 퀴즈
     - 가 → 자료1의 그림 3개를 보여주고 문장으로 말하기
     - 나 → 자료1의 문장 읽어주고 핵심 단어 말하기
     - 다 → 자료1의 그림과 낱말카드 두고 연결하기
   - 활동 마무리 / 활동2 안내

2. 활동2
- 활동 박수 / 활동명 말하기
- 모둠 활동 설명 / 태블릿 PC / 스티커 프린터 나눠주기
  - 자료2 설명
  - 태블릿 PC를 이용해 편의 시설과 안전 서비스 찾기 가능
- 준호 문제행동 살짝 → 도움벨 누르면 선생님이 도와주겠다
- 역할 나눔
  - 가 : 팀장 / 나 : 단어 적기 / 다 : 그림 스티커 붙이기
- 순회지도
  - 가 : 태블릿에 '편의 시설' 검색, 나, 다 수준에게 말해주기, 스티커 프린트로 사진 스티커 만들기
  - 나 : 가 수준이 보여준 태블릿 확인하고 핵심 단어 빈칸에 적기
  - 다 : 핵심 단어 보고 스티커를 칸에 붙이기
- 문제행동 중재 → 준호 도움벨 누르기
  - 가–다 도움 : 박물관 스티커를 붙일 수 있게 태블릿으로 힌트
- 활동 마무리 / 관찰 평가 결과 안내

김쌤의 구상지

1. 활동1
- 활동명 읽기(다영이가 활동1과 관련한 그림 고르기)
- 전자칠판에 자료1 띄우기(다 함께 칠판을 볼까요?)
  - 무엇이 보이나요?(그래, 나영아 사과와 자동차, 일하고 있는 사람이 보이지?)
- 경험 묻기
  - 물건을 사고 받는 종이를 뭐라고 하죠? 그래요, 영수증을 받죠. 물건을 사고 영수증을 받아 본 적 있는 사람? 가영이 영수증 받아봤구나! 그 영수증을 자세히 보면 화면에서 보이는 것과 같이 부가가치세라는 말이 써 있어요.
- 세금의 종류에 대한 교수
  - 우리가 국가에 내야 하는 세금은 이 그림과 같이 세 종류가 있어요. 가영이가 햄버거를 사먹을 때도, 부모님이 자동차를 사실 때도, 우리가 월급을 받을 때도 세금을 내요.

- 부가가치세는 부가세라고도 하는데 물건을 살 때 지불하는 세금이고, 개별 소비세는 비싼 물품을 살 때 과소비를 막기 위해 내는 세금이에요. 소득세는 돈을 벌게 되면 내는 세금이에요. 질문이 있나요? 가영이와 나영이가 같이 손을 들었네요! 누가 양보를 먼저 해볼까요?(나영이가 양보해서 나영이 칭찬하기)
- **배움 확인하기(수준별 퀴즈)**
    - 선생님이 제시하는 그림에 어떤 세금을 내야 하는지 확인해볼게요. 가영이와 나영이는 말해주면 되고, 다영이는 단어카드를 골라주면 됩니다.
    - 가영아, 이 그림에는 어떤 세금을 내야 할까요? 그래요. 개별소비세를 내야 하죠. 나영아, 이 그림에는 어떤 세금을 내야 할까요? 그래요. 소득세를 내야 합니다. 다영아 이 그림에는 어떤 세금을 내야 할까요? 그림을 너무 잘 골라줬어요!

2. 활동2
- **활동2 안내**
    - 우리가 활동1에서 내운 내용을 활동2에서 더욱 자세히 알아볼거에요. 활동2를 다 함께 읽어볼게요. 다영이도 기대되는구나!
- **그래픽 조직자 교수**
    - 전자칠판을 함께 보겠습니다. 아까 배운 세 가지의 세금이 뭐였죠? 그래요. 그 세 가지의 세금으로 정부는 우리의 편의를 위해 일을 해요. 박물관이나 유적지를 관리하고, 코로나 같은 전염병에 감염되지 않게 우리를 지켜줘요.
- **문제행동 지도**
    - 우리 준호 종이를 찢지 않고 열심히 참여하네요! 칭찬스티커를 줄게요.
    - 세영이 아까 손가락을 책상에 두드린건 모둠활동을 빨리 하고 싶어서인거죠? 선생님이 세영이에게 바로 오지 않은 이유는 전에 선생님이 얘기해준 대로 책상을 두드리지 않고 손을 들고 '모둠활동'이라고 표현하기를 기다렸기 때문이에요. 우리 다시 한 번 잘 표현해볼까요? 그래요! 잘했어요! 앞으로 손을 들어서 표현해주면 재밌는 활동으로 바로 넘어가도록 할게요!
- **모둠활동**
    - 모둠으로 모여 앉았죠. 우리 모둠활동시 지켜야 할 매너는? 맞아요, 옆 친구가 어려워할 때 도와주기! 정부의 공공서비스에 해당하는 또 다른 일들이 있는데 함께 찾아볼게요. 모둠별로 태블릿 PC에서 공공서비스에 해당하는 내용을 함께 찾아보고 연결해보겠습니다. 태블릿 PC에서 연결하기 활동이 끝나면 스티커 프린터를 활용해 활동지에 직접 바르게 연결해 붙여보도록 할게요.
    - 다영이 다양한 공공서비스 그림을 찾아보고 바르게 연결해볼게요. 좋아요.

> 현쌤의 구상지

1. 활동1
   - 학생수준
     - 가 : 동근, 의현
     - 나 : 승민, 준호(종이), 세영(모둠)
   - 시간 : 6분
     - 활동명 : 조금조금 모은 세금
     - 교과서 사용 : 디지털 교과서 볼까요?(태블릿 PC)
     - 경험 나눔 : 서로 세금 관련 대화(뉴스, 영수증, 엄마 힘들어)
     - 이론 설명 : 세금 뜻, 세금 종류(부가가치세=부가세)
     - 영수증 실물 제공(재윤)
     - 타과목 연계 : 직업시간 물건 사기 영수증
     - 가 : 세금이 무엇이며 어떻게 구분되는지 말하기
     - 나 : 세금 종류를 단어로 말하기
     - 다 : 영수증에 세금 부분 동그라미

2. 활동2
   - 문제행동 중재
     - 서영 : 두드리지 않고 활동했으니 모둠활동 해볼게요.
   - 활동2 시작
     - 팀 이름 : 부자팀(동근, 준호, 재윤), 사장님팀(의현, 승민, 세영) 협력
     - 학습목표 상기
     - 활동지 나눠주기(의현), 스티커 프린트 나눠주기(세영)
     - 준호 : 코팅된 종이, 스티커 프린트 사용 어려우면 동근 도와줌
     - 활동지 내용 안내 : 세금 어디에 사용되나(편의, 안전)
   - 상호작용 활발 방법
     - 코로나, 현장체험학습 등 경험
     - 관련 내용 팀별 토의 3분, 태블릿 검색 이용
     - 상호작용 구체적 칭찬

- 팀별 활동
  - **부자팀** : 편의(도서관, 보건소) / **사장님팀** : 안전(가드레일, 대피소)
    1) 동근, 의현 스티커 프린트 출력 / 준호, 동근이 도움 받아 출력
    2) **재윤** : 방문했었던 도서관 이미지 태블릿에서 선택, 전쟁 났을 때 피하는 곳 태블릿에서 선택
  - 관련 공공기관 경험 나눔, 자신이 찍은 사진 스마트 뷰 공유

  > **Point**
  >
  > 문제행동 중재, 수업 중요사항에 형광펜 쳐두기

3 관련영상

2022 중등 수업실연
활동1 예시 영상 ▶

2017 중등 수업실연
활동1 예시 영상 ▶

2022 중등 수업실연
활동2 예시 영상 ▶

④ 나만의 기본 스크립트 구상하기

나의 기본 스크립트	
도입	
전개	
정리	

5. 수업 조건 채우기

🎯 수업 조건을 채워야 점수가 채워진다!

1 학생 특성 및 수준 파악하기

보통 학생 현황은 수업 조건과 별개로 가군, 나군, 다군으로 나누어 제시됩니다. 학생의 전체 수와 가, 나, 다군의 배치 수는 문항마다 다양하게 제시됩니다. 학생의 전체 수보다 각 수준별 학생의 비율이 어떤지 먼저 확인합니다. 보통 가군의 학생에게는 가영, 가은, 가준 등의 이름을 붙이고 나군, 다군의 학생에게도 비슷한 형식으로 이름을 붙입니다. 또는 때로 자신이 경험한 학생들을 생각하며 이름을 붙이는 경우도 있습니다. 또한 수업자가 준비한 학생 이름이 있는데 문제행동이 있는 학생의 이름이 문항지에 제시된다면 어떤 아이의 이름을 제외할지도 미리 생각해보는 것이 좋습니다.

보통 활동2에서는 모둠활동을 하는데 두 팀의 학생 수준과 비율을 적절하게 맞추기 위해 어떻게 배치할지 고민하는 것도 필요합니다. 대부분의 가군 학생들은 문장 수준으로 대화가 가능하고, 나군 학생들은 단어 수준으로 대답하거나 2~3개의 단어를 조합한 문장으로 대화가 가능하며, 다군 학생들은 보조의사소통 기기를 활용하거나 몸짓으로 의사소통이 가능한 경우로 제시됩니다. 문항지를 보고 구상할 때 평가관들이 가, 나, 다 수준의 학생들과의 대화를 구분할 수 있도록 수준을 명확히 구분하여 작성하고 실연합니다.

학생의 수준이 드러나는 발문은 학생의 구체적인 행동과 말을 표현해주는 것이 좋습니다. 예를 들어 "우리 가영이가 문장으로 안전 사고 유형을 말해줬어요."라고 하기 보다는 "가영이가 안전 사고 유형 사진 속 내용을 잘 설명해줬네요."라고 실연 속 보여주기식 발문보다 실제 수업처럼 운영하는 것이 좋습니다. 그러나 학생의 말을 그대로 따라하는 식의 수업자 발문은 자칫 지루하고 형식적으로 보일 수 있으니 학생과 다양한 의사소통을 통한 발문으로 수업을 운영합니다.

2 학생의 문제행동 중재하기

① 장애별 문제행동과 중재법

주 장애	문제행동	중재법
지적장애	학습된 무기력	• 용기와 격려 주고받기 • 자신감 그림카드(문구) 활용 • 과제 난이도 조절 • 성공 경험 제공
	낮은 주의집중력	• 선호 도구 및 활동 조정 • 이름 자주 언급하기 • 질문 자주 하기

	과제에 어려움을 느낌	• 과제 사전 난이도 조절 • 또래 교수 및 협동 학습 이용 • 교사의 개별 지도 빈도수 늘리기 • 도움 요청법 알기
	다운증후군의 고집이 센 행동	• 행동의 기능 파악에 따른 중재 • 수업 규칙 언급 • 선호 강화물로 행동 유도
자폐성장애	반항어	• 행동의 기능 파악 • 필요 시 중재
	상동행동	• 수업에 방해되는 상동행동의 경우 학급 규칙 언급
	특정 물건에 대한 감각적 집착	• 수업에 방해되지 않는 선에서 허용 • 강화로써 활용
	자극 예민	• 환경 조정 후 안정할 수 있도록 지도
	자극 추구	• 환경 조정 • 강화로써 활용 • 미리 강화되지 않도록 교사가 통제하여 제공
	활동 변화 어려움	• 활동표 미리 제공 • 타이머 활용

② 그 외 다양한 문제행동(행동의 기능파악이 무조건적으로 선행되어야 함)

문제행동	중재법
착석의 어려움	• 기능 파악에 따른 중재 • 선호 도구 및 활동 조정 • 일어났을 경우 해당 학생을 발표자로서 수업 참여 유도 • 타이머 이용
관심 끌기	• 학생이 찾기 전에 학생 이름 자주 언급하기 • 학급 규칙 설명하기 • 대체 행동 지도(카드 들기, 수업 메모에 적어놓고 끝나고 말해주기)
발표나 질문에 대한 집착	• 발표 순서 정하기 • 학급 규칙과 연계하기 • 발표 카드, 질문 카드 개수 정해놓기
소극적 참여	• 행동의 기능 파악 • 학생 이름 자주 언급하기 • 용기와 격려 주고받기 • 칭찬스티커 등 강화물 이용하기
소리 지르기	• 행동의 기능 파악 • 대체 행동 지도(카드 들기, 종 치기, 손 들기 등)

다른 학생 행동 모방	• 행동의 기능 파악(단순 관심 끌기가 아닐 경우) • 부정적으로 따라하는 것은 지양 • 긍정적 행동을 모방하는 것을 격려함
자해 행동	• 행동의 기능 파악 • 대체 행동 지도(감각적 물품 제공, 대체 행동 카드 제공)
물건 던지기	• 행동의 기능 파악 • 학급 규칙 언급 • 학급 친구들에게 피해가 가는 사실 알림 • 대체 행동 지도(카드 들기, 손 들기 등)

③ 장애 유형별 특성에 따른 중재법

장애 유형	특성	중재법
지체장애	휠체어	• 수업 중간에 이동 시 휠체어 학생 고려하여 자리 배치(브레이크)
	워커	• 수업 중간에 이동 시 걸음에 유의하도록 지도하고 편한 곳으로 자리 배치
	상지 조절 어려움	• 보조 기기 준비 • 책상의 높낮이 조절
	편마비	• 한쪽 부분만 사용하지 않도록 중앙에 자료 제공
	소근육 조작 어려움	• 잡기 보조도구 사용
	높은 근 긴장도	• 충분한 시간 제공, 근 이완에 도움되는 동작 함께하기
시각장애	촉각 자료 사용	• 다양한 촉각 자료 준비(촉각지도, 촉각자 등) • 실물 자료 및 모형 준비
	점자 사용	• 점자 읽기 도구 사용에 불편 없도록 유의
	저시력 기구 사용	• 저시력 기구 이용에 불편 없도록 유의 • 글자와 사진 등 크게 준비
	대비/밝기/조도	• 학생의 특성에 맞게 조절하는 것 언급
청각장애	인공와우/보청기	• 학생의 특성에 맞게 소리 조절하여 제공 • 충격에 주의
	수화	• 수화 통역사가 배치된 경우 : 수화 통역사와 필요 시 의사소통하며 지도, 개인 보조로 보이지 않도록 주의
	독화/구화	• 일부러 크게 말하지 않고 평상시 대화하듯 말함 • 친구들과 협동 활동 시 입 모양을 볼 수 있도록 지도 • 투명 마스크 사용

③ 보조 인력 포함하기

보통 사회공익요원, 특수교육지도사(실무사 등)로 제시됩니다. 보조 인력의 유무는 문항마다 다릅니다. 조건에 포함된 경우는 반드시 언급해줘야 하나, 포함되지 않은 경우는 언급하지 않는 것이 좋습니다. 학교 현장에서는 실제로 보조 인력이 필요한 경우인데도 배치되지 않아 선생님들께서 어려움을 겪는 현실이 존재합니다. 문항에 제시되지 않았다면 교사의 대처 능력과 수업 통제력을 보기 위함일 수 있습니다. 그러므로 조건의 유무를 꼭 파악하여 구상해야 합니다. 보조 인력과의 상호작용은 강압식 요청도 좋지 않지만 지나치게 부탁하는 느낌으로 할 필요는 없습니다. 필요한 타이밍을 계획하여 적절한 상호작용을 통해 점수를 채우는 조건이 되길 바랍니다.

④ 기자재 활용하기

수업 기자재 또한 문항마다 다르게 제시되지만 보통은 칠판, 컴퓨터, TV(또는 빔 프로젝터와 스크린)는 갖춰집니다. 기자재 활용 조건에서 '반드시 사용하시오.'라는 문구가 없더라도 칠판과 전자기기의 적절한 활용을 미리 구상해보시길 추천합니다. 만약 컴퓨터와 TV가 갖춰진 경우에 칠판 판서만 지나치게 활용한다면 주어진 기자재를 적절하게 활용하지 못한 것이 되기 때문입니다. 요즘은 태블릿 PC가 포함되는 경우가 많습니다. 이를 보통 다 수준의 학생의 보조 의사소통 기기나 대체 의사소통 기기로 사용합니다. 그러나 꼭 한 학생을 위해 활용하라는 문구가 없다면 수업자의 재량으로 다양한 방식으로 활용해보시길 추천합니다.

간혹 칠판, 컴퓨터 등 전자기기 외에 수업에서 활용될 특징적인 물품들이 포함되기도 합니다. 실험, 실습 물품들이 구체적으로 제시되는 경우에는 꼭 체크하여 실연에서 빠지지 않도록 주의해야 합니다.

⑤ 수업 자료 파악하기

문항마다 주어지는 수업 자료에 따라 수업 운영이 천차만별이 되는 경우가 많습니다. 실제로 학교 현장에서도 같은 제재에 다른 자료를 가지고 수업에 들어가시는 선생님들이 많고 우리는 교과서 중심의 수업을 하는 것이 아니라 교육과정 속 성취기준을 달성하는 것을 목표로 수업을 계획하기 때문에 핵심 내용은 바뀌지 않지만 수업자의 스타일과 수업 자료에 따라 수업이 달라질 수 있습니다. 그러나 수업 실연에서 여러분을 평가하고자 하는 것은 단순히 '얼마나 수업자의 스타일이 반영됐느냐, 창의적이냐'를 보는 것이 아니라 문제, 정보들(자료들) 속에서 핵심적으로 학생들에게 지도해야 할 부분을 파악했느냐입니다. 또한 수업의 올바른 방향 속에서 주어진 자료들을 적절하게 활용했는가도 평가됩니다.

먼저 문항에서 제시되는 자료 속에서 어떤 핵심 개념이 드러나는가를 파악합니다. 보통 핵심 개념은 제재 및 학습 목표와 관련이 깊으니 함께 살펴봅니다. 그 후 핵심 개념들이 어떤 유형의 자료로 표현됐는지 파악합니다. 간단한 사진부터 빈칸이 있는 학습지나 보고서, 단계도, 그림카드, 그래픽

조직도, 동영상 등으로 제시될 수 있습니다. 자료를 파악한 후에는 이런 다양한 유형의 자료들을 적절히 활용할 수 있는 활동들을 생각하면서 학생의 특성과 수준에 맞춰 구상지를 완성합니다.

6. 과목별 수업 모형

🎯 여러 수업 모형으로 수업을 다채롭게!!

실제 교육 현장에서 학생들을 살펴보면 학생들의 사고 방식과 선호하는 수업 형식이 다양합니다. 그렇기 때문에 개별화교육이 더욱 필요하게 됩니다. 그러나 개별적 수준에 맞춰서 다양한 교구와 난이도 조절을 하더라도 수업의 구조가 한 형식이라면 그 형식에 잘 접근할 수 있는 학생에게만 초점이 맞춰질 수 있습니다. 교사는 다양한 수업 접근을 통해서 학생이 배움과 안정감을 느낄 수 있도록 수업을 구조화해야 합니다. 다음 수업 모형을 참고하여 교과 성격과 특성에 맞춰 수업을 구조화하는 연습을 해보시길 바랍니다.

교과	수업 모형
바른생활	역할놀이학습, 게임놀이학습, 경험수업모형, 가치갈등 학습 모형
슬기로운 생활	살펴보기학습, 무리짓기학습, 재어보기학습, 견학학습, 토의학습, 조사학습, 발표학습, 모의놀이학습
즐거운 생활	흥미중심통합모형, 표현중심통합모형, 경험중심통합모형, 활동중심통합모형, 몰입학습모형
국어	문제해결학습모형, 가치탐구학습모형, 반응중심학습모형, 역할놀이학습모형, 총체적언어학습모형
사회	신문이용학습모형, 협동학습(STAD)모형, 소집단토의학습모형, 주제학습모형, 문제해결학습모형, 의사결정모형, 집단탐구학습모형
수학	개념형성학습모형, 가치탐구학습모형, 원칙발견학습모형, 과제선택학습모형, 협력학습모형(TGT)
과학	경험학습모형, 발견학습모형, STS학습모형, 가설검증학습모형, 인지갈등학습모형, 프로젝트학습모형, 순환학습모형, 발생학습모형

7. 수업 실연 TIP!

🎯 사소한 것부터 중요한 포인트까지!

① 구체적이고 명확한 피드백

학생의 행동에 대한 발문을 구체적으로 꾸며주세요. 예를 들어 "가영이가 세금의 종류 3가지가 설명된 문장을 읽어줄까요?"라고 수업자가 발문하고 학생이 대답했을 때 "네 가영이가 문장으로 잘 읽어줬네요."라고 하기보다, "네 가영이가 각 세금의 종류를 가리키면서 설명 문장을 잘 읽어줬어요."라고 학생의 행동을 구체화하여 말해줍니다.

② 학생과 교사의 상호작용

학생과 교사의 상호작용을 늘리기 위해 다양한 방법을 사용할 수 있습니다. 가장 쉽게 사용하는 방법이 학생들에게 질문을 많이 하는 것이지만 단순히 질문의 횟수를 늘리다 보면 폐쇄형 질문을 할 확률이 높아지기 때문에 무조건 질문을 많이 한다고 좋은 것은 아닙니다. 요즘 출제되는 문항들을 보면 대부분 일상생활과 연계하여 지도할 수 있는 제재들이 많습니다. 교사와 학생 각각의 경험을 발문 속에 녹여내서 상호작용을 늘리면 좋습니다. 또한 칭찬과 격려를 자주 제공하여 학생들에게 따뜻한 분위기를 느끼게 함과 동시에 자연스러운 상호작용도 이끌어 낼 수 있습니다.

③ 학생과 학생의 상호작용

학생 간의 상호작용을 위해서는 주로 협동학습, 모둠활동, 짝 활동 등을 이용합니다. 보통 두 번째 활동의 경우 모둠활동으로 구상하기 때문에 자연스럽게 상호작용을 이끌어 낼 수 있습니다. 가 수준의 학생이 다 수준의 학생에게 도움을 주는 것, 서로 정답을 확인하고 함께 수정해 가는 것 등 다양하게 보여줄 수 있습니다. 다만 너무 가 수준의 학생이 나, 다 수준을 돕는 보조교사처럼 보이지 않도록 주의하여 협동학습을 구상하시길 바랍니다.

④ 개방형 질문 활용

학생들에게 질문을 한 뒤 기다려 주는 것과 더불어 배움이 일어날 수 있는 질문을 하는 것 또한 중요합니다. "~맞나요?", "~해야 하죠?"라는 질문보다 "~하면 어떻게 될까요?"라고 질문하는 것이 좋습니다. 하지만 폐쇄형 질문이 필요할 때도 있습니다. 적절하게 섞어가며 사용하시되 개방형 질문을 구상하는 연습을 미리 하셔서 문항에 따라 수업 내용에 맞춰 사용하시길 바랍니다.

5 목소리의 강약

수업자의 목소리는 평가관들의 집중도에 큰 영향을 미칩니다. 내가 단조로운 목소리와 톤을 가졌다면 목소리 크기 조절을 통해 집중 포인트를 주시길 바랍니다. 예를 들어 집중해야 할 부분에서 오히려 조용히 속삭이듯이 "자 여러분 첫 번째 질문, 동영상 속에서 영희는 뭘 했을까요?"라고 말하고 이후에는 큰 목소리로 "네~! 맞아요! 영희가 버스에 타고 있었죠?"라고 중요한 내용을 큰 목소리로 말해줍니다. 평가관들이 로봇이 아니라 사람이기 때문에 후반에 평가되는 수업은 지칠 수 밖에 없을 것입니다. 활동 박수, 칭찬의 박수 등 박수 소리를 이용하는 동작도 주의를 환기시킬 수 있습니다. 목소리의 강약, 톤 조절은 자신의 수업 녹화와 모니터링을 통해 쉽게 확인할 수 있습니다.

6 동선은 간결히, 멈춰서 말하기

수업 실연 시 한 걸음 정도 앞으로 움직이거나 제자리에서만 수업하시는 경우가 간혹 있습니다. 이는 자신의 수업 영상을 녹화하고 모니터링 해보면 쉽게 확인할 수 있습니다. 수업 조건만 채우면 되지 않나?라고 생각하실 수 있지만 평가관은 수업자의 전반적인 수업 태도를 평가하기 때문에 적절한 동선은 평가관에게 좋은 인식을 남길 수 있습니다. 하지만 역동적이게 수업하기 위해서 펄쩍 뛰는 행동이나 과한 하이파이프 칭찬 등 교사의 품위를 해칠 수 있는 동작은 자제해주시고 두세 걸음 좌, 우, 앞, 뒤로 움직이는 것이 좋습니다. 두세 걸음 움직이는데 동선은 간결히 보일 수 있는 방법은 발문의 강약 조절과 함께 멈춰서 말할 줄 아는 것입니다. 학생에게 자료를 나눠주거나 문제 행동 중재를 하거나 도움을 주기 위한 경우가 아니면 제자리에서 설명하는 것이 좋습니다. 자료를 나눠 줄 때도 "자 여기 선생님이 첫 번째 활동 학습지를 준비했어요. 다같이 한번 볼까요?"라는 말을 하면서 나눠 주는 동작을 하는 것이 아니라, 발문을 마치고 앞으로 움직여 나눠주고 다시 자리로 돌아와 다음 발문을 시작합니다. 이런 방식은 수업자의 행동이 간결해 보일 수 있습니다.

7 밝은 표정으로 자신감 있게

현장에서는 엄청난 긴장감이 몸을 감싸겠지만 작은 표정이 많은 것을 보여주곤 합니다. 내가 수업 운영에 미숙하더라도 자신감 있는 태도를 보이면 평가관들이 다시 한번 더 집중해서 보실 수 있는 기회가 생깁니다. 또한 밝은 표정으로 수업을 운영하는 연습을 하는 것은 실제 학교 현장에서도 중요합니다. 긍정적인 피드백을 제공함과 동시에 교사의 밝은 표정이 학생들에게는 큰 기쁨이 될 수 있습니다.

8. 자주하는 Q & A

① 어디를 바라보고 실연하나요?

수업 실연 시 수업자의 몸 방향은 두 가지 중에서 선택하시면 됩니다. 교실 실제 방향에 맞춰 뒷 게시판 쪽을 바라보고 하시거나 평가관 쪽을 바라보는 것 중에서 편하신 방향으로 실연하십시오. 그러나 지역마다 정해진 지침이 있을 수 있으니 먼저 확인하고 결정하십시오.

② 수업 조건을 다 못 채우겠어요. 저...괜찮을까요?

수업 조건이 채점에 영향을 미치는 것은 사실입니다만 조건을 채우지 못했다고 해서 무조건 점수가 깎이는 것은 아니라고 생각합니다. 실제로 조건을 다 채우지 못했음에도 고득점으로 합격하신 선생님들의 말씀을 들어보면 한 두 개 조건을 놓쳤다고 얘기하십니다. 혹시나 수업 조건을 놓친 것을 실연 중간에 파악하셨더라도 끝까지 최선을 다해 실연을 마무리 하시길 바랍니다. 다만 연습하실 때는 그래도 수업 조건을 모두 채우는 연습을 반복해서 하시길 추천드립니다.

③ 자료를 잘못 파악했어요.

수업 조건을 다 채우지 못한 것과 비슷한 맥락이라고 생각합니다. 자료의 내용을 잘못 언급했다고 하더라도 학생의 수준에 맞게 자료를 해석하여 제시했다면 수업이 매끄럽게 진행됐을 것입니다. 물론 자료에서 제시하는 핵심 포인트를 파악하지 못하고 수업을 진행했다면 좋은 기대를 하기 어렵겠지만 주어지는 제재 안에서 포인트만 잃지 않는다면 큰 문제는 되지 않는다고 생각합니다.

④ 학생 이름에 가, 나, 다 음절을 넣어도 되나요?

간혹 학생 이름에 가, 나, 다 수준의 음절을 따서 가영, 가희, 나영, 나준 이런 형식의 이름을 붙이는 것에 반감이 있는 분들이 계시는데 학생 이름은 평가에 영향이 없는 것으로 파악되고 있습니다. 많은 합격자 분들께서 가, 나, 다, 음절을 따서 실연을 하셨다는 것에서 질문에 대한 정답이 되지 않을까 싶습니다. 또한 연예인 이름이나 우리가 흔히 알 수 있는 유명인의 이름을 붙여서 실연하셔도 괜찮습니다.

5) 반말을 섞어 써도 되나요?

학생에게 평어체(반말)와 극존칭을 사용하는 것은 지양해주세요. "가영아"라고 이름을 부르거나 자연스러운 발문 속에서 가볍게 섞어 쓰는 정도는 괜찮지만 수업 전반에 걸친 평어체 사용은 실제 학교 현장에서도 지양하자는 분위기입니다. 자신의 수업을 녹화하여 모니터링하고 적절한 경어체를 사용하고 있는가를 확인해보시면 좋습니다.

6) 구상지 보고 해도 되나요?

실제로 고득점 합격자의 후기를 들어보면 구상지를 보고 했느냐 하지 않았느냐는 평가에 영향력이 없는 것으로 판단됩니다. 수업 실연 시 구상지에 적어놓은 것들이 생각나지 않을 때가 있습니다. 그러다 보면 점점 말이 엉키고 내가 무슨 말을 하는지 모르는 상황까지 나타날 수 있습니다. 연습을 많이 했다고 하더라도 실제 시험장에서는 긴장감으로 인해 구상했던 것도 생각나지 않고 구상하지 않았던 말들도 하게 됩니다. 구상지를 보고 하지 않는 것이 더 베테랑 같다는 말은 신경 쓰시지 마시고 내가 준비한 수업을 보여주는 것에 포인트를 맞추면 실연이 더 수월해지실 것 같습니다.

7) 공간 활용은 어떻게 해야 하나요?

수업 실연 장소 전체를 이용할 필요는 없지만 동선을 크게 만드는 것을 추천합니다. 수업자의 활동성과 수업의 강약 조절을 위해 두세 걸음 정도 앞, 뒤로 움직이며 공간을 활용했습니다. 실제로 책상이 없지만 반 무릎 꿇은 상태로 학생을 지도한다고 생각하고 실연하기도 했었고 이동 칠판을 옮기는 동작을 보여줄 때는 두세 걸음 옆으로 이동해서 끌고 오기도 했습니다. 또한 학생들과의 눈 마주침이나 하이파이브, 책상 이동 등 학생과의 상호작용을 할 때 실제 학생이 앉아 있다고 상상해 보시면 거리 조절이 쉬울 것 같습니다.

8) 실연 중간중간 시계를 봐도 되나요?

수업 실연 중간에 손목시계를 보셔도 상관없습니다. 그러나 발문 사이마다 확인을 한다면 수업의 흐름이 끊길 수 있기 때문에 적절한 타이밍에 보는 연습을 하는 것도 방법입니다. 실제로 자신의 손목시계를 착용하고 입장하기 때문에 스터디를 하실 때 손목시계를 보는 연습을 하는 것도 좋은 방법입니다. 확인하는 타이밍은 도입 끝 부분, 활동1 끝부분, 활동2 끝 부분을 추천드립니다. 또한 평가실에 입장하실 때 시계를 정각에 맞춰놓으면 남은 시간을 확인하는 것이 수월합니다.

⑨ 전개 부분부터 실연하게 되면 도입의 부분 언급 없이 바로 시작해도 되는건가요?

네 맞습니다. 전개의 활동 부분만 실연하라고 조건이 제시됐다면 도입 부분은 언급하지 않고 바로 전개의 활동으로 들어가도 전혀 문제되지 않습니다. 그러나 신경이 쓰이신다면 "자 앞에서 우리 학습 목표 확인한 것 잘 기억하고 있죠? 첫 번째 활동은~" 정도만 언급해주셔도 좋습니다.

⑩ 구상 시에 '수업 실연 문제지(B4)' 외에 '빈 여백 구상지' 이렇게 2장을 주나요? 어떻게 활용하면 좋을까요?

수업 실연 문제지(B4)만 제공이 됩니다. 문제지에 여백이 크게 보이고 구상지가 따로 제공되지 않으므로 문제지에 바로 구상하시게 됩니다. 스터디 및 연습을 하실 때 B4용지에 연습해 보시는 것을 추천드립니다.

CLASS 02 수업 나눔 준비하기

 체크 포인트

수업 능력 평가 영역 중 하나인 수업 나눔(수업 성찰, 수업 면접 등)은 자신의 수업을 성찰하고 문제 해결을 위한 방법을 스스로 모색할 수 있는지 평가하는 영역입니다. 제2의 면접이라는 느낌을 받게 하여 어쩌면 수업 실연보다도 긴장되기도 하고 정해진 답이 있지 않을까 걱정되기도 하지만 수업자의 교직관과 수업 의도에 대해 잘 드러낼 수 있어서 수업 실연의 보완처로 작용될 수도 있습니다. 수업 나눔의 목적은 자신을 성찰하고 성장하려는 역량을 갖추기 위함이므로 수업에 대한 솔직함과 자신만의 철학을 가지고 임하시길 바랍니다.

지역별로 문항 수는 다르지만 보통 세 문항이 출제되며 그 유형은 비슷합니다. 질문의 내용은 수업에 대한 반성과 성찰, 수업 의도, 교직관, 교육과정의 이해 등의 다양한 주제에서 출제됩니다. 수업 실연을 관찰한 평가관이 평가하기에 어느 부분이 부족했는지, 성찰이 필요한 부분인지 정확하게 파악하고 해결 방법을 모색해야 합니다. 모든 수업에 정답이 없듯이 수업 나눔 또한 정해진 정답은 없지만 자신만의 만능 답변은 필요합니다. 이번 파트를 통해서 수업 나눔에 필요한 구성 포인트와 출제 주제를 살펴보며 자신만의 만능 답변을 완성해보시길 바랍니다. 수업 나눔은 솔직함이 포인트인 만큼 학교 현장에서 이뤄지는 현실 대처 방법들은 무엇이 있는지 리미쌔미만의 현장 팁 또한 들려드리겠습니다.

1. 수업 나눔 평가 포인트

🎯 양날의 검, 수업 나눔(성찰)

① 성찰

자신의 수업은 자신이 가장 잘 설명할 수 있어야 합니다. 지역마다 다르지만 수업 나눔의 평가 목적에는 동료 교사와의 협력적 수업 설계도 포함됩니다. 실제 학교 현장에서 동료 장학을 하기 위한 발판이 되는 과정입니다. 다른 사람이 아닌 본인이 계획하고 실행한 수업에 대해 얼마나 정확하고 솔직하게 성찰하는지 평가됩니다. 성찰의 내용에는 교사로서의 책임감, 수업의 방법, 학생과의 의사소통, 학생 중심의 수업 등 문항에 따라 다양하게 언급할 수 있습니다. 수업을 되돌아보는 과정에서 자신의 교직관, 수업 의도 등을 포함하여 말하면 좋습니다.

② 솔직함

수업 나눔에서 원하는 솔직함은 평가 상황이나 수업 조건에 대한 것이 아니라 '자신의 수업에서 부족한 부분을 용기 있게 말하는가'가 포인트입니다. 나의 문제점을 알고 있고 이 부분을 해결할 방법을 알고 있다는 것을 말해야 합니다. 또한 수업에서 강조하고 싶었던 부분을 덧붙여서 설명하면 평가관이 수업자의 수업 의도를 다시 한번 더 명확하게 파악할 수 있을 것입니다. 자신감을 높이는 방법으로 자신이 평가받는 입장이라는 것을 지우고 실제 교직 현장에 있는 교사라고 상상하는 이미지 트레이닝을 활용해보시길 추천합니다.

③ 개선 방향

교육적 솔직함을 바탕으로 수업에 대한 성찰을 했다면 어떻게 개선할 것인지 해결방안을 마련해야 합니다. 보통 성찰의 내용과 연계된 자신만의 해결방안이 있을 수도 있지만 면접에도 교육학적인 이론이 활용되는 답변이 있듯이 수업 나눔에도 일반적인 답변이 있으니 문항에 따라서 적절하게 답변해야 합니다. 개선 방향을 말할 때는 구체적인 방안을 설명하여 현실 가능성을 높여주고 교사 중심보다 학생 중심으로 설정하는 것이 좋습니다.

2. 수업 나눔의 기승전결

🎯 제2의 면접인가? 정답은 없지만 만능 양념장은 언제든지 환영!

수업 나눔은 말 그대로 본인의 수업에 대해 이야기를 하는 것입니다. 자신이 실연했던 것을 바탕으로 성찰하고 문제를 해결하기 위한 방법을 고민하여 이를 적절한 의사소통 방식으로 나누는 것이 목적입니다. 적절한 의사소통 방식이라는 것은 답변의 기승전결을 갖춰 대답하는 것을 의미합니다. 문항 주제별로 자신만의 기승전결이 갖춰진 만능 답변을 만들어보세요. 아래 개요들을 참고하여 수업 실연의 기본 스크립트처럼 답변을 구조화하셔도 좋습니다.

1	성찰	수업의 의도, 스스로 칭찬하고 싶은 부분, 아쉬웠던 부분 등을 간결하게 설명합니다.
	개선점	성찰한 부분과 연결하여 장점을 살리는 방안, 아쉬웠던 부분을 해결하기 위한 방향을 말합니다.
	적용 방안	개선 방향에 따른 수업에 적용할 수 있는 구체적인 적용 방안을 설명합니다.
	【예시 문제】 1. 자신의 수업에서 아쉬운 부분과 보완 방안을 말하시오. 2. 수업 계획 시 가장 고민했던 부분을 말하고 실연 시 어떻게 극복했는지 방안을 말하시오. 3. 자신의 수업을 평가하고 개선 방향을 말하시오.	
2	교사	교사의 입장에서 해석할 수 있는 부분, 교사가 의도했던 부분 등을 말할 수 있습니다.
	학생	교수 활동에 따른 학생의 반응, 학생과의 특별했던 상호작용, 학생과 학생과의 상호작용 등을 설명합니다.
	사회	차시 수업 연계, 일상생활 연계, 가정 연계 등 삶과 연계된 수업임을 강조할 수 있습니다.
	【예시 문제】 1. 오늘 수업 중 재밌었던 부분을 말하고 이 경험을 어떻게 나눌 것인지 말하시오. 2. 학생의 자발적인 참여가 드러난 활동을 말하시오. 3. 학생과의 상호작용이 드러난 부분과 학생의 성장을 이루기 위해 노력한 것을 말하시오.	
3	역량	교육과정 총론의 핵심 역량, 시도별 강조 핵심 역량, 해당 수업 제재와 자신의 교직관을 연결한 역량 등을 설명할 수 있습니다.
	배움	역량을 지도하기 위한 수업 전략, 학생 중심의 수업 방안 등을 말합니다.
	성장	배움 과정을 통해 교사와 학생의 성장이 드러난 부분을 말합니다.
	【예시 문제】 1. 자신의 교직관을 말하고 이를 수업에 어떻게 적용했는지 말하시오. 2. 다른 교과와 융합하고 재구성하여 수업할 경우 진행할 활동 3가지를 말하시오. 3. 배움 중심 수업을 위해 설계한 부분을 말하시오.	

4	수업 전	수업 설계 시 의도한 부분, 교직관과 연결한 중요한 핵심 역량, 학생의 문제행동 중재 방법 등 고민했던 부분을 말합니다.
	수업 중	수업 전에 고민했던 것들을 어떻게 녹여냈는지, 학생의 반응 및 참여가 드러난 부분을 설명합니다.
	수업 후	의도한 대로 이뤄진 부분과 아쉬웠던 부분을 설명합니다.
	【문제】 1. 수업을 준비하면서 고민했던 부분을 말하고 수업 전, 중, 후 부분에서 고민을 해결하기 위해 실행했던 것을 말하시오. 2. 학생의 문제행동을 중재하기 위해 노력한 것을 말하시오. 3. 학생들의 핵심 역량을 기르기 위해 수업에 적용한 것을 말하시오.	

3. 수업 나눔의 주제 유형

🎯 미리 알아두어야 할 기출 주제들

① 교직관

'본인의 교직관이 무엇인가?'라고 직접적으로 묻는 유형은 거의 없으나 자신의 평소 교육 철학이 묻어날 수 있도록 대답하면 좋습니다. 수업에 대해 묻는 질문에 그 해당 수업에 대해서만 생각하지 않고 본인이 추구하는 수업 방향이 드러날 수 있도록 답변을 연습해보세요.

> **관련 기출문제 – 2019 경기 초등**
> 자신이 생각하는 학생 중심 수업은 무엇인지 말하고 그것을 수업에서 실현하고자 한 노력을 말하시오.

② 교육과정 및 교과 융합

교육과정 관련 질문은 수업자가 해당 교과의 성취기준을 이해하고 수업을 재구성는지가 포인트가 됩니다. 교육과정-수업-평가가 연계되는지 핵심 역량을 잘 파악하고 수업에 녹여냈는지가 중요하기 때문에 평소에 교육과정의 성취기준과 교과별 역량 등을 꾸준히 읽어보시는 것을 추천드립니다. 또한 예상문제 속에 교과 융합에 대한 내용이 없더라도 스스로 포함시켜서 생각해보시길 바랍니다.

> **관련 기출문제 – 2021 서울 초등**
> 사회과의 기능과 그 이유는 무엇인지 말하시오.

초·중등 임용 2차 대비

③ 시도별 교육 정책

경기, 대구 지역은 특히 해당 시도별 교육 정책이 두드러지게 문제로 출제되는 경우가 많습니다. 교육 정책이나 추구하는 교육 방향은 꼭 수업 나눔 문제에 출제되지 않더라도 심층 면접에서도 충분히 활용될 수 있는 내용이므로 미리 숙지하여 자신의 교육관과 연계하여 먼저 생각해보시길 바랍니다.

> **관련 기출문제 - 2018 경기 중등**
> 경기교육은 모든 학생이 꿈과 끼를 발견하고 핵심역량을 체득하는 것을 목표로 하고 있다. 경기교육이 추구하는 핵심역량 함양을 위해 수업에서 활용한 부분을 말하시오.

④ 학생의 특성

학생의 특성 관련 문항은 보통 배움이 어려운 학생이나 특징이 두드러지게 제시된 학생, 문제행동이 제시된 학생 등을 어떻게 지도했는지 자주 묻습니다. 중도·중복장애 학생이나 보완대체 의사소통 기기를 활용하는 학생, 수업 진행 시 어려웠던 학생 등 다양하게 질문이 제시됩니다. 수업 실연 구상 시에 수업 나눔을 대비하여 해당 학생들의 특성을 고려한 지도 방안을 생각하여 설계하는 것이 좋습니다.

> **관련 기출문제 - 2021 광주 초등**
> 나 수준 학생의 수준을 고려한 교수학습 방안 3가지를 말하시오.

⑤ 상호작용

교사와 학생, 학생과 학생 간의 상호작용은 다양하게 질문이 제시될 수 있으나 수업 구상을 할 때부터 두 가지 유형이 모두 드러나도록 준비하는 것이 좋습니다. 수업 나눔 또한 교사의 상호작용 능력을 평가하기 위함입니다. 학생들 간의 협동 학습, 동료 교사와의 협력 수업 및 수업 나눔 등의 필요성과 적극적 활용 방안 등을 생각해 봐야 합니다.

> **관련 기출문제 - 2020 경기 중등**
> 교사와 학생, 학생과 학생 간의 상호작용이 오늘 수업에서 어떻게 의미있게 드러났는지와 그 이유를 말하시오.

6 수업의 의도

기본적으로 자신의 교직관과 교육 철학이 연계될 수 있습니다. 내가 생각하는 좋은 수업이란 무엇인가 생각해보고 학생 중심의 수업, 배움 중심의 수업, 포기하지 않는 수업 등과 연결하여 설명할 수 있습니다. 또한 오늘 실연한 해당 수업에 대해 얼마나 깊게 생각해 봤는지 드러내면 좋습니다. 수업 설계 시 중요하게 생각했던 부분이나 제시된 자료를 어떤 의도로 활용했는지, 배움이 느린 학생을 위한 전략 등 다양한 방식으로 본인의 수업을 어필할 수 있습니다.

> **관련 기출문제 - 2019 광주 초등**
> 6가지 역량 중 이 수업에서 학생들에게 키워주고자 한 역량 한 가지를 말하고 그와 관련된 활동 2가지를 말하시오.

7 동료 교사 및 협력

수업 나눔 실시 목적 중의 하나인 동료 교사와의 적절한 의사소통 능력을 평가하기 위한 문항입니다. 자신을 성찰하고 이를 동료 교사와 적절한 방식으로 이야기하는가, 자신의 수업 개선을 위해 동료 교사와 어떤 것을 협력해야 하는지 알고 있는가를 평가하므로 먼저 본인의 수업을 제대로 파악하고 성찰하는 것이 첫 번째입니다. 실제로 학교 현장에서도 동료 장학 시 다른 교사의 판단과 평가를 듣기보다 먼저 본인의 수업에 대해 자기 평가하는 시간을 갖습니다.

> **관련 기출문제 - 2016 경기 중등**
> 수업에서 깨달은 것과 학교 현장에서 동료 교사와 수업 나눔을 한다면 어떻게 할지 말하시오.

8 일상생활 연계

수업 실연 문항이 일상생활 관련된 제재들로 많이 출제되고 있습니다. 수업 조건에 '일상생활과 연계하여 지도하시오.'라고 제시되는 경우도 많습니다. 수업 조건에 제시되지 않았다고 하더라도 제재와 관련하여 학생의 삶과 연계되는 지도 방안은 수업 실연 설계 시 먼저 생각해두시는 것을 추천합니다. 구체적인 방안으로는 학생의 경험을 이끌어내는 질문하기, 결과물을 가정과 연계하기 등이 있습니다.

> **관련 기출문제 - 2018 경기 초등**
> 수업 중 어려웠던 것은 무엇인지 말하고 학생이 학교에서 배운 것을 일상생활과 연계하는 방법이 무엇인지 말하시오.

⑨ 교사의 성찰과 개선

수업에 대한 솔직한 성찰은 평가관이 수업에 대해 더 잘 이해할 수 있도록 만드는 열쇠입니다. 물론 평가를 위한 솔직함이 아니라 수업의 의도에 대한 솔직함이 드러나야 합니다. 성찰에는 내가 아쉬웠던 것만 나타낼 필요는 없습니다. 수업 실연 시 내가 잘했다고 생각하는 부분도 함께 언급해줘서 아쉬웠던 부분을 채울 수 있는 여지를 남겨줘야 합니다. 개선 방향은 본인의 교직관이나 수업 의도가 드러나게 말하고 그 구체적인 방안을 반드시 언급해야 합니다.

> **관련 기출문제 - 2021 서울 초등**
> 자신의 수업에서 보완할 점은 무엇인지 말하시오.

⑩ 배움과 성장

배움과 성장은 교사에게도 이뤄질 수 있지만 보통 학생에게 어떠한 배움이 일어나길 의도했느냐가 포인트가 됩니다. 학생의 다양성을 인정하고 개별화된 수업 목표나 수업 중 피드백 등이 이에 해당됩니다. 이를 드러내기 위한 방안으로 개별 학생 중심의 활동명을 언급하거나 배움이 어려웠던 학생(문제행동이 제시된 학생 등)을 위한 특별히 제시한 규칙, 활동 등을 언급하는 것을 추천합니다.

> **관련 기출문제 - 2021 경기 초등**
> 학생의 성장을 지원하는 평가 방안을 말하시오.

4. 자주하는 Q & A

① 정말 솔직하게 자기 성찰을 해도 되나요?

수업 나눔의 포인트는 자신이 실연한 수업에 대해 교육적으로 성찰하는 것입니다. 자신의 교직관과 수업 의도를 갖춘 솔직함은 평가관의 마음을 흔들 수 있지만 오직 평가를 위한 솔직함은 걸림돌이 될 수 있습니다. 예를 들어 '수업의 어느 부분이 아쉬운가?'라는 질문에 '문제행동 중재를 했어야 했는데 못한 점이 아쉽습니다.' 같은 솔직함은 평가를 위한 솔직함으로 볼 수 있습니다. 솔직한 자기 성찰을 하되 수업에 대한 의도와 상황에 대해 설명하는 시간이 될 수 있도록 답변하시길 바랍니다.

② 너무 긴장해서 말을 버벅거렸어요.

수업 나눔 또한 면접과 비슷합니다. 말을 버벅거리며 긴장될 수 있습니다. 평가 포인트는 말을 얼마나 유창하게 하느냐보다 '자신의 수업에 대해 공감할 수 있는 의사소통 능력을 가졌는가?'일 것입니다. 자신의 수업에 대해 정확하게 파악했다는 것이 드러날 수 있는 답변을 했다면 긴장으로 인한 버벅거림은 큰 문제가 되지 않습니다.

③ 평가관 세 명을 다 바라보면서 해야 하는지?

수업 나눔의 도입 목적은 동료 교사와 수업에 대해 대화하면서 자신을 성찰하는 것에 있습니다. 평가관이 동료 교사 역할을 수행한다고 생각하고 수업 나눔에 임해야 합니다. 물론 실제 평가 과정에서 평가관은 질문만 하는 것이 현실이지만 실제 학교 현장에서 동료 장학을 한다는 상상을 하면서 말하는 것을 추천드립니다. 또한 수업 나눔은 제2의 면접이라는 말이 있듯이 면접과 방법이 비슷합니다. 시선을 한 곳에 두는 것보다 일정한 시간 간격을 두고 평가관들을 바라보며 진실성을 보여주시면 좋습니다.

CLASS 03 기출문제

 체크 포인트

기출문제의 중요성은 아무리 강조해도 지나치지 않습니다. 기출된 과목과 제재들을 연도별로 살펴보고 각 시도별로 중요하게 생각하는 포인트가 있는지 요즘 기출의 추세를 정리할 수 있습니다. 대체적으로 최신 기출문제들은 학생의 삶과 연계할 수 있는 주제가 출제됐습니다. 기출문제를 충분히 연습해봤다면 기출문제를 스스로 조금씩 변형해서 연습하는 것 또한 도움이 될 수 있습니다.

〈기출문제 목록〉

지역	연도	과목	수업 주제
서울	2021	사회	자연환경 보호
	2020	과학	수증기의 상태 변화
	2019	슬기로운 생활	여러 가지 교통수단
	2018	과학	일기 예보
경기	2021	수학	모양이 같은 사물
	2020	사회-과학	계절과 생활
	2019	과학	공기의 부피 변화
	2018	안전한 생활	지진 발생 시 대처 방법
인천	2020	국어	심부름 관련 정보
	2019	안전한 생활	신호등 색깔
	2018	슬기로운 생활	우리 마을
평가원	2020	수학	몇 시 30분
	2019	사회	나의 선택
	2018	과학	감각 기관
대구	2020	국어-사회-실과	이웃 사람과의 생활
광주	2020	사회	지역사회 기관

1. 초등 수업 실연

서울 - 2021

① 본시 학습 지도 내용

교과 – 대상	사회
학습 제재	자연환경 보호 실천 방안 알고 실천하기

② 수업 조건

- 수업 실연 전 성취기준에 근거한 수업의도를 1분 내로 말하시오.
- 도입-전개-정리 부분을 실연하시오.
- 사회과의 기능을 포함하여 실연하시오.
- 가정연계 방안을 포함하여 실연하시오.
- 특수교육실무사를 활용하여 실연하시오.
- 교사와 학생 간의 상호작용이 드러나도록 실연하시오.
- 자리이탈 문제행동을 중재하는 것을 포함하여 실연하시오.

③ 학생 현황

수준	학생 수	수행 수준
가	1명	• 문장 수준으로 의사소통 가능함 • 자연 환경보호 실천 경험을 말할 수 있음 • 자연 환경보호 방법과 아닌 방법을 구분함
나	2명	• 단어 수준으로 의사소통 가능함 • 같은 그림 찾기 가능함 • 교사의 지시 따르기 가능
다	2명	• 전반적 지원이 필요하고 의사소통이 어려움 • 자료를 5초 정도 바라봄 • 자리이탈 문제행동을 보임

서울 - 2020

① 본시 학습 지도 내용

교과 – 대상	과학-3~4학년
단원	물과 수증기-수증기의 상태 변화
학습 목표	수증기의 상태 변화를 관찰하고 실생활에서 예시를 찾을 수 있다.

② 수업 조건

- 실연 시작 전, 성취기준에 근거한 수업 의도를 1분 내로 말하시오.
- 도입-전개-정리 부분을 실연하시오.
- 교사와 학생 간의 상호작용이 드러나게 실연하시오.
- 실험하기, 관찰하기, 의사소통하기 등 과학의 수업 기능이 드러나도록 실연하시오.
- 중도·중복장애 학생의 수업 참여가 드러나도록 실연하시오.
- 특수교육실무사와 사회복무요원이 배치되어 있다는 가정하에 실연하시오.

③ 학생 현황

수준	학생 수	수행 수준
가	1명	• 워커로 이동함 • 스스로 컵에 물을 담을 수 있음 • 물건에 대한 호기심이 많음
나	2명	• 스스로 수동 휠체어로 이동함 • 컵에 물을 담을 수 있지만 반 정도 흘림 • 강직으로 인해 소근육 조작 어려움
다	2명	• 타인의 도움에 따라 수동 휠체어로 이동함 • 컵에 물을 담기 어려움 • 보완 대체 의사소통을 활용함

서울 - 2019

① 본시 학습 지도 내용

교과 - 대상	슬기로운 생활-1학년
학습 목표	여러 가지 교통수단을 살펴보고 좋아하는 교통수단을 만들 수 있다.

② 수업 조건

- 수업 실연 전 1분 내로 수업의 의도를 설명하시오.
- 도입부터 전개의 활동1까지 실연하시오.
- 교사와 학생 간의 상호작용이 드러나도록 실연하시오.
- 자리 이탈 문제행동 중재가 드러나도록 실연하시오.
- 제재로 배, 기차, 자동차, 비행기를 사용하여 실연하시오.

③ 학생 현황

수준	학생 수	수행 수준
가	2명	• 그림을 보고 설명할 수 있음 • 종이를 접고 오릴 수 있음
나	3명	• 교사의 말을 따라 할 수 있음 • 종이를 스스로 접을 수 있음 • 수업 중 자리 이탈 문제행동을 보임
다	2명	• 같은 그림끼리 연결할 수 있음 • 교사의 신체적 도움을 받아 종이를 접음

서울 - 2018

① 본시 학습 지도 내용

교과 – 대상	과학-5~6학년군
단원	생활 속의 과학
학습 목표	• 일기예보를 보고 날씨에 관심을 가질 수 있다. • 날씨에 따라 필요한 물건을 찾을 수 있다.

② 수업 조건

- 도입 부분부터 전개의 활동1까지 실연하시오.
- 교사와 학생 간의 상호작용이 드러나도록 실연하시오.
- 학생들의 수준별 지원을 포함하여 실연하시오.
- 스스로 이동이 어려운 중도·중복장애 학생을 고려하여 실연하시오.
- 특수교육실무사가 배치되어 있다고 가정하여 실연하시오.

③ 학생 현황

수준	학생 수	수행 수준
가	2명	• 간단한 언어로 의사소통이 가능함 • 날씨 표현 기호를 보고 유추함 • 학습된 무기력으로 활동에 거부감이 있음
나	2명	• 한 음절씩 따라 말함 • 교사의 설명을 듣고 해당 물건을 가리킴
다	1명	• 중도·중복 장애이고 몸짓으로 의사소통 가능함 • 물건의 명칭을 듣고 가리킴

경기 - 2021

① 본시 학습 지도 내용

교과 – 대상	수학
단원	사물과 모양
학습 목표	모양이 같은 사물을 찾는다.
통합 교과	교실에서 여러 가지 겨울 놀이를 즐긴다.

② 수업 조건

- 원격수업에서 대면수업으로 전환된 상황에서 두 교과를 융합하여 실연하시오.
- 도입-전개 부분을 실연하시오.
- 수업 중 학생의 배움을 확인하고 확장하는 활동이 드러나도록 실연하시오.
- 특수교육지도사 미배치를 가정하여 실연하시오.
- 수업 자료 및 기자재는 자유롭게 활용하시오.

③ 학생 현황

구분	수행 수준
가	• 활동 간 전이가 어려움 • 비선호 과제를 제시하면 바닥에 드러누움 • 컨텐츠 학습을 좋아함
나	• 상동행동과 반향어를 함 • 교사의 지시가 있으면 행동함 • 자리를 이탈하는 문제행동이 있음
다	• 관심받는 것을 좋아함 • 교사의 시범을 보고 따라함
라	• 휠체어를 이용함 • 물건에 손을 뻗는 것이 가능함 • 교사의 질문에 대해 "네"라고 간단하게 대답함

경기 - 2020

① 본시 학습 지도 내용

교과 – 대상	사회–과학
단원	• 사회 : 계절과 생활 모습 • 과학 : 날씨와 생활
학습 목표	• 사회 : 우리 지역의 사람들이 환경과 조화를 이루며 사는 모습을 관찰한다. • 과학 : 날씨와 우리 생활의 관계를 관찰한다.

② 수업 조건

- 도입의 '목표제시'부터 전개의 중반까지 실연하시오.
- 학생들의 특성과 안전을 고려하여 실연하시오.
- 문제행동에 대해 예방적인 중재를 활용하여 실연하시오.
- 보완대체 의사소통을 활용하여 실연하시오.
- 특수교육지도사가 미배치된 상황을 고려하여 실연하시오.
- 기자재 및 자료를 자유롭게 활용하여 실연하시오.

③ 학생 현황

구분	수행 수준
가	• 문장 수준으로 발화가 가능하나 발음이 정확하지 않음 • 수업에 적극적으로 참여하고 친구를 도와주는 것을 좋아함
나	• 상동행동과 반향어를 함께 보임 • 비선호 과제를 회피하기 위한 자해 행동을 함
다	• 소극적인 태도로 수업에 참여함 • 친구가 도와주는 활동에 잘 참여함
라	• 뇌전증으로 인해 간헐적 발작을 보이고 휠체어를 타고 있음 • 보완대체 의사소통을 활용함

경기 - 2019

① 본시 학습 지도 내용

교과 – 대상	과학–4학년
단원	공기의 흐름
학습 목표	생활 속에서 공기의 부피 변화를 이용한 놀이를 할 수 있다.
핵심 개념	공기의 부피는 차가운 곳에서 작아지고 따뜻한 곳에서 커진다.

② 수업 조건

- 전개 부분을 실연하시오.
- 관찰 활동과 놀이 활동이 드러나도록 실연하시오.
- 안전 지도를 포함하여 실연하시오.
- 수업 중 눕는 문제행동을 중재하여 실연하시오.
- 특수교육지도사가 미배치됐다는 것을 고려하여 실연하시오.

③ 학생 현황

구분	수행 수준
가	• 3어절로 이뤄진 문장으로 대화함 • 적극적이고 호기심이 많음 • 차례를 지키지 않음
나	• 교사의 질문에 반향어로 대답함 • 물건을 흔드는 상동행동이 있음 • 조별 활동보다 개별 활동을 좋아함
다	• 몸짓으로 의사소통을 함 • 새로운 것에 흥미를 보이지만 주의집중력이 낮아 1분 이내로 유지됨 • 수업 중 눕는 문제행동을 보임
라	• 중도중복 장애로 휠체어를 사용함 • 경직형 뇌병변으로 근긴장도가 높음 • 원하는 것을 표현할 때 주변 사람을 잡아 당김

경기 - 2018

① 본시 학습 지도 내용

학습 제재	지진 발생 시 대처 방법 알기

② 수업 조건

- 지난주에 일어난 지진으로 인해 예정된 현장체험학습을 가지 못한 상황이다. 따라서 지진에 대한 이해와 대처 방법을 지도하고자 한다. 이를 고려하여 실연하시오.
- 도입부터 전개 중간까지 실연하시오.

도입	전개	정리

- 공격행동을 가진 학생이 다른 학생을 공격하는 상황을 포함하여 실연하시오.
- 특수교육지도사가 배치되지 않은 상황임을 가정하여 실연하시오.

③ 학생 현황

수준	학생	수행 수준
가	A	• 문장 수준으로 의사소통 가능함 • 주의산만하고 남의 일에 관심이 많음
나	B	• 단어 수준으로 의사소통 가능함 • 활동에 대한 흥미는 높지만 자신감이 낮음 • 소극적이고 자기 조절력이 낮음
나	C	• 단어 수준으로 의사소통 가능하고 반향어를 사용함 • 요구를 들어주지 않으면 공격행동을 보임
다	D	• 그림이나 몸짓으로 의사소통 가능함 • 신체에 경직이 나타나고 눈과 손 협응이 낮아 시간이 오래 걸림

인천 - 2020

① 본시 학습 지도 내용

교과 – 대상	국어-5학년
학습 목표	심부름을 부탁하는 글을 읽고, 심부름 관련 정보를 찾을 수 있다.
전시 학습	도서관을 이용하는 순서와 도서관에서 지켜야 하는 예절을 알 수 있다.
차시 학습	심부름 가는 길에 볼 수 있는 다양한 상점의 정보를 찾을 수 있다.

② 수업 조건

- 도입부터 정리까지 실연하시오.
- 학생과 교사 간, 학생과 학생 간의 상호작용이 드러나도록 실연하시오.

③ 학생 현황

수준	학생	수행 수준
가	A	• 문장 수준으로 간단한 대화를 함 • 수업에 적극적으로 참여함
가	B	• 문장 수준으로 간단한 대화를 함 • 반향어 및 수업에 불필요한 말을 함 • 친구를 잘 도와줌
나	C	• 1~2음절로 대답하고 교사의 시범을 보고 따라함 • 정리를 잘하지만 특정 물건과 장소에 집착함
나	D	• 1~2음절로 대답하고 교사의 시범을 보고 따라함 • 활동에 잘 참여하지만 호기심이 많음
다	E	• 표정과 몸짓으로 의사소통하고 교사의 신체적 도움이 필요함 • 큰 소리를 내고 동작을 따라함
다	F	• 표정과 몸짓으로 의사소통하고 교사의 신체적 도움이 필요함 • 친구와의 상호작용이 어렵고 자해 행동을 함

④ 수업 자료

[자료1] 메모 자료
'서준아 나래 가게에서 우유 1갑, 새우 과자 1봉지를 사와 줘. 부탁해.'라는 엄마의 메모

인천 - 2019

① 본시 학습 지도 내용

교과 – 대상	안전한 생활-1~2학년군
학습 제재	신호등 색깔에 따라 바른 행동 알기

② 수업 조건

▫ 신호등 색깔에 따라 올바른 행동을 익히는 것에 중점을 두고 실연하시오.

③ 학생 현황

구분	장애 유형	특징	수행 수준
A	지적장애	친구를 잘 도와줌	• 스스로 과제 수행이 가능함 • 의사소통 가능함
B	지적장애	자리를 자주 이탈함	
C	지적장애	적극적으로 참여함	• 음절로 의사소통이 가능함 • 교사의 말과 행동을 따라할 수 있음
D	자폐성장애	소리를 지르는 행동을 보임	
E	지적장애	행동을 모방함	• 교사의 전반적 도움이 필요함 • 교사의 몸짓을 따라할 수 있음
F	지체장애	편마비가 있고 휠체어를 사용함	

인천 - 2018

① 본시 학습 지도 내용

교과 - 대상	슬기로운 생활(여름 나)
단원	함께 사는 우리 마을
학습 주제	여름의 마을에 사람들이 모여요.
차시 학습	과일과 채소로 놀이하기

② 학생 현황

구분	수준	특징
A	• 의사소통 원활함 • 동네 시설에 대한 이해도가 높음	적극적임
B		친구를 잘 도와줌
C	• 단어 수준으로 말함 • 그림을 보고 동네 시설 명칭을 말함	지시를 잘 따름
D		무의미한 상동행동을 보임
E	• 비언어적 의사소통 방식을 이용함 • 같은 그림을 찾을 수 있음	주의산만함
F		오른쪽 편마비가 있고 휠체어를 사용함

평가원 - 2020

① 본시 학습 지도 내용

교과 – 대상	수학–5~6학년군
학습 제재	몇 시 30분 알기
학습 목표	시계 바늘을 움직여 '몇 시 30분'을 나타낼 수 있다.
전시 학습	몇 시 30분 읽기

② 수업 조건

- 도입의 동기유발부터 활동2까지 실연하시오.
- 도입 부분에서 학생의 개별 목표를 제시하여 실연하시오.
- 전개 부분에서 자료 1과 2를 활용하여 실연하시오.
- 학생이 보이는 오류를 지도하면서 실연하시오.
- 학생과 교사, 학생과 학생 간의 상호작용을 드러나도록 실연하시오.
- 활동1 : 시계 바늘을 읽고 시각 나타내기
- 활동2 : 일정을 보고 시각 표현하기

③ 학생 현황

이름	장애 유형	수행 수준
가영	지적장애	• 일, 이, 삼과 하나, 둘, 셋을 구분함 • 1부터 100까지 셀 수 있음 • '몇 시 삼십 분'을 말함 • 발표를 좋아하고, 교사의 질문이 끝나기 전에 대답함
나영	지적+시각장애	• 일, 이, 삼과 하나, 둘, 셋 세기에 가끔 오류가 있음 • 1부터 50까지 셀 수 있음 • 촉각으로 시계를 확인함 • '시'의 개념을 알고 있으나 '몇 시 삼십 분'을 표현하기는 어려움 • 친구와 함께하는 활동을 좋아함
다준	자폐성장애	• 1부터 5까지 셀 수 있음 • 긴 바늘과 짧은 바늘을 구분하는 것이 어려움 • 교사의 말을 따라하며 자신의 행동을 교사에게 확인받고자 함 • 색깔 스티커를 좋아함

④ 수업 자료

[자료1]
촉시계, 모형시계, 그림 일정표

평가원 - 2019

① 본시 학습 지도 내용

교과 - 대상	사회-3~4학년군
단원	나의 선택
제재	내가 하고 싶은 역할 활동의 순서를 알고 스스로 선택하기
학습 목표	• 다양한 역할을 순서대로 나열할 수 있다. • 다양한 역할을 선택할 수 있다.

② 수업 조건

- 도입의 동기유발 단계부터 전개의 활동2 부분까지 실연하시오.
- 판서는 되어 있다고 가정하여 실연하시오.
- 학생을 개별지도하는 발문이 2개 이상 드러나게 실연하시오.
- 학생과 학생 간의 상호작용이 드러나도록 실연하시오.
- 활동마다 학습목표를 상기시키는 내용을 포함하여 실연하시오.
- 형성평가에서 부족한 부분을 보충하여 실연하시오.
- 활동1 : 다양한 역할 활동의 이름과 순서를 알아봅시다.
  활동2 : 다양한 역할 활동에서 내가 하고 싶은 활동을 스스로 선택해 봅시다.

③ 학생 현황

수준	수행 수준
가	• 문장 수준으로 의사소통 가능함 • 교사의 시범을 보고 따라하나 스스로 급하게 선택하는 경향이 있음 • 역할의 개념을 말할 수 있지만 순서대로 나열하는 것은 어려움
나	• 구어로 말하기 어렵고 보완대체 의사소통 체계를 활용함 • 분리 배출에 대해 알지 못하고 역할을 순서대로 나열하는 것이 어려움 • 자리 이탈 문제행동이 있지만 활동 진행 상황을 알려주면 빈도가 감소함
다	• 고개를 끄덕여 예, 아니오를 표현함 • 소근육 조작이 어려워 물건을 책상 밑으로 자주 떨어뜨림 • 같은 그림을 찾을 수 있으나 역할을 순서대로 나열하는 것은 어려움

④ 수업 자료

[자료1] 다양한 역할 활동에 대한 그림카드		
[사진1] 쓰레기가 섞여 있는 그림	[사진2] 분리 배출하는 그림	[사진3] 빈 쓰레기통 그림
분리수거		
[사진1] 물뿌리개에 물 받기	[사진2] 화분에 물 주기	[사진3] 물뿌리개 정리
?		
[사진1] 색연필이 책상 위에 굴러다님	[사진2] 색연필 통에 정리하기	[사진3] 정리된 그림
?		

[자료2] 실물자료
쓰레기통, 빈 캔, 색연필, 풀, 화분, 물뿌리개

평가원 - 2018

① 본시 학습 지도 내용

교과 – 대상	과학–5~6학년군
단원	우리 몸
학습 목표	감각기관이 하는 일 알기
차시 학습	소화기관의 위치와 생김새 알기

② 수업 조건

▫ 전개의 활동2, 활동3, 정리 부분까지 15분 동안 실연하시오.

도입	전개	정리
	활동1. 감각기관의 종류 알기	차시 예고
	활동2. 감각기관이 하는 일 알기	
	활동3. 감각기관을 이용하여 사물 맞히기	

▫ 학생의 수준에 따른 개별화 수업을 적용하여 실연하시오.
▫ 교사와 학생간의 상호작용이 원활하게 이뤄지도록 실연하시오.
▫ 수업의 전개 단계에서 학생의 자기 결정이 이뤄지도록 하고, 실생활과 연계하여 실연하시오.

③ 학생 현황

이름	수행 수준
가은	• 눈, 코, 혀, 귀, 피부가 하는 일을 말할 수 있음 • 자신의 생각을 단어로 표현하고 쉬운 문장을 읽을 수 있음 • 나은이와 함께하는 활동을 좋아함
나은	• 눈, 코, 혀, 귀, 피부 중에서 눈과 코만 알고 있음 • 경직형 뇌성마비로 고개를 돌려서 의사표현이 가능함 • 소리지르기 문제행동이 있고 강화물을 약속하면 빈도가 줄어듦
다은	• 눈, 코, 혀, 귀, 피부 중에 눈을 알고 있음 • 반향어를 사용하고 교사의 시범을 따라할 수 있음 • 그림카드를 이용할 수 있고 붙임딱지를 좋아함

④ 수업 자료

[자료]
감각기관 그림 카드, 감각기관 붙임딱지, 우리 학급 사진(시각), 바나나(후각), 설탕(미각), 종(청각), 수세미(촉각), 자료를 담는 그릇, 안대

대구 - 2020

① 본시 학습 지도 내용

교과 – 대상	국어, 사회, 실과
단원	정다운 이웃
학습 주제	• 국어 : 상황에 맞는 말 사용하기 • 사회 : 이웃 사람들이 서로 돕고 살아가는 모습 관찰하고 설명하기 • 실과 : 이웃 간에 지켜야 하는 생활 규칙과 예절을 익혀 공동체 생활 실천하기

② 수업 조건

- 도입 부분에서 역할극을 활용하여 실연하시오.
- 수업 중 욕하는 학생에 대한 중재를 포함하여 실연하시오.
- 다 수준의 학생에게 적절한 의사소통 방안을 고려하여 실연하시오.
- 실무원이 배치된 상황을 가정하고 실연하시오.
- 분필과 가상의 자료 등을 활용하여 실연하시오.

③ 학생 현황

수준	학생	수행 수준
가	2명	• 자신의 생각을 스스로 표현함 • 수업에 적극적으로 참여함
나	2명	• 단어 수준으로 의사소통이 가능함 • 친구들과 상호작용이 어렵고 욕하기 문제행동으로 수업을 방해함
다	2명	• 음성 언어로 표현하기 어려움 • 주의집중이 어려움

광주 - 2020

① 본시 학습 지도 내용

교과 – 대상	사회-5~6학년
단원	우리 생활과 지역사회 기관
학습 목표	우리 동네 지역사회 기관을 알 수 있다.

② 수업 조건

▫ 학생들의 자발적인 참여와 지역사회 참여가 드러나도록 실연하시오.

③ 학생 현황

수준	학생	수행 수준
가	A	• 지역사회 기관의 종류와 역할을 말함 • 지역사회에 관심이 많고 지도를 보는 것을 좋아함
가	B	• 체험학습 경험 말하기를 좋아함 • 노래, 발표를 좋아함
나	C	• 고마움을 표현할 수 있음 • 친구를 도와주고 칭찬받는 것을 좋아함
나	D	• 같은 그림을 찾고 붙임 • 인공와우를 착용함 • 승부욕이 강하고 좌절감을 쉽게 느낌
다	E	• 교사가 지시하는 곳에 스티커를 붙일 수 있음 • 눈 마주침과 자리 착석이 어려움 • 반향어를 사용함

2. 중등 수업 실연

2022

① 본시 학습 지도 내용

교과 – 대상	사회–고등학생
단원	생활과 경제
학습 주제	정부는 국민의 경제활동을 돕습니다(블럭수업 100분).
학습 목표	• 세금의 종류를 안다. • 정부가 세금을 이용하여 공공서비스 하는 것을 찾고 발표한다.
전시 학습	정부의 경제생활
차시 학습	개인의 경제생활

② 수업 조건

- 활동1부터 활동2 발표 전까지 실연하시오.
- 수업 실연1에서 자료1을 활용하고, 수업 실연2에서 자료2를 활용하여 실연하시오.
- 수업 실연2에서 각 학생의 수준에 맞게 구상하여 실연하시오.
- 수업 실연3에서 다 수준 학생이 참여할 수 있게 구상하여 실연하시오.
- 수업 중 상호작용(교사와 학생, 학생과 학생 간)이 드러나게 수업하시오.
- 준호와 세영이의 문제행동을 긍정적 행동 지원으로 중재하여 실연하시오.
- 준호의 특성을 반영하여 중재하고 세영이는 선호 활동 기능에 근거하여 중재하여 실연하시오.
- 또래 학습을 활용하여 실연하시오.
- 활동1에서는 구술 평가, 활동2에서는 관찰 평가를 활용하여 실연하시오.
- 전자칠판, 그림 카드, 그림 자료, 태블릿 PC, 스티커 프린터, AAC

③ 학생 현황

수준	학생 수	수행 수준
가	2명	• 4~5문장을 듣고 이해하며 문장으로 발화 가능 • 태블릿 PC 사용하여 스스로 검색 가능 • 스티커 프린터를 이용할 수 있음

나	3명	• 반복해서 문장을 말해주면 단어로 발화 가능 • 핵심 단어를 주면 태블릿 PC 사용 가능 • 스티커 프린터를 이용하는 것이 어려움 • 준호 : 과제가 어려우면 종이를 찢음 • 세영 : 모둠활동을 하고 싶어서 손가락 끝을 책상에 두드림 　　　(문제행동의 기능 : 선호 활동하기)
다	1명	• 한글 읽기와 발화 어려움. 같은 낱말, 그림은 찾아 고를 수 있음 • 한글을 이용한 학습은 어려우나 그림을 연결하여 학습 가능 • 이미지 파일을 제공하면 검색할 수 있음 • 음성으로 소통은 안 되지만, AAC 이용해 의사를 나타낼 수 있음

④ 수업 자료

자료1	〈세금의 종류 그림 3개〉 물건을 사면 **부가가치세**를 냅니다.　　자동차를 사면 **개별소비세**를 냅니다.　　월급을 받으면 **소득세**를 냅니다.
자료2	〈공공서비스 그래픽 조직자〉 〈박물관, 유적지 사진〉 박물관, 미술관, 문화유적지 등을 관리하고 유지합니다. 〈전염병 관리 사진〉 질병으로부터 우리를 안전하게 지켜 줍니다. 〈빈칸〉　〈빈칸〉　〈빈칸〉　〈빈칸〉 세금 → 정부 ← 편의 / 안전

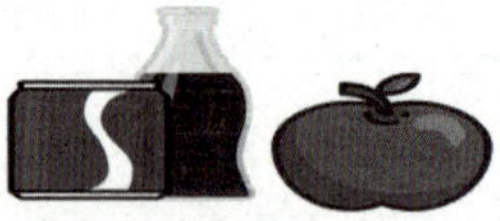

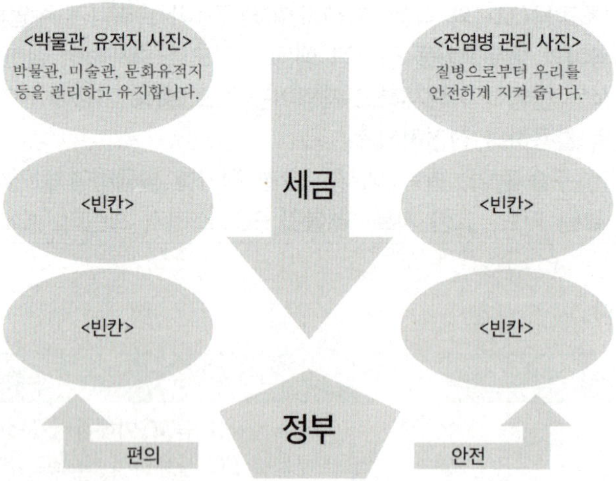

전개	활동 1	수업 실연 1	[자료1] 활용, 태블릿 PC 사용 학생들의 경험을 활용한 발문하기	- (유)개별활동 - (유)부가세와 부가가치세가 같다는 것을 안내한다. - (유)다 수준 학생에게는 영수증에 시각적 단서를 제공하여 '부가세'를 영수증에서 확인하도록 한다. - (자)태블릿 PC, 세금 그림자료
		수업 실연 2	- 활동1을 정리하는 수준별 학급 퀴즈 - 형성평가 활용(학생 수준에 맞게 평가 문제를 아래 빈칸에 적음) | 가 | | | 나 | | | 다 | |	
	활동 2	수업 실연 3	[자료2] 활용, 태블릿 PC, 스티커 프린터 사용 - 모둠활동 : 다 수준의 참여가 드러나야 함	- (유)이질적 모둠 구성 - (유)모둠활동 시 또래도우미 활용 - (유)다 수준 학생은 태블릿 PC에 이미지 파일을 넣어둔 것으로 활동한다. - (자)스티커 프린터, 태블릿 PC, 그래픽조직자 활동지

2021

① 본시 학습 지도 내용

교과 – 대상	보건–고등학교 2학년
제재	올바른 의약품 사용법
전시 학습	감염병 예방과 대처
차시 학습	의료 시설 이용

② 수업 조건

- 전개 활동1부터 활동2까지 실연하시오.
- 활동1에서 자료1을 활용하고, 활동2에서 자료2, 자료3을 활용하여 실연하시오.
- 학생의 특성에 따른 교사의 개별적 지원이 드러나도록 실연하시오.
- 활동1에서 서현이의 문제행동 중재를 하고, 활동2에서 인성이의 문제행동 중재를 포함하여 실연하시오.
- 수업 중 학생과 학생간의 상호작용이 드러나게 수업하시오.
- 또래 교수가 드러나게 실연하시오.
- 학생의 특성에 따른 교사의 개별적 지원이 드러나도록 실연하시오.
- 컴퓨터, 전자칠판, 태블릿 PC, 의약품 모형

③ 학생 현황

수준	학생 수	수행 수준
가	2명	• 4~5개의 단어로 이뤄진 문장을 듣고 이해하며 문장으로 발화 가능 • 실생활에 관련된 내용을 이해함 • 학급 친구를 도와주는 것을 좋아함 • 서현 : 수업과 관련 없는 질문을 자주 함
나	3명	• 2~3개의 단어로 이뤄진 문장을 듣고 이해하며 자신의 생각을 단어로 표현함 • 실생활에 관련된 내용을 이해함 • 검색어를 제공하면 태블릿 PC를 이용하여 그림이나 사진을 찾음 • 인성 : 주의집중 시간이 짧고 활동 시간에 자리이탈이 많음
다	1명	• 한 음절로 의사소통이 가능하고, AAC 이용해 의사를 나타냄 • 또래와의 상호작용을 통해 학습하는 것을 좋아함 • 활동에 소극적이고 학습된 무기력을 보임

④ 수업 자료

[자료1] 약물 오용과 남용에 대한 그림카드와 말풍선

그림 1	그림 2	그림 3	그림 4
"재작년에 처방받은 약인데 먹어도 되나?"	"머리가 아픈데 설사약을 먹어도 될까?"	"이 다이어트 약을 먹고 살을 뺄거야."	"피곤하니까 피로회복제를 많이 먹어야겠다."

※ 약물 오용: 의사의 정확한 처방 없이 마음대로 약물을 사용하거나 약물의 양이나 먹는 방법을 지키지 않는 것
※ 약물 남용: 치료나 예방 등의 목적이 아닌 감정이나 행동 등의 변화를 일으키기 위해 약물을 사용하는 것

[자료2] 목적에 맞는 의약품 연결하는 활동지 / 내복약 봉투

반창고 그림	•	•	1일 2~3회 상처 부위에 적당량을 바른다.
연고 그림	•	•	상처 부위에 붙인다.

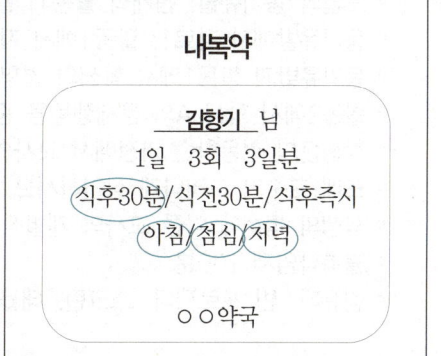

[자료3] 모둠활동지(의약품 사용법과 복용법 작성하기)

모둠명		구성원	
사용법		복용법	

2020

① 본시 학습 지도 내용

교과 – 대상	진로와 직업-고등학생
단원	안전한 작업 수행
학습 목표	작업 중 발생할 수 있는 위험 상황을 구별하고 안전사고 예방법을 익힌다.
전시 학습	여러 가지 작업 규칙 지키기
차시 학습	실내에서 안전하게 작업하기

② 수업 조건

- 도입의 동기유발, 전개의 활동1, 활동2까지 실연하시오.
- 동기유발에서 자료1, 활동1에서 자료2, 활동2에서 자료3을 활용하여 실연하시오.
- 동기유발과 활동1에서 학생의 경험을 활용하여 실연하시오.
- 활동2에서 학생 A의 문제행동을 중재하여 실연하시오.
- 학생들의 협동학습 과정에서 교사의 개별적 지원이 드러나도록 실연하시오.
- 또래 교수가 드러나게 실연하시오.
- 학생의 특성에 따른 교사의 개별적 지원이 드러나도록 실연하시오.
- 블록타임제 100분
- 컴퓨터, 빔 프로젝터, 스크린, 태블릿 PC가 있다고 가정하여 실연하시오.

③ 학생 현황

수준	학생 수	수행 수준
가	2명	• 간단한 문장으로 자신의 생각을 표현함 • 태블릿 PC를 이용하여 필요한 정보를 검색함
나	4명	• 1~2개의 단어로 자신의 생각을 표현함 • 키워드를 보고 태블릿 PC를 이용하여 검색함 • 학생A : 수업 시간에 계속 특정 동요를 틀어달라고 요구함
다	1명	• 한 음절로 말하거나 몸짓이나 손짓으로 생각을 표현함 • 교사가 한 글자씩 말해주며 따라 말할 수 있음 • 신체적 촉진에 따라 그림을 붙일 수 있음

4 수업 자료

[자료1] 동영상 자료

- 카페에서 직원이 뜨거운 물에 손이 데이는 모습 등

[자료2] 안전사고 유형 사진 및 단어		
[사진1] 바닥의 물 때문에 미끄러져서 넘어짐	[사진2] 전등을 바꾸려다가 사다리 위에서 떨어짐	[사진3] 상자를 한번에 많이 옮기다가 앞이 보이지 않아 부딪힘
미끄러짐	떨어짐	부딪힘

[자료3] 활동지(안전사고 유형과 예방법 그림 붙이기)

수행 방법
- 안쪽 동그라미에 안전사고 유형(미끄러짐, 떨어짐, 부딪힘 등) 그림을 붙이세요.
- 바깥쪽 동그라미에 안전사고 예방법(물기 닦기, 안전모 쓰기 등) 그림을 붙이세요.

2019

① 본시 학습 지도 내용

교과 – 대상	과학–중학교 3학년
단원	일기예보
학습 목표	일기예보를 통해 겨울철 날씨의 특징 알아보기

② 수업 조건

- 수업 실연1 부분(활동1), 수업 실연2 부분(활동2)를 실연하시오.
- 활동1에서 자료1, 활동2에서 자료2, 3을 활용하여 실연하시오.
- 활동1에서 나영이의 문제행동을 중재하여 실연하시오.
- 학생의 다양한 발문이 드러나도록 실연하시오.
- 블록타임제 90분
- 수업 모형(STS 모형)을 활용하여 실연하시오.
- 컴퓨터, 빔 프로젝터, 스크린, 태블릿 PC가 있다고 가정하여 실연하시오.

③ 수업 모형

⟨STS 모형⟩
문제로의 초대 ⇨ 문제 탐색 ⇨ 해결방안 모색 ⇨ 실천

④ 학생 현황

수준	학생 수	수행 수준
가	4명	• 4~5문장으로 이뤄진 지문을 듣고 문장으로 의사를 표현함 • 태블릿 PC를 이용하여 필요한 정보를 스스로 검색함
나	2명	• 4~5문장을 반복하여 제시하면 단어로 답할 수 있음 • 키워드를 보고 태블릿 PC를 이용하여 검색함 • 나영 : 전체 학습 시간에 어려운 자료가 제시되면 책상에 엎드리고 노래를 부름

5 수업 자료

[자료1] 동영상 자료와 내용

(뉴스 영상 내용) 오늘은 매서운 한파로 인해 전국적으로 추운 하루가 되겠습니다. 최저 기온 영하 13도에서 영하 5도, 최고 기온은 0도에서 영상 2도가 예상됩니다. 또한 미세먼지 농도가 높으므로 미세먼지에 대비하시는 것이 좋겠습니다.

※ 한파 : 겨울철에 기온이 갑자기 내려가는 현상
※ 미세먼지 : 크기가 작은 먼지를 말하며 자동차 배출가스나 공장 굴뚝 등을 통해 주로 배출된다.

[자료2] '한파' 관련 그림카드

[그림1]	[그림2]
차가운 바람	빙판길
[그림3]	[그림4]
손난로	장갑, 목도리

[자료3] '미세먼지' 관련 그림카드

[그림1]	[그림2]
기침하는 사람들	뿌연 하늘
[그림3]	[그림4]
황사마스크	손 소독제

2018

① 본시 학습 지도 내용

교과 – 대상	사회–중학생
단원	우리 땅, 독도
학습 목표	독도의 위치와 자연환경을 알고 보고서를 작성하여 발표한다.

② 수업 조건

- 전개의 활동1, 활동2 부분을 실연하시오.
- 활동2에서 한솔이의 문제행동을 중재하여 실연하시오.
- 보고서 작성하기 부분에서 지영이에 대한 개별적 지원을 제공하여 실연하시오.
- 컴퓨터, 빔 프로젝터, 스크린, 태블릿 PC가 있다고 가정하여 실연하시오.

③ 학생 현황

수준	학생 수	수행 수준
가	4명	• 문단을 읽고 그 내용을 이해하고 문장으로 생각을 표현함 • 태블릿 PC를 이용하여 필요한 정보를 검색함 • 한솔 : 자신의 요구가 받아들여지지 않으면 좌절하고 소리를 지름
나	3명	• 단어로 자신의 생각을 표현함 • 키워드를 보고 태블릿 PC를 이용하여 검색함 • 지영 : 교사가 개별적 지원을 제공하면 활동에 참여함

4 수업 자료

[자료1] 독도 설명지

독도는 동해에 있는 섬으로 우리나라 동쪽 끝에 있습니다. 경상북도 울릉군 울릉읍에 속하는 독도는 울릉도에서 동남쪽에 있습니다. 우리나라 영토인 독도는 울릉도에서 가깝습니다. 날씨가 좋은 날에는 울릉도에서 독도를 눈으로 직접 볼 수 있을 만큼 독도와 울릉도는 가깝습니다. 독도는 동도와 서도로 나뉘고 주변에는 89개의 바위섬이 있습니다. 동도에는 독도 경비대와 등대가 있습니다. 서도에는 독도 주민이 살고 있습니다. 독도는 바다 위로 드러난 화산섬의 꼭대기입니다. 바다 아래에는 훨씬 넓고 큰 산이 펼쳐져 있습니다.

한반도와 독도의 위치 그림	동도와 서도 사진	난류와 한류가 표시된 동해 그림 + 어류 종류 (연어, 오징어, 송어 등)

독도의 천연기념물 사진				
[사진1] 괭이밥	[사진2] 곰딸기	[사진3] 박주가리	[사진4] 괭이갈매기	[사진5] 말똥가리

[자료2] 보고서

위치	
지리적 특성	
동물	
식물	

사진을 붙여요	사진을 붙여요	사진을 붙여요	사진을 붙여요

2017

① 본시 학습 지도 내용

교과 – 대상	국어–고등학생
학습 목표	몸짓, 표정, 억양을 이해하고 다르게 표현할 수 있다.

② 수업 조건

- 도입의 동기유발 단계부터 전개의 활동2까지 실연하시오.
- 도입에서 자료1, 활동1에서 자료2와 3, 활동2에서 자료4를 활용하여 실연하시오.
- 활동1에서 학생의 문제행동을 중재하시오.
- 역할놀이를 포함하여 실연하시오.
- TV, 교사용 PC, 태블릿 PC가 갖춰진 교실이라고 가정하고 실연하시오.

③ 학생 현황

수준	학생 수	수행 수준
가	4명	• 간단한 문장으로 자신의 생각을 표현함 • 교사의 관심을 받는 것을 좋아해서 계속 손을 들어 교사를 부름 • 태블릿 PC를 스스로 이용할 수 있음
나	2명	• 단어 수준으로 듣고 이해하며 발화가 어려움 • 태블릿 PC를 이용해 음성 자료를 선택하여 생각을 표현함

4 수업 자료

[자료1]

동요 〈산토끼〉를 개사한 노래
♪ 기쁠 때 하하하
　슬플 때 흑흑흑
　신날 때 야호

[자료2]

〈동영상 자료〉

① 한결이가 신나하는 모습이 나옴
② 은주가 한결이에게 좋아보인다고 말하며 이유를 물어봄
③ 한결이가 새 핸드폰을 사서 기분이 좋다고 대답함

[자료3]				
[그림과 말풍선]	[그림과 말풍선]	[그림과 말풍선]	[그림과 말풍선]	[그림과 말풍선]
• **엄마**: 강준아 일어나거라. 학교 가야지. • **강준**: 네	• **엄마**: 강준아 8시야. 학교에 늦겠다. • **강준**: 네	• **엄마**: 조심히 다녀오렴. • **강준**: 네	• **선생님**: 강준이 늦었구나. • **강준**: 네	• **선생님**: 내일은 일찍 와야 한다. • **강준**: 네

[자료4]		
[그림] 생일파티 상황	[그림] 유리창을 깬 상황	[그림] 선생님께 칭찬받는 상황

3. 수업 나눔 기출

1 초등

1) 서울

① 2021
- 자리이탈 문제행동을 어떻게 중재했는지 말하시오.
- 사회과의 기능과 그 이유는 무엇인지 말하시오.
- 자신의 수업에서 보완할 점은 무엇인지 말하시오.

② 2020
- 중도·중복장애 학생이 과학 수업에 참여하기 위한 방안을 말하시오.
- 중도·중복장애 학생이 과학 수업에 참여할 때 유의해야 할 사항 2가지를 말하시오.
- 수업에서 아쉬운 부분과 이를 어떻게 보완할지 말하시오.

③ 2019
- 수업 중 학생의 반응을 이끌어내기 위한 학습 전략을 말하고 자리 이탈 문제행동을 중재하기 위한 방안을 말하시오.
- 수업의 보완점과 개선 방법을 말하시오.

④ 2018
- 교사와 학생간의 상호작용이 나타난 부분을 말하시오.
- 수업 중 보완할 부분과 앞으로 어떤 노력을 할 것인지 말하시오.

⑤ 2017
- 수업 중 학생의 문제행동 중재가 적절했는지 말하고 그 근거를 말하시오.
- 학생의 문제행동 중재 방안을 3가지 이상 말하고 가정과 지역사회와 연계하는 방안을 3가지 이상 말하시오.

2) 경기

① 2021
- 원격 수업 운영에 중점을 둔 부분과 어떻게 연계했는지 방법을 말하시오.
- 수업 시 예상되는 학생의 안전 관련 주의사항과 지도방안을 말하시오.
- 학생의 성장을 지원하는 평가 방안을 말하시오.

② 2020
- 사회와 과학 교과를 통합하여 수업할 때 어려운 점과 삶과 연계한 것이 무엇인지 말하시오.
- 문제행동 예방을 위해 어떻게 중재했는지 말하시오.
- 오늘 수업 중 즐거웠던 부분을 말하고 이 경험을 어떻게 나눌 것인지 말하시오.

③ 2019
- 자신이 생각하는 학생 중심 수업은 무엇인지 말하고 그것을 수업에서 실현하고자 한 노력을 말하시오.
- 중도·중복장애 학생의 수업 참여에 대해 고민한 부분을 말하고 이를 해결하기 위해 어떻게 했는지 말하시오.
- 수업 나눔을 통해 느낀점을 말하고 현장에서 동료 교사와 수업 나눔을 한다면 어떻게 할 것인지 말하시오.

④ 2018
- 학생의 공격 행동의 원인과 그 중재 방법에 대해 말하시오.
- 수업 중 어려웠던 것은 무엇인지 말하고 학생이 학교에서 배운 것을 일상생활과 연계하는 방법이 무엇인지 말하시오.
- 수업 전, 중, 후에서 배운 것을 말하고 이후 동료 교사와 어떻게 나눌 것인지 말하시오.

⑤ 2017
- 자신의 교직관을 말하고 수업에 어떻게 적용했는지 말하시오.
- 학생의 의사소통 역량을 기르는데 적합한 활동이 무엇인지 말하시오.
- 본 수업을 실제로 진행했을 때 어려울 것으로 예상되는 점과 그에 대한 해결방안을 말하시오.

⑥ 2016
- 교육과정 재구성의 의미를 말하고 일상생활과 연계하기 위해 어떻게 지도했는지 말하시오.
- 학생들의 적극적인 학습 참여와 동기유발을 위해 어떤 노력을 했으며, 학생과 학생간, 교사와 학생간의 상호작용을 위해 어떤 노력을 했는지 말하시오.
- 수업 중 참여가 어려웠던 학생이 누구였는지 말하고 이런 학생을 학교 현장에서 만난다면 어떻게 노력할 것인지 방안을 말하시오.

3) 광주

① 2021
- 나 수준 학생의 수준을 고려한 교수학습 방안 3가지를 말하시오.
- 놀이 중심 수업을 위한 방안으로서 적용한 것과 그 의도를 말하시오.
- 의사소통 역량을 기르기 위해 적용한 3가지 방안을 말하시오.
- 비대면 수업을 계획할 때 유의할 부분 3가지를 말하시오.

② 2020
- 틀렸을 때 좌절감이 드는 학생을 위한 지도방안 3가지를 말하시오.
- 학생의 자발적 참여가 드러난 활동 3가지를 말하시오.
- 수업 운영 중 생활과 연계된 활동 3가지를 말하시오.
- 다른 교과와 재구성하여 수업할 경우 가능한 활동 3가지를 말하시오.

③ 2019
- 수업 설계 시 어려웠던 학생은 누구인지 말하고 그 학생을 위해 계획한 활동 3가지를 말하시오.
- '일상생활 물건으로 날씨 표현하기'라는 제재에 적절한 활동 3가지를 말하시오.
- 해당 제재에서 할 수 있는 학생들의 협동 학습을 위한 활동 3가지를 말하시오.
- 6가지 역량 중 이 수업에서 학생들에게 키워주고자 한 역량 한 가지를 말하고 그와 관련된 활동 2가지를 말하시오.

4) 대구

① 2022
- 수업 의도를 대구미래역량 1가지와 관련하여 말하시오.
- 수준별 목표를 설명하시오.
- 주요 학습 활동과 그 이유를 말하시오.
- 디지털 리터러시 역량으로 고려할 사항 2가지를 설명하시오.
- 교육과정-수업-평가-기록의 일체화를 위한 과정중심평가 방안을 말하시오.

② 2021
- 학생의 수준별 목표를 말하시오.
- 설정한 활동 2가지를 말하시오.
- 각 활동 내용과 그 활동을 선정한 이유를 말하시오.
- 다 수준의 학생의 보완대체 의사소통 활용 방법을 활동과 연계하여 말하시오.
- 과정 중심 평가를 어떻게 실시할지 말하시오.

③ 2020
- 학생 수준별로 설정한 목표를 말하고 그 이유를 설명하시오.
- 활동 3가지에 대해 설명하시오.
- 대구 인성 역량 중 1개를 고르고 활동에 어떻게 녹여냈는지 말하시오.
  (자기관리 역량, 공감 소통 역량, 심미적 감성 역량, 공동체 역량)
- 과정 중심 평가 방안에 대해 말하시오.

④ 2019
- (미래 역량 4가지 제시됨) 이 중 두 가지를 고르고 학습 목표에 어떻게 드러냈는지 말하시오.
- 학생 수준별 수업 목표와 그 이유를 말하시오.
- 수업 주요 활동 3가지를 선정하고 그 이유를 말하시오.
- 학생 수준에 맞는 교재교구를 선택하고 그 이유를 말하시오.

⑤ 2018
- 학생들의 목표를 수준별로 설정하고 그 이유를 말하시오.
- 활동 내용을 설명하고 2015 개정 교육과정 총론에 제시된 역량 2가지 이상을 연결하여 설명하시오.
- 활동별로 쓰는 자료와 교재교구의 구체적 예시를 말하고 학생별 개별화 실시 방안을 말하시오.
- 다 수준 학생에게 적용할 수 있는 개별화 교육 방안 2가지를 설명하시오.

② 중등

1) 2022

① 경기

- 해당 차시 수업과 마을교육공동체와 연계한 수업을 구상하려고 합니다. 동료 교사와 협력하여 수업을 설계할 때 어떻게 할 건인지 방법을 말하시오.
- 오늘 수업을 원격 수업으로 진행할 방법을 2가지 이상 말하시오.
- 배움 중심 수업에서는 학생과의 상호작용이 중요합니다. 오늘 수업에서 상호작용이 활발히 일어난 부분과 아쉬운 부분을 말하고 보완할 점을 설명하시오.

2) 2021

① 경기

- (창의적 사고 역량 설명글) 이러한 창의적 사고를 확장하기 위해 어떻게 했는지 자신의 수업을 평가하고 보완할 점을 말하시오.
- 성취기준 미도달 학생에 대해 어떤 보충 학습을 할 것인지 방안을 말하시오.
- 오늘 교과를 융합 수업으로 진행한다면 어떤 과목과 연계할 것인지 말하고, 평가 방안을 말하시오.

3) 2020

① 경기

- '단 한 명의 학생도 포기하지 않는 수업' 실현을 위해서 본 수업을 어떻게 설계했는지 말하시오.
- 교사와 학생, 학생과 학생 간의 상호작용이 오늘 수업에서 어떻게 의미있게 드러났는지와 그 이유를 말하시오.
- 오늘 수업에서 잘한 점, 아쉬웠던 점, 학교 현장에서 동료교사와 협력하고 싶은 점을 말하시오.

4) 2019

① 경기

- 본 수업을 통해 학생을 성장시키고자 한 것과 이를 설계할 때 어떻게 했는지 말하고, 수업에서 부족한 점과 보완할 점을 말하시오.
- 본 수업의 성취기준과 평가 방법을 말하고 이를 학생의 성장을 위해 활용한 방안에 대해 말하시오.
- 해당 수업과 융합 수업을 한다면 어떤 주제와 방법을 선정할 것인지, 주의사항과 구체적인 활동 방안을 말하시오.

5) 2018

① 경기

- 경기교육은 모든 학생이 꿈과 끼를 발견하고 핵심역량을 체득하는 것을 목표로 하고 있다. 경기 교육이 추구하는 핵심역량 함양을 위해 수업에서 활용한 부분을 말하시오.
- 공평한 학습을 위하여 수업에서 어떻게 실현했는지 말하고, 잘한 점과 아쉬운 점, 극복 방안을 말하시오.
- 수업 설계 및 실연 시에 어려웠던 부분을 말하고 현장에서 동료 교사와 수업 나눔을 실시한다면 어떨지 말하시오.

6) 2017

① 경기

- 학생들에게 배움이 일어나기 위해 오늘 수업설계에서 교사가 신념을 가지고 중점적으로 설계한 부분과 아쉬웠던 점, 개선 방안을 말하시오.
- 수업에서 배움을 방해하는 요소와 배움에서 소외하는 학생이 발생한다면 어떻게 보완할 것인지 말하시오.
- 수업 나눔을 통해 깨달은 점을 말하고 현장에서 동료 교사와 수업 나눔을 어떻게 할지 말하시오.

7) 2016

① 경기

- 배움 중심 수업을 본 수업 실연에서 어떻게 실천했는지 말하시오.
- 학생의 정의적 영역을 기르기 위해서 수업에서 어떤 것을 했는지, 다시 수업을 한다면 정의적 영역을 보완하기 위해 무엇을 할 것인지 말하시오.
- 수업에서 깨달은 것과 학교 현장에서 동료 교사와 수업 나눔을 한다면 어떻게 할지 말하시오.

CLASS 04 예상문제

 체크 포인트

예상문제는 과목별 2개씩 총 10문제가 준비되어 있습니다. 이 10문제 외에 스스로 문제를 제작할 때에는 기출을 조금씩 변형하는 형태를 기반으로 학생의 실생활과 관련된 제재를 선정하는 것을 추천드립니다. 또한 함축적인 의미를 가진 주제보다 시각적으로 잘 표현될 수 있는 주제가 처음 연습하시기에 편하실 수 있습니다. 예상문제를 제작할 때에는 기출된 과목과 제재들을 연도별로 살펴보고 올 해 출제될 수 있을만한 문제들로 구성하여 체계적으로 연습하시길 바랍니다.

구분	과목-대상	수업 주제
예상문제 1	과학-중3	생태계 보전
예상문제 2	사회-고3	일상생활 속의 법
예상문제 3	국어-중2	기록과 활용
예상문제 4	진로와 직업-중3	고등학교 진학
예상문제 5	수학-중2	화폐 사용하기
예상문제 6	사회-중3	공공장소 규칙
예상문제 7	국어-고1	설명하는 글
예상문제 8	수학-고2	꺾은선 그래프
예상문제 9	과학-중3	용해의 조건
예상문제 10	진로와 직업-고2	직장인의 옷차림

※ 개별 평가 체크리스트는 부록을 참고해주세요.

예상문제 1

① 본시 학습 지도 내용

교과 – 대상	과학–중3
소단원	생태계 보전
학습 목표	• 분리 배출을 한다. • 생태계 보전을 위해 실천할 수 있는 일을 안다.
전시 학습	토양 및 수질 오염의 원인과 피해 알기

② 수업 조건

- 도입의 동기유발 부분부터 전개의 활동2까지 실연하시오.
- 도입에서 자료1을 활용하고 전개에서 자료2, 3을 활용하여 실연하시오.
- 학생과 학생간의 상호작용과 다양한 발문이 드러나도록 실연하시오.
- 교사의 개별적인 지원이 드러나도록 실연하시오.
- 활동 2에서 학생A의 문제행동을 중재하시오.
- 컴퓨터, 전자칠판, TV, 분리수거함(플라스틱, 캔, 유리, 종이)이 갖춰진 교실에서 진행한다고 가정하고 실연하시오.

③ 학생 실태

수준	학생 수	수행 수준
가	2명	• 문장 수준으로 의사소통이 가능함 • 지역사회 사람들과 환경 보호에 관심이 많음 • 수업에 적극적으로 참여하고 친구를 잘 도와줌
나	2명	• 단어 수준으로 의사소통이 가능함 • 교사의 설명을 듣고 단어를 말하거나 그림을 고를 수 있음 • 평소 분리수거하는 것을 좋아함 • 학생A : 주의집중이 낮고 자신의 과제 외에 다른 친구에게 관심이 많아 간섭함
다	2명	• 몸짓과 표정으로 자신의 의사를 표현함 • 잘 모르는 부분에서 손을 들고 선생님께 도움을 요청함 • 같은 그림끼리 연결할 수 있음 • 학생A의 간섭을 싫어함

④ 수업 자료

[자료1]
탄소 배출을 줄이기 위해 분리배출과 재활용의 필요성에 대한 뉴스 영상

[자료2]

[그림1] 캔	· ·	[그림5] '플라스틱' 쓰레기통
[그림2] 유리	· ·	[그림6] '캔' 쓰레기통
[그림3] 종이	· ·	[그림7] '유리' 쓰레기통
[그림4] 플라스틱	· ·	[그림8] '종이' 쓰레기통

[자료3]

| [사진1] 분리배출하는 사람들 | [사진2] 잔반이 없는 식판 | [사진3] 집 앞을 청소하는 사람들 | [사진4] 생태 보호 홍보 포스터 |

⑤ 수업 나눔

▫ 본 수업 내용을 실생활에서 활용하기 위한 구체적 방안을 말하시오.
▫ 수업 진행 시 특히 즐거웠던 부분과 아쉬웠던 부분을 말하시오.
▫ 본 수업을 지역사회와 연계한다면 어떻게 설계할지 설명하시오.

예상문제 2

1) 본시 학습 지도 내용

교과 – 대상	사회–고등학교 3학년
단원	일상생활 속의 법
학습 목표	국민의 인간다운 삶을 보장하는 사회법에 대해 안다.
전시 학습	국민의 권리를 보호하는 법에 대해 알기

2) 수업 조건

- 전개의 활동1과 활동2 부분을 실연하시오.
- 교사와 학생, 학생과 학생 간의 상호작용이 드러나도록 실연하시오.
- 활동1에서 자료1를 활용하고 활동2에서 자료2를 활용하여 실연하시오.
- 활동2에서 협동학습이 드러나도록 실연하시오.
- 다 수준 학생의 문제행동에 대한 예방적 중재를 포함하여 실연하시오.
- 특수교육지도사가 배치되었다는 전제하에 실연하시오.
- 교사용 컴퓨터, 스크린, 빔 프로젝터, 태블릿 PC 기자재를 포함하여 실연하시오.

3) 학생 실태

수준	학생 수	수행 수준
가	2명	• 문장 수준으로 의사소통이 가능함 • 글이나 사진을 보고 핵심 개념을 스스로 파악함 • 태블릿 PC 이용 경험이 있고 스스로 이용 가능함
나	3명	• 단어 수준으로 의사소통이 가능함 • 글을 읽고 힌트를 들으면 글의 핵심 개념을 말함 • 태블릿 PC 이용 경험이 있으나 스스로 이용하기 어려움
다	1명	• 보완대체 의사소통 체계를 이용함 • 같은 그림끼리 붙이거나 연결할 수 있음 • 태블릿 PC 속 필요한 부분을 터치할 수 있음 • 활동이 어렵다고 느끼면 자해하는 행동을 보임

4 수업 자료

[자료1] 여러 가지 법과 관련된 사진		
[사진1] 생계가 어려운 사람의 사진		[사진2] 의료 혜택을 받는 사람의 사진
국민기초생활 보장법 (생계 급여)		국민기초생활 보장법 (의료 급여)
[그림1] 사람1 "바쁘니까 쉬지 말고 일해!" 사람2 "사장님, 근로기준법에 따르면 4시간 일하고 최소 30분 이상 휴식하도록 휴식시간을 보장하고 있어요."		
근로기준법		
[그림2] 사람1 "저는 장애인인데 직업을 가지기 어려운가요?" 사람2 "장애인복지법에는 장애인 직업 재활을 돕는 법이 제정되어 있답니다."		
장애인복지법		

※ 국민기초생활 보장법 : 생활이 어려운 사람에게 필요한 급여를 제공하여 최저생활을 보장
※ 근로기준법 : 근로자의 인간다운 생활을 보장하기 위해 근로 조건의 최저 기준을 정함
※ 장애인복지법 : 장애인의 인간다운 삶과 권리를 보장하고 사회 활동 참여를 높임

[자료2] 조별 보고서 활동지

1조		2조	
법	근로기준법	법	장애인복지법
대상		대상	
특징		특징	
사진		사진	

⑤ 수업 나눔(수업 성찰, 수업 면접)

- 학생의 배움과 성장을 위해 미리 설계했던 부분을 말하시오.
- 학생의 문제행동 중재 시 중점을 두어 지도한 부분에 대해 말하시오.
- 학생과 학생 간의 상호작용이 드러난 부분에 대해 말하시오.

예상문제 3

① 본시 학습 지도 내용

교과 – 대상	국어–중2
소단원	기록과 활용
학습 목표	목적에 따라 다양한 방법으로 기록한다.

② 수업 조건

- 도입의 동기유발 부분부터 전개의 활동2까지 실연하시오.
- 도입과 전개에서 자료1, 2를 자유롭게 활용하여 실연하시오.
- 교사와 학생 간, 학생과 학생 간의 상호작용이 드러나도록 실연하시오.
- 학생 경험을 이끌어내는 상황을 포함하여 실연하시오.
- 나영이의 문제행동 중재를 포함하여 실연하시오.
- 학생의 장애 정도와 특징이 드러나도록 실연하시오.
- 협동 학습을 활용하여 실연하시오.
- 특수교육지도사가 배치되어 있음을 고려하여 실연하시오.
- 전자칠판, TV, 태블릿 PC, AAC

③ 학생 실태

수준	학생 수	수행 수준
가	1명	• 문장으로 자신의 생각을 표현함 • 평소 핸드폰으로 사진찍는 것을 좋아함 • 학급 반장 역할을 수행하고 있고 지시따르기가 잘 됨
나	3명	• 문장을 읽을 수 있으나 의사소통은 단어로 표현함 • 사진을 보고 도구의 명칭을 단어로 쓸 수 있음 • 핸드폰을 가지고 있으나 자세한 사용방법을 모름 • 나영 : 같은 질문을 반복적으로 하고 받아주지 않으면 고집을 부림
다	2명	• AAC를 이용하여 의사소통함 • 스티커 붙이기와 색칠하기를 좋아함 • 조용하고 친구와 함께하는 활동을 좋아함

초·중등 임용 2차 대비

④ 수업 자료

[자료1]

〈알림장〉

준비물

물감, 붓, 물통, 스케치북

[그림1]
다양한 미술용품들이 섞여 있는 그림
(물감, 연필, 붓, 싸인펜, 물통, 크레파스, 스케치북, 지우개)

[자료2]

[그림2] 글씨를 쓰고 있는 사람	[그림3] 핸드폰으로 사진을 찍고 있는 사람	[그림4] 형광펜으로 종이에 색칠하는 사람
[그림5] 핸드폰 메모 어플이 켜져 있는 상황	[그림6] 그림 그리는 사람	[그림7] 여러 스티커 그림

⑤ 수업 나눔

▫ 수업 설계와 운영에서 아쉬움이 남는 부분과 잘 이뤄진 부분을 설명하시오.
▫ 학생들의 삶과 연계하여 특별히 설계한 부분을 말하시오.
▫ 학생 간의 상호작용을 늘리기 위한 방안을 설명하고 학교 현장에서 수업 나눔을 실제로 진행한다면 어떻게 할 것인지 말하시오.

예상문제 4

① 본시 학습 지도 내용

교과 – 대상	진로와 직업–중3
소단원	고등학교 진학
학습 목표	고등학교에 관해 알아보고 정보를 수집한다.

② 수업 조건

- 전개의 활동1과 활동2 부분을 실연하시오.
- 자료1, 2를 활용하여 실연하시오.
- 학생 경험을 이용한 발문을 포함하여 실연하시오.
- 학생의 실생활과의 연계가 드러나도록 실연하시오.
- 학생D의 문제행동 중재를 포함하여 실연하시오.
- 각 학생에 대한 개별적인 지원이 드러나도록 실연하시오.
- 특수교육지도사가 배치되어 있음을 고려하여 실연하시오.
- 전자칠판, TV, 태블릿 PC, 교사용 PC, 스티커 프린터

③ 학생 실태

구분	장애 유형	수행 수준
A	지적장애	• 긴 문장을 읽고 쓸 수 있음 • 평소 웹서핑을 즐겨하고 전자기기가 익숙함 • 교사의 말을 잘 따르고 조용함
B	자폐성 장애	• 반향어를 사용하여 의사소통함 • 스스로 핸드폰으로 검색을 할 수 있음 • 친구들과 함께하는 활동에 흥미를 느낌
C	지적장애	• 단어 수준으로 의사소통함 • 핸드폰이 없어서 웹서핑에 익숙하지 않음 • 그림을 보고 단어로 말하고 자신의 생각을 적극적으로 표현함
D	중도중복 장애	• 휠체어를 이용하는 지적장애 뇌병변 중도·중복 장애임 • 한 음절로 말하고 표정과 몸짓으로 생각을 표현함 • 평소에 태블릿 PC의 사진과 그림을 이용하여 수업에 참여함 • 친구들보다 잘 못한다는 느낌을 받으면 소리지르고 고집을 부림

④ 수업 자료

[자료1]

[그림1] 등교시간이 표시된 시계와 등교하는 고등학생들	[그림2] 우리 지역사회 고등학교가 표시된 지도
[그림3] 고등학교 도서관에서 동아리 활동을 하고 있는 학생들	[그림4] 하교시간이 표시된 시계와 하교하는 고등학생들

[자료2]

구분	월	화	수	목	금
1	한국사	국어	운동과 생활	국어	실용 영어
2	과학	과학	운동과 생활	과학	수학
3	미술문화	일본어	과학	사회	운동과 생활
4	미술문화	한국사	과학	한국사	운동과 생활
5	국어	실용 영어	수학	일본어	창체
6	수학	수학	국어	실용 영어	창체
7	사회	사회	실용 영어	수학	창체

[그림]
고등학교의
다양한 교육활동 사진들
(동아리, 선택교과, 창체 등)

⑤ 수업 나눔

▫ 학생들의 실생활과 연계하기 위해 설계한 부분을 말하시오.
▫ 수업에서 보완할 부분과 해결 방법에 대해 말하시오.
▫ 이번 수업의 형성평가를 한다면 어떻게 할건지 말하시오.

예상문제 5

① 본시 학습 지도 내용

교과 – 대상	수학-중2
단원	화폐 사용하기
학습 목표	만 원으로 살 수 있는 물건을 찾는다.
전시 학습	만 원의 가치 알기
차시 학습	만 원으로 물건 구입하기

② 수업 조건

- 전개의 활동1과 활동2를 실연하시오.
- 자료1과 2를 학생의 개별적 수준에 맞게 설계하여 실연하시오.
- 개념형성학습 모형을 살펴보고 단계에 맞게 적용하여 실연하시오.
- 학생의 삶과 연계될 수 있도록 고려하여 실연하시오.
- 학생A의 문제행동 중재를 포함하여 실연하시오.
- 특수교육지도사가 배치되어 있다는 가정하에 실연하시오.
- 빔 프로젝터, 스크린, 전자칠판, 화폐 모형이 제공되는 것을 고려하여 실연하시오.

③ 수업 모형 – 개념형성학습 모형

〈개념〉

학습자가 개념을 바르게 형성하도록 구안된 학습 모형으로서 개념을 바탕으로 추상적인 사고를 가능하게 한다.

〈단계〉

① 문제 파악	② 개념 추구	③ 개념화	④ 적용 및 발전
학습 목표를 알고 과제를 안내하기	교사가 의도적으로 준비한 개념의 사례를 제시하기	개념을 형성하기 위한 조작활동하기	구체적 조작활동 스스로 수행하기
도입	전개		정리

④ 학생 실태

수준	학생 수	수행 수준
가	2명	• 문장 수준으로 대화가 가능하고 1부터 1,000까지 수 세기 가능함 • 오만 원 화폐를 알고 만 원짜리 물건을 스스로 고름
나	3명	• 단어 수준으로 대화가 가능하고 1부터 100까지 수 세기 가능함 • 만 원짜리 지폐를 고름 • 학생A : 과제가 어려우면 소리를 지름
다	1명	• 한 음절과 몸짓으로 자신의 의사를 표현하고 1부터 10까지 수 세기 가능함 • 천 원 짜리 지폐 10개를 골라 담을 수 있음

⑤ 수업 자료

[자료1]		
[그림1] 고구마 1봉지 그림과 가격표(8,000원)	[그림2] 피자 1판 그림과 가격표(12,000원)	[그림3] 아이스크림 그림과 가격표(10,000원)
[그림4] 음료수 5개 그림과 가격표(10,000원)	[그림5] 귤 1박스 그림과 가격표(15,000원)	[그림6] 참치캔 3캔 그림과 가격표(6,000원)

[자료2]		
[그림] 천 원 짜리 화폐 10개를 들고 있는 사람	빈칸	빈칸
	빈칸	빈칸

⑥ 수업 나눔

▫ 다른 교과와 연계한다면 어떤 교과를 어떻게 활용할 것인지 말하시오.
▫ 학생들의 삶과 연계할 수 있는 부분이 무엇인지 말하시오.
▫ 수업 설계 시 어려웠던 부분을 말하고 이런 부분을 동료 교사와 나눈다면 어떻게 할 건지 말하시오.

예상문제 6

① 본시 학습 지도 내용

교과 – 대상	사회-중3
단원	다 함께 지키는 사회적 약속
학습 목표	공공장소에서 지켜야 하는 규칙을 안다.
전시 학습	방과 후 활동을 하는 장소에서 규칙 지키기
차시 학습	안전한 현장체험학습을 위해 규칙 지키기

② 수업 조건

- 도입의 동기유발 부분부터 전개의 활동2까지 실연하시오.
- 활동1에서 자료1을 활용하고, 활동2에서 자료2를 활용하여 실연하시오.
- 활동2에서 다 수준 학생의 참여가 드러나도록 실연하시오.
- 수업 중 상호작용(교사와 학생, 학생과 학생 간)이 드러나게 수업하시오.
- 학생의 문제행동을 긍정적 행동 지원으로 중재하여 실연하시오.
- 학생의 삶과 연계될 수 있도록 고려하여 실연하시오.
- 협동 학습을 활용하여 실연하시오.
- 전자칠판, TV, 태블릿 PC, AAC

③ 학생 실태

수준	학생 수	수행 수준
가	2명	• 사회 기사를 자주 읽고 문장으로 발화가 가능함 • 교사의 설명을 듣고 사진을 분류할 수 있음 • 태블릿 PC 사용하여 스스로 검색 가능함
나	3명	• 반복해서 문장을 말해주면 단어로 발화 가능 • 단어를 듣고 사진을 분류할 수 있음 • 핵심 단어를 주면 태블릿 PC 사용 가능 • 나은 : 수업에 소극적으로 참여하며 학습된 무기력을 느낌
다	1명	• 음성으로 소통은 안 되지만, AAC 이용해 의사를 나타낼 수 있음 • 휠체어를 이용하고 오른쪽 편마비가 있음 • 같은 사진끼리 분류할 수 있음 • 태블릿 PC에서 본인이 원하는 것을 터치할 수 있으나 실수가 잦음

④ 수업 자료

[자료1]	
[사진1] 놀이공원 사진	[사진2] 박물관 사진
놀이공원	**박물관**
[사진3] 공연장 사진	[사진4] 공원 사진
공연장	**공원**

[자료2]			
[사진1] 놀이공원 사진	[사진2] 박물관 사진	지정된 좌석에서 봐야 합니다.	다른 사람의 휴식을 방해하면 안됩니다.
[사진3] 공연장 사진	[사진4] 공원 사진	전시물을 만지거나 깨는 행동을 하면 안됩니다.	안전 장비를 갖추어야 합니다.

관람		체험	
박물관	?	놀이공원	?

⑤ 수업 나눔

- 학생들의 공동체 역량을 기르기 위해 설계한 부분을 설명하시오.
- 이번 수업에서 아쉬운 부분과 어떻게 해결할 것인지 방안을 말하시오.
- 배움이 어려운 학생이 누구라고 생각하는지 말하고 성장 방안을 말하시오.

예상문제 7

① 본시 학습 지도 내용

교과 – 대상	국어–고등학교 1학년
단원	설명하는 글
학습 목표	이야기 글과 설명하는 글의 차이를 알고 설명하는 글을 쓴다.
차시 학습	설명하는 글을 읽고 종류를 파악한다.

② 수업 조건

- 전개의 활동1과 활동2 부분을 실연하시오.
- 활동1에서 자료1을 활용하고, 활동2에서 자료2를 활용하여 실연하시오.
- 학생의 수준에 따른 개별화 교육이 드러나도록 실연하시오.
- 수업 중 상호작용(교사와 학생, 학생과 학생 간)이 드러나게 수업하시오.
- 협력 학습을 이용하여 수업하시오.
- 학생들의 사고를 확산할 수 있는 발문을 활용하여 실연하시오.
- 다은이의 문제행동에 대한 예방적 중재를 포함하여 실연하시오.
- 학생들의 경험을 이끌어내도록 수업을 구상하여 실연하시오.
- 전자칠판, TV, 태블릿 PC

③ 학생 실태

수준	학생 수	수행 수준
가	2명	• 문장 수준으로 의사소통이 가능함 • 교사의 설명을 듣고 해당하는 단어를 고름 • 태블릿 PC를 이용하여 원하는 것을 찾을 수 있음
나	2명	• 단어 수준으로 의사소통이 가능함 • 교사가 반복적으로 말하는 단어를 고를 수 있음 • 태블릿 PC를 이용할 수 있지만 서툴러서 도움이 필요함
다	2명	• 첫 음절로 자신의 의사를 표현함 • 단어를 듣고 그림이나 사진을 고를 수 있음 • 스스로 태블릿 PC를 이용하기 어려움 • 다은 : 친구들의 관심을 받는 것을 좋아하고 수업 중에 일어나서 친구 어깨를 만지려고 함

④ **수업 자료**

[자료1]	
[그림1] 1월 1일 달력 그림	[그림1] 손자 길동이가 할아버지께 새해 인사를 하는 모습
"한 해가 시작되는 새해 새 달의 첫 날이며, 한 해의 최초 명절이자 민족 최대의 명절이다."	길동이가 할아버지에게 절을 했다. "할아버지, 새해 복 많이 받으세요." "오냐, 길동이도 새해 복 많이 받거라." 길동이는 할아버지 말에 기분 좋게 웃었습니다.

[자료2]	
송편, 세배, 윷놀이, 떡국, 가을, 겨울, 강강수월래	
설날	추석

⑤ **수업 나눔**

- 학생들의 확산적 사고 형성을 위한 발문을 활용했는지 설명하시오.
- 자신의 수업에서 잘한 점과 아쉬운 점을 말하고 해결 방안을 말하시오.
- 수업 설계 시 어려웠던 부분을 말하고 이를 실제 학교 현장에서 동료 교사들과 나눔한다면 어떻게 말할 것인지 설명하시오.

예상문제 8

① 본시 학습 지도 내용

교과 – 대상	수학–고등학교 2학년
단원	꺾은선 그래프
학습 목표	꺾은선 그래프를 그릴 수 있다.
전시 학습	꺾은선 그래프 그리는 방법 알기
차시 학습	여러 가지 꺾은선 그래프 해석하기

② 수업 조건

- 도입의 동기유발 부분부터 전개의 활동2까지 실연하시오.
- 도입에서 자료1을 활용하고, 전개에서 자료2, 자료3을 활용하여 실연하시오.
- 학생들의 공동체 역량을 기를 수 있도록 수업을 설계하고 실연하시오.
- 개별적인 지원이 드러나도록 실연하시오.
- 다 수준 학생의 문제행동을 긍정적 행동지원으로 중재하시오.
- 또래 교수를 이용하여 실연하시오.
- 특수교육지도사가 배치되어 있다는 가정하에 실연하시오.
- 스크린, 빔프로젝터, TV, 태블릿 PC, 다양한 모양의 스티커

③ 학생 실태

수준	학생 수	수행 수준
가	2명	• 한 두 문장으로 교사와 의사소통이 가능함 • 숫자를 100단위까지 알고 있고 온도의 개념을 알고 있음 • 칭찬스티커 받는 것을 좋아하고 친구를 잘 도와줌
나	3명	• 간단한 단어로 의사소통이 가능함 • 숫자를 100 전까지 셀 수 있음 • 평소에 '춥다', '덥다'라고 의사표현을 자주 함 • 친구들과 함께하는 활동을 좋아함
다	1명	• 몸짓과 표정으로 자신의 의사를 표현하고 숫자를 10까지 알고 있음 • 휠체어를 사용하는 중도·중복 장애 • 단어를 듣고 그림을 가리키거나 같은 그림끼리 연결이 가능함 • 자신의 차례를 기다리기 싫으면 자해행동을 함

④ 수업 자료

[자료1]
우리 반 주간 칭찬스티커 판 실물

[자료2]

〈우리 반 칭찬 스티커 그래프〉

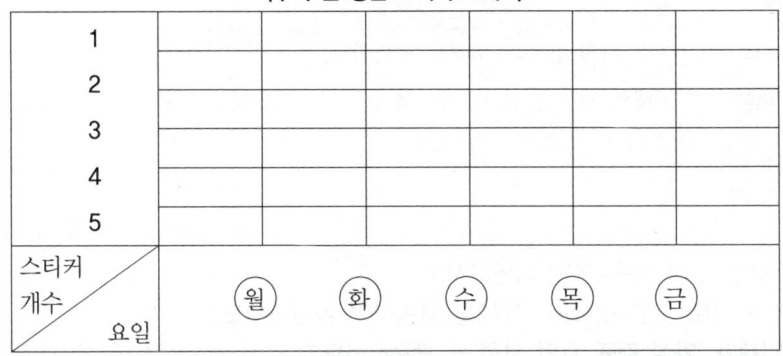

[자료3]

〈우리 반 시간별 온도 그래프〉

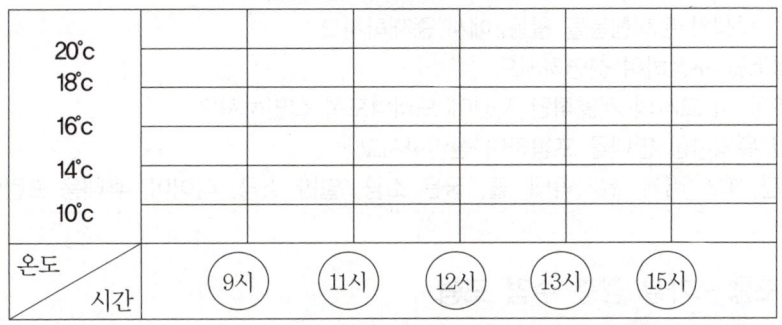

| [사진1] 등교하는 학생들 사진과 온도계 10℃ 그림 | [사진2] 수업듣는 학생들 사진과 온도계 14℃ 그림 | [사진3] 점심먹는 학생들 사진과 온도계 16℃ 그림 | [사진4] 운동장 사진과 온도계 20℃ 그림 | [사진5] 하교하는 학생들 사진과 온도계 16℃ 그림 |

⑤ 수업 나눔

▫ 학생들의 공동체 역량을 기르기 위한 방안으로 어떤 활동을 설계했는지 말하시오.
▫ 자신의 수업에서 아쉬운 점을 말하고 어떻게 해결할 것인지 말하시오.
▫ 학생들의 개별적인 지원이 드러난 부분을 설명하시오.

예상문제 9

① 본시 학습 지도 내용

교과 – 대상	과학–중3
단원	용해
학습 목표	여러 가지 용해의 조건을 실험한다.
전시 학습	용해의 개념을 알고 녹는 것과 녹지 않는 것을 안다.

② 수업 조건

- 전개의 활동1부터 활동2까지 실연하시오.
- 활동1에서 자료1, 활동2에서 자료2을 활용하여 실연하시오.
- **블록타임제**와 '**가설 검증 수업 모형**'을 활용하시오.
- 학생과 학생 간의 상호작용을 포함하여 실연하시오.
- 학생의 삶과 연계하여 수업을 설계하시오.
- 나 수준 학생의 문제행동을 활동2에서 중재하시오.
- 모둠 활동을 구성하여 실연하시오.
- 모둠 활동 시 교사의 개별적인 지원이 드러나도록 실연하시오.
- 실험 시 유의사항 안내를 포함하여 실연하시오.
- 전자칠판, TV, 비커, 유리막대, 물, 굵은 소금, 일반 소금, 타이머, 휴대용 프린터

③ 수업 모형 – 가설 검증 수업 모형

〈개념〉
과학자들의 연구 과정을 수업 모형으로 구성한 것으로서 현상에서 의문을 가지고 해결하기 위해 가설을 세우고 실험하며 검증하는 활동 단계로 이뤄진다.

〈단계〉	
① 문제인식	관찰 및 탐색 자료를 통해 문제를 인식한다.
② 가설설정	문제를 해결하기 위해 기존 지식을 활용하여 가설을 설정한다.
③ 실험수행	변인 통제를 통해 실험을 설계하고 실시한다.
④ 가설검증	실험 후의 결과를 정리하고 가설이 성립하는지 판단한다.
⑤ 적용	결과 지식을 새로운 탐구 문제에 활용한다.

④ 학생 실태

수준	학생 수	수행 수준
가	3명	• 문장 수준으로 의사소통 가능함 • 용해의 개념을 알고 평소에 과학에 관심이 많음 • 친구들을 도와주는 것을 좋아함
나	1명	• 단어 수준으로 의사소통 가능함 • 녹는 고체(가루)를 고를 수 있고 사진과 단어를 연결함 • 블록타임제 수업을 힘들어해서 손에 든 물건을 던짐
다	1명	• AAC를 이용해 의사소통 가능함 • 같은 사진끼리 짝지을 수 있음 • 친구와 함께하는 활동을 좋아함

⑤ 수업 자료

[자료1]		
[그림1] 비커 속 물을 빨리 휘젓는 사람과 천천히 젓는 사람	[그림2] 뜨거운 물과 차가운 물	[그림3] 알맹이가 큰 소금과 작은 소금
속도	온도	알맹이 크기

※ 용해: 두 물질이 균일하게 섞이는 현상

[자료2]					
속도		온도		크기	
빠름	느림				
[사진1] 소금 알갱이가 거의 보이지 않는 물	[사진2] 소금 알갱이가 보이는 물				

⑥ 수업 나눔

▫ 학생과 학생 간의 상호작용을 의도한 부분을 설명하시오.
▫ 본 차시에 수업 모형을 적용하기 위해서 어떤 노력을 기울였는지 말하시오.
▫ 수업 설계에 어려웠던 부분과 앞으로의 해결방안을 말하시오.

예상문제 10

① 본시 학습 지도 내용

교과 – 대상	진로와 직업-고2
단원	자기관리
학습 목표	직장인의 단정한 옷차림을 알고 실천한다.
전시 학습	자신의 얼굴 점검하기

② 수업 조건

- 전개의 활동1 부분부터 정리의 형성평가까지 실연하시오.

단계	학습 활동	내용
도입		
전개	활동1	다양한 직장인의 올바른 복장 알기
	활동2	교내 실습 복장 알기
정리	형성평가	나의 실습복 점검하기

- 교사와 학생 간의 상호작용이 드러나도록 실연하시오.
- 학생의 자기 결정과 자기 평가가 이뤄지도록 실연하시오.
- 활동1,2에서 자료1,2를 활용하고 형성평가에서 자료3을 활용하여 실연하시오.
- 가 수준 학생의 문제행동을 활동2에서 중재하시오.
- 전자칠판, TV, 바리스타 복장(앞치마, 모자, 머리끈)

③ 학생 실태

수준	학생 수	수행 수준
가	1명	• 문장 수준으로 유창하게 대화함 • 다양한 직업을 알고 있음 • 바리스타가 장래희망임 • 3분마다 친구들의 말을 끊고 자신의 얘기만 계속함
나	3명	• 단어 수준으로 의사를 표현함 • 교내 실습(바리스타, 청소, 제과제빵)을 좋아함
다	1명	• 한 음절과 몸짓, 표정으로 의사소통함 • 같은 그림과 같은 단어를 짝지을 수 있음 • 소극적 참여를 보임

④ 수업 자료

[자료1]			
[사진] 사무원이 정장입는 모습	[사진] 바리스타가 복장을 갖추고 고객 응대를 하는 모습	[사진] 제빵사가 복장을 갖추고 빵을 만드는 모습	[사진] 청소업무원이 복장을 갖추고 복도를 청소하는 모습

[자료2]				
[그림] 흰 셔츠에 검정 바지를 입은 사람	[그림] 바리스타 앞치마를 착용한 사람	[그림] 바리스타 모자를 착용한 사람	[그림] 머리를 묶은 여학생	[그림] 손을 씻는 사람

[자료3]

구분	○ / ×
단정한 옷을 입었는가?	
앞치마를 입었는가?	
모자를 썼는가?	
머리를 묶었는가?	
손을 씻었는가?	

⑤ 수업 나눔

- 오늘 수업에서 좋았던 부분과 아쉬웠던 부분을 말하시오.
- 학생 개개인의 역량에 맞는 수업이었다고 생각하는지 그 이유와 함께 설명하시오.
- 해당 수업을 블렌디드 러닝으로 원격수업으로 대체한다면 어떻게 구성할지 그 방안을 2가지 이상 말하시오.

MEMO

초·중등 임용 2차 대비

PART 03
심층면접 평가

class 1. 교직적성 심층면접 준비하기
class 2. 심층면접 기출문제(초등)
class 3. 심층면접 기출문제(중등)
class 4. 집단토의 기출문제
class 5. 예상문제
class 6. 심층면접 주요 주제(정책, 이론)

교직적성 심층면접 준비하기

 체크 포인트

교직적성 심층면접은 교사로서의 적성, 교직관, 인격 및 소양을 보는 시험입니다. 짧은 시간 내에 자신의 교직 가치관과 인성, 철학 등이 잘 드러나도록 조리있게 답변하는 것이 중요합니다.

주로 학생의 특성과 관련한 지도방법, 학부모 상담, 문제 상황 해결 능력, 교직관에 근거한 상황판단 능력 등에 대한 내용이 출제됩니다. 답변을 잘 하기 위해서는 자신의 교직관과 철학, 다양한 상황에 대한 판단과 대처를 미리 정립할 필요가 있습니다.

면접의 유형은 주로 **구상형 문제**와 **즉답형 문제**로 나눠볼 수 있습니다. 구상형은 말 그대로 구상하여 답변할 수 있는 문제를 의미합니다. 시도마다 다르지만 대략 15분 내외의 구상시간 내에 문제에 대한 답변을 구상하여 구상지를 보며 답변할 수 있는 시험입니다. 면접에서 가장 어려운 변수는 즉답형이 아닐까 싶습니다. 어떤 문제가 나올지 모르기 때문에 사전에 다양한 교육 정책과 교육적 상황에 비추어 바로바로 답변하는 연습을 충분히 가져야 합니다. 현직 교사로서 다양한 색깔의 교직관을 가진 저희 리미쌔미의 교직철학을 담아 면접 꿀팁과 다양한 이론에 대한 해석을 담아보았습니다.

초·중등 임용 2차 대비 합격백서

1. 심층면접 구성 및 절차

- **구상형** : 정해진 시간 동안 문제에 대한 답변을 구상한 뒤 구상지를 참고하며 답변할 수 있는 형태의 면접 문항
- **즉답형** : 구상 시간 없이 문제를 보고 즉각 답변해야 하는 유형의 면접 문항

절차	유의사항
대기실	■ 관리번호 추첨 및 대기 • 아직 관리번호를 뽑지 않았기 때문에 무작위로 앉는다. • 감독관 안내에 따라 관리번호를 뽑고 관리번호 순서대로 앉는다. • 종이로 된 개인 자료나 서적의 열람은 가능하나 메모는 할 수 없다. 다른 수험생과의 대화 및 다른 시험실에 출입, 본인 지정 좌석의 이탈은 금지다(개인 서적의 열람이 금지되는 지역도 있습니다. 시도마다 규정이 다르니 공고문을 확인하세요).
구상실	■ 구상하기 • 개인 소지품을 들고 평가실로 이동한다. 소지품은 감독관의 안내에 따라 복도나 교실 앞쪽에 따로 비치해놓고 필기구만 들고 책상에 앉는다. • 문제지를 받고 정해진 시간 내에 구상지에 구상하는 시간을 가진다. • 문제의 논점을 파악하여 답변 시 필요한 내용을 적는다. 💡 **리미쌤미 Fact Check** 구상시간 2~3분 전, 구상한 것을 말로 표현하는 상상을 하며 머릿속으로 되뇌이는 연습을 하는 것도 좋다.
면접실	■ 면접실 입실 • 소지품과 문제지, 구상지를 들고 평가실로 이동한다. • 소지품은 감독관의 안내에 따라 따로 보관해 놓는다. • 면접실 문을 노크하고 가볍게 묵례한 뒤, 빈 책상 쪽으로 걸어간다. • 책상 옆에 서서 '안녕하십니까, 관리번호 ○번입니다.'라고 명확히 말한 뒤, 인사하고 자리에 앉는다(이때, 절대 본인의 이름은 말하지 않는다).
면접 시작	■ 답변하기 • 시작하라는 지시가 떨어지면 바른 자세와 웃는 얼굴로 '1번 문제 답변하겠습니다.'라고 말한 뒤 구상한 답변을 조리있게 말한다. • 각 문제에 답변을 마칠 때마다 '이상입니다.'라고 언급한다.
퇴실	■ 퇴실하기 • 종료벨이 울리면 답변을 멈추고 '감사합니다.' 인사한 뒤 퇴실한다. • 종료벨이 울리기 전에 답변을 마쳤다면 감독관의 지시에 따라 종료됨을 확인받고 퇴실한다.

CLASS 01 · 교직적성 심층면접 준비하기 133

배치도 예시

경기도 기준입니다. 시도별로 다를 수 있습니다.

① 대기실 배치도

			교탁			앞문	
3-7	3-1	2-7	2-1	1-7	1-1		※ 관리번호 추첨 후 평가실과 관리번호 순서대로 자리에 착석함
3-8	3-2	2-8	2-2	1-8	1-2		
3-9	3-3	2-9	2-3	1-9	1-3		※ 대기실 인원은 최대 36명
3-10	3-4	2-10	2-4	1-10	1-4		※ 관리번호는 평가실번호- 관리번호로 구성됨
3-11	3-5	2-11	2-5	1-11	1-5		
3-12	3-6	2-12	2-6	1-12	1-6		

② 구상실 배치도

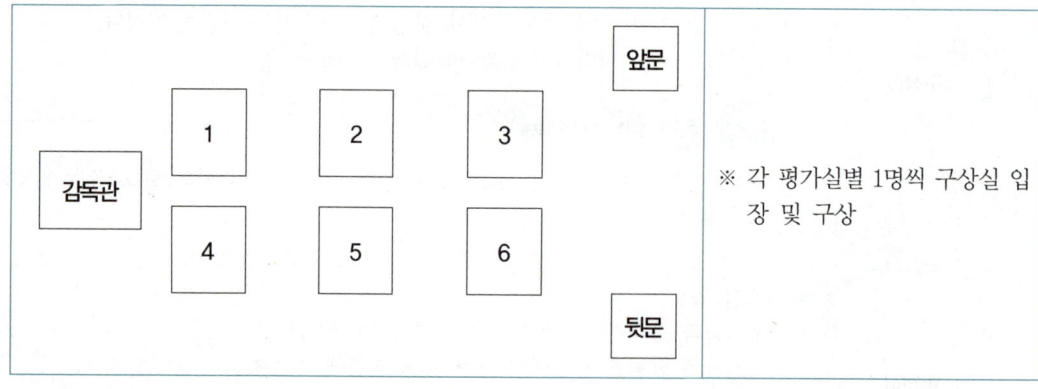

※ 각 평가실별 1명씩 구상실 입장 및 구상

③ 평가실 배치도

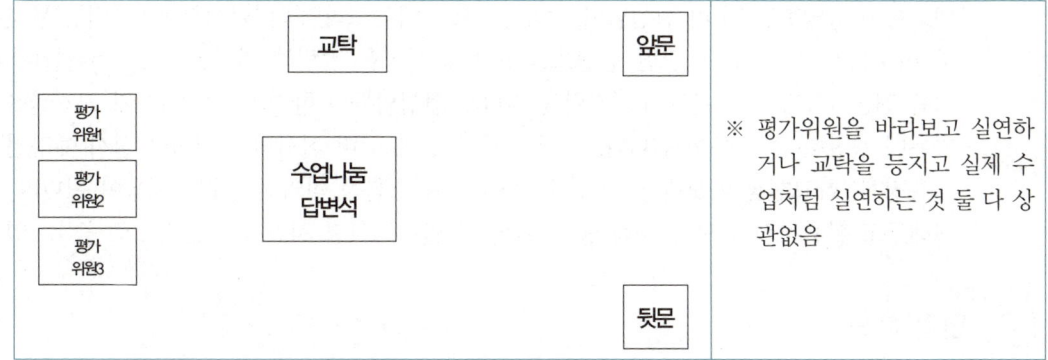

2. 심층면접 세부 준비

1 마인드 세팅

① 나는 좋은 교사이다.

'나는 좋은 교사'라는 마인드를 계속 심어주어야 합니다. 2차 준비를 하며 멘탈이 무너지거나 하루에도 몇 번씩 기분이 오르락 내리락 하는 과정이 반복되면 정신적으로 많이 지치게 됩니다. 내 컨디션에 상관 없이 나는 현장에서 아이들을 잘 성장시킬 수 있는 좋은 교사라는 생각을 계속 해나가길 추천합니다. 이 마인드가 명확하게 와닿지 않고 어렵다면 학창시절 내가 존경하고 좋아했던 선생님의 모습을 상상해봅시다. 어떤 목소리와 어떤 성품, 어떤 표정을 가지셨었는지를 상상하며 내재화하는 것도 도움이 될 것입니다.

② 다양한 교육적 상황을 상상해보자.

면접에서 가장 어려운 부분은 즉답형 문항입니다. 어떤 문제가 나올지 모르고, 그 문제에 대한 답변도 즉각적으로 답변해야 하기 때문입니다. 이를 대비하기 위해서는 평소에 끊임없이 다양한 교육적 상황을 상상해보며 자신만의 답을 내려보는 것이 중요합니다. 예를 들면, '학부모님께서 아이의 일로 민원을 제기하실 때 나는 어떻게 대처할 것인가?', '현장체험학습과 관련해 관리자와의 의견충돌이 있을 경우 나는 어떻게 대처할 것인가?', '통합교사가 모든 책무를 특수교사에게 떠넘긴다면 나는 어떻게 대처할 것인가?' 등의 상황을 가정하며 자신의 교육관과 교직관을 활용해 답변을 정리해가야 합니다.

③ 교육방송을 활용한다.

EBS에서 방영했던 '우리 선생님이 달라졌어요', '다큐프라임'의 '혁신학교 5부작', '무엇이 학교를 바꾸는가' 등의 교육 관련 컨텐츠를 보며 교사상을 정립해 가시는 것을 추천합니다. 많은 교육 전문가들과 2,30년의 교직경력을 지니신 선생님들의 한 마디, 한 마디가 교직관을 정립해 가는데 굉장히 큰 도움이 됩니다. 또한 컨텐츠 안에 이미 실시되고 있거나 실시 예정인 다양한 교육정책, 학교현장의 모습들을 볼 수 있어 교육 흐름을 파악하는데도 도움이 됩니다. 시간을 정해두고 활용하시기 보다 중간 중간 쉬실 때 활용하시면 시간을 효율적으로 쓸 수 있습니다.

2 면접 태도

① 인사

인사는 첫인상입니다. 면접관님들의 눈을 바라보고 자연스럽게 웃으며 인사하는 것이 좋습니다. 너무 긴장하지 마시고 '저 분들은 나의 합격을 돕기 위해 앉아있는 사람이다.'라고 마인드 세팅을 하시길 추천드립니다.

② 자연스러운 시선처리

요새는 코로나19로 인해 마스크를 착용하고 인사를 해서 눈 밖에 보이지 않기 때문에 더욱 눈을 맞추고 자연스럽게 미소짓는 것이 좋습니다. 모든 면접관님들과 눈을 마주쳐야 하는 것은 아니지만 시선을 자연스럽게 옮기는 것은 수험자에게 여유가 있다는 느낌을 받게 합니다.

③ 목소리

목소리는 그 사람의 자신감과 성향을 느낄 수 있는 중요한 포인트입니다. 긴장되서 조금씩 목소리가 떨리는 정도는 면접관님들도 충분히 이해하십니다. 떨리더라도 차분히 문장을 마무리하며 말해야 합니다.

> **리미쌔미 Fact Check**
>
> 대기가 길어질 경우 말을 안하다가 하게 되어 목이 잠기거나 소리가 갈라질 수 있습니다. 면접 날 아침에는 면접연습을 계속 입으로 소리내어 하시면서(과하지 않게) 목을 풀어주시는 것을 추천합니다. 따뜻한 차나 캔디를 들고 가셔서 목을 풀어주는 것도 좋습니다.

④ 표현

- 보통 문제에 대한 답을 말할 때 첫째, 둘째, 셋째까지 답변합니다(간혹 넷째까지 답변하라는 경우도 있습니다). 그리고 미괄식이 아닌 두괄식으로 표현합니다. 주장하는 바를 처음에 이야기하고, 그 다음의 그 근거를 말하는 것이 좋습니다.

- '에~', '음~' 등 말버릇처럼 쓰는 무의미한 표현들은 쓰지 않는 것이 좋습니다. 이는 녹음 혹은 녹화를 통해 자신의 말 습관을 잘 파악하신 후 개선해나가시는 것이 좋습니다.
- 답변을 하다보면 내가 말하고 싶은 것은 많은데 정리가 되지 않아 문장이 길어지는 경우가 있습니다. 문장이 길어지면 의도치 않게 장황하게 들려 논지를 흐리게 됩니다. 말하고자 하는 핵심 한 두가지를 담은 문장 형태로 말하는 연습을 하는 것이 좋습니다.
- '~인데요', '~하고요', '~하잖아요'라는 구어체 표현보다 '~입니다', '~합니다'와 같이 분명한 의사를 밝히는 표현을 사용해야 합니다. ~가 아닐까 생각합니다'라는 추측성 멘트도 지양해야 합니다.

③ 시도별 교육정책 녹이기

답변에 교육정책 얘기만? NO!
나는 이 교육청이 뽑아야 할 인재!

각 시도의 교육정책 및 기본교육계획에 대한 이해를 바탕으로 면접에 적절히 녹여 답변하는 것이 중요합니다. 이를 위해선 교육정책에 대한 이해와 암기가 필수입니다. 각 시도의 중요한 교육적 방점과 실시 정책들을 파악하기 위해 교육청에 업로드된 교육정책 자료들을 프린트하셔서 숙지하시는 것이 좋습니다.

하지만 교육정책만 드러나는 답변은 그닥 좋은 답변이 아닙니다. 교육정책에 자신의 생각과 소신이 드러날 수 있도록 답변하는 것이 중요합니다.

결론적으로 교사 개인으로서 어떤 생각을 가지고

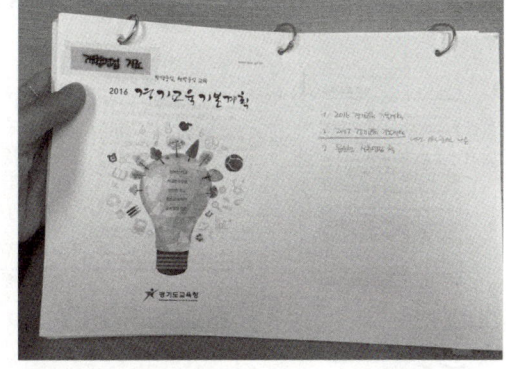
▲ 활용사례 : 경기교육 기본계획과 공고문을 묶어 들고 다니며 외웠습니다.

있고, 현장에서 어떤 실천을 보여줄 것인지를 설명하는 것이 가장 중요합니다.
나의 답변에 교육정책을 활용하겠다는 멘트만 있진 않은지 확인해보십시오. 그 교육정책을 통해 현장에서 학생과 학부모님에게, 동료교사와 관리자에게 자신만의 개인적인 실천을 하겠다는 참신한 나만의 아이디어들이 포함되는 것이 좋습니다. 하지만 너무 현실과 동떨어지지 않게, 현실감 있으면서 실천 가능한 답안들이 좋은 답안에 해당됩니다.

> **TIP • 현쌤 IDEA**
>
> 교육관련 아이디어에 나만의 명칭을 붙이면 좋습니다.
> 예를 들어 교사와 함께하는 점심시간 산책은 '우리 반 둘레길', 회복적 생활교육은 '원탁의 기사들', 명사를 초청해 강연을 운영하는 것은 '명사 초청 day' 등으로 뇌리에 각인될 수 있게 답변하면 좋습니다.

4 기출문제로 나만의 답변 만들기
두 말하면 입 아프다. 면접도 기출문제가 중요하다!

① 기출문제 분석하기

2차도 1차와 마찬가지로 기출문제의 형식과 패턴을 아는 것이 중요합니다. 최근 6~7년의 2차 기출문제를 모두 연습해야 합니다. 중등의 경우 중등 기출문제를 모두 풀어보시고, 그 이후에 초등 기출문제도 연습해보실 것을 추천합니다. 반대로 초등의 경우 초등 문제를 먼저 풀어보시고 중등 기출문제를 연습하실 것을 추천합니다.

② 나만의 만능 답변 만들기

어떤 질문을 받아도 유창하게 답변할 수 있도록 여러 가지 답변 유형을 만들어 놓는 것이 좋습니다.

사례	대상	교육 공동체	학생 개인 내적 측면	교육영역
범주	학생 학부모 교사(동료교사, 관리자 등) 지역사회 등	가정 학급 학교 교육청 사회 국가 등	지적(학습) 정의적(심리적) 신체적 등	교육과정 운영 학급운영 생활지도 학력신장 인성교육 진로교육 등

5 답변 형식
서론과 결론은 픽스, 본론은 핵심을 찾기!

① 서론

서론은 본론에 들어가기 위한 다리역할을 합니다. 다리 자체로는 건너가게 하는 역할일 뿐, 목적지는 아님을 확실히 해두어야 합니다. 긴 서론은 듣는 이에게 지루함을 줄 수 있고, 본론의 핵심을 흐리게 할 수 있습니다. 따라서 주제와 관련한 일반적인 문장과 답변 시작을 알리는 간략한 안내문장으로 구성하는 것이 좋습니다.

구분	예시문장
중요성 측면 언급	• 학생 맞춤형 교육은 교육청에서 중요하게 다루는 교육정책 중 하나입니다. • 통합교육은 특수교육의 근간을 이루는 중요한 영역입니다.
현 시대 흐름 언급	• 시대가 흐를수록 에듀테크의 활용이 중요해지고 있습니다. • 최근 기후변화로 인해 생태교육에 대한 교육 연구가 활발히 이루어지고 있습니다. • 코로나 펜데믹을 지나며 교육계에서도 공동체의 의미에 대해 다시금 생각해보는 시간들을 가지고 있습니다.
가치 언급	• 교사가 배우기를 포기한다는 것은 가르치는 것을 포기한다는 것과 같다는 말이 있습니다. • 교육의 질은 교사의 질을 뛰어넘을 수 없다는 말이 있습니다. • 아이들에게 친구관계, 또래의 의미는 그 어느 것보다 중요합니다.

 리미쌔미 Fact Check

즉답형의 경우 문제의 질문을 다시 한 번 언급하는 것도 방법입니다. 예를 들어, '학교현장에서 학교폭력을 예방할 수 있는 방안을 말하시오.'라는 질문에 '교사로서 학교폭력을 예방하기 위한 다양한 방법에 대해 말씀드리겠습니다.' 라고 언급하는 것입니다. 즉답형의 경우 본론을 생각하기 위해 온 신경을 다 쓰기 때문에 안전하게 서론을 언급하는 것이 좋습니다.

TIP! • 리미쌔미의 만능 시작 문장

- **현쌤** : 교사는 다가올 미래변화에 빠르게 대처할 수 있는 능력을 갖추어야 합니다.
- **오쌤** : 학교는 작은 사회입니다.
- **김쌤** : 학생은 배움의 주체이자 교육활동의 주인공입니다.

② 본론

〈문제 유형〉

1. 문제상황에서 대처방안

문제상황에서의 대처방안을 묻는 질문에 다음과 같은 유형으로 답변할 수 있습니다.
포인트는 면접관님이 들었을 때 '아 이 얘기를 하고 있군~!'하고 들으실 수 있게
명확하게 정리하여 말하는 것입니다.

① 대안제시 + 현재상황 + 방안 + 다짐 및 결단
  ㉠ 대안제시 : 첫째, 교육 공동체의 인권감수성 함양을 위해 교육과정과 연계한 인권교육을 실시하겠습니다.
  ㉡ 현재상황 : 학교 현장에서 현실적인 이유로 표면적인 인권교육을 실시하는 분위기가 있는 것이 사실입니다.
  ㉢ 방안 : 학기 초 학교 교육과정을 계획할 때부터 교과 간 융합형 인권교육을 계획해 교육과정 연계형 실제적 인권교육을 실시하겠습니다.
  ㉣ 다짐 및 결단 : 이를 통해 학생들의 다양한 계층에 대한 이해를 적극적으로 돕겠습니다.

② 대안제시 + 예시 + 기대
  ㉠ 대안제시 : 민주적인 학급운영 방법을 학생들과 함께 논의하겠습니다.
  ㉡ 예시 : 예를 들어, 학급회나 '우리반 목소리'와 같은 학급 건의함 등을 통해 학생들의 자발적인 의견제시가 자유롭게 이루어질 수 있도록 하겠습니다.
  ㉢ 기대 : 이를 통해 학생들이 자신의 목소리를 자신있게 말하고 공통의 합의점을 찾아가는 민주시민역량을 키울 수 있을 것입니다.
③ 대안제시 + 이유 + 희망적 결과
  ㉠ 대안제시 : 교사와의 1:1 면담을 실시하는 것입니다.
  ㉡ 이유 : 공개적인 자리에서의 범인 색출은 효과가 없을뿐더러 솔직히 밝힌 학생의 인권을 존중하지 못할 수 있습니다.
  ㉢ 희망적 결과 : 교사와의 1:1의 안전한 관계에서 면담이 지속된다면 학생이 솔직하게 털어놓으며 상황이 잘 마무리될 수 있을 것입니다.

2. 가치관

교사관이나 가치관, 철학 등을 묻는 질문에는 질문 자체가 추상적이기 때문에 구체적인 근거 혹은 사례와 함께 답변하는 것이 좋습니다.
① 교육관 : 저의 교육관은 '아는 것과 사는 것', 즉 교육이 삶과 밀접하게 연계되어야 한다는 것입니다.
② 구체적 방안 : A학생이 현실과 동떨어지지 않되, 자신이 좋아하고 재밌어 하는 분야를 꿈꿀 수 있도록 진로 스케치를 돕겠습니다.
③ 예시 : 예를 들어 유튜브 게임방송을 통해 돈을 많이 벌기까지 어떤 노력이 필요한지 구체적으로 목표를 설정해보고 어떤 노력이 필요한지를 함께 고민하겠습니다.
④ 기대하는 결과 : 이를 통해 학생이 수업내용을 현실과 밀접하게 여겨 학교생활을 의미있게 해나갈 수 있도록 돕겠습니다.

③ 결론

결론에는 교육청에서 지향하는 슬로건을 언급하거나 자신의 교육철학을 나타낼 수 있는 간단한 한 문장을 말하는 것이 좋습니다.

구분	예시
교육철학 언급	• '혼자 푸르면 숲이 될 수 없다.'는 말이 있습니다. 학생들이 스스로 푸르기에만 급급하지 않고 포용력 있는 삶을 살아가는 데 도움이 되는 교사가 되겠습니다. • 한 아이를 키우는데 온 마을이 필요하다는 말이 있습니다. 교육공동체를 적극 활용하며 한 아이의 성장을 돕는 교사가 되겠습니다.
포부 언급	• 경기도교육청에서 강조하는 '단 한 명의 학생도 놓치지 않는 교육'을 실현하는 교사가 되겠습니다. • 이를 학교 현장에서 적용하기 위해 노력하는 실천하는 교사가 되겠습니다.
미래 예측하기	• 이같이 지도해 나간다면 아이들은 사회의 건강한 구성원으로 성장해나갈 것입니다. • 이처럼 교육 공동체의 소통을 중요시 여긴다면 학생의 성장에 긍정적인 도움이 될 것입니다.

초·중등 임용 2차 대비

> **〈실제 답변 흐름〉**
>
> 면접실의 계측요원이 '시작하십시오'라고 이야기하며
> 비치된 전자시계를 작동시킴과 동시에
>
> - 구상형 1번 문항에 대해 답변드리겠습니다.
> - (구상형 1번 문항에 대한 답변을 마친 후) 이상입니다.
> - (2, 3번도 동일한 형식으로 답변한다)
> - (책상 위에 놓여진 즉답형 문항을 읽기 위해) 잠시 읽고 답변드리겠습니다.
> - 즉답형 1번 문항 답변하겠습니다.
> - (즉답형 1번 문항에 대한 답변을 마친 후) 이상입니다.
> - (즉답형 2번도 동일한 형식으로 답변한다) 감사합니다.
> - (퇴실한다)

6 즉답형 맹연습

① 비대면 플랫폼 활용하기!

즉답형 문항은 전국 공통적인 면접 방식이기 때문에 같은 시도가 아니어도 타시도의 수험생끼리 전화통화나 스카이프, ZOOM 등을 활용하여 연습할 수 있습니다. 즉답형 문항은 즉각적인 판단력과 적응력을 높이기 위해 스터디에서의 연습 외에 추가적인 연습이 더 필요합니다. 전화스터디를 구해보시는 것도 좋고, 타시도의 지인과 시간을 정하여 더 연습해보시는 것을 추천합니다.

② 진짜 그렇게 할 수 있어? 교육적 상상력 발휘하기

즉답형 연습을 계속 지속하다 보면 기계적이고 형식적인 답변을 말하게 되는 자기 자신을 보게 됩니다. 그리고 '과연 내가 학교 현장에서 진정 이렇게 할 수 있을까?'라는 생각이 드는 답변을 말하는 때도 있습니다. 답변하기에 급급하지 마시고 학교 교단에서의 '나'를 상상을 해보시길 권합니다. 즉답형 문제에서 언급하는 문제상황에 직면했을 때, 진정 나는 어떻게 대처하며 문제를 해결해 나갈 것인지를 고민해보아야 합니다. 그래야 현실과 동떨어지지 않는, 진정성 있는 답변을 말할 수 있게 됩니다.

③ 감초의 역할! 교육명언 활용하기

다양한 교육명언을 서론이나 마무리에 적절히 활용하시면 면접관에게 보다 풍부하고 깊이있는 답변으로 들리게 됩니다. 매 답변마다 교육명언을 활용하는 것은 과유불급일 수 있습니다. 집단토의나 구상형, 즉답형에 한 두 개 정도 적절히 활용하시면 좋습니다. 교육명언은 부록에 수록되어 있으니 참고해주세요.

※ 심층면접 연습 체크리스트, 교육명언은 부록을 참고해주세요.

3. 집단토의

1) 집단토의란?

2016학년도 임용시험부터 도입된 시험으로, 여러 사람과의 소통을 통해 의견을 하나로 모아가는 과정을 평가합니다. 즉, 지적 지식이나 설득이 아닌 공동체 의식을 가지고 공동체적 해법을 찾는 과정에서 공감적 경청이나 협업 능력, 의사소통 능력, 상호 협력적 태도를 평가하기 위해 도입되었습니다. 대안의 합당성과 같은 인지적 영역도 중요하지만, 의견 조율이나 결과 도출 과정을 종합적으로 평가한다는 것은 토의 과정에서 보여주는 정의적 측면도 중요하다는 것입니다.

또한 평가가 상대평가가 아닌 절대평가로 이루어진다는 점에서 조원 간에 점수 나누기를 하는 경쟁적 구도가 아니므로 함께 협력하여 양질의 토의를 만들어 구성원 모두가 좋은 점수를 받을 수 있도록 해야 합니다.

2) 평가기준

① **문제해결 능력** : 문제 상황을 정확히 파악하고, 합리적인 해결 방안을 제시했는가?
② **창의력** : 참신한 생각을 제안하거나 기존의 해결책에 나만의 독창적인 생각을 첨가한 해결책을 제시했는가?
③ **의사소통 능력** : 상대방의 말을 경청하여 논점을 잘 파악하고, 나의 의견을 효과적으로 전달했는가?
④ **실천전략 및 협업능력** : 실현 가능한 해결책을 제시하였는가?, 상대와 협력하여 문제 상황을 해결해 나가고 있는가?

집단토의, 경기도 교육청에 물어봤다!

Q 집단토의 진행 방식은 어떻게 되나요?

A 처음 기조발언과 마지막 정리발언은 1분 이내로 모두 의무적으로 참가하고, 자율토의 동안은 수험생 주도 하에 진행합니다. 또한, 자율토의 시 한 사람이 발언을 장악하지 않도록 1회 2분 이내, 연속 발언을 금지하며, 한 번도 말하지 않은 수험생이 있더라도 본인의 선택을 존중합니다.

Q 상대방의 이야기에 고개를 끄덕이고, 진행을 주도하면 점수를 잘 받나요?

A 그렇지 않습니다. 경청과 공감의 자세는 토의에서 중요합니다만 본인의 문제의식과 진단, 실천 경험, 대안 등을 제시하지 않는다면 좋은 점수를 받기 어려울 수 있습니다. 대화를 주도했다고 해서 가점이 주어지지는 않습니다. 결국 주어진 문제를 해결할 수 있는 역량을 다각도로 살핀다는 점에서 제시된 주제에 보다 집중할 필요가 있습니다.

③ 절차

기조발언	→	자율토의	→	정리발언
개인별 1분 1~6번 순으로 발언		질문, 답변, 추가 의견 제시 등 자율 진행		개인별 1분 6~1번 순으로 발언

① 전체 진행 요령

구상시간	• 40분 이내 • 평가실에서 개인별로 조용히 구상하며, 상호 의견 교환 금지
〈토의진행〉	• 6인 : 42분 이내 • 5인 : 35분 이내 • 4인 : 28분 이내 • 3인 : 21분 이내
입실	• 관리번호 순서대로 의자에 앉음 • 시작 알림 : "지금부터 집단토의 면접을 시작하겠습니다."
기조발언	• 관리번호 낮은 번호부터 의무적으로 발언(개인당 1분 이내) • 1번→2번→3번→4번→5번→6번
자율토의	• 모든 토의자의 기조발언 종료 후 자율토의 진행 • 1회 발언 시 2분 이내, 연속 발언 금지, 발언 순서는 토의자 자율 조정 • 자율토의 시 평가 위원은 토의 진행에 관여하지 않음 • 시작령 기준 29분(6인), 23분(5인), 17분(4인), 11분(3인)을 경과한 시점에 자율토의 종료 6분 전임을 공지 • 시작령 기준 35분(6인), 29분(5인), 23분(4인), 17분(3인)을 경과한 시점에 자율토의 종료 공지
정리발언	• 기조발언 역순으로 의무적 발언(개인당 1분 이내) • 6번→5번→4번→3번→2번→1번
집단토의 종료 알림	• "이상으로 토의 면접을 마치겠습니다. 퇴실하시기 바랍니다."

② 좌석배치

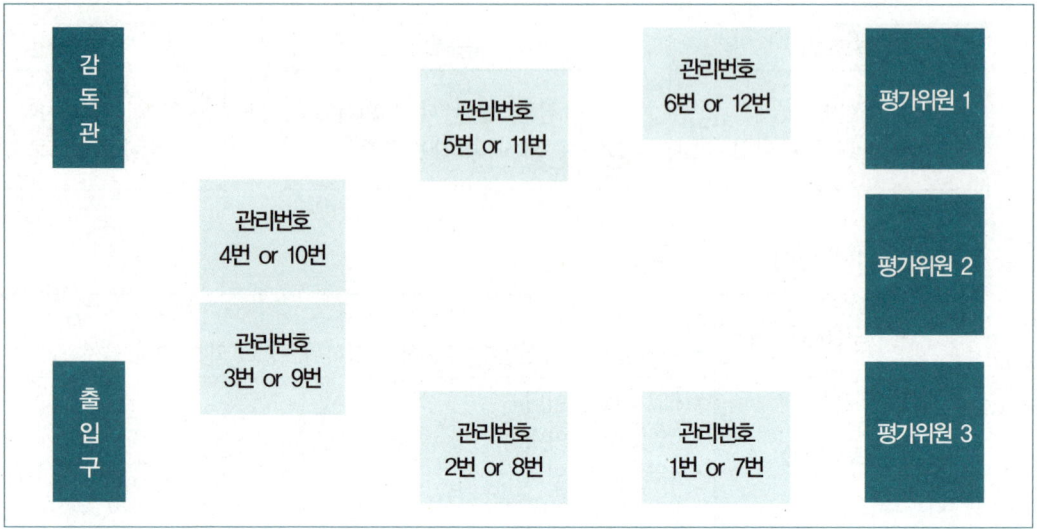

④ 집단토의 준비

① 스터디를 활용해 틀을 익히자.
- 면접 스터디와 마찬가지로 1차 시험 이후 곧바로 스터디를 구성하시는 것을 추천합니다. 몇 번 스터디를 진행하시면 '아, 이런 형식으로 진행되는 거구나.'하는 감을 익히실 수 있을 겁니다. 집단토의는 결과적으로 해당 조가 비슷한 점수를 받는 경향이 있습니다. 모두가 한 배를 탔다고 생각하시고 반박과 논박보다 동의와 칭찬, 지지를 하며 토의를 해나가시길 바랍니다.
- 집단토의 스터디의 구성원은 다양하게 경험해보는 것이 좋습니다. 비슷한 말과 형식을 계속 익히기보다 참신하고 좋은 시각 및 아이디어를 많이 얻을 수 있기 때문입니다. 한 스터디로 꾸준히 진행하시기보다는 다른 멤버, 다른 과목과도 함께 해보시는 것을 추천드립니다.

② 기조발언과 마무리발언의 틀을 정하자.
- 자율발언은 어떤 주제가 시험에 출제될지 몰라 완벽한 통제가 어렵지만 기조발언과 정리발언은 미리 준비해 나를 각인시키고 드러낼 수 있다는 점에서 중요합니다.
- 기조발언이란 토의 첫 머리에 기본 취지나 정책, 방향에 대해 설명하는 발언입니다. 정리발언은 토의의 핵심 내용을 요약, 정리하며 토의를 마무리하는 발언입니다.

기조발언 틀	1. 안녕하십니까, 관리번호 ( )번입니다. 2. 토의 주제 및 문제의식 언급 　☞ 오늘 우리가 나누어야 할 토의 주제는 ~입니다. 현재 경기 교육의 방향성이 ~하다는 점에서 논의가 많이 되고 있는 부분입니다. 3. 토의에 대한 기대 및 포부, 각오
	1. 안녕하십니까, 관리번호 ( )번입니다. 2. 앞선 토의자의 말 언급 및 주제의 중요도 언급 　☞ 오늘 우리가 나누어야 할 토의 주제를 잘 말씀해 주셔서 감사합니다. 오늘 나눌 주제는 교육 현장에서 ~~하다는 점에서 매우 중요한 논의입니다. 3. 토의에 대한 기대 및 포부, 각오
	1. 안녕하십니까, 관리번호 ( )번입니다. 2. 논의의 필요성을 명언, 속담과 함께 언급 　☞ 오늘 우리가 나누어야 할 토의 주제는 ~~하다는 점에서 교육현장에 매우 필요한 논의입니다. 빨리 가려면 혼자 가고, 멀리 가려면 함께 가라는 말이 있는 것처럼 오늘 선생님들과의 논의를 통해 함께 협력해 나아가는 자리가 되었으면 좋겠습니다. 3. 토의에 대한 기대 및 포부, 각오
정리발언 틀	1. 관리번호 ( )번 정리발언 시작하겠습니다. 2. 토의에 참여한 소감 3. 실제 현장에 적용해 보고 싶은 것 4. 마무리 인사, 각오
	1. 관리번호 ( )번 정리발언 시작하겠습니다. 2. 토의에 참여한 소감 3. 토의 주제 요약 및 몇 가지 내용 언급 4. 마무리 인사, 각오

③ 교직관과 시책, 다양한 경험을 녹이자.
- 개별면접과 마찬가지로 자신이 어떤 교사가 되고 싶은지, 어떤 교사를 롤모델로 삼는지, 어떤 교직생활을 해나가고 싶은지 등을 자세하게 생각하고 조리있게 말로 표현하는 연습을 해야 합니다. 또한 자신의 교직관이 해당 교육청에서 요구하는 가치관과 철학이라는 것을 연결하기 위해 시책을 철저하게 숙지하는 것이 중요합니다. 실제 학교 현장에서 일어나는 문제들을 경기도 교육 시책을 활용하여 해결해 나가겠다고 하는 교사는 면접관에게 좋은 인상을 심어줄 수 있습니다. 하지만 정답만 심플하게 말하는 것은 좋지 않습니다. 자신의 창의적인 아이디어 및 경험과 덧붙여 문제를 해결해가는 것이 도움이 될 것입니다.
- 교직과 관련한 자신의 생각을 명언과 속담, 격언 등을 활용해 더욱 풍성하게 말하는 것도 좋습니다.

④ 촬영 및 녹음하기
- 개별면접과 마찬가지로 토의에 임하는 자신의 제스처나 시선, 억양 등을 확인하는 작업이 필요합니다. 또한 다른 사람의 말을 경청할 때, 어떤 자세로 임하고 있는지를 확인하는 것도 좋습니다.

면접과 집단토의에서 자주하는 Q & A

① 시간상 즉답형 문항의 마지막 셋째 답변을 말하지 못하고 끝이 났어요. 괜찮을까요?
- ☞ 답변하지 못한 문항은 감점이 됩니다. 특히 즉답형의 경우 당황스러워서 답변이 장황해질 우려가 있습니다. 이런 상황을 방지하기 위해 시간 내에 모든 답변을 하기 위한 철저한 연습이 필요합니다.

② 면접 때 너무 떨어서 말을 잘 못한 것 같아요. 괜찮나요?
- ☞ 면접관님들도 수험생들이 어느 정도 긴장하고 있고 떨고 있다는 것은 감안합니다. 하지만 긴장으로 인해 목소리가 작아지거나 말을 더듬는 것이 내용 전달을 하는 데에 방해가 되어선 안됩니다. 면접관님들이 답변 내용을 편안하게 듣고 체크할 수 있을 정도로 답변할 수 있도록 평소에 시험실을 이미지메이킹하며 실전과 같이 연습하는 것이 중요합니다.

③ 면접 의상은 어떻게 입는 것이 좋나요?
- ☞ 여느 면접 의상처럼 단정하고 깔끔한 스타일이 좋습니다. 여성분의 경우 바지를 입으셔도 되고 치마를 입으셔도 상관없습니다. 투피스를 입는다면 톤을 통일해서 입는 것이 좋습니다. 남성분들도 단정한 정장에 과하게 꾸미지 않은 헤어스타일이 좋습니다.

④ 구두는 어떤 것을 신어야 하나요?
- ☞ 저는 소리나지 않는 고무굽 구두를 사서 신었었는데 굳이 그렇게 하지 않아도 될 것 같습니다. 일부러 또각또각 크게 소리내지 않는 한 평범하게 걸을 때 나는 그 정도의 소음은 이해해주십니다. 단 너무 높은 굽은 피하시는 것이 좋습니다.

⑤ 너무 떨려서 면접관 모두를 쳐다보며 답변하지 못했어요. 괜찮나요?
- ☞ 면접관 모두를 쳐다보아야 점수를 획득하는 것은 아닙니다. 하지만 면접관들에게 긴장되지 않고 여유롭다는 느낌을 줄 수 있을 것입니다. 면접관님들의 미간이나 인중, 코 끝을 보며 답변한다면 조금 덜 긴장하면서 답변하실 수 있을 것입니다.

⑥ 집단토의 때 다른 사람의 의견에 동의하지 않아 반대의견을 내었어요. 괜찮나요?
　☞ 집단토의의 목적은 구성원들과 긍정적 의사소통을 할 수 있는지, 상대방을 존중하며 대화에 임할 수 있는지 등의 정의적 영역도 보는 시험입니다. 반대의견을 제시하기보다는 상대방의 의견에 일리가 있다는 동의표시를 하신 후 자신의 의견을 덧붙이는 방식으로 말하시는 것이 좋습니다.

⑦ 집단토의 중간에 말을 동시에 시작하게 되어 다른 수험생에게 양보했어요. 괜찮나요?
　☞ 집단토의 때 말을 동시에 시작하게 되는 경우가 종종 있습니다. 이 때, 양보받은 사람이 먼저 발언하고, 양보한 수험생이 그 다음에 말하는 것이 관행적이고 암묵적인 룰입니다.

⑧ 너무 짧게 말해서 시간이 남았어요. 괜찮나요?
　☞ 시간이 남는 것은 괜찮습니다. 시간이 모자라서 문제에 대한 언급을 모두 하지 못한 것은 문제가 되지만요..! 시간이 남았다고 해서 자기 어필을 하거나 사족을 다는 것은 불필요합니다.

⑨ 경기도 2차 공고문에서 유의사항에 '대기실 등에서는 각종 자료(서적, 신문, 잡지 등 포함)를 열람하거나 메모할 수 없고, 다른 수험생과의 대화 및 자리이동은 금지합니다.'라고 적혀 있는데, 그냥 앉아서 무릎 위에 손 하고 가만히 앉아 대기하는 것인가요?
　☞ 네, 맞습니다. 서적을 읽거나 다른 수험생과 대화할 수 없어 기나긴 시간을 긴장하며 보내야 하기 때문에 마인드 컨트롤과 체온 유지를 해줄 수 있는 물, 핫팩 등이 필요합니다. 뒷 순서가 될수록 책상에 엎드려 있거나 잠시 눈을 붙이고 쉬는 분들도 많이 계셨습니다.
　　임용 서적 외의 자료 열람이 가능한 시도도 있으니 공고문을 꼭 확인해주세요.

⑩ 앞머리를 내리고 머리를 풀어도 되나요?
　☞ 현쌤은 머리를 세팅하기 어려워 긴 머리를 반 묶음했다고 합니다. 깔끔하고 단정한 헤어스타일이라면 머리를 내리고 묶는 것은 큰 변수가 아닌 것 같습니다.

⑪ 대기실에 있을 때 화장실은 어떻게 다녀오나요?
　☞ 복도 감독관의 인계를 받아 화장실에 다녀올 수 있습니다. 이때, 같은 대기실에서는 한 명씩 화장실에 다녀올 수 있고, 다른 대기실의 수험생과 동시에 화장실을 다녀오는 것을 방지하기 위해 복도 감독관님께서 순서대로 한 명씩 화장실에 들어갈 수 있게 안내해주실 것입니다.

5. 중등 기출문제 분석(2022~2018)

연도	서울	경기	인천	평가원
2022	• 환경교육 • 학교문화 • 공교육 방향	• 진로학업설계방안 • 사회성결손 증진교육 • 학급자치 실현방안 • 동료교사와의 갈등 대처 • 신규교사로서 키우고 싶은 역량	• 교육회복 • 진로지도 프로그램 • 혐오표현 예방교육 • 디지털 리터러시	• 학습동기 • 기초학력 결손 해결 • 교사의 sns활동 • 교사상
2021	• 학생 지도 방안 • 원격수업의 문제점과 대처 방안 • 교육관 및 지도방안	• 평가 시 생길 수 있는 문제에 대한 대처방안 • 학생 지도 방안 • 대면지도가 가진 교육적 효과 • 독서교육 방안 • 동료 교사와 관계	• 기후 위기 대응 • 블렌디드 러닝 수업 • 감염병 예방에 대처하는 방법 • 학기초 가정통신문	• 학생 지도 방안 • 주어진 상황에 대한 교사의 자질 • 교사상 • 동료 교사와의 관계
2020	• 교사가 고려하지 않은 점과 바람직한 지도 방향 • 인성교육 계획 개선 방안, 구체적 인성교육 방안 • 교육관 및 실제 조언 시나리오	• 설문조사 내용 파악 후 해결방안 • 학생 지도 방안 • 개인정보 보호법 • 모둠활동 무임승차 문제점과 해결방안	• 미래교육 방향, 학교에서의 실현 방안 • 학교 조직문화의 문제점과 민주적 학교문화 조성 방안 • 교사의 역할 • 학생들에게 첫 인사말	• 수행평가 불만에 대한 해결책 • 교사에게 필요한 자질 • 교직관 • 부장교사에 대한 생각과 갈등 대처방안
2019	• 사례에서의 문제점과 해결방안 • 학생 특성에 따른 지도방안 • 기능론적 교육관과 갈등론적 교육관 • 정의로운 차등	• 적극적으로 참여와 협력이 있는 학급문화 방안 • 교육과정 운영 취약 시기에 대한 해결방안 • 민주시민 교육 • 독서교육 활성화 방안	• 학생의 문제점과 지도 방안 • 두 교사 수업 문제점과 해결방안 • 교사관, 교육방안 • 학부모와의 관계에서 태도	• 교사의 문제점과 대처방안 • 함경도로 전보 신청 여부와 그 이유 • 로봇이 교육을 대신할 수 있는가? • 교사관, 교사의 역할, 동료와의 협력

연도	서울	경기	인천	평가원
2018	• 통합교육 운영의 문제점과 개선방안 • 평화로운 학교를 만들기 위한 생활지도 방안 • 교육관	• 고교학점제 • 사이버 예방교육, 존중과 배려의 학급문화 • 교-수-평 일체화 • 학업중단 위기학생 돕는 방법	• 학생중심활동 수업 • 학생, 학부모 상담 • 급훈 • 신규교사의 어려움	• 다문화 가정 학생 지도 • 수업 시 교사의 자질, 향후 실천계획 • 교사의 인간관, 교사상 • 신규교사의 어려움과 대처 방안

* 2차 시험의 경우 문항이 공개되지 않아 모든 문항이 수험생의 기억에 의존해 재구성되었습니다. 실제와 다를 수 있음을 참고해주세요.

6. 초등 기출문제 분석(2022~2018)

연도	서울	경기	인천	평가원
2022	• 신학년 집중준비기간 • 신규교사 고민 • 교사로서의 자질	• 특수학급 운영방안 • 통합교육 필요성 • 미래교육에서 교사의 역할 • 특수학교 교사의 고민 해결방안 • 입학적응 프로그램	• 미래교육 교육적 시사점, 공교육의 방향 • 체육활동 안전사고 예방 • 부적응학생 지도방안 • 휴먼 디지털교육과 관련한 교사의 전문성	• 학습동기 • 기초학력부진 지도 • SNS활동 견해 • 학생 신뢰
2021	• 특수교육대상학생 원격수업 고려사항 • 생태전환교육 • 근무하고 싶은 곳	• 특수교사로서 하고 싶은 활동 • 학생 실종 시 대처방안 • 현장체험학습 시 자폐성 장애 학생 적응 방안 • 공동체 역량 • 미래사회 적응 지도 방안	• 교사상 • 생활교육 안전망 • 특색있는 문화예술교육 • 에듀테크 역량	• 학부모와의 관계 • 아동관 • 교사의 인성적 자질

연도	서울	경기	인천	평가원
2020	• 학부모 상담 및 시연 • 문제행동 해결방안 • 가정 연계 방안	• 다양성에 대한 교사 철학 및 학급운영 방안 • 마을과 교과 연계 교육 • 협력적 성장 • 중도중복학생의 통합학급 배치 • 교사의 역량 • 민주적 학급	• 교사의 고민과 해결점 • 독서습관 • 동료교사와의 갈등 • 마을연계교육	• 수행평가 방법상의 문제 • 특수학교 학교폭력 • 통합교육에 관한 인성적 자질
2019	• 자폐성장애 문제행동 중재방안 • 공적 주제 고르기 • '나'를 사랑하는 법 • 교원학습공동체	• 특수교사 교직관 • 정서행동장애 긍정적 행동지원 • 장애학생 상호간 학교폭력 • 4.16 가치	• 교직선택 이유, 전문성 • 놀이교육 • 학급운영 안내 • 자신의 강점	• 특수교육 보조인력 역할 • 특수학급 교과에 대한 교직관 • 특수교사의 인성적 자질
2018	• 문화예술 현장체험 학습 중요성과 고려할 점 • 통합학급교사 지원 방안 • 특수학교 설립 반대 대응 • 교직관	• 통합교육 어려움 및 해결방안 • 교육 공동체 활성화 방안 • 특수학급 비민주적 요소 및 해결방안 • 가정폭력, 아동학대	• 미래교육 교육적 시사점 • 농어촌 소규모 학교에서 하고 싶은 특색활동 • 교사상 • 존경하는 인물	• 교수적 수정 • 시각장애 학생 학업적, 생활적 측면 지도방안 • 학부모의 자녀 장애에 대한 인정

* 2차 시험의 경우 문항이 공개되지 않아 모든 문항이 수험생의 기억에 의존해 재구성되었습니다. 실제와 다를 수 있음을 참고해주세요.

7 대구 인문정신소양 도서

	동양 (철학, 문학, 역사)	서양 (철학, 문학, 역사)	권수
2022	논어, 열하일기, 난중일기, 명심보감, 백범일지, 사기, 목민심서, 간디 자서전, 삼국사기(김부식), 도덕경(노자)	에밀, 데미안, 그리스 로마 신화, 자유론, 이방인, 로마인 이야기, 소크라테스의 변명, 역사, 갈매기의 꿈(리처드 바크), 어린왕자(생텍쥐페리)	20권
2021	논어, 열하일기, 난중일기, 명심보감, 백범일지, 사기, 목민심서, 간디 자서전, 삼국사기(김부식), 도덕경(노자)	에밀, 데미안, 그리스 로마 신화, 자유론, 이방인, 로마인 이야기, 소크라테스의 변명, 역사, 갈매기의 꿈(리처드 바크), 어린왕자(생텍쥐페리)	20권
2020	논어, 열하일기, 난중일기, 명심보감, 백범일지, 사기, 목민심서, 간디 자서전, 삼국사기(김부식), 도덕경(노자)	에밀, 데미안, 그리스 로마 신화, 자유론, 이방인, 로마인 이야기, 소크라테스의 변명, 역사, 갈매기의 꿈(리처드 바크), 어린왕자(생텍쥐페리)	20권
2019	논어, 열하일기, 난중일기, 명심보감, 사기, 목민심서(정약용), 백범일지(김구)	에밀, 데미안, 그리스 로마 신화, 자유론, 이방인, 로마인 이야기(시오노 나나미), 소크라테스의 변명(플라톤), 역사(헤로도토스)	15권
2018	논어, 난중일기, 명심보감, 사기(사마천), 열하일기	에밀, 데미안, 그리스 로마 신화, 자유론(존 스튜어트밀), 이방인(알베르 카뮈)	10권
2017	논어, 명심보감, 난중일기	에밀, 데미안	5권
2016	논어(공자), 명심보감(추적)	에밀(루소)	3권

* 인문정신소양평가 대상 도서 목록은 1차 시험 전 사전 예고를 실시함. 사전 예고된 도서 목록은 변동될 수 있으며, 변동될 경우 1차 시험 계획 공고 등을 통해 사전 안내함
* 인문정신소양평가는 교사로서 갖추어야 할 인문정신 소양 및 활용능력 등을 평가함. 배점은 시험 전체 점수 100점 중 25점을 차지한다. 시간은 10분이며 구술형으로 교육청에서 자체 출제함
* 인문정신소양평가 문항 출제 대상 도서는 사전 예고된 '인문정신소양평가 대상 도서 목록' 중 매년 시행계획 공고 7일 전 추첨을 통해 3권을 추첨하여 3권에 대해서만 문제를 출제함

8. 경기도 심층면접평가 안내

	집단토의	개별면접
실시 시기	오전	오후
구상 시간	40분	15분
소요시간	6인 : 42분 이내 5인 : 35분 이내 4인 : 28분 이내 3인 : 21분 이내	15분
문항수	1문제	구상형 3문항(문항 사전 제시) 즉답형 2문항(고사실 책상 비치)
구상실 입실	• 오전 집단토의 평가시 개인 소지품은 대기실에 놓고 평가실로 이동하여 구상(40분)하는 시간을 가집니다. • 평가실에 입실하여 집단토의는 별도의 인사말 없이 감독관의 안내에 따라 본인 좌석에 착석합니다.	• 오후 개별면접 평가시에는 본인의 소지품을 가지고 구상실 앞으로 이동한 후 본인의 소지품을 구상실 복도에 비치한 후 구상실로 입실합니다.
평가실	기조발언(관리번호 낮은 순)과 정리발언(기조발언 역순) 시간은 각각 1분 이내이며, 자율토의 시간에는 1회 발언 2분 이내로 연속 발언은 금지되며, 발언 순서는 토의자 자율 조정이 원칙입니다.	평가위원 지시에 따라 구상형 문제 답변 후, 또 다시 평가위원의 지시에 따라 책상 위에 놓인 즉답형 문제에 대해 순서대로 답변합니다.
	답변 마무리에는 반드시 '이상입니다.'라고 종료표시를 해야 하며 답변 시간은 본인이 적절히 안배해야 합니다.	
마무리 및 퇴실	평가위원의 퇴실 지시에 따라 본인이 가지고 들어온 문제지를 평가실 감독관에게 반납한 후 퇴실합니다. (개인 소지품 대기실에 그대로 보관)	개별면접 평가까지 마친 수험생은 대기실 재입실이 불가하므로 대기실에서 구상실로 이동할 때 개인 소지품을 모두 들고 나와 구상실 앞 복도에 보관합니다.

* 심층면접 시험은 집단토의(오전)와 개별면접(오후)으로 수험생이 직접 추첨한 관리번호 순서에 따라 진행됩니다. 코로나19로 집합금지가 되면서 집단토의가 2년간 중단되었었는데 올해는 집합금지가 해제되어 실시될 수 있으므로 공고문을 꼭 확인해 보아야 합니다.

심층면접 기출문제(초등)

서울

1. 2022년 면접

 구상형

신학기 집중 준비기간의 필요성 2가지와 아래 학급 운영 중 학급 특색활동을 한다면 주제와 이유, 주제에 관련된 교육활동에 대해 말하시오.

- 5학년 남 7명, 여 7명, 총 14명(한국어에 서툴러 소극적인 다문화 학생 1명 포함)
- 학교 교육 목표
- 학급 교육 목표 : 학생 개별 맞춤형 교육

* 제시문 전체가 복기되지 않은 문제임을 참고해주세요.

 즉답형

1. 신규교사의 일지를 보고 교사가 할 수 있는 실천방안 3가지를 말하시오.

   교단일지 내용
   1. 아이들의 기대에 찬 눈빛이 부담스럽다.
   2. 생활지도가 너무 어렵다.
   3. 학부모님의 민원이 잦아 상담주간이 두렵다.

2. 연수 주제 '교사는 살아있는 교육과정'에 대한 나의 생각과 교사로서 갖추고 싶은 자질과 그 이유에 대해 말하시오.

2022년 면접 예시답안

구상형

〈신학기 집중 준비기간 필요성〉
1. 학교업무를 철저히 준비함으로써 신학기 학생에만 집중할 수 있는 여유가 주어진다.
2. 학교와 공교육에 대한 만족도를 높일 수 있다.

〈다문화 학생이 있는 학급 특색활동 주제와 이유〉
- 주제 : 다른 음 같은 하모니
- 이유 : 우린 모두 다른 음을 내는 각자의 개성이 있지만 함께할 때 아름다운 화음을 이루어나갈 수 있음을 강조한 의미
    1. 다양성과 관련한 책읽기 – 교육과정 속에서 자연스럽게 다양성 및 차이에 대해 인정할 수 있도록
    2. 문화이해 프로그램 – 문화체험 및 이중언어 경험의 시간을 가짐으로써 실제적인 이해의 시간이 될 수 있도록
    3. 다양한 조별활동 실시 – 교육과정 내에서 활발하게 소통하며 하나의 목적을 함께 달성하는 경험을 해나가 공동체역량을 기를 수 있도록

즉답형 1

〈신규교사 실천방안〉
1. 철저한 수업지도 계획과 생활지도 계획 준비(부담스러움을 기대로 바꾸도록)
2. 전문적 학습공동체를 통해 생활지도에 대해 배우기
3. 관점 바꾸기(민원은 반대로 관심이 많으시다는 뜻이므로 긍정적 시각으로 바꾸어 학부모님 요구사항 중 가능한 부분과 불가능한 부분을 잘 구분하여 말씀드리기)

즉답형 2

〈교사는 살아있는 교육과정〉
1. 수업의 질은 교사의 질을 뛰어넘을 수 없다.
2. 갖추고 싶은 자질
    - 융합적 태도(교과융합)
    - 개방적 태도(학생, 학부모의 요구를 반영한 교육과정 운영)
    - 성찰적 태도

2. 2021년 면접

구상형

1. 아래 표의 특수교육대상학생 원격수업 시 고려사항 3가지를 말하고, 학생 특성에 맞는 원격수업 지원방안 2가지씩 말하시오.

학생1	학생2
• 조부모와 함께 살고 있음 • 원격수업 참여 어려움 • 학생의 컴퓨터 조작 능력이 어려움 • 특수학급 및 통합학급의 원격수업에 참여하지 못함 • 학부모님이 직장에서 출석체크만 겨우 함 • 특수학급에서 국어, 수학 과목 참여	• 중도중복장애 학생으로 디지털 기기 활용에 어려움이 있음 • 부모님은 원격수업을 열심히 지원하심 • 중도중복장애 학생을 위한 콘텐츠가 별로 없고 과목이 너무 많음 • 통합학급에서 예술, 체육활동 참여

즉답형

1. 생태전환교육이 특수교육대상 학생에게 필요한 이유와 생태전환교육 실시 방안 2가지를 말하시오.

2. 특수학급, 특수학교, 특수교육지원센터 중에

   1) 나의 장점과 연계하여 어디에서 근무하고 싶은가?
   2) 신규교사로서 어디에서 일하는 것이 어렵다고 생각하는가? 그 이유는? 어려움을 겪었을 때 어떻게 극복할 것인가?

2021년 면접 예시답안

 구상형 1

〈원격수업 시 특수교육대상학생 고려사항 3가지〉
1. 원격수업을 위한 보조기기 보유 여부 및 조작능력 확인
2. 장애 유형에 맞는 온라인 컨텐츠 제공 구상(원격수업 유형 세 가지를 언급하며 답변)
3. 학부모님의 원격수업 조력자 역할 수행 가능 여부 파악

〈각 학생 특성에 맞는 지원방안〉
1. 학생1
   - 컴퓨터 조작능력을 도울 수 있는 보조기기나 활용방안 교수를 제공하겠음
   - 학부모님과 상담을 통해 통합학급 및 특수학급 원격수업 지원방안 모색
2. 학생2
   - 부모님이 적극적이시므로 학습꾸러미를 제공해서 수업에 현장감 있게 참여할 수 있도록 지원
   - 교사협의회를 통해 중도중복장애 학생인 학생2도 적극적으로 참여할 수 있는 교수적 수정을 할 수 있도록 돕겠음

즉답형 1

〈생태전환교육이 특수교육대상학생에게 필요한 이유〉
특수교육대상학생도 우리가 지켜야 할 지구에서 함께 살아가고 있는 구성원이자 소비자이기 때문(혹은 특수교육대상학생도 환경위기 및 생태변화에 대응하기 위한 능력을 키워야 하기 때문에)

〈생태전환교육 실시 방안〉
1. 생태전환교육과 관련한 쉬운 도서를 매 국어수업 끝나기 10분 전 함께 읽겠음
2. 구체물이나 지역사회 생태 체험장을 활용한 실제적 생태전환교육 실시

즉답형 2

자신의 생각에 기반해 근거가 확실히 드러나도록 답변

3. 2020년 면접

구상형

1. 학부모 상담 시 고려사항 3가지를 말하고 사례 1, 2에 대해 상담을 실연하시오.

> - 사례1 : 학부모가 다음과 같은 요구를 하였음. 학부모는 1교시 수업이 끝나고 간식을 먹여주길 원하고 월~목까지 방과후에 15~20분 동안 돌봐주길 원한다. 그리고 공격행동을 보이는 다른 학생을 전학 보내 달라고 요청하였다. 뿐만 아니라 보조원을 1:1로 배치해주기를 요구하고 있다.
> - 사례2 : 학생이 하교하면 집에 오자마자 학생의 몸을 샅샅이 살펴서 상처와 멍은 없는지 확인 후 작은 상처라도 보이면 연락하는 학부모이다. 학교에서 멍이 들어왔다고 항의하는 상황이다.

즉답형

1. 문제행동이 나타난 아동의 특성을 2가지 말하고 해결방안을 예방적 측면에서 말하시오.

> - 특정 시간에 배가 고프면 말로 표현하지 않고 울어버린다.
> - '안돼' 등 제지하는 말을 들으면 공격하는 행동을 한다.
> - 혼자 하는 활동에만 관심이 있고 또래 활동에 관심이 없다.
> - 교실에서 사용하는 물건의 명칭을 모르고, 수업 활동에 참여하지 않는다.
> - '안돼, 하지마' 등 제지하는 말을 할 경우 강한 공격성을 드러내며 거부한다.

[추가질의] 1. 즉답형 문제에서 가정과 어떻게 연계할지 말하시오.

2020년 면접 예시답안

구상형 1

〈학부모 상담 시 고려해야 할 사항 3가지〉
1. 먼저, 학부모님의 감정에 공감과 수용을 해야 한다.
2. 학급 구성원에 대한 형평성을 고려해야 한다.
3. 학생에 대한 장기적 목표를 함께 공유해야 한다.

〈사례1 상담 시연〉
- 학부모님의 힘듦에 공감하고 학부모님 감정을 수용한다.
- 수용 가능한 부분과 현실적으로 어려운 부분을 조심스럽게 말한다(예를 들면, 보조원 배치 대신 또래도우미 배치, 강제전학은 법적으로 방법이 없음 등).
- 학생에 대한 최종적 교육목표를 공유하며 학생의 교육목표에 맞는 적절한 지원을 제시한다.

〈사례2 상담 시연〉
- 학부모님의 당황스러움에 공감하고 감정을 수용한다.
- 다치거나 상처가 생기면 늘 사진 찍어서 학부모님께 보내드리는데 오늘은 확인이 안된 점은 인정한다.
- 원적학급 선생님께 여쭤보고 상처가 생길만한 일이 있었는지 확인할 예정이다.
- 누구보다 학생을 깊게 생각하고 관찰하고 있음을 강조한다.

즉답형 1

〈아동의 특성 2가지와 예방적 측면의 해결방안〉
1. 요구사항을 언어로 표현하지 못함 → 문제행동이 일어나기 전, 올바른 대체행동을 교수해 학생의 정반응에 반응하겠습니다.
2. 좁은 범주의 흥미와 관심사 → 아동이 좋아하는 활동을 또래활동으로 계획해 실행하겠습니다.

> [추가질의] **〈가정과 연계 방안〉**
> 1. 교수한 대체행동을 가정에서도 실행할 수 있도록 가정과 긴밀히 소통하겠습니다.
> 2. 역할놀이를 통해 타인과 소통할 수 있도록 가정에 안내하겠습니다.

4. 2019년 면접

구상형

자폐성장애 5학년 A학생에게 실시할 수 있는 중재방안을 부모, 통합학급 교사, 관련 전문가 측면에서 각각 3개씩 구상하시오.

> **학생A의 특성**
> - 학교에 가기 싫어 어머니와 실랑이를 벌이거나 어머니를 때림
> - 학교에서 수업회피 및 방해행동이 나타남(+쿵쿵거리기 등)
> - 학급 친구를 때리거나 침을 뱉고 가위로 위협함
> - 수업을 회피하지만 흥미로워하는 화폐 계산기가 주어지면 활동에 참여함

즉답형

1. 스승의 날 '○○스승상' 중에 무엇을 받을 것인가? 다음의 공적 주제들 중 자신의 교육관과 맞는 것 하나를 고르고 실천방안을 말해보시오.

   > 1. 장애학생도 스스로 변화될 수 있다고 믿는 교사
   > 2. '나는 할 수 있어.'라는 자신감을 길러주고 싶은 교사
   > 3. 진로직업에 대해 힘써주는 교사
   > 4. 수업을 잘하는 교사
   > 5. 사랑하는 교사

2. 방탄소년단이 UN에서 Love yourself를 주제로 연설을 한 바 있다.

   > 내가 누구인지, 내가 누구였는지, 내가 누구이고 싶은지가 모두 포함해서 Love yourself입니다. Love myself캠페인을 시작한 후, 우리는 전 세계의 팬들로부터 중요한 메시지를 듣게 되었습니다. 인생의 시련들을 어떻게 극복했는지, 그리고 스스로 자신을 어떻게 사랑하게 됐는지에 대해서죠. 이 이야기들은 저희에게 책임감을 일깨워주었습니다. 우리는 스스로 자신을 사랑하는 법에 대해 배웠습니다.

   1) 자신이 생각하는 '나를 사랑하는 방법'을 말하시오.
   2) 장애학생이 자신을 사랑할 수 있도록 하는 교육활동 3가지를 말하시오.

   [추가질의] 교원학습공동체를 운영한다면 하고 싶은 주제를 말하고 이것이 통합학급에서 긍정적인 이유와 통합교육에 끼칠 수 있는 영향을 말하시오.

2019년 면접 예시답안

구상형

〈중재방안〉
1. 부모
   - 학부모님과의 상담을 통해 학교에 가기 싫어하는 요인을 파악함
   - 대체행동이 집에서도 교수될 수 있도록 안내함
   - 부모교육을 실시
2. 통합학급 교사
   - 원적학급에서의 전반적인 생활을 상담을 통해 확인함
   - 문제행동을 대체행동으로 전환할 수 있도록 행동중재를 함께 계획함
   - 화폐 계산기를 적극적으로 활용해 수업할 수 있도록 교수적 재구성을 함께 실시함
3. 관련 전문가
   - 지역사회의 행동중재 전문가와 연계함
   - 전문 상담사와의 연계
   - 가족지원 서비스 제공

즉답형 1

〈자신의 교육관 및 실천방안〉
1. 선택 : 2번 '나는 할 수 있어.'라는 자신감을 길러주는 교사
2. 교육관 : 건강한 사회인 육성
3. 실천방안
   - 매일 자신을 칭찬하거나 친구를 칭찬하는 멘트를 적어서 붙이는 칭찬나무를 활용할 예정
   - 과제분석을 통해 높은 목표를 하나씩 차근차근 성취해가는 성공감을 맛볼 수 있도록 지원할 예정
   - 실패를 과정으로 바라볼 수 있도록 성장일기를 함께 작성

즉답형 2

〈'나'를 사랑하는 방법〉
- 실패를 '자존감의 스크래치'가 아니라 '성장의 과정'이라고 바라볼 수 있는 시각

〈장애학생에게 자신을 사랑할 수 있도록 돕는 교육활동〉
- 자신의 강점을 파악하고 강점을 더욱 개발할 수 있도록 '강점 찾기' 활동 진행
- 서로를 인정하고 존중할 수 있는 '내 친구 칭찬하기' 활동 진행
- 자기 자신에게 일주일에 한 번 편지를 쓰며 위로와 도전의 시간 갖기

5. 2018년 면접

 구상형

시각장애, 지적장애, 지체장애, 자폐성장애를 가진 학생들이 함께 있다. 문화 예술형태의 현장체험학습을 계획하고 있다. 장애학생에게 현장체험학습이 필요한(중요한) 이유와 교사가 고려할 점 5가지를 말하시오.

 즉답형

1. 통합학급 교사가 어려움을 겪고 있다. 특수교사로서 어떻게 지원할 것인지 3가지를 말하시오.

   - 장애학생이 수업에 집중하지 못함
   - 장애학생은 수업시간에 색칠공부를 하고 있음. 그러나 친구들의 수행평가지에 관심을 가지고 힐끗힐끗 봄
   - 수업시간에 장애학생이 소리에 집착하며 필통을 여닫으며 딸깍거리는 소리를 냄. 옆에 앉은 친구가 짜증을 냄

2. 특수학교 설립 반대 현상이 벌어지고 있다. 2018학년도에 설립되는 특수학교 현수막의 문구를 무엇으로 하겠는지 이름과 그 이유를 말하시오.

[추가질의] 통합학급에 대한 특수교사로서의 지원에 대한 본인 견해를 아래 용어에서 찾고 설명하시오. (존중, 정의, 배려, 책임, 참여 등의 용어가 제시됨)

2018년 면접 예시답안

구상형

〈장애학생에게 문화예술 형태의 현장체험학습이 중요한 이유〉
1. 글로 배우는 것보다 실제로 보고 느끼는 문화예술의 교육적 효과가 크기 때문
2. 정서적 안정과 풍요로움을 느낄 수 있다는 점에서 중요
3. 자신이 살아갈 지역사회에서의 문화예술을 향유할 수 있는 역량을 키운다는 점에서 중요

〈교사가 고려할 점〉
1. 각 장애 특성에 따른 안전성 고려
2. 교육과정과의 연계가 적합한지 고려
3. 현장체험을 더욱 풍요롭게 다녀올 수 있도록 사전교육 및 사후교육 철저
4. 문화예술의 수준과 난이도 고려
5. 현장체험학습의 목표를 명확히 해야 함

즉답형 1

〈통합학급 교사 지원방안〉
1. 학기 초 학급 특성 맞춤형 장애이해교육 제공
2. 장애학생이 수업에 집중할 수 있도록 교수적 수정을 통해 목표 재정립
3. 장애학생의 관심사를 수업에 녹일 수 있도록 긴밀한 협의 진행

즉답형 2

〈특수학교 현수막 문구〉
- '혼자 푸르면 숲이 될 수 없다'
- 이유 : 함께 사는 사회임을 강조하며 숲이 되는 것이 우리 사회의 목표임을 강압적이지 않게 은유적으로 표현하겠습니다.

경기

1. 2022년 면접

구상형

1. 다음 문장을 읽고 특수학급 운영방안에 대해 말하시오.

   - 학생 한 명 한 명과 더 깊이 만납니다.
   - 학생의 주도적인 배움을 통해 물음표를 느낌표로 만듭니다.

2. 다음과 같은 상황에서 통합교육의 필요성과 특수교사가 이를 지원할 수 있는 방안에 대해 말하시오.

   장애 정도가 심한(중도중복장애) 특수학급 학생이 특수학급에만 있고 싶어 하고, 통합학급에 가기 싫어 하는 상황이 제시됨

3. 미래교육에서 교사의 역할을 말하시오.

   - '가정과 학교의 분리된 공간 ~~~ 교육'
   - '온라인 플랫폼 활용 ~~~ 대면 수업과 비대면 수업'

   * 복기가 덜 된 제시문입니다. 이 점 참고해주세요.

즉답형

1. 다음 상황을 통해 특수학교에 재직 중인 A교사의 고민과 해결방법에 대해 말하시오.

   A교사 : 기쁨이가 마스크가 불편해 잘 쓰지 않으려 해요.
   B교사 : 학급에서 기쁨이가 우리 반 학생을 자꾸 꼬집어요.
   C교사 : 프로젝트 수업을 진행하는데 기쁨이가 수업을 방해해요.
   A교사 : 그래도 기쁨이가 웃으면 너무 예뻐요.

2. 특수교육대상학생을 위한 입학적응 프로그램이 필요한 이유와 학급에서 이를 실천할 수 있는 방안에 대해 말하시오.

2022년 면접 예시답안

구상형 1

〈특수학급 운영방안〉
1. 점심시간 '선생님과 산책한데이(Day)'를 운영해 학생과 1:1로 교정을 걸으며 깊이 있게 대화하는 시간을 가짐
2. 학생 서로 간 깊이 있는 관계가 될 수 있도록 또래 마니또를 운영
3. 수업 전, 후 배움노트를 활용

구상형 2

〈통합교육 필요성〉
사회의 구성원이 되어가는 연습을 학교에서 미리 해봐야 한다는 관점에서 통합교육은 중도중복장애 학생들에게도 굉장히 의미있는 교육임

〈통합교육 지원 방안〉
1. 개별 상담을 통해 통합학급에 가기 싫어하는 이유를 파악하고 지원할 부분을 파악
2. 또래도우미를 활용해 통합학급에서의 적응을 도움
3. 학급 맞춤형 장애이해교육을 통해 통합학급 교사와 학급 구성원이 중도중복 학생을 환영하는 분위기를 형성

구상형 3

〈미래교육에서 교사의 역할〉
1. 지식 전달자에서 자기주도학습을 지원하는 역할
2. 학교에서의 배움과 가정에서의 삶을 잇는 역할
3. 에듀테크를 수업에 녹이는 교육과정 전문가

즉답형 1

〈A교사의 고민〉
학교생활 전반에 적응이 어려운 기쁨이를 어떻게 지원할지에 대한 고민

〈해결방안〉
1. 마스크를 써야 하는 이유에 대한 짧은 이야기를 제작해 수시로 교수
2. 의사표현을 언어로 할 수 있도록 대체행동 교수
3. 선생님들께 기쁨이의 행동 특성을 미리 안내해 수업상황을 미리 통제하고 예방할 수 있도록 안내

즉답형 2

〈특수교육대상학생 입학적응 프로그램이 필요한 이유〉
특정 상황의 적응에 어려움을 겪고 장시간이 걸리는 특수교육대상학생의 특성을 고려해 특수교육대상학생의 초등학교 입학적응 프로그램은 필수적

〈실천 방안〉
- 통합학급 교사, 특수학급 교사, 학부모, 관리자 함께 모여 '입학 적응 간담회' 갖기
- 학교 둘러보기 및 학교 선생님 얼굴 익히기
- 가정과 연계해 기초 학습 역량 기르기

2. 2021년 면접

구상형

1. 다음은 2021~2023 경기교육 기본계획 첫 페이지이다. 경기교육에서 이 질문이 의미하는 것을 말하고, 제시문과 관련하여 특수교사로 어떤 교육 활동을 하고 싶은지 말하시오.

   * 지문 내용 : 2021-2023 경기교육 기본계획 일부 발췌

   멀게만 여겨졌던 미래가 예상보다 훨씬 빠르게 우리 삶 속으로, 그리고 교실 안으로 들어왔습니다. 이렇게 갑자기 찾아온 미래는 우리에게 '학교와 교육의 본질'에 대한 질문을 던졌고 경기교육은 이 질문에 대한 답을 학교 현장으로부터 찾고자 하였습니다.

2. 특수학급 학생 4명을 맡는 교사이다. 강당에서 행사가 있어서 학생 4명을 인솔하던 중에 학생 A가 갑자기 울분을 터뜨렸다. A를 달래주며 강당에 도착해보니 학생 B가 사라지고 없었다. 이 경우 어떻게 대처할 것인지 대처방안을 말하시오.

3. 놀이공원으로 현장체험학습을 앞두고 있는데, 자폐성 장애 학생 B가 낯선 장소에 입장하는 것을 거부한다. 어머니도 평소에 학생이 낯선 장소에 가지 않으려 한다며 걱정하신다. 이 경우 교사로서의 중재 방안을 말하시오.

즉답형

1. 코로나19로 인해 소통과 협력이 어려워지고 있다. 자신이 소통과 협력을 통해 공동체 의식을 기른 경험을 말하고 이를 학교 현장에 어떻게 적용할 것인지 말하시오.

2. 장애 학생이 음식점에 갔는데 키오스크가 있었다. 마트에 갔는데 계산대에 직원은 없고 자율계산대가 있었다. 이렇게 급변하는 사회에서 장애학생이 겪을 수 있는 불편함에 대해 말하고 그것을 위해 앞으로 현장에서 특수교사로서 어떻게 지도할 것인지 말하시오.

2021년 면접 예시답안

구상형 1

〈질문이 의미하는 바〉
교육은 '백년대계'라는 말이 있음. 시대가 아무리 빠르게 흘러가고 삶의 모습이 바뀌어도 교육의 본질을 학교 현장에서 찾아야 한다는 의미

〈특수교사로서 하고 싶은 활동〉
1. 다양한 또래 프로그램을 통해 공동체성을 강화
2. 에듀테크를 활용해 블렌디드 러닝 실시
3. 체험형 진로교육을 통해 진로에서의 자기결정 능력을 향상

구상형 2

〈대처방안〉
순서에 따라 학생B가 없어진 상황을 학급 구성원 및 옆 반 구성원 모두와 공유
학생A를 동료 선생님께 안전히 인계하고, 남은 학생들을 맡을 최소 선생님만 남겨두고 동료 선생님들과 다 같이 학생B를 찾겠음
학생B를 찾은 후 이 상황에 대해 학부모님, 관리자와 공유하고 재발 방지를 위해 인솔 및 인계 대책을 세밀하게 세울 예정

구상형 3

〈자폐학생 중재방안〉
1. 놀이공원 홈페이지와 거리뷰 지도를 통해 미리 이미지 트레이닝을 해볼 수 있도록 지도
2. 학부모님께도 놀이공원 브로슈어 및 유튜브 홍보영상을 안내해드려 가정에서도 반복적으로 노출되어 익숙해질 수 있도록 지도
3. 안전계획을 철저히 세워 학생과 함께 사전답사를 다녀오겠음

즉답형 1

〈공동체 의식을 기른 경험〉
대면으로 만나 모임을 하기 힘든 시기에 가족들의 생일파티를 줌으로 한 적이 있었습니다. 화면공유를 해서 생일축하 노래를 틀고 사진으로 근황을 나누는 진기한 경험이었지만 서로를 위하는 마음을 확인하고 소통하며 화합할 수 있는 시간이었습니다.

〈적용방안〉
1. 학생 한 명 한 명의 생일파티를 조회시간에 진행하고, 온라인 게시판을 활용해 생일편지를 전달해 소속감을 갖게 함
2. 또래 마니또를 온라인으로 진행
3. '꿈 나눔 대회'를 열어 비슷한 진로를 가진 친구들끼리 공감대를 형성할 수 있도록 지도

즉답형 2

〈급변하는 사회에 장애학생 적응을 위한 지도 계획〉
1. 키오스크 등의 새로 나오는 기기나 매체들을 활용할 수 있도록 정보탐색 능력을 향상
2. 다양한 정보를 여러 각도에서 생각해 보게 하며 미디어 리터러시 능력을 향상
3. 의사소통 능력을 향상시켜 때론 타인에게 도움을 요청할 수 있도록 지도

3. 2020년 면접

1. 다음과 같은 상황에서 교사의 철학 및 학급 운영방안에 대해 말하시오.

   > 학급편성 : 다문화 학생 1명, 장애부모학생 1명, 시설거주 학생 1명

2. 특수교육대상학생의 삶과 연계한 배움이 일어나기 위해 다음과 같은 상황에서 마을과 교과를 연계한 실천방안에 대해 말하시오.

A	교실에서는 빨간색, 파란색 신호등에 맞게 건넜는데 지역사회에서 실제로 구분하여 건너기가 안됨
B	의사, 경찰관, 교사 등 특정한 직업에 대해서만 학생이 알고 있음
C	학교, 집만 가서 우리 마을에 무엇이 있는지 몰라 마을 이해가 어려운 학생

1. 학생의 협력적 성장이 무엇이라 생각하며, 이를 실현할 수 있는 구체적인 방안을 말하시오.
2. 개별화교육계획 회의 중 중도중복장애 학생의 통합학급 배치 시간과 관련하여 통합교사와 학부모와의 의견차이가 발생하였다. 이에 대한 자신의 생각과 해결방안에 대해 말하시오.

[추가질의] 1. 현장에서 필요한 교사의 역량이 무엇이며, 실천하는 방안이 무엇인가?
2. 민주적인 학급을 어떻게 이룰지 말하시오.

2020년 면접 예시답안

구상형 1

⟨교사의 철학⟩
'학교는 작은 사회'라는 말이 있음. 사회에서 겪게 될 다양성을 학교에서 더불어 살며 배우는 것이 중요하다고 생각함

⟨학급 운영방안⟩
1. '친구 칭찬데이'를 운영해 서로의 강점과 장점을 발견하는 시간을 갖겠음
2. '문화의 날'을 운영해 다문화 학생의 문화를 이해하는 시간을 갖겠음
3. 주기적인 가정 상담을 통해 학생의 학교 적응을 돕겠음

구상형 2

⟨마을과 교과를 연계한 실천방안⟩
1. 지역사회 중심수업을 통해 실제 환경에서 건너는 연습을 함
2. '지역인사 초청 데이'를 운영해 지역 내의 다양한 직업군을 함께 탐색하겠음
3. '내가 그리는 마을지도' 프로젝트 수업을 진행하겠음

즉답형 1

⟨협력적 성장⟩
협력적 성장이란 시소처럼 한쪽이 낮아져야 다른 쪽이 높아지는 것이 아니라, 서로를 배려하며 기다려줘야만 목적지에 도착하는 2인3각 달리기와 같다고 생각함. 2인3각달리기처럼 함께 같은 방향을 향해 존중하며 나아가는 것이 협력적 성장이라 생각함

⟨실현 방안⟩
1. 또래 학습 도우미
2. '내 친구 칭찬 데이' 운영
3. 1인 1역할의 교과 협동학습 운영

즉답형 2

〈특수교사로서의 생각〉
어떤 논의든 논의 중 의견차이는 불가피하다고 생각함. 오히려 공동의 목표로 향해가는 과정에서 생기는 좋은 현상이라고 생각함. 이 과정 속에서 특수교사가 지혜롭게 의견을 조율해 개별화교육 협의가 성공적으로 이루어질 수 있도록 해야 함

〈해결방안〉
1. 학생의 교육목표를 명확히 하고 이를 공유
2. 통합학급의 학생들이 배워야 할 공동체적 가치를 공유
3. 통합교사에게 지원해줄 수 있는 교수적 수정 및 보조인력을 제안

4. 2019년 면접

구상형

1. 특수교사로서의 교직관과 이를 실현할 수 있는 방안에 대해 말하시오.
2. 정서행동장애 학생에게 사회적으로 수용 가능한 바람직한 행동을 교수하기 위한 긍정적 행동지원 방안에 대해 말하시오.

즉답형

1. 특수교육대상학생을 교육 활동에 자기주도적으로 학습할 수 있도록 교사가 할 수 있는 방안은 무엇인지 말하시오.
2. 특수교육대상학생 상호 간 학교폭력이 발생하였다. 이러한 상황에서 장애학생의 인권을 보호하며 피해를 최소화하기 위한 방안에 대해 말하시오.

[추가질의] 4.16 교육체제의 가치 중 가장 중요하다고 생각하는 가치는 무엇이며, 이를 바탕으로 교육현장에서 실천할 수 있는 방안을 말하시오.

2019년 면접 예시답안

구상형 1

〈교직관〉
산이 높든 낮든 그 산을 스스로 올랐을 때 의미가 있고 성취가 있음. 학생이 스스로 산을 오를 수 있게 돕는 '셀파'의 역할을 하는 것이 특수교사로서의 역할이라 생각함

〈실현방안〉
1. 자기 자신을 믿을 수 있도록 1일 1칭찬하기를 실천하겠음
2. 질문을 만드는 독서프로그램을 통해 자기결정능력을 높이겠음
3. 과제분석을 통한 단계적 성취를 경험하게 해 많은 성공경험을 경험하게 하겠음

구상형 2

〈정서행동장애 학생에 대한 긍정적 행동지원 방안〉
1. 학부모님, 통합학급 교사와 협력하여 다양한 상황에서의 행동을 관찰하고 동일한 교수를 진행
2. 학생과 목표를 공유하고 적절한 대체행동을 지도
3. 자가 체크리스트를 활용해 자기조절능력을 향상

즉답형 1

〈특수교육대상학생의 자기주도적 학습 역량을 높이는 방안〉
1. 학생이 관심 있어 하는 분야를 이용해 개별적인 동기부여를 함
2. 셀프 체크리스트를 통해 자신의 과제 및 학습 과정을 확인할 수 있도록 함
3. 목표를 작게 과제분석하여 학습 과정 안에서 충분한 보상을 얻을 수 있도록 지도

즉답형 2

〈특수교육대상학생 간 학교폭력 사안 발생 시 대처방안〉
1. 즉시 분리하고 각각의 학생 및 학부모 상담을 진행
2. 사안처리를 하며 학생의 장애 특성에 맞는 심리상담을 진행
3. 안전한 학급 분위기를 조성

5. 2018년 면접

구상형

1. 다음과 같은 특수학급 상황에서 통합교육이 이루어질 때의 예상되는 어려움을 말하고 해결방안 3가지를 말하시오.

   - 4명의 특수교육대상학생이 있는데 그 중에 한 명은 신변처리에 어려움이 있다.
   - 장애학생이 전학 올 예정인데 중도중복장애로 휠체어를 타고 전반적인 지원이 필요하다.
   - 특수교육지도사는 배치되어 있지 않고 지원도 받을 수 없는 상황이다.

2. 학부모 참여도가 저조한 지역에서 교육 공동체 활성화 방안으로 학부모의 참여를 높이기 위한 교사의 방안 4가지를 말하시오.

   김교사 : 선생님, 개별화교육 회의에 학부모님께서 몇 분이나 참여하시나요?
   이교사 : 네 분이요. 선생님 반은요?
   김교사 : 저희는 세 분이요. 다들 회의에 참여할 수 없다고 하시네요. 큰일이에요.
   이교사 : 저희 반도 학부모님들이 학부모 연수나 교육에 참여하지 않으셔서 어려운 상황이에요. 학부모님의 참여를 높일 방법은 없을까요?

즉답형

1. 특수학급 운영 시(수업, 생활교육, 환경 등) 비민주적요소 3가지를 말하고 민주적 교실로 운영할 수 있는 방안 3가지를 말하시오.
2. 가정폭력 또는 아동학대가 의심되는 학생이 있을 때 교사로서의 대처방안을 말하시오.

 2018년 면접 예시답안

구상형 1

⟨예상되는 어려움과 해결방안⟩
1. 특수교사가 있을 때는 신변처리 지원이 가능하지만 그 외의 시간에는 신변처리를 지원할 인력이 없다는 것이 문제점 → 신변처리에 어려움이 있는 학생에게 가정과 연계한 배변훈련을 지도
2. 중도중복장애로 휠체어를 타고 이동해야 하는 상황에서 특수교사가 부재할 경우 이를 지원할 인력이 없다는 것이 문제점 → 또래도우미를 활용해 이동수업 시 학생의 적절한 이동을 지원
3. 학생들의 약점만 강조될 수 있는 상황이라는 문제점 → '내 친구 칭찬하기' 시간을 운영해 서로의 강점을 확인하며 소속감을 느껴갈 수 있도록 하겠음

구상형 2

⟨학부모 참여도를 높이기 위한 방안⟩
1. 학기 초 학부모님들의 교육과정적 희망사항에 대해 조사하여 반영
2. 학생의 교육적 목표를 함께 설정
3. 손 쉬운 sns 알림장을 통해 학생의 교육과정적 성취에 대해 칭찬하며 피드백
4. 학부모 간담회를 열어 학부모님들 간 소통을 하실 수 있도록 소통의 장 마련

즉답형 1

⟨특수학급 운영 시 비민주적 요소⟩
1. 교수적 수정이 이루어지지 않은 통합학급 내에서의 수업
2. 학생 간 장애학생 차별
3. 장애인 편의시설이 제대로 갖추어지지 않은 환경

⟨민주적 교실 운영 방안⟩
1. 통합학급 교사와 긴밀한 교수적 수정 협의
2. 비장애 학생들의 인권감수성을 높이는 장애인식개선교육 실시
3. 장애인 편의시설 점검 및 이용 지원

즉답형 2

〈가정폭력, 아동학대 의심 학생에 대한 대처방안〉
1. 학생과의 면밀한 상담, 원적학급에서의 행동들을 관찰하여 학생의 상태를 파악
2. 아동학대 신고 의무자 역할을 숙지하고 메뉴얼에 따라 행동(+증거사진 확보)
3. 학부모 상담 및 주기적인 부모교육을 실시

인천

1. 2022년 면접

구상형

1. 다음 앨빈 토플러의 가상 시나리오를 읽고 예상되는 결말과 교육적 시사점, 공교육의 방향성을 말하시오.

   > 미국인이 와서 상부지역에 댐을 건설한다고 한다. 댐이 건설되면 10년 후 원주민이 사는 지역인 강의 하류 지역에서는 물이 말라버려 가뭄에 처하게 된다. 그런데 원주민들은 미래에 어떤 상황이 일어날지 모르고 지금처럼 카누타는 법, 낚시하는 법, 농사법을 알려주고 있는 상황이다.
   > ....[   ]

즉답형

1. 체육활동 안전사고 발생에 대한 사전예방 방안과 사후 조치를 설명하시오.
2. 학생 부적응행동에 대한 예시를 말하고, 개선을 위해 지원할 수 있는 방안을 말하시오.
3. 인천시 '휴먼 디지털 교육'과 관련해 교원 역량 전문성 신장 방안을 말하시오.

2022년 면접 예시답안

구상형 1

〈예상되는 결말〉
강의 하류에 가뭄이 찾아와 원주민들이 그동안 실천해 온 현실적 노력들이 무의미하게 됨

〈교육적 시사점〉
4차산업혁명 시대의 흐름에 맞추어 학생들에게 무엇을 가르칠지에 대한 고찰이 이루어져야 함

〈공교육의 방향성〉
1. 디지털 활용 방안에 대한 교수가 이루어져야 함
2. 주체적으로 미디어를 활용할 수 있도록 미디어 리터러시 교육이 병행되어야 함

즉답형 1

〈체육활동 사전예방 방안〉
1. 비상연락망 확보 및 응급처치계획과 안전계획 수립
2. 사전 시뮬레이션을 통해 예상되는 안전사고 예방 교육
3. 학생의 장애 특성에 맞는 난이도 및 교구 활용

〈사후조치 방안〉
1. 안전계획에 따라 학생 상태를 면밀히 확인
2. 보건실 연계해 필요시 응급처치 실시
3. 가정에 안내

즉답형 2

〈학생 부적응 예시〉
학교 수업 전반에 있어 흥미를 보이지 않고 교우관계가 원만하지 않은 모습들이 보인다면 학생의 학교 부적응을 의심해 보아야 함

〈지원 방안〉
1. 학생과의 1:1 상담을 통해 부적응의 원인을 파악
2. 가정상담을 통해 학생의 현재 상황을 보다 심도있게 파악
3. 학생의 흥미를 반영한 교육과정이 운영될 수 있도록 지원

즉답형 3

〈'휴먼 디지털 교육'과 관련한 전문성 신장 방안〉
1. '휴먼 디지털 교육'과 관련한 직무연수 및 교육청 연수 참여
2. 유튜브, 증강현실, 다양한 메타버스 플랫폼 등을 직접 경험하며 개인적으로 새로운 정보를 습득해 나갈 예정
3. 에듀테크를 활용한 나만의 수업 커리큘럼을 기획

2 2021년 면접

구상형

1. 다음 시에서 교사의 관점으로 의미있는 부분을 찾고 자신의 교사상과 연결하여 말하시오.

> **밤길**
>
> 어두운 밤길에서 넘어질까봐
> 달님이 따라오며 비추어줘요
> 혼자서 걸어가면 심심할까봐
> 개구리가 개굴개굴 노래해줘요
>
> 출처 : 초등 1학년 국어 교과서

즉답형

1. 인천광역시 교육청의 '모두가 안심하는 생활교육 안전망'의 구현을 위한 학급에서 실시할 수 있는 담임 교사로서의 방안을 말하시오.

2. 원도심, 신도시, 농어촌 도서벽지 중 하나를 선택하고 실행할 수 있는 특색 있는 문화예술교육 방안을 말하시오.

3. (본문 교육감 신년사-포스트 코로나 시대 사례) 자신이 가지고 있는 에듀테크 역량과 구체적 사례를 말하시오.

2021년 면접 예시답안

구상형 1

〈의미있는 부분과 교사상 연결〉
1. '넘어질까봐 달님이 따라오며 비추어줘요' 부분입니다.
   저의 교사상은 학생이 스스로 산을 오를 수 있게 돕는 '셀파'가 되는 것입니다. 학생의 걸음에 안내자로서의 역할을 하겠습니다.
2. '심심할까봐 개구리가 노래해줘요' 부분입니다.
   학생이 오고싶어 하는 학급을 운영하고자 하는 저의 철학과 유사합니다.
3. '넘어질까봐', '심심할까봐' 부분입니다.
   학생 입장에서 학생중심의 교육을 실현하고자 하는 저의 교사상과 맞닿습니다. 시선을 늘 학생에게로 두는 교사가 되겠습니다.

즉답형 1

〈생활교육 안전망 구현을 위한 교사로서의 실천방안〉
1. 학생 간 관계 및 신뢰성 회복을 도모하는 관계중심 생활교육을 실천할 것
2. 심리적 위기에 처한 학생을 위해 wee클래스 및 지역사회 전문 상담기관과 연계할 것
3. 가정과 긴밀히 연계하여 돌봄 서비스가 필요한 학생을 사전에 파악하고 지원할 것

즉답형 2

〈특색 있는 문화예술교육 방안〉
- 선택 : 농어촌 도서벽지
1. 인근 학교와 연계한 문화예술 거점학교 운영
2. 명사 초청 예술교육
3. '우리가 만드는 문화예술 공연' 기획하여 새로운 문화를 기획

즉답형 3

〈에듀테크 역량과 구체적 사례〉
- 역량 : 새로운 것을 쉽고 빠르게 받아들일 수 있는 개방성과 수용력, 수업에 적용시킬 수 있는 교육과정 구성 역량
1. AR, VR, 메타버스와 같은 컨텐츠를 활용해 수업에 적용
2. 거꾸로 학습, 프로젝트 학습, 블렌디드 러닝 등 활용해 수업혁신에 노력
3. 에듀테크를 활용해 교수학습 계획-수업-평가가 탄탄히 이루어질 수 있도록 교육과정 구성

3. 2020년 면접

 구상형

1. 다음 교사들의 문제점 또는 고민과 해결 방안을 말하시오.

   > 박교사 : 학생들 가르치는 일이 행복하다. 그러나 너무 많은 행정업무로 수업준비를 하지 못하고 있다. 이런 고민을 누군가에게 말하고 싶지만 무능한 교사라는 소리를 들을 것 같아 아무에게도 말하지 못하고 있다.
   > 김교사 : 학부모와의 갈등으로 어려움이 있다. 요즘은 학교와 교사가 다 해주길 바라는 것 같다. 어느 학부모는 우리 아이만 차별한다고 말한다. 뿐만 아니라 학부모들은 교사인 나에게 너무 많은 기대와 책임을 전가하며 민원을 넣고 있다.
   > 이교사 : 수업을 열심히 준비한 뒤 수업을 시작하려 했다. 그런데 그때 한 학생이 '이런 걸 왜 배워요?'라고 했다. 나는 이런 말에 좌절감을 느꼈다. 어떻게 대처해야 할까?

 즉답형

1. '책 읽는 도시, 책 읽는 인천 학생들'의 독서습관을 형성하기 위한 실천 방안을 말하시오.
2. 다른 교사와 갈등이 생겼다. 어떻게 해결할 것인가?
3. 학교 교육만으로 미래역량을 가르치기는 쉽지 않다. 따라서 학교에서는 마을과 연계한 교육을 실행한다. 마을의 인적자원을 활용한 수업을 하려면 어떻게 할 것인가?

2020년 면접 예시답안

구상형 1

⟨교사의 고민 및 해결방안⟩
1. 박교사 : 행정업무가 많으나 도움을 요청하지 않음 → 겸손한 태도로 주변 동료교사나 선배교사에게 조언을 구한다.
2. 김교사 : 학부모님의 과도한 민원과 요청에 힘들어하고 있는 상황 → 오히려 학부모님과의 잦은 소통을 통해 학생의 발달상황과 교실 이야기를 자주 나누며 공동의 합의점을 찾아간다.
3. 이교사 : 학습목표가 학생에게 와닿지 않음 → 학생의 관심사와 흥미 요소를 수업에 적용해 학습동기가 높아질 수 있도록 지원한다.

즉답형 1

⟨독서습관 형성을 위한 실천방안⟩
1. '책 읽기 Zone'을 구성
2. 책 선택 시 학생들의 의견을 반영
3. 교과시간 후반부 10분을 활용하여 '하루 10분 책읽기' 습관을 들일 수 있도록 지원

즉답형 2

⟨동료교사와의 갈등 해결⟩
1. 편안하게 차를 마시며 대화하는 시간을 갖자고 제안하겠습니다.
2. 동료교사의 마음을 먼저 수용하겠습니다.
3. 협력적 태도로 공동의 합의를 이끌어 내겠습니다.

즉답형 3

⟨마을과 연계한 미래역량 수업⟩
1. 도서관이나 미디어센터 등의 지역사회 기관을 활용해 능동적 자료탐색 및 학습능력을 증진
2. '대학연계 교육봉사활동'을 활용해 멘토-멘티 관계를 맺어 유연하고 감성적인 인지력 증진
3. 대토론회에 지역사회 인사를 초청해 공동의 문제를 함께 논의하며 협력적 의사결정력 증진

4. 2019년 면접

자신이 교직을 선택한 이유를 말하고 다음에서 교사로서 전문성을 갖추기 위해 어떻게 노력할 것인지 제시하시오.

> EBS에서 교사의 '극한직업'이 방송된 바 있다. 다음과 같은 어려움이 있다.
> 교사A : 요즘 교사라는 직업은 EBS 극한직업에 나올 정도로 어려운 것 같아요.
> 교사B : 맞아요. 학생들도 예전 같지 않아서 자기주장이 심해서 어려워요.
> 교사C : 학생뿐인가요? 학부모님들도 요구가 많고 교육에 참견을 많이 하셔서 힘들어요.
> 교사D : 사회가 급격하게 변하면서 교육에도 변화가 필요한 것 같아요.
> 교사E : 네, 교육과정도 계속해서 변하고 있죠.
> 교사F : 이런 상황에서 교사로서의 전문성을 향상시키기 위해 어떤 노력을 해야 할까요?

1. 요즘 각광받고 있는 놀이교육을 어떻게 지도할지 그 방안 3가지를 말하시오.

2. 학기 초 학급운영계획에 대해 학부모에게 안내할 때 어떤 내용을 안내할지 학습지도 측면과 생활지도 측면으로 나누어 제시하시오.

3. 자신의 강점을 말하고 아래의 어려움이 있는 학생을 어떻게 지도할지 말하시오.

> 학생A
> • 대인관계에 어려움이 있는 학생
> • 소극적인 학생
> • 의견표현이 어렵고 학습된 무기력을 가지고 있는 학생

2019년 면접 예시답안

구상형

〈교직 선택 이유〉
*개인적인 교직 선택 이유를 경험 또는 자신의 철학을 근거로 하여 답변

〈전문성을 위한 노력〉
1. 전문적 학습공동체 및 교사연구회를 통해 배움의 자세를 갖겠음
2. 수업공개를 통해 다양한 선생님들의 조언을 듣겠음
3. 교육과정 전문가로서의 연구를 지속하겠음

즉답형 1

〈놀이교육 실천방안〉
1. 수업의 도입, 전개, 마무리에 놀이가 적절히 개입할 수 있도록 계획
2. 일과 중 자연에서의 놀이시간을 확보
3. 가정과 연계하여 부모님과 함께하는 놀이시간을 확보

즉답형 2

〈학부모 안내사항〉
1. 학습지도
    - 학생의 강점에 기반한 학습지도
    - 학생의 꿈과 끼를 발현시킬 수 있는 학습지도
    - 철저한 개별화교육 협의를 통한 학습지도
2. 생활지도
    - 선생님과의 10분 산책 시간을 통한 긴밀한 상담
    - 개인 생활습관 목표 체크리스트 활용
    - 통합학급 교사와의 긴밀한 소통을 통한 또래관계 파악

즉답형 3

〈강점〉
학생의 개별적인 특성을 파악하고 그에 맞는 지도를 할 수 있다는 점

〈지도방안〉
1. 학생의 작은 신호와 성취에도 칭찬과 격려를 아끼지 않으며 잦은 성공경험 제공
2. 또래 마니또 활동을 통해 1:1의 또래관계부터 적응해나갈 수 있도록 지도
3. 학생의 관심사를 파악해 수업에 활용

5 2018년 면접

구상형

아래 글을 읽고 찾을 수 있는 교육적 시사점을 말하고, 이를 바탕으로 교육이 앞으로 나아가야 할 방향을 각각 제시하시오.

> (가) 시대가 너무 빨리 변화되고 있다. 현재 인공지능, 사물인터넷, 빅데이터, 비트코인 등 새로운 용어들이 나오고 있다. 이에 대해 앉아서 가르치기만 하면 학생들은 배울 수 없다.
> (나) 기업과 산업체가 변화하고 있다. 변화의 속도가 100이라 치면 시민단체는 90, 정부는 30, 학교는 10 정도이다.
> (다) 교육은 백년대계이다. 100년 앞을 내다보고 계획을 세우라는 뜻이다. 따라서, 미래 사회와 나라를 이끌어갈 인재를 기르는 정책을 실시해야 한다.

즉답형

1. 농어촌 소규모 학교에 근무한다면 어떤 특색활동을 할 것인지 말하시오.
2. 나태주 시인의 '풀꽃' 시에서 바람직한 교사상을 찾고, 그 이유를 말하시오.

> 자세히 보아야 예쁘다.
> 오래 보아야 사랑스럽다.
> 너도 그렇다.

3. 존경하는 인물과 그 이유에 대해서 말하고, 이를 바탕으로 학생을 어떻게 지도할 것인지 말하시오.

2018년 면접 예시답안

구상형

〈교육적 시사점과 방향〉
- 시사점 : 4차산업혁명을 주도할 미래사회 역량을 기르는데 중점
  1. 성취기준에 부합한 다양한 디지털 교수학습자료를 활용해 교육과정 재구성 실천
  2. 시대 변화의 흐름에 발 맞춰 다양한 교육방법 개발
  3. 미래사회 인재상에 부합하는 교육내용 연구

즉답형 1

〈소규모 학교 특색활동〉
1. 교육과정 융합 수업 계획
2. 학부모 동아리 실시
3. 학생 개개인 맞춤형 진로활동 실시
4. 마을교육 공동체 활용해 지역사회 연계

즉답형 2

〈바람직한 교사상과 그 이유〉
1. 학생을 자세히 관찰하는 교사→학생의 작은 행동과 반응을 면밀히 관찰하며 그 성장을 도와야 함
2. 시선이 따스한 교사→비판적이기 보다 수용적이고 따스한 시선으로 학생을 바라볼 때 학생의 자존감과 자신감을 향상시킬 수 있음

즉답형 3

* 개인적인 구상이 필요한 답변이므로 예시답안 작성을 생략

대구

1. 2022년 면접

구상형

평소 변화된 환경을 싫어하고 일렬로 줄을 세우는 것을 좋아하는 3학년 자폐성장애 영미는 과학 모둠활동 시 실험도구를 일렬로 줄 세우려고 하는 것을 친구들이 못하게 하자 욕을 하며 소리 지르고 울어버렸다. 반 학생들은 영미의 특성을 미리 알지 못하여 당황하였고, 실험을 하지 못하였다. 이를 위해 특수교사와 통합학급 교사가 논의를 하려고 한다.

1. 협력을 위해 통합학급 교사와 특수학급 교사가 할 수 있는 지원방안을 각각 1가지씩 말하시오.
2. 영미네 반 학생들을 위해 할 수 있는 지원방안 2가지를 말하시오.
3. 영미에게 할 수 있는 긍정적 행동지원 중 선행사건 중재 3가지를 예를 들어 말하시오.

즉답형

1. 건강상의 문제로 병원에 있어 등교하기 어려운 중도중복장애 아동이 장기결석이 될 우려가 있다. 유예하지 않고 진학할 수 있도록 학생에게 제공할 수 있는 교육적 지원 4가지를 말하시오.
2. 장애인 등에 대한 특수교육법(2021.12.28. 개정)에 새롭게 추가된 장애영역 1가지와 변화된 학급기준, 중도중복장애 학생에 대한 교육지원 4가지를 말하시오.

인문소양 – 구상형

1. 자유론에서 자유의 기본 영역 3가지를 설명하고, 제시문 1, 2, 3, 4에서 공통된 자유의 기본 영역을 말하고 이 자유가 제한되었을 때의 문제점을 예를 들어 말하시오.

   ※ 제시문이 있으나 복기되지 않음

인문소양 - 즉답형

1. 만파식적의 유래를 말하고, 나에게 만파식적이 있다면 어떻게 사용하고 싶은지 자신의 삶이나 사회현상과 관련지어 말하시오.

2. 온달이 바보온달이라고 불리는 이유를 말하고, 온달을 대하는 공주의 태도를 자신의 생각에서 말하시오.

2022년 면접 예시답안

구상형 1

〈지원방안〉
1. 특수교사 입장 : 학기 초 학급 맞춤형 장애인식개선교육을 실시
2. 통합학급 교사 입장 : 또래도우미를 지정하여 공동체 역량 함양

구상형 2

〈지원방안〉
1. 학기 초 반 학생들에게 자폐성 장애에 대한 특성과 대응방안 안내
2. '특수학급 초대의 날' 운영해 역통합 실시

구상형 3

〈선행사건 중재〉
1. 영미에게 일렬로 세울 수 있는 다른 대체물 제공
2. 실험도구 활용 방법 안내
3. 변화된 환경에 적응할 수 있도록 시각적 시간표 미리 제공

즉답형 1

〈장기결석 예방 지원〉
1. 3개월 이상 장기결석 예상될 경우 건강장애로 재배치될 수 있음을 안내
2. 병원학교, 꿈사랑학교 등 화상강의를 통해 학습결손 예방
3. 장기결석으로 인한 2차 피해가 없도록 상담지원
4. 활동중심의 수업이 이루어질 수 있도록 학습꾸러미 제공

즉답형 2

〈변화된 장애인 등에 대한 특수교육법〉
- 그 밖에 2가지 이상의 장애가 있는 경우 등 대통령령으로 정하는 장애
- 변화된 학급 기준 : 학급에 중도중복장애, 시청각장애 특수교육대상자가 배치된 경우 유치원은 2~4명, 중학교는 3~6명, 고등학교는 4~7명으로 조정(두 가지 이상의 장애를 지니면서 장애의 정도가 심한 특수교육 대상자가 배치된 경우 맞춤형 교육의 필요성에 의해 2분의 1 범위에서 학급 설치기준을 하향 조정할 수 있음)
  1. 교육목표 수정
  2. 생활기능 중심의 교육과정 운영
  3. 학생 특성에 맞는 보조기기 및 교육자료 활용
  4. 학생 맞춤형 관련서비스 및 치료지원 제공

2. 2021년 면접

 구상형

신문기사 지문
A : 특수교육대상 학생이 원격수업에 제대로 참여하지 못하는 지문
B : 시각장애 학생이 촉지각 수업을 원격으로 하는데 잘 모르겠다고 등교수업하면 잘 할 수 있겠다고 하는 지문

1. 원격수업의 장점, 단점 1가지씩 말하고 원격수업의 유형 3가지를 말하시오.
2. 장애학생의 원격수업 참여도를 증가시키는 방법 3가지를 말하시오.
3. 학생, 학부모의 원격수업 만족도를 올리는 방법 2가지를 말하시오.

 즉답형

1. 개별화교육지원팀 운영에 대해 특수교사가 지원할 수 있는 내용 5가지를 말하시오.
2. 호흡기 질환 중도중복장애 학생이 체육수업에 농구 골대를 사용해야 하는데 농구 골대를 닦아 달라고 했더니 왜 다른 학생들까지 같이 쓰는 걸 닦아야 하냐고 거부한다. 장애인 등에 대한 특수교육법에 따라 실무원 업무 5가지를 말하고 실무원을 설득하시오.

 인문소양 – 구상형

A. 난중일기 이순신이 진주성 함락에 대한 소문을 듣지만 사실이 아니었던 내용
B. 명심보감 차라리 밑이 없는 항아리를 막을 수는 있을지언정 코 아래의 가로로 빗긴 것, 즉 입을 막기는 어려우니라
C. 갈매기의 꿈 조나단이 자신에 대한 우상화 오해를 듣고 씁쓸해 함

세 가지 공통적인 주제와 이로 인해 생기는 사회문제, 교사로서의 역할을 말하시오.

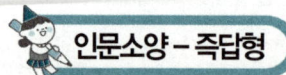

1. 갈매기의 꿈에서 조나단이 부족에게 쫓겨나는 장면을 줌. 조나단이 무리에서 쫓겨난 이유를 말하고 교사로서 조나단 같은 학생이 있다면 어떻게 할 것인지 말하시오.

2. 두 가지 공통적인 주제를 찾고 자신의 삶과 연계하여 교사로서 적용하시오.
   - 갈매기의 꿈에서 조나단이 엄청 빨리 나는 장면
   - 명심보감에서 낭떠러지를 보지 않으면 무엇으로 굴러 떨어지는 아픔을 알 수 있으며, 깊은 못에 들어가지 않으면 무엇으로 익사하는 환난을 알 수 있으며, 큰 바다를 보지 않고 무엇으로 풍파의 환난을 알 수 있을 것인가

2021년 면접 예시답안

구상형 1

〈원격수업의 장, 단점〉
1. 장점 : 시공간을 초월한 반복학습 가능
2. 단점 : 적극적 상호작용 어려움

〈원격수업의 유형〉
- 실시간 쌍방향 수업
- 컨텐츠 활용 중심 수업
- 과제 수행 중심 수업

구상형 2

〈장애학생의 원격수업 참여도 증진 방법〉
1. 학생이 활용 가능한 원격수업 매체 활용
2. 실제 실습이 가능한 학습꾸러미 제공
3. 학생의 흥미를 반영한 교육내용 구성

구상형 3

〈원격수업 만족도 향상 방법〉
- 즉각적인 수업 피드백 및 상담
- 미디어교육 실시

즉답형 1

〈개별화교육지원팀 지원 내용〉
1. 학생 특성에 맞는 팀 구성원 꾸리기
2. 진단평가 결과 학생의 학습, 생활영역 정보제공
3. 학부모 상담 및 의견 수렴
4. 구성원 간의 의견 조율
5. 개별화교육계획 협의록 작성 및 공유

즉답형 2

〈실무원의 역할〉
1. 건강보호 및 안전지원
2. 이동지원
3. 보조장비 사용지원
4. 의사소통 지원
5. 행동지원

3. 2020년 면접

구상형

A교사는 어머니의 의견을 수렴하여 개별화교육계획을 수립하였다. 영미 어머니는 지적장애 아동인 영미가 과체중으로 걸음이 느리고 부적절한 자세로 이동하기 때문에 체육활동에 참여하는 것을 원치 않았다. 또한 영미에게 일과 내내 1:1로 특수교육실무원이 지원하기를 원한다. 영미반에는 실무원의 지원이 필요한 중도중복장애 학생 2명이 있는 상황이다.

1. 영미의 안전한 체육활동을 위해 제공할 수 있는 지원 5가지를 말하시오.
2. A교사가 되어 어머니와 상담을 실시할 때 영미가 얻을 수 있는 역량을 포함하여 상담을 시연하시오.

즉답형

1. 특수교사가 지적장애 학생 통합교육을 위해 통합학급을 지원할 수 있는 방안 5가지를 말하시오.
2. 장애학생이 학교 교문 밖을 나가는 안전사고 문제가 일어나고 있다. 이를 위해 안전사고를 예방할 수 있는 방안과 안전사고 발생 시 대처방안에 대해 각각 3가지씩 말하시오.

인문소양 – 구상형

(가) 자유론 : 모른다고 하지만 사실상 아는 척을 하는 것이라는 내용
(나) 소크라테스 : 자신이 무지하다는 것을 깨달았기 때문에 현명하다는 내용
(다) 삼국유사 : "살아있는 고기를 넓적다리 사이에 끼고 자는 자도 있는데, 시장의 마른 물고기를 등에 지고 있는 것이 어찌 더 혐오스럽단 말이냐?"라는 말을 하고 가버렸다. 경흥 스님이 막 문을 나오다 그 말을 듣고 사람을 시켜 뒤쫓게 하였다. 그는 남산 문수사 문 앞에 이르러 광주리를 버리고 숨었는데, 지팡이만 문수보살상 앞에 세워져 있었다. 마른 물고기는 남산에 흔했던 소나무 껍질이었다. 쫓아간 사람이 돌아와 그에게 알려주니 경흥 스님은 탄식하였다. "큰 성인이 오셔서 내가 짐승 타는 것을 경계하셨구나." 그 후 경흥 스님은 죽을 때 까지 말을 타지 않았다.

1. 위 사례의 공통적인 주제가 무엇인지 말하고 이를 주변 또는 책에 나오는 인물과 관련하여 설명하시오. (위에 나오는 주인공 제외) 그리고 이를 자신의 경험 및 자신의 삶과 연계하여 말하시오.

1. 판도라의 단지 안에 남아있는 선물 한 가지는 무엇이며 이 선물을 자신의 삶과 연계하여 말하시오.

   > 그리스 로마 신화의 판도라 단지 내용

2. 아래 사례에서 얻을 수 있는 가치덕목이 무엇인지 말하고 이를 현실에서 일어나는 문제와 연계하여 말하시오. 그리고 교사가 가져야 하는 태도와 관련하여 말하시오.

   > 난중일기 : 부하가 자신의 임무를 수행하지 못하고 대충 일을 해서 생기는 문제에 대한 내용

2020년 면접 예시답안

구상형 1

〈영미의 체육활동 지원방안〉
1. 자세교정 보조기기 활용
2. 체육활동 또래도우미 활용
3. 활동의 난이도 조절
4. 체육교사에게 영미와 관련된 정보 제공
5. 특수교사의 통합수업 지원

구상형 2

〈학부모 상담〉
1. 공동체역량
2. 민주시민역량

즉답형 1

〈통합학급 지원방안〉
1. 학생에 대한 교육적 목표 공유
2. 통합학급 교사와 교수적 수정 협의
3. 팀 티칭
4. 긍정적 행동지원을 활용한 문제행동 지원
5. 긴밀히 학생 생활과 관련한 정보 제공

즉답형 2

〈안전사고 예방방안〉
1. 조회시간을 활용한 7대 안전교육 실시
2. 학교지킴이 등 학교 구성원과 안전계획 공유
3. 가정과 연계한 생활밀착형 안전사고 예방교육 실시

〈안전사고 대처방안〉
1. 학교안전 매뉴얼에 따라 빠르게 대처
2. 지역사회 인력을 활용한 학교 주변 수색
3. 사후 안전지도

4. 2019년 면접

구상형

장애학생의 인권침해가 발생하지 않도록 예방하는 방법 5가지를 말하시오. 단, 상담기법 3가지를 넣어서 학부모와 실제로 상담하는 것처럼 말하시오.

즉답형

1. 특수교육 현장에서 협력교수 시 고려할 점 5가지를 말하시오.
2. 시각-지적 중복장애 학생에게 교수환경, 교육과정 측면에서 해줄 수 있는 지원을 각각 3가지씩 말하시오.

인문소양 - 구상형

> (가) **소크라테스** : 소크라테스는 표차가 적었던 것 이외에는 투표결과에 놀라지 않았다는 글
> (나) **자유론** : 다수의 횡포에 대한 글
> (다) **삼국유사** : 서동요는 서울의 거리로 마을 아이들의 입에서 입으로 번져나가 대궐까지 알려졌는데 백관들은 동요의 내용을 사실로 생각하여 선화공주의 부정한 행실을 탄핵하여 공주를 먼 시골로 유배시켰다는 글
> (라) **소크라테스** : 죽음을 자초하는 것은 수치가 아니고 죽음이 무서워 진실을 외면하는 것이 진짜 수치라는 것을 주장하는 글

1. (가), (나), (다)지문에서 공통적으로 나타나는 문제점을 현대 사회현상과 관련하여 설명하고 여기서 배울 가치를 말하시오.
2. (라)를 읽고 자신이라면 어떻게 할 것인지 생각을 말하시오.

인문소양 – 즉답형

1. 주인공이 이렇게 된 계기를 말하고 자신의 경험과 연계하여 말하시오.

   > **데미안**
   > 그 시절의 상태는 일종의 정신착란 같은 것이었다. 우리 집안의 정돈된 평화로움 속에서 나는 마치 유령처럼 겁을 먹고 고통을 받으며 살았고, 다른 가족들과 어울리지 못했고, 잠깐이라도 내 자신을 잊고 지내지도 못했다. 아버지는 자주 화를 내며 이유를 물었지만 나는 차갑게 마음을 닫았다.

2. (목민심서의 일부 지문) 목민관에서 말하는 리더로서 2가지 덕목과 이에 대한 교사로서의 생각을 말하시오.

2019년 면접 예시답안

구상형

〈인권침해 예방방안〉
1. 학생 개인정보유출 금지
2. 장애이해교육을 사전 실시하여 학교 구성원의 인권감수성 증진
3. 긴밀한 개별화교육협의를 통한 장애학생의 수업권 보장
4. 안전한 학습 환경 구성을 위한 편의시설 설치
5. 학생의 자기결정권 보장

〈상담기법〉
경청, 공감, 관심집중 등의 기술을 적절히 녹여 답변하세요.

즉답형 1

〈협력교수 고려점〉
1. 교사 간 상호 존중
2. 원활한 의사소통 창구 활용
3. 학기 초 교육과정 협력하여 구성
4. 긴밀한 학생 정보 공유
5. 학기 말 교육과정적 성찰 나눔

즉답형 2

〈중복장애 학생을 위한 지원〉
1. 교수환경
   - AAC 등의 적절한 보조기기 지원 제공
   - 학생 흥미를 유발할 수 있는 교육적 자료 연구
   - 촉각자료 등의 잔존시력 활용할 수 있는 장애 특성에 맞는 교육자료 개발
2. 교육과정 측면
   - 생활기능 중심 교육과정 운영
   - 교과 간, 교과 내 융합형 교육과정 운영
   - 주제중심 교육과정 운영

5. 2018년 면접

구상형

1. 자폐성장애 철수는 부모님의 반대로 특수교육대상자로 선정받지 못하고 일반학급에서 수업을 받고 있다. 일반학급 내에서 철수는 수업시간 중 착석이 어렵고 수업의 진행을 방해하고 문제행동이 지속적으로 나타나서 일반학급 학생들의 불만이 많아지고 있다.

   1) 철수가 문제행동을 보이는 이유 3가지를 말하고 특수교육대상자로 받을 수 있는 교육적 지원을 '장애인 등에 대한 특수교육법'에 근거하여 3가지를 말하시오.
   2) 철수의 부모님과 상담을 진행하려 한다. 특수교육대상자로 선정되었을 때 받을 수 있는 교육지원 3가지를 3가지 이상의 상담 기법을 활용해 상담 시연하시오.

즉답형

1. 뇌전증이 있는 학생이 갑자기 경련을 할 때, 교사가 할 수 있는 조치 3가지와 통합학급을 지원할 수 있는 방법 3가지를 말하시오.
2. 장애학생 인권단의 더봄학생 선정 기준과 역할을 각각 2가지씩 말하고 교사가 장애학생의 인권을 신장할 수 있는 방안 3가지를 말하시오.

2018년 면접 예시답안

구상형 1

〈문제행동을 보이는 이유〉
1. 수업내용 이해의 어려움
2. 학생의 흥미를 유발하지 못하는 수업환경
3. 적절한 대체행동 교수의 부재

〈교육적 지원〉
1. 가족지원
2. 치료지원
3. 상담지원

〈특수교육대상자로서 받을 수 있는 교육적 지원〉
위의 내용을 경청, 공감, 관심집중 등의 상담기술을 적절히 녹여 답변하세요.

즉답형 1

〈뇌전증 조치〉
1. 주변의 위험한 물건 치우기
2. 옆으로 눕혀 기도 확보
3. 1분 이상 지속 시 119 신고하기

〈통합학급 지원방안〉
1. 뇌전증에 대한 내용을 통합학급에 미리 안내
2. 보조인력 신청
3. 보건교사와 비상시 응급 대처요령 방안 마련

즉답형 2

〈더봄학생 선정 기준과 역할〉
1. 선정 기준
    - 과거 학교폭력, 가정폭력 등에 노출된 경험이 있는 학생
    - 열악한 환경으로 인해 인권침해 가능성이 있는 학생
2. 역할
    - 정기적인 예방적 현장지원
    - 큰 사안이 발생했을 때 사안의 해결을 돕는 현장지원

〈장애학생 인권 신장 방안〉
1. 내실 있는 장애인식개선교육을 통해 학교 구성원의 인권감수성 신장
2. 장애인식개선 글짓기 대회 개최
3. 또래 연계 프로그램을 통한 소속감 형성

평가원

1. 2022년 면접

구상형

1. 다음은 김교사의 온라인 수업과 교수학습 매체에 대한 성찰일지이다. 김교사의 성찰일지1에서 온라인 수업과 관련한 문제점 1가지와 이를 해결할 수 있는 방법 2가지를 말하시오. 그리고 성찰일지2에서 교수학습 매체와 관련한 문제점 1가지와 이를 해결할 수 있는 방안 2가지를 말하시오.

> **성찰일지1**
> ▶ 김교사의 온라인 수업을 들은 학생들의 댓글
> ㄴ 민수 : 토의 토론도 하고 싶은데 선생님의 화면만 나오고 강의가 진행되어서 지루해요.
> ㄴ 철호 : 수업을 들으면서 궁금한 게 있어도 질문할 수가 없어요.
> ㄴ 영희 : 언니랑 엄마가 수업을 도와준다고 하는데 어떻게 해야 할지 모르겠어요.
> 민수의 댓글을 보니 강의가 지루했던 모양이다.
> 철호의 댓글을 보고 돌이켜보니 강의를 준비할 시간이 부족했다.
> 영희의 댓글을 보니 실제 수업과 온라인 수업의 차이점을 고려해야겠다는 생각이 든다.
>
> **성찰일지2**
> 온라인 수업자료를 개발하는 것은 촬영부터 업로드까지 시간이 많이 들어 힘들다. 물론, 수업자료를 다 만들고 수업을 진행하면 뿌듯하지만 뭔가 부족한 것 같다. 온라인 수업 자료에 대해 옆반 선생님들도 모두 바빠 보인다.

1. 권 교사의 문제점 2가지와 권교사에게 요구되는 교직태도 2가지를 말하시오.

   > 권 교사는 3학년 학생들의 담임을 맡게 되었다. 5학년 학생은 말을 듣지 않아 맡기 싫었는데 3학년 학생을 맡아서 기뻤다. 학생들의 얼굴을 살펴보니 학생들의 생활지도가 편리해질 것이라는 생각을 하고 있다. 이후, 학부모와의 상담을 통해 학생들의 학습 수준을 파악하니 기초학습 지도를 덜 해도 되겠다는 생각에 안도감을 느끼고 있다.

2. 최 교사에게 요구되는 인성적 자질 3가지와 이유를 말하시오.

   > 최 교사는 자신이 담임을 맡고 있는 학급 학생들이 바르지 않은 언어 생활을 하여 고민이다. 이미 여러 번 문제행동에 대해 지도를 충분히 했다고 생각한다. 그러나 학생들의 언어습관은 좀처럼 고쳐지지 않고 있다.

2022년 면접 해설

구상형 1

⟨온라인 수업과 관련한 문제점과 해결방안⟩
- 문제점 : 학생 참여형 수업이 아닌 일방적인 교사 주도형 수업이었던 점
- 해결방안1 : 실시간 참여형 수업으로 다양한 조별수업을 구상한다.
- 해결방안2 : 학생들이 수업에 관한 질문을 자유롭게 할 수 있도록 온라인 게시판을 운영한다.

⟨교수학습 매체와 관련한 문제와 해결방안⟩
- 문제점 : 온라인 수업자료 제작에 있어서 개인적 한계에 부딪힘
- 해결방안1 : 동학년 모임이나 전문적 학습 공동체를 활용해 교수학습 매체와 관련한 고민을 공유한다.
- 해결방안2 : 직무연수나 자율연수를 활용해 전문성을 향상시킨다.

즉답형 1

⟨권 교사의 문제점과 요구되는 교직태도⟩
- 문제점1 : 교사의 개인적인 안위와 편의가 학년선택의 기준이었던 점
- 문제점2 : 생활지도와 학습지도를 게을리하려고 하는 나태한 태도를 가진 점
- 교직태도1 : 열정과 교사 소명의식
- 교직태도2 : 자기 성찰적 태도

즉답형 2

⟨인성적 자질⟩
1. 협력하는 자세. 동료 교사의 조언을 구한다.
2. 개방성. 학생과의 세대 차이를 인정하고 개방적 태도로 수용할 부분은 수용한다.
3. 존중하는 태도. 학생 자율성을 존중하며 학생과 함께 규칙을 만든다.

2. 2021년 면접

구상형

1. 다음 두 가지 상황을 읽고, 각 상황별로 교사가 겪고 있는 학부모와의 어려움을 말하고, 이를 해결할 수 있는 해결방안 2가지를 이유와 함께 제시하시오.

> **상황1**
> 경진이가 원격수업에도 출석하지 않고, 온라인 클래스 과제방에 과제를 올리지 않았는데 학부모님께서는 모두 일하시느라 바쁘셔서 경진이에 대한 상황을 전혀 모르고 계십니다.
>
> **상황2**
> 원격 학예회가 진행되는데 은진이는 현재 피아노만 신청한 상황입니다. 담임 선생님은 이미 가정 통신문으로 장기자랑이 최대 2개까지 가능하니 이 점 고려해서 신청해달라고 전달했는데 은진이가 피아노만 신청했습니다. 그리고 신청받은 것에 따라 학예회 일정을 다 짠 상황이에요. 그런데 은진이 아버님께서는 은진이가 노래도 준비했으니 노래도 하게 해달라는 상황이고, 교사는 시간 관계상 피아노밖에 할 수 없다고 하는 상황입니다.

즉답형

1. A교사의 입장, B교사의 입장 중 한 가지를 고르고, 해당 교사가 그렇게 생각한 이유를 해당 교사의 아동관과 관련지어 답변하시오.

> A교사와 B교사는 학급 규칙을 정하는 것에 대해 서로 다른 입장을 가지고 있다. A교사는 학급규칙을 정할 때, '규칙을 정하는 것을 학생들에게 맡겨야 한다', '학생이 스스로 규칙을 정해보게 해야 한다'라는 입장이다. 반면 B교사는 '아직 학생들은 미숙하니 교사가 시범을 보여줘야 한다'라는 입장이다.

본인이 선택한 입장을 토대로 학급 규칙 제정에 대한 실천방안 3가지를 말하시오.

2. 신규교사 A가 가져야 할 인성적 자질 3가지를 제시하고, 그 이유를 말하시오.

> 신규교사 A가 ~~을 준비하는데 선배교사가 배운 것과 실전은 다르다고 얘기하시면서 조언을 해주셨다. 그런데 신규교사 A가 선배교사의 조언을 받아들이지 않고, 결국 선배교사와 사이가 서먹해졌다.

2021년 면접 해설

구상형 1

〈학부모와의 어려움 및 해결방안〉
1. 상황1 : 학부모님께서 생계로 바쁘셔서 학생의 학업에 무관심한 상황
    - 잦은 학부모 상담을 통해 학생의 학교생활에 관심을 가질 수 있도록 지원
    - 온라인 알림장을 활용해 학생의 학습 상황 및 지원내용을 안내
2. 상황2 : 안내되지 않은 무리한 요구를 하시는 상황
    - 개별상담을 통해 피아노만 칠 수 있음을 안내
    - 준비한 노래는 학급에서 선보일 수 있도록 함

즉답형 1

〈교사의 아동관〉
- 선택 : A교사
- 스스로 규칙을 정하며 논의하는 힘을 길러야 합니다. 이를 통해 민주시민역량을 기를 수 있다고 생각합니다. 정해진 틀을 주기보다 아이들 내면의 힘을 스스로 발휘하며 성장할 수 있도록 돕는 조력자의 역할을 해나가겠습니다.

〈학급규칙 제정 실천방안〉
- 학급규칙 제정 전, 법·규칙과 관련한 도서를 함께 읽는 시간을 가져 규칙 제정의 필요성을 느낄 수 있도록 하겠습니다.
- 학급회의를 통해 함께 학급규칙을 정하겠습니다.
- 제정된 학급규칙을 수정해나가며 학급의 일원이라는 주인의식을 가질 수 있도록 돕겠습니다.

즉답형 2

〈인성적 자질〉
1. 다양성의 인정
2. 공동체성
3. 적극적인 태도

3. 2020년 면접

 구상형

1. (가)상황의 김교사와 박교사의 대화에서 평가 방법상의 문제점 1가지와 그 이유를 말하시오. 그리고 (나)의 수행평가 과정에서 박교사의 잘못된 점 2가지를 말하시오.

(가)	김교사 : 저는 평가를 할 때 지도서에 있는 단원평가 항목으로 평가하여 기록했습니다. 그런데 기록하고 보니 민서의 평가가 매일 '하'로 나타나고 있어 고민이에요. 박교사 : 그렇군요. 저는 수업 중 저 나름대로 평가를 실시하고 있어요. 그래서 평가자료가 충분히 쌓였고, 그런 문제는 딱히 없는 것 같아요.
(나)	① A의 목표 : 상황에 어울리는 감정 표현하기 박교사는 A의 감정표현 빈도를 목표로 설정하여 실시하고 있다. 그러나 A는 수업에 관심을 보이지 않고 아무거나 대답했다. 교사는 '좋아요'했다는 이유만으로 '잘했어'란 칭찬과 함께 정반응으로 기록하고 우연의 대답으로 정반응을 했을 때도 강화와 함께 정반응으로 기록하였다. ② B의 목표 : 신체적 도움으로 그림 카드 고르기 박교사는 B가 수행을 제대로 이행하지 않자 B의 손을 끌어서 정답인 그림카드에 올려놓고 칭찬했다. B는 수업에 관심이 없고 책상을 두드리는 행동을 하지만 교사의 신체적 촉구로 반응하면 정반응으로 기록하였다.

 즉답형

1. 하늘 특수학교에는 특수교육대상자인 철수와 영희가 있다. 영희가 철수의 볼을 쓰다듬거나 손을 잡는 행동을 하면 철수는 영희를 발로 걷어차거나 소리를 지르는 행동을 보인다. 만약, 당신이 특수교사라면 이를 학교폭력 사항으로 건의할 것인지에 대한 생각을 말하시오. 그리고 학교폭력일 경우 대처방안 2가지 또는 학교폭력이 아닐 경우 대처방안 2가지를 말하시오.

2. 당신은 한 초등학교의 특수교사로 A학생의 통합교육을 지원하고 있다. 통합학급 교사와 적극적인 협력의 관계를 형성하고 싶으나 통합학급 교사는 특수교사에게 A학생의 문제행동 중재 방안에 대해서만 요청하고 교수학습에 관한 협력은 하지 않는다. 이에 대해 특수교사는 자신이 동등한 대우를 받지 못하여 심리적으로 위축되어 있다. 이에 대해 특수교사에게 필요한 인성적 자질과 그 이유를 말하시오.

2020년 면접 해설

구상형 1

〈평가 방법상 문제와 이유〉
- 문제 : 교수적 수정이 이루어지지 않아 학생의 수행이 낮게 측정되고 있다.
- 이유 : 학습목표와 교수내용, 교수방법, 평가가 학생의 학습수준에 맞게 이루어져야 한다. 학생의 학습수준에 대한 고려 없이 일괄적으로 단원평가 항목을 사용한 점이 문제가 된다.

〈(나)에서 박교사의 잘못된 점〉
- A의 목표행동의 정의와 측정기준이 모호함
- B의 자발적인 수행이라고 보기 어려운 목표행동을 설정

즉답형 1

〈교사의 판단〉
- 선택 : 학교폭력이 아님
- 이유 : 영희의 볼을 쓰다듬거나 손을 잡는 행동, 철수의 발로 차는 행동은 의도적인 폭력이 아니라 의미있는 비언어적 의사소통 수단이었기 때문
- 대처방안1 : 학급규칙을 만들어 서로가 수용할 수 있는 행동을 할 수 있도록 함
- 대처방안2 : 영희와 철수에게 올바른 대체행동을 교수

즉답형 2

〈인성적 자질〉
1. 역지사지의 마음→통합에 대한 이해도가 낮은 통합학급 교사의 심정을 이해한다.
2. 격려 및 지지→문제행동 중재방안을 논의하는 것만으로도 감사한 조건이다. 통합학급 교사를 격려하고 지지해 통합의 범위를 넓혀가겠다.
3. 적극성→통합학급 교사와의 통합이 먼저 선행되어야 학생에게 좋은 통합의 영향력이 전해질 수 있기 때문이다. 실천 가능한 간단한 교수적 협력을 제안해본다.

4. 2019년 면접

 구상형

다음 대화에서 특수교육 보조인력에게 알려주어야 할 점 3가지와 이유를 말하고, 특수교사의 지원 요청이 잘못된 점을 1가지 말하시오.

> 〈상황〉
> 교사 : 이번 음악 시간에도 잘 부탁드릴게요. 수미를 잘 보조해 주세요.
> 보조 : (수미와 학급 친구 사이에 앉음)
> 교사 : 연주하고 싶은 악기를 선택해 보세요.
> 보조 : (수미가 악기를 고르려고 하자 캐스터네츠를 골라서 줌)
> 교사 : 악기를 연주해 보세요.
> 보조 : (수미가 연주할 수 있는데도 손을 잡고 캐스터네츠를 침)

 즉답형

1. 특수교사인 박교사는 특수학급에서 근무하고 있다. 특수학급으로 와서 수업을 받는 학생 2명이 있는데 A는 수학을, B는 사회를 한 교실, 같은 시간에 가르쳐야 할 때, 학생의 개별화교육계획을 위해 수학과 사회 각 과목을 따로 가르칠 것인지 혹은 교과를 통합하여 지도할 것인지 자신의 교직관과 연관지어 1가지를 선택하고 이유를 설명하시오.

2. 시골의 한 학교로 발령 난 신규교사이다. 일반교사들은 특수교육에 관련된 모든 내용이 특수교사의 일이라고 생각한다. 특수학급도 1개이고 특수교사도 자신뿐이다. 도움을 요청하기가 쉽지 않은 상황이다. 학년마다 다양한 장애학생이 있어서 지도하기 어렵고 과도한 행정업무와 학생지도에 지쳐버렸다. 이때, 교사로서 가져야 할 인성적 자질 3가지와 이유를 말하시오.

2019년 면접 해설

구상형

⟨보조인력 안내사항⟩
1. 또래와의 협력을 지원해주세요.
2. 선택권은 학생이 발휘할 수 있게 해주세요.
3. 학생이 스스로 수행할 수 있도록 지원해주세요.

⟨지원요청 잘못된 점⟩
- 지원요청이 모호하고 구체적이지 못한 점이 문제점. '잘 보조해 주세요.'를 넘어 어떤 상황에서 어떻게 지원해야 하는지 구체적인 매뉴얼을 제시하는 것이 바람직하다.

즉답형 1

⟨교직관⟩
- 선택 : 교과를 통합하여 가르칠 것
- 이유 : 저의 교직관은 함께 배우고 성장하는 것이 중요하다는 것입니다. 서로 가르치고 배우는 또래끼리의 학습이 배움을 더욱 풍요롭게 만든다고 생각합니다. 또한 4차 산업혁명 시대를 주도할 인재를 육성하기 위해선 융합 교육과정의 운영이 중요합니다. 과목의 경계를 넘나들며 통합적으로 배울 수 있도록 교육과정을 구성해 나가겠습니다.

즉답형 2

⟨인성적 자질⟩
1. 협력→문제점을 안고 있기 보다 공유하는 태도를 가진다.
2. 긍정적인 시선→특수학급도 1개이고 특수교사도 혼자라면 특수학급에서 다양하게 시도해볼 수 있는 활동들이 많다는 것을 의미하기도 한다.
3. 적극성→동료교사와 선배교사들에게 고민을 나누며 도움을 요청하는 적극성을 발휘해야 한다.

5. 2018년 면접

 구상형

제시문에서 적용된 교수적 수정 유형 2가지와 해당 수정이 이루어져야 하는 이유를 설명하고, 또래 교수 계획에서 잘못된 점 2가지와 그 이유를 설명하시오.

- 통합학급에서 일반 학생들은 세 자릿수 덧셈을 배우고, 장애 학생은 합이 9 이하인 수를 배우는 상황이다. 또한, 일반 학생들에게는 지필 평가를 실시하고, 장애학생에게는 구체물을 활용하여 평가를 실시하고자 한다.
- 가장 성격이 좋은 학생을 또래교수자로 선정하여 적절한 훈련을 실시한 후, 또래교수를 실시하고자 한다. 또한, 활동에 필요한 자료도 또래교수자가 직접 만들게 하여 자유롭게 또래교수를 실시하도록 하고자 한다.

 즉답형

1. 시각장애 학생에게 사회과를 지도하고 있다. 이때 확대자료의 제공만으로는 충분하지 않아서 학생이 어려움을 겪고 있다. 또한, 학생은 일상생활 기술에 어려움이 있고, 눈 누르기 등과 같은 문제행동을 보이고 있다. 이때 교사의 전문직관에 근거하여 학업측면과 생활지도 측면에서 교사의 전문성 2가지와 그 이유를 설명하시오.

2. 학부모가 자녀의 장애를 인정하지 못하고 정서적으로 어려움이 있는 상황이며, 학교에 비협조적이고 교사를 믿지 않고 있다. 교사는 학부모와 교류하지 않는 상황이다. 하지만 교사가 학부모와 상담해야 할 일이 발생했다. 이때 교사가 지녀야 할 인성적 자질 3가지와 그 이유를 설명하시오.

2018년 면접 해설

구상형

⟨교수적 수정 유형과 이유⟩
1. 학습목표 수정→개별화교육이 효과적으로 실시되기 위해서는 학생 개별 수준에 맞는 학습목표가 설정되어야 하기 때문
2. 평가방법 수정→평가의 신뢰도와 타당도를 해치지 않도록 학생 특성에 맞는 평가방법으로 수정해서 제시하는 것이 학생 중심 교육을 실현할 수 있는 방법

⟨또래교수 잘못된 점⟩
1. 가장 성격이 좋은 학생을 교사가 또래교수자로 선정한 점이 잘못되었다. 또래교수 선발 기준은 성격이 아닌 학생의 능력과 자발성이다.
2. 활동에 필요한 자료를 제작하는 것은 교사의 몫이다.

즉답형 1

⟨교사의 전문성⟩
1. 학업측면에서 특수교육 교육과정적 전문성을 발휘하겠습니다. 확대자료의 제공이 적절치 않다면 다양한 진단평가를 통해 촉각자료, 오디오자료 등의 적절한 교수학습자료를 개발해 제공하겠습니다.
2. 생활지도 측면에서 학생의 삶을 통찰하는 윤리적 통찰성을 발휘하겠습니다. 당장의 학교교육에 적응하는 것 뿐만 아니라 인생 전반에 걸쳐 학생이 배워야 하는 일상생활기술을 파악하고, 사회에서 용인될 수 있는 적절한 대체행동을 지도해 학생이 사회의 건강한 일원으로 성장할 수 있도록 돕겠습니다.

즉답형 2

⟨인성적 자질⟩
1. 이해심→이해받을 때에 마음이 열린다. 장애 학생을 둔 학부모님의 심리와 정서상태에 공감한다.
2. 긍정적인 시선→학생의 강점과 학교생활의 긍정적인 측면을 안내한다.
3. 적극성→잦은 상담과 학생에 대한 안내를 통해 학부모님의 참여를 이끌어낸다.

CLASS 03 심층면접 기출문제(중등)

서울

1. 2022년 면접

 구상형

1. A학교에서는 제시문 (가)를 바탕으로 (나)의 교내 프로그램을 기획하였다. (다)의 관점에서 (나)의 한계점을 2가지 제시하고 구체적인 개선방안을 2가지 말하시오.

> (가) 2018년 10월 IPCC에서 승인한 '지구온난화 1.5℃ 특별보고서'는 지구 평균 온도 상승을 1.5℃ 이내로 억제하기 위해 온실가스 배출량을 2030년까지 2010년 대비 최소 45% 이상 감축하여야 하고, 2050년까지 전 지구적으로 탄소 순 배출량이 '0'이 되는 탄소중립을 달성하여야 한다고 제시하고 있다.
>
> (나) A학교 환경교육 프로그램 기획안
>
> | 날짜 | 내용 | 비고 |
> |---|---|---|
> | 3월 ○○일 | 탄소중립선언 | 현수막 게시 |
> | 5월 ○○일 | 종이컵 없는 날 | 캠페인 활동 |
> | 9월 ○○일 | 학교 잔반 줄이기 | 학급 단위 시상 |
> | 11월 ○○일 | 환경 보호 다큐멘터리 | 북극곰 관련 영상 시청 |
>
> (다) 가장 완전한 덕에 맞추어 정신이 활동하는 것이 인간의 선이다. 그것은 온 생애를 통한 것이어야 한다. 제비 한 마리가 날아온다고 봄이 오는 것은 아니요, 하루아침에 여름이 되는 것도 아니다. 하루나 짧은 시간 즐겁다고 해서 인간이 완전히 행복해지는 것은 아니다.

2. 다음 제시문의 사례1과 사례2의 공통 원인을 학교 문화차원, 교사 개인차원에서 말하고 사례의 A교사와 B교사 입장에서 문제를 해결할 수 있는 방안을 제시하시오.

> [사례1] 신학년 준비기간에 학년 협의회에서 A교사가 교육과정 재구성을 통해 주제중심 교과융합 수업을 제안하였지만 타교과 교사들이 교과의 특수성을 들며 연계할 주제가 없다고 반대하였다.
> [사례2] 교과협의회에서 B교사가 원격수업이 끝나도 블렌디드 수업의 장점을 살려 계속 블렌디드 수업을 할 것을 제안하였지만, 일부 교사들이 교과의 특성상 등교수업이 적합하다며 필요 없다고 반대하였다.

즉답형

1. (가), (나)를 읽고 자신의 생각을 말하고, 이를 바탕으로 공교육이 나아가야 할 방향 3가지를 말하시오.

   (가) 학생1 : 학교가 재미없어요. 원격수업이나 학교 수업이나 같은데 학교에 안 갈래요.
   학생2 : 수업 들을 시간에 1인 미디어를 활용해 혼자 원하는 것을 공부하는 게 더 재밌고 유익해요.
   학생3 : 학교를 왜 다니는지 모르겠어요. 그냥 졸업장 따러 다니는 거죠.
   (나) 엘빈토플러 : 한국 학생들은 이유도 모른 채 사라질 직업을 위해 의미없는 공부를 15시간씩 하고 있다.

   [추가질의] 1. 교사는 배움과 나눔을 실천해야 한다. 자신이 교사가 된다면 운영하고 싶은 교원학습공동체의 주제와 이유, 활동에 대해 구체적으로 말하시오.
   2. 학생들이 교육을 통해 어떤 모습으로 성장했으면 하는지 말하고 이를 위해 필요한 교사의 자질을 2가지 말하시오.

2022년 면접 해설

구상형 1

구상형 1번 답변드리겠습니다.
최근 환경 문제가 사회적 이슈로 대두되면서 환경교육의 필요성이 커지고 있습니다. 이에 따라 (다)의 관점에서 (나)의 프로그램의 한계점을 먼저 말씀드리겠습니다.
먼저 (다)에서 변화는 하루 아침에 이루어지는 것이 아니므로 지속적인 실천과 노력이 중요함을 이야기하고 있습니다. 이러한 관점에서 (나)의 한계점은 첫째, 환경교육 프로그램이 일회성으로 이루어져 지속적인 실천과 노력이 부족하다는 점입니다. 기간을 정해두지 않고 해당 날짜에만 실시하게 하는 것은 그 의미가 퇴색될 가능성이 높습니다. 둘째, 학생 중심의 적극적인 실천이 아닌 수동적인 일방적인 프로그램으로 진행되고 있습니다. 예를 들어 북극곰 관련 영상 시청과 같은 경우는 수동적 프로그램의 대표적인 사례입니다.
다음으로 구체적인 개선방안 두 가지를 말씀드리겠습니다.
첫째, 지속적인 실천을 이끌어 낼 수 있도록 프로그램을 설계해야 합니다. 기간을 구체적으로 설정해 그 기간 동안 학급 내에서 함께 종이컵 사용량을 측정하고 기록해 꾸준한 실천이 될 수 있도록 지도합니다. 둘째, 학생 주도형 프로그램을 운영해야 합니다. 학생들이 적극적으로 다큐멘터리나 UCC영상을 만들어볼 수 있도록 하는 참여형 프로그램을 운영하는 것이 학생들에게 훨씬 의미 있게 다가올 것입니다. 이상입니다.

구상형 2

구상형 2번 답변드리겠습니다.
교사는 학교 현장에서 발생하는 다양한 유형의 갈등을 조율하고 해결하는 능력을 갖추어야 한다고 생각합니다. 제시문 속 사례들의 공통 원인을 학교 문화차원, 교사 개인차원으로 나누어 말씀드리겠습니다.
먼저 학교 문화차원에서 변화를 바라지 않는 무사 안일주의 문화가 원인이라고 생각합니다. 사례1에서도 사례2에서도 융합을 충분히 할 수 있었으며 블렌디드 수업의 장점을 살려 수업을 진행해갈 수도 있었습니다. 하지만 변화를 바라지 않는 보수적인 문화가 이를 방해했다고 생각합니다.
다음으로 교사 개인차원에서는 타 교과와의 교류 부족 및 폐쇄적 태도가 원인이 되었다고 생각합니다. 개인주의가 만연해가는 시대 흐름이 교직원들의 개별적 성향에도 영향을 미치고 있습니다.
이를 해결할 수 있는 방안으로 첫째, A교사 입장에서 교과간 융합수업을 이미 실시한 타 학교의 좋은 사례를 공유하는 것입니다. 좋은 사례를 공유하며 모두의 참여를 강제하기보다 자발적인 참여를 이끌어내야 한다고 생각합니다.

둘째, B교사 입장에서 블렌디드 수업에서 교사들이 겪은 어려움을 파악하고 이를 해결할 수 있는 방안을 제시하는 것이 중요합니다. 동료교사가 겪은 어려움에 먼저 공감한 뒤, 현장에서 활용 가능한 다양한 대안을 제시한다면 긍정적인 학교문화를 형성해가며 수업을 개선해가는 좋은 결과가 있을 것이라 생각합니다.
이상입니다.

즉답형 1

즉답형 1번 문항 답변드리겠습니다.
제시문 (가), (나)에 대한 저의 생각을 말씀드리겠습니다.
제시문 (가)에서는 학생들이 학교 교육의 필요성을 느끼지 못하고 있는 것을 알 수 있습니다. 유튜브, 원격수업 등의 매체를 활용하면서 학교 수업의 필요성에 대한 의문을 갖게 됨을 제시문을 통해서 알 수 있습니다. 또한 (나)에서도 한국 학교 교육의 효용성에 대한 의문과 비판을 하고 있습니다. 시대가 변함에 따라 학교도 변화해가야 하지만 학교가 학생들이 진정 필요로 하는 것을 제공하지 못하고 있음을 보여주는 문장이라 생각합니다.
이를 바탕으로 공교육이 나아가야 할 방향 3가지를 말씀드리겠습니다.
첫째, 학생의 꿈과 희망을 실현할 수 있는 실제적인 교육이 되어야 합니다. 학생들의 흥미를 고려하고 진로와 연계한 교육을 통해 학생들이 피교육자이자 교육의 주체가 될 수 있도록 지원해야 합니다.
둘째, 미래사회의 역량을 기를 수 있는 교육을 실시해야 합니다. 디지털 문해력, 자기주도적 학습능력 등의 미래사회 핵심역량을 증진할 수 있도록 지도해야 합니다.
셋째, 시대의 흐름을 읽는 교육을 실시해야 합니다. 4차 산업혁명 시대라는 흐름에 발맞춰 교육의 목표, 내용, 방법 등이 수정되어 제공되어야 합니다.
이상입니다.

[추가질의] 교직관과 연계하여 자유롭게 답변

2 2021년 면접

 구상형

1. 다음은 A학생과 B학생이 다툰 상황에 대해 김교사가 작성한 교단일지의 일부이다.

   - 3월 : 복도를 지나가던 A학생과 B학생이 부딪혔으나 A학생은 사과를 하지 않았다. 화가 난 B학생은 A학생에게 욕설을 하며 주먹으로 배를 때렸다. 이를 많은 학생들이 목격하였다.
   - 4월 : 경미한 학교폭력 사안으로 학교장 자체해결제로 B학생이 A학생에게 사과를 하고 마무리 되었다.
   - 5월 : B학생은 잘못을 인정했고 서로 화해를 했지만 A학생과 B학생은 아직도 서로 감정이 풀리지 않은 상태이다.

   〈개별상담〉
   - A학생 : B학생에게 사과는 받았지만 다른 학생들 앞에서 그런 일을 당해서 자존심이 상해요. 아직도 B랑 있으면 불편해요.
   - B학생 : 때린 것은 잘못했다고 생각하지만 A가 사과를 바로 했다면 그러지 않았을 거에요. 이 일 이후로 부모님께 많이 혼났고, A를 학교에서 계속 마주치기 싫어요. 다른 애들이 저를 이상하게 쳐다보는 것 같아요.

   김교사의 입장에서 A학생과 B학생에게 어떤 조언을 해줄 수 있는지 말하시오. 또한 학급 전체를 대상으로 화해와 공감, 관계회복을 위한 실천방안을 구체적으로 말하시오.

2. 다음 사례를 보고 원격수업의 문제점과 해결 방안을 말하시오.

   사례1
   학생A는 등교수업 때 수업에 잘 참여했지만 원격수업에서는 참여가 저조하다. 학생A는 원격수업은 강의식 수업으로 진행되어 집중도가 떨어진다고 한다. 학생A는 수업 중 이해가 되지 않는 부분에 대해 즉각적으로 피드백을 받을 수 없어 답답하다고 한다.

   사례2
   학생B는 출석 인정시간까지만 수업을 듣고 그 이후로는 참여하지 않는다. 교사가 전화를 걸거나 문자를 보내서 간신히 수업에 다시 참여하게 하고 있다.

   사례3
   학생C는 실시간 쌍방향 수업에서 이루어지는 과정중심평가에 불만을 제기하고 있다. 다른 사람의 도움을 받거나 친한 친구들끼리 SNS를 통해 답을 공유하여 공정하지 않다고 생각하기 때문이다.

[추가질의] 학기 초 학급담임으로서 온라인에서 학생들과 하고 싶은 학급활동을 말하고 그 이유를 자신의 교직관과 연계하여 말하시오.

즉답형

1. 학생 A는 다음과 같은 문제를 겪고 있다. 이 학생을 지원해야 하는 이유를 자신의 교육관과 연계하여 설명하고, 인지적 영역 및 정의적 영역의 지도방안을 각각 제시하시오.

   - 국어, 영어, 수학 등 과목에서 기초학력 부진
   - 정서행동특성검사 결과 ADHD 증상으로 추정됨
   - 친구 관계에서 어려움을 겪고 자신감이 부족함
   - 기초생활습관이 형성되어 있지 않고 밥을 거를 때가 많음

[추가질의] 2. 기초학력책임제 프로그램에 참여하기를 거부하는 학생이 있다. 이 학생을 어떻게 참여하도록 할 것인지 구체적인 지원방안 3가지를 말하시오.

2021년 면접 해설

구상형 1

구상형 1번 문항 답변드리겠습니다.
먼저 A학생과 B학생에게 해줄 수 있는 구체적인 조언을 말씀드리겠습니다.
A학생에게는 A학생이 겪은 아픔과 고통에 공감하고 위로하겠습니다. 많은 학생들이 보는 앞에서 불미스런 일을 당해 놀라고 당황스러웠을 마음에 충분히 공감하고 위로하겠습니다.
B학생에게는 폭력이 정당화될 수 없음을 지도하겠습니다. 사과를 받을 수 있는 다른 방법을 강구해야 함을 강조하며 폭력이 정당화될 수 없음을 지도하겠습니다.
학급 전체를 화해와 공감, 관계회복의 장으로 만들어가기 위한 실천방안으로 첫째, 회복적 생활교육의 일환으로 학급규칙을 반 아이들과 함께 제정하겠습니다. 자발성에 기반하여 학급의 주인의식을 학급 구성원이 모두 공유할 수 있도록 학급규칙을 함께 만들겠습니다. 둘째, 칭찬 릴레이를 한 달에 한 번씩 진행하겠습니다. 학급 구성원이 동그랗게 앉아 서로를 지목하며 칭찬, 지지, 격려를 할 수 있는 시간을 마련해 운영하겠습니다. 그 과정 속에서 오해보다 이해의 폭을 넓히는 훈련을 아이들이 지속적으로 해나갈 수 있도록 돕겠습니다. 이상입니다.

구상형 2

구상형 2번 문항 답변드리겠습니다.
코로나 19로 인해 원격수업이 대면 수업의 대안으로 떠올랐지만 현실적인 문제점에 봉착하고 있습니다. 다음 사례를 통한 원격수업의 문제점과 해결책으로 첫째, 일방적인 강의식 수업으로 진행된다는 것입니다. 동영상 컨텐츠 강의로 제공되는 원격수업의 경우 집중도가 떨어질 수 밖에 없기 때문에 실시간 쌍방향 수업으로 진행하는 것이 그 대안이 될 수 있을 것입니다. 둘째, 수업 참여 의지가 없는 경우 수업을 이수하지 않을 수 있다는 점입니다. 집에서 수업을 듣다보니 학생들의 생활습관이 수업에 많은 영향을 끼치게 됩니다. 이를 보완하기 위해 학부모님과 긴밀히 연계하여 수업참여를 방해하는 요인을 함께 제거해 나가겠습니다. 셋째, 과정중심평가의 공정성이 확보되지 않는다는 점입니다. 다른 장소에서 이루어지는 평가다보니 교사가 철저한 평가계획을 세우지 않으면 공정성을 해칠 우려가 큽니다. 이를 보완하기 위해 다면평가를 실시하겠습니다. 평가의 주체를 교사뿐 아니라 또래, 학부모, 자기 자신으로 확대해 명확한 평가기준을 제시한다면 공정성을 확보할 수 있을 것이라 생각합니다. 이상입니다.

[추가질의] 교직관과 연계하여 자유롭게 답변

즉답형 1

즉답형 1번 문항 답변드리겠습니다.
먼저 저의 교직관은 (자유롭게 답변하기)
학생 A의 인지적 영역 지도방안으로 첫째, 학습수준에 맞는 학습지도를 실시하겠습니다. NISE-BACT, 기초학습능력평가 등과 같은 진단평가를 활용해 학습수준을 정확히 파악한 뒤, 학생의 수준에 맞는 학습지 등을 개발해 학생의 인지적 영역의 발달을 도울 것입니다. 둘째, 스스로 학습시간을 주도적으로 체크할 수 있도록 자기성찰 체크리스트를 활용하겠습니다. ADHD로 인해 집중시간이 길지 않은 A학생이 학습 영역에 있어 성공감을 느낄 수 있도록 15분 집중했을 경우 스티커를 스스로 붙일 수 있게 하겠습니다.
정의적 영역의 지도방안으로는 첫째, 학급 마니또를 운영하겠습니다. 서로가 서로에게 관심을 갖고 챙길 수 있는 제도적 장치를 마련하여 학생들이 서로를 이해하고 친해질 수 있도록 지도하겠습니다. 둘째, 기초생활습관 형성을 위해 학부모님과 연계하여 생활습관을 체크하겠습니다. 기상시간과 잠자는 시간, 식사시간과 같이 간단한 생활습관 체크리스트를 만들고 학부모님께 전달드려 집에서 학부모님과 생활습관을 개선해나가는 연습을 해볼 수 있도록 지원하겠습니다.
이상입니다.

[추가질의] 추가질의 문항 답변드리겠습니다.
기초학력책임제 프로그램을 거부하는 학생을 지원하기 위한 3가지 방안으로 첫째, 학생과의 면담을 통해 거부 이유를 파악하겠습니다. 아이들의 행동에는 늘 이유가 있다고 생각합니다. 그 이유를 상담을 통해 알아내고 함께 제거할 수 있는 것이라면 제거하고, 도울 수 있는 부분은 도우며 학생의 참여를 돕겠습니다.
둘째, 기초학력책임제 프로그램이 필요한 이유를 학생A의 실생활 및 진로와 연계하여 설명하겠습니다. 학생의 진로와 실생활에 이 기초학력책임제 프로그램이 왜 필요한지를 개별화된 설명으로 와닿게 제공해 학생의 동기를 높이겠습니다.
셋째, 학부모님과 연계하겠습니다. 학부모님께 프로그램의 취지와 목적을 잘 설명드리고 가정에서부터 필요성을 느껴 기초학력책임제 프로그램에 참여할 수 있게 지도하겠습니다.
이상입니다.

3. 2020년 면접

 구상형

1. 다음 사례를 읽고 김 교사가 고려하지 않은 점과 바람직한 지도 방향을 말하시오.

   > **사례A**
   > 학교에 복귀한 건강장애 학생의 적응을 위하여 도우미 학생을 배정해주었다. 그리고 체육시간에는 체력 안배를 위하여 쉬도록 하였다. 그러나 이런 대처에도 불구하고 학생은 여전히 학교에 적응하는 것이 너무 어렵다고 하였다.

   > **사례B**
   > 김 교사는 평소 환경문제에 관심이 많다. 그리하여 김 교사는 환경문제를 주제로 학급별 협력 종합 예술 활동을 실시하였다. 김 교사는 열성적으로 학생들의 연습시간과 역할 분배까지 직접 진행했다. 하지만 학생들이 흥미가 없어 고민이다.

2. 서울 인성 교육계획에 근거하여 제시된 ○○고등학교의 연간 교육계획을 보고 개선방안 3가지와 자신의 교과와 연계한 인성교육 방안 1가지를 구체적으로 제시하시오.

   1. 관련 : 서울 인성 교육계획
   2. 교육 목적 : 윤리의식과 공동체의식을 바탕으로 사회의 다양한 갈등을 극복하기 위한 소양을 기른다.
   3. 시행계획

학기	프로그램	대상	장소	날짜	담당교사
1학기	명사특강 도덕적 삶의 아름다움 (A대학 교수)	전교생	강당	7월 15일	교과 전담 교사
2학기	다큐멘터리 시청 후 감상문 작성 정직의 중요성	전교생	교실	12월 23일	담임교사

   [추가질의] 인성교육을 위해 필요한 교사의 자질과 이를 위한 자신의 평소 노력을 구체적으로 제시하시오.

두 학생 중 한 명을 선택하고 그 이유를 말하시오. 더불어 자신의 교육관을 설명한 후 그것을 바탕으로 조언하고 싶은 내용을 말하시오.

학생A : 게임은 못하지만, 유튜브 게임방송을 통해 돈을 많이 벌고 싶음
학생B : 확실한 꿈이 없음. 아르바이트를 통해 소확행을 하며 살고 싶음

추가질의 선택하지 않은 학생에게 해주고 싶은 조언

2020년 면접 해설

구상형 1

구상형 1번 문항 답변드리겠습니다.
제시문에서 김 교사가 고려하지 않은 점은 다음과 같습니다.
첫째, 학생의 의사를 묻지 않고 임의대로 수업 참여를 계획한 것입니다. 이는 학생의 수업참여 기회를 제한한 것입니다. 둘째, 교사주도적 프로그램 계획으로 인해 학생들의 참여 동기를 모으지 못했다는 점입니다.
이를 개선하기 위해 바람직한 지도방향으로 첫째, 체육 수업에 건강장애 학생이 참여할 수 있도록 수업을 조정합니다. 개별화교육지원팀의 협의를 통해 도달 목표를 낮추거나, 함께 참여할 수 있는 장치를 계획하는 등의 수업 조정을 통해 학생의 참여를 도와야 합니다.
둘째, 학생주도적으로 프로그램을 진행할 수 있도록 계획단계부터 학생들의 의견을 모아야 합니다. 학생들의 기획과 역할분배가 이루어질 수 있도록 교사는 지원가로서의 역할을 할 때, 학생들의 동기유발을 효과적으로 해낼 수 있을 것이라 생각합니다.
이상입니다.

구상형 2

구상형 2번 문항 답변드리겠습니다.
○○고등학교의 인성 교육계획 개선방안 3가지는 다음과 같습니다.
첫째, 1학기 프로그램을 강당에서 진행하지 않고 개별 교실에서 진행될 수 있도록 기획해야 합니다. 강당에서 프로그램이 진행될 경우 다수 속에 묻혀 집중을 안하게 되는 현상이 발생합니다. 또한 전달력도 떨어져 학생들에게 와닿는 강의가 되기 어렵습니다. 따라서 각 반에서 강의가 진행될 수 있도록 외부강사 인력을 더욱 충원하겠습니다.
둘째, 2학기의 다큐멘터리 시청 후 감상문 작성은 학생들의 집중도가 떨어질 수 있으므로 참여도를 높일 수 있는 활동을 삽입하겠습니다. 중간중간 퀴즈나 초성게임 등과 같은 활동을 추가해 다큐멘터리의 내용을 복기하고 집중도를 높일 수 있도록 구성하겠습니다.
셋째, 일회성으로 프로그램이 구성되어 있기 때문에 1, 2학기를 연계해 같은 내용의 프로그램이 이어질 수 있도록 구성하겠습니다. 1, 2학기의 내용이 연계되어 같은 교사가 지도하게 된다면 양질의 프로그램을 구성하게 될 수 있을 것입니다.
제 교과와 연계하여 인성교육을 구성한다면 장애인식개선교육을 진로와 연계하여 기획할 것입니다. 단순히 장애인을 배려하고 이해하자는 내용이 아닌, 삶에서 내가 지금 당장 실천할 수 있는 내용에 대해 고민해보고 더 나아가 나의 진로와 꿈과 연계해 미래에 어떤 인권친화적인 행동을 실천할 수 있을지를 고민해볼 수 있도록 하겠습니다.
이상입니다.

[추가질의] 추가질의에 대해 답변드리겠습니다.

인성교육과 관련한 교사의 자질로 솔선수범하는 태도와 공감능력이 있다고 생각합니다. 백마디 말보다 한 번의 행동이 학생들에게 큰 감화가 될 수 있습니다. 교사의 평소 언행과 약자에 대한 교사의 태도가 학생들에게 큰 영향을 준다고 생각합니다. 또한 공감능력은 더불어 살기 위해 꼭 필요한 정의적 요소로 인간이 지니는 가장 큰 특권이라 생각합니다.

이러한 자질을 높이기 위해 제가 하고 있는 평소 노력으로 첫째, 매일 아침 모닝루틴을 통해 하루의 목표를 되새깁니다. 오늘 내가 만나는 사람과 행복하고 기쁜 하루를 보내자는 개인적인 다짐을 스스로에게 하며 하루를 시작합니다.

둘째, 다양한 독서를 통해 다른 세계 사람들의 삶을 들여다보고 이해의 폭을 넓힙니다. 평소 책 읽기가 취미인데 소설, 수필, 시집 등의 다양한 독서를 통해 인물의 상황에 공감하며 세계관을 넓혀가고 있습니다.

이상입니다.

즉답형

즉답형 문항 답변드리겠습니다.

학생A를 우선 선택하여 지도하겠습니다. 그 이유는 A학생에게는 목표가 뚜렷하지만 이를 실제적으로 그려나가는데 어려움이 있기 때문입니다. 저의 교육관은 교육이 삶과 밀접하게 연계되어야 한다는 것입니다. A학생이 현실과 동떨어지지 않되, 자신이 좋아하고 재밌어 하는 분야를 꿈꿀 수 있도록 진로 스케치를 돕겠습니다. 예를 들어 유튜브 게임방송을 통해 돈을 많이 벌기까지 어떤 노력이 필요한지 구체적으로 목표를 설정해보고 어떤 노력이 필요한지를 함께 고민하겠습니다.

(학생B라고 생각하는 이유에 대해서도 근거를 대어 설명하시면 됩니다.)

[추가질의] 추가질의에 대해 답변드리겠습니다.

학생에게 조언하는 상황으로 답변드리겠습니다.

"B야, 월트 디즈니도, 장기려 의사선생님도 어렸을 때 꿈이 없어서 힘들어 하던 시기가 있었단다. 꿈이 없다는 건 그 어떤 것이든 될 수 있다는 말과 같지. 많은 것을 꿈꾸고 도전할 수 있다는 말이기도 하단다. 차근차근 좋아하는 것이 무엇인지, 무엇을 할 때 기쁜지 함께 고민해보자. 선생님과 MBTI도 해보고, 진로체험도 해나가면서 너라는 사람이 어떤 사람인지 함께 알아가보자."

이상입니다.

4. 2019년 면접

1. 학생들이 토론하는 (A)상황에서 문제점 2가지와 (B)관점에서 해결방안 3가지를 말하시오.

   (A) 상황
   김교사는 복장규제가 학생의 권리를 침해하는지에 관한 토론을 진행했다. 복장규제 자율화에 찬성하는 학생들은 반대편 학생들에게 발언 기회를 주지 않고 발언을 독점하여 일방적으로 진행되었다. 일방적으로 발언한 학생들은 토론에 승리했다고 의기양양 좋아했다. 반대측 학생들은 자신들의 의견이 소외당했다며 억울해했다.

   (B) 관점
   서울형 민주시민교육 논쟁수업 활성화 방안으로서 '보이텔스바흐' 합의가 활용되고 있다. 2차 세계대전 이후 동독과 서독으로 분리된 독일에서는 좌파와 우파의 교육지침을 둘러싼 이념 갈등이 심각하였다. 이 문제를 해결하기 위하여 보수와 진로를 망라하는 교육자, 정치가, 연구가 등이 소도시 보이텔스바흐에 모여 치열한 논쟁을 벌였다. 마침내 이견을 극복하고 이념과 정권에 치우치지 않는 민주시민교육에 대한 실질적 합의, 즉 보이텔스바흐 협의를 맺게 되었다.

2. 각 학생 특성에 따른 지도방안과 그 이유를 말하시오.
   - 학생1 : 학업성적이 좋으며 대학진학을 목표로 하나 명확한 진로가 없음
   - 학생2 : 학업에 관심이 없으며 수업에 집중하지 않음
   - 학생3 : 정서적 문제가 있으며, 폭력적 행동을 일으키고 수업을 방해하여 교사에게 지적을 받음
   - 학생4 : 경도 지적장애 학생으로 다른 학생들과 함께 하는 것을 좋아하며 의존적인 성향이 있음

   [추가질의] 위 학급 학생들을 위해 담임교사로서 진행할 수 있는 프로그램 1가지를 말하시오.

1. 기능론적 교육관과 갈등론적 교육관의 개념을 설명하고 지지하는 교육관을 밝힌 후 자신이 지지하는 교육관의 한계점 2가지를 말하시오.

2. 서울시 교육청이 시행 중인 정의로운 차등의 개념을 설명하고 이를 실현하기 위한 프로그램 2가지를 말하시오.

2019년 면접 해설

구상형 1

구상형 1번 문항 답변드리겠습니다.
A상황에서의 문제점은 다음과 같습니다. 첫째, 토론이 합의점을 찾은 것이 아니라 승, 패로 끝났다는 점입니다. 토론은 토의와 달리 찬성과 반대의 첨예한 갈등이 있는 것은 사실이지만 누군가의 승리와 패배로 끝나서는 안 된다는 점이 중요합니다. 둘째, 발언기회를 찬성 쪽에서 독점했다는 점입니다. 균등한 발언기회를 갖지 못하고 누군가 발언기회를 독점한 토론은 과정에서의 공정성이 확보되지 못해 그 결과 또한 정당하지 못하다고 생각합니다.
이와 같은 문제들을 해결하기 위해 B관점에서의 해결책으로 첫째, 양쪽 진영이 모두 수긍할 수 있는 합의점에 도달해야 합니다. 한 쪽의 승과 패가 아닌, 두 진영 모두가 인정할 수 있는 합의점을 찾아가는 것을 목적으로 삼아야 합니다. 둘째, 학생들만의 의견으로 토론을 진행하는 것이 아니라 학교 구성원의 다양한 참여가 있어야 합니다. 교사, 학부모, 지역사회 인사 등과 같은 교육 공동체가 함께 의견을 모으는 과정이 필요합니다. 셋째, 결과가 실제 학교 규칙으로 제정될 수 있도록 실효성이 있어야 합니다. 추상적인 개념들과 의견들을 모아 구체적인 실행으로 이어질 수 있도록 공동체가 함께 합의점을 찾아야 합니다.
이상입니다.

구상형 2

구상형 2번 문항 답변드리겠습니다.
학생들의 꿈과 비전을 실현하기 위해 학생마다 개별화된 진로지도가 필요합니다. 먼저 첫 번째 학생에 대해서는 대학진학에 대한 명확한 진로설정을 할 수 있도록 진로체험을 제공해야 합니다. 다양한 대학 정보, 학과 정보를 학생에게 제공해 자신이 무엇을 배우고 싶어하는지를 찾아갈 수 있도록 도와야 합니다.
두 번째 학생에 대해서는 자신을 더욱 깊게 알아갈 수 있도록 다양한 자기성찰 테스트, 진로탐색 검사를 실시합니다. 아무리 공부와 학업에 관심이 없는 학생이라도 자기 자신에게는 관심을 기울이며 살아갑니다. 다른 세계를 탐색하기 이전에 자기 자신을 심도 있게 탐색해볼 수 있도록 상담선생님과 연계하여 자기성찰 검사, 진로탐색 검사 등을 실시하겠습니다.
세 번째 학생에 대해서는 가정과 연계해 정서불안의 원인을 찾고, 또래 지원 프로그램을 실시하겠습니다. 아이들의 정서는 가정에서의 영향을 가장 크게 받습니다. 학부모님과의 긴밀한 대화를 통해 학생의 정서를 불안하게 하는 요인을 찾고, 학교에서 또래들과의 원만한 관계를 가질 수 있도록 마니또, 칭찬릴레이 프로그램 등과 같은 교우관계 개선 프로젝트를 진행해 나가겠습니다.

네 번째 학생에 대해서는 여러 명의 또래 도우미를 활용하여 학생의 학교 적응력을 높이겠습니다. 또래 도우미가 한 명일 경우 그 학생에 대한 의존도가 높아져 또 다른 문제를 야기할 수 있습니다. 여러 명의 또래 도우미를 두어 여러 친구들과 대화하며 안정감을 찾아갈 수 있도록 돕겠습니다.
저는 위 학생들을 위해 '우리 반 감사일기'를 작성해 나가겠습니다. 각자 처한 상황을 부정적으로만 보는 것이 아니라 그 안에서 해결책을 찾고 감사할 부분을 찾아 긍정적으로 상황을 바라볼 수 있도록 매일매일 훈련하는 프로그램을 적용해 나가겠습니다.
이상입니다.

즉답형 1

즉답형 1번 문항 답변드리겠습니다.
기능론적 교육관이란 교육이 사회 안정과 질서유지에 기여한다는 관점이고, 갈등론적 교육관이란 교육이 사회의 불평등 구조를 유지하고 심화시킨다는 관점입니다.
저는 기능론적 교육관을 지지합니다. 그 이유는 교육이 가진 힘과 가능성, 잠재력을 믿고 그 내용이 보편타당하다는 것에 동의하기 때문입니다. 하지만 기능론적 교육관이 가진 한계점도 존재합니다. 첫째, 교육이 가지는 구조적 문제를 외면합니다. 실제로 교육이 개인의 고유한 능력과 노력에 따라 공정한 선발을 하고 있는지를 보았을 때, 빈부격차, 지역갈등 등과 같은 다양한 이해관계들이 얽혀 사회 불평등을 야기하고 있는 부분도 존재하기 때문입니다. 둘째, 교육의 기능을 사회화의 측면으로 한계 짓습니다. 교육은 사회의 구성원으로 성장하게 하는 것 이상의 의미를 갖습니다. 교육을 통해 다양한 자아실현을 하기 위한 개개인의 다양한 목적 추구 또한 인정해야 합니다.

즉답형 2

즉답형 2번 문항 답변드리겠습니다.
서울시 교육청이 시행 중인 정의로운 차등이란, 현실적으로 불평등한 구조가 존재한다는 것을 인정하고 이를 완화하기 위해 다양한 교육격차 해소 정책을 실행하는 것을 말합니다. 저는 이를 교육 현장에 실현하기 위해 다음과 같은 두 가지 방법을 제시합니다.
첫째, 교육 공동체의 인권감수성 함양을 위해 실제적인 인권교육을 실시하겠습니다. 학생들 뿐만 아니라 관리자, 지역사회, 동료교사를 대상으로 다양한 계층에 대한 이해를 돕기 위해 현실적인 인권교육을 실시하겠습니다. 둘째, 개별화교육을 체계적으로 실시해 특수교육대상학생의 학습권을 보장하겠습니다. 학생 개개인의 학습수준에 맞는 개별화교육을 제공하여 특수교육대상학생의 학습권을 위해 노력하겠습니다.
이상입니다.

5. 2018년 면접

구상형

1. 다음 글을 읽고, A에 비추어 B에 나타난 학급운영의 문제점과 개선방안을 각각 3가지씩 말하시오.

   - A : 통합교육이란 특수교육대상자가 일반학교에서 장애유형, 장애정도에 따라 차별을 받지 아니하고 또래와 함께 개개인의 교육적 요구에 적합한 교육을 받는 것을 말한다(장애인 등에 대한 특수교육법 제2조 제6호).
   - B : A교사의 학급에 청각장애를 가진 학생이 있다. A교사는 청각장애 학생의 편의를 위하여 교사의 입모양이 잘 보이는 자리에 앉도록 하고, 학생이 힘들까봐 청소를 면제시켜 주었다. 그리고 각 교과 선생님들께도 말씀드려 과제를 면제해 주었다. 또한, 필요한 인적자원(실무사, 또래도우미)을 제공하였다. 하지만 학급의 학생들이 이는 역차별이라며 교사에게 강한 불만을 드러내었다.

2. 다음 글을 읽고, 교사와 학생의 입장을 각자 서술한 후, 평화로운 학교를 만들기 위한 생활지도 방안을 세 가지 말하시오.

   모 학교에서 지속적으로 학생들에게 생활지도를 했음에도 불구하고 학기 초 도난 사건이 발생하였다. CCTV를 확인하고 다양한 방법으로 범인을 찾기 위해 노력했지만 찾을 수 없었고, 결국 교사는 평소 행실이 불량한 A군이 사건이 일어난 날 그 교실에 들어갔던 사실을 알고 A군을 범인으로 지목하여 상벌제도에 따라 벌점을 부과하였고, 타 교실 출입을 금지시켰다. 하지만 A군은 자신의 결백을 주장하여 학교에 항의하였고, 이러한 학교의 조치에 대해 국가인권위원회에 제소하겠다고 했다.

즉답형

1. 우리나라 교육 현실에 비추어 보았을 때, 다음 그림 중 자신의 교육관에 가장 가까운 그림과 가장 경계해야 할 교육관에 가까운 그림을 하나씩 고르고 각각의 이유를 말하시오.

   a. 토끼와 거북이가 같은 출발선
   b. 거북이가 토끼보다 앞선 출발선
   c. 토끼가 거북이보다 앞선 출발선
   d. 토끼와 거북이가 같은 결승선

   *** 위 내용이 그림과 함께 제시됨

   [추가질문] 자신이 가장 경계해야 한다고 말한 교육관의 장점과 활용방안을 말하시오.

2018년 면접 해설

 구상형 1

구상형 1번 문항 답변드리겠습니다.
위 학급 운영의 문제점과 해결방안에 대해 답변하겠습니다. 첫째, 학생이 힘들까봐 청소를 면제해준 것은 학생의 의사를 반영하지 않고 결정한 역차별적 요소입니다. 장애를 가지면 다른 영역에서도 성공적인 성취가 힘들 것이란 교사의 오해에서 비롯된 조치라 생각합니다. 이를 해결하기 위한 개선방안으로 학생 당사자의 의견을 물어 결정하는 절차가 꼭 선행되어야 합니다.
둘째, 각 교과 선생님들께 말씀드려 과제를 면제해준 것은 장애 유형, 장애 정도에 맞는 학습권을 보장받지 못한 부분입니다. 청각장애가 있어도 충분히 수행 가능한 부분들이 존재하는데 모든 교과의 과제를 면제하는 것은 학습권 침해에 해당될 수 있습니다. 이를 해결하기 위한 개선방안으로 개별화교육회의를 거쳐 당사자와 학부모님, 각 교과선생님들의 협의를 통해 지원 가능한 부분을 논의하는 것이 필요합니다.
셋째, 과도한 보조인력이 제공되었다는 점입니다. 실무원님의 경우, 신변처리와 이동의 어려움을 겪는 학생들에게 우선배치 되어야 하는데 청각장애 학생에게 과도한 보조인력이 제공되면서 수행 가능한 영역을 제한하는 일이 발생될 수 있습니다. 따라서 이를 해결하기 위한 개선방안으로 학생의 수행수준에 맞는 보조인력 수정이 이루어져야 합니다. 또래도우미를 활용함에 있어서도 모든 영역의 수행을 돕는 것이 아니라 대필, 필기자료 제공 등의 영역으로 제한하여 청각장애 학생을 돕도록 해야 합니다. 이상입니다.

구상형 2

구상형 2번 문항 답변드리겠습니다.
교사의 입장에서는 학급에서의 불미스러운 일을 빠르게 해결하고 재발을 방지하고자 범인을 찾는 데에 집중했을 것입니다. 학생의 입장에서는 자신이 한 행동이 아닌데 평소 행동으로 지목되어 의심받아 벌점까지 받게 되어 억울함과 수치감을 느꼈을 것입니다.
이런 상황에서 도난 사건을 잘 해결하고 서로가 서로를 믿는 평화로운 학교를 만들어 가기 위해 실행할 수 있는 방안 첫 번째는 교사와의 1:1 면담을 실시하는 것입니다. 공개적인 자리에서의 범인 색출은 효과가 없을뿐더러 솔직하게 밝힌 학생의 인권을 존중하지 못할 수 있습니다. 교사와의 1:1의 안전한 관계에서 솔직하게 털어놓을 수 있도록 해야 합니다. 둘째, 예방을 위해 학기 초 학급규칙을 함께 실시하는 것입니다. 무엇보다 예방이 중요합니다. 다른 사람의 물건에 손을 대지 않는 부분은 너무 당연한 부분이지만 당연한 부분도 함께 규칙으로 제정하여 서로가 서로를 믿는 안전한 학급 분위기를 형성해 나가겠습니다. 셋째, 특색 있는 회복적 생활교육을 실시하겠습니다. 원탁대화 등의 회복적 대화를 통해 평화로운 학교를 만들어가겠습니다. 이상입니다.

즉답형 1

즉답형 1번 문항 답변드리겠습니다.

저의 교육관에 가장 적합한 것은 토끼와 거북이가 같은 결승선에 도달한 그림 d입니다. 출발선이 각자 다르고, 처한 상황과 문화적, 개인적 기질이 다르더라도 모두가 같은 목표에 도달할 수 있도록 돕는 것이 교사의 중요한 자질이라 생각합니다. 특히 특수교육대상학생의 경우 너무나 다양한 출발선에 놓일 수 있습니다. 결국 학급 내에서 같은 목표, 같은 결승선에 도달할 수 있도록 학습 조정 및 수정을 계획하고 지원하는 것이 중요하다고 생각합니다.

반면 가장 경계해야 할 교육관은 그림c라고 생각합니다. 능력주의 교육관에 근거해 목표에 빨리 도달하는 것을 교육의 가장 최우선 가치로 삼을 경우, 정작 살아감에 필요한 공동체적 가치를 놓칠 수 있다고 생각합니다. 과거에는 급격한 사회, 경제적 성장으로 능력주의 교육을 최우선 가치로 삼고 교육계가 달려왔다면, 이제는 모두를 아우르며 함께 목표에 도달할 수 있는 과정적 성취도 중요하게 여겨져야 한다고 생각합니다. 이상입니다.

[추가질의] (개인이 선택한 교육관의 장점과 활용방안에 대해 설명합니다.)

경기

1. 2022년 면접

구상형

1. 제시문의 학생을 지원하기 위한 구체적인 진로 학업 설계 방안에 대해 말하시오.

   - 진로를 확실히 정하지 못함
   - 과목이 많이 개설되어 있는데 어떤 과목을 선택해야 할지 모르겠음
   - 자신이 흥미 있어 하는 과목은 개설되지 않았음

2. 코로나19 장기화로 인해 학생들의 사회성 결손이 심각한 문제이다. 이를 해결할 수 있는 방안을 아래 3가지 중 하나를 선택하여 구체적으로 제시하고, 그 이유를 설명하시오.

   또래활동 프로그램 / 창의적 체험활동 / 주제 중심 체험학습

3. 학급생활협약과 관련하여 학생들의 의견을 반영해서 학급자치를 실현할 수 있는 방안을 말하시오.

   - 학생 A: 학급생활협약이 필요하다고 생각해요. 학급 반 모두가 논의해서 학급생활협약을 만들자고 건의하고 싶어요.
   - 학생 B: 굳이 학급생활협약이 필요할까요? 교칙만 잘 지키면 되지 않을까요?
   - 학생 C: 작년에 담임선생님께서 정한 지각하면 청소하기 규칙은 너무 싫었어요. 이번에는 그렇게 안 했으면 좋겠어요.

즉답형

1. 다음과 같은 동료교사와의 갈등 상황에서 대처방안을 말하시오.

   동료교사 A는 수업상황 중에 문제가 되는 태도를 보인 학생을 담임교사인 나에게 데려와 지도를 할 것을 부탁한다. 나는 우리반 학생이기 때문에 처음에는 지도를 하였으나 A 선생님이 이런 학생들을 데려오는 경우가 점점 많아지고 있다. 수업시간에 생긴 문제상황은 자신이 처리해도 되지 않을까? 이제 나도 부담이 된다.

초·중등 임용 2차 대비

2. 신규교사로서 키우고 싶은 역량을 고르고 그 방안에 대해 말하시오.

- 교수 역량
- 생활교육 역량
- 자기개발 역량
- 공동체 역량

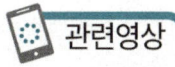

2022 중등 경기
심층면접 예시 영상 ▶

CLASS 03 · 심층면접 기출문제(중등) **239**

2022년 면접 해설

구상형 1

구상형 1번 답변드리겠습니다.
교사의 중요한 역할 중 하나는 학생의 꿈과 끼의 발현과 진로 역량을 증진시킬 수 있도록 돕는 것이라 생각합니다. 또한 교사는 급변하는 미래사회에 학생이 적응하고 자신의 흥미와 적성에 맞는 진로, 직업을 찾을 수 있도록 안내하는 능력이 필요합니다.
제시문의 학생을 지원하기 위한 구체적 진로 학업 설계 방안으로는 첫째, 진로를 확실히 정하지 못한 학생을 위해 온라인 직업흥미검사를 실시하겠습니다. 자신의 흥미와 재능을 구체적인 데이터를 통해 확인하고 스스로 어떤 부분에 강점이 있는지, 보완해야 할 점이 있는지 자신을 알아갈 수 있도록 돕겠습니다. 또한 많은 학생들이 자신의 흥미와 관련된 직업은 어떤 것이 있는지 직업에 대한 정보가 없어서 진로를 구체화 시키지 못하는 경우도 있습니다. 학생 흥미와 관련된 미래에 유망한, 신생 직업을 찾아보고 그 직업에 관련해 어떠한 지식과 정보가 필요한지 학생과 함께 탐색해가는 교사가 되겠습니다. 둘째, 과목에 대한 구체적인 정보, 진로와 연계한 부분을 자세히 안내해 주도록 하겠습니다. 단위학교가 바뀌고, 학년이 바뀌면서 학생들이 접하지 못한 생소한 교과들의 내용을 구체적으로 알려주고, 앞으로 학생이 배우길 희망하는 학업이나 진로와 어떤 연관성이 있는지 사전에 안내하도록 하겠습니다. 셋째, 지역사회 교육과정 클러스터를 활용하겠습니다. 학교 간 이수가 가능한 과목인지 확인하고, 이수가 어렵다면 온라인이나 학교 밖 교육과정 등을 함께 찾아보며 학생이 적극적으로 진로활동에 임할 수 있도록 지속적으로 지원하겠습니다.
자유학년제, 고교학점제 등 교육과정이 더욱 학생 중심으로 변화하고 학생들이 능동적으로 지식과 정보를 선택하여 스스로 진로를 설정할 수 있도록 돕기 위해 학교와 교사가 변화하고 있습니다. 이러한 변화에 맞춰 학생들이 자신의 적성을 탐색하고 진로를 정하는데 있어 든든한 안내자가 될 수 있도록 노력하겠습니다.

구상형 2

구상형 2번 답변드리겠습니다.
코로나19로 인해 원격수업이 대면 수업의 대안으로 떠올랐지만 현실적인 문제점에 봉착하고 있습니다. 그 중 하나가 사회성의 감소와 개인화인데 이를 해결하기 위해 또래활동 프로그램을 중심으로 구체적으로 제시하겠습니다.
첫째, 우리반 사진전시회와 같은 특색 있는 학급문화를 실현해 나가겠습니다. 3월 봄, 입학, 4월 식목일, 5월 가정, 6월 호국보훈 등 계절 또는 매달 특색에 맞는 주제를 학생끼리 정하도록 하여 학급사진 또는 영상을 찍어 전시하도록 하겠습니다. 이는 학급의 공동체성을 높이고 학생들 스스로 자신의 의견을 나누며 소통할 수 있어 상호작용과 소속감이 증진될 수 있습니다. 이러한 과정을 통해 학생들의 사회성 향상을 돕겠습니다.

둘째, 감사표현하기 프로젝트를 실시하겠습니다. 몇 개의 조를 구성해 학교 내의 선생님들, 관리자분들, 시설주무관님 등께 또래들이 함께 감사편지를 써서 전달하는 시간을 갖겠습니다. 또래들의 소통과 어른과의 소통을 동시에 하며 사회성을 증진할 수 있을 것입니다. 또한 비대면 수업때 자주 접하지 못한 여러 학교 구성원을 알고 어떤 점이 감사한지 나눠 볼 수 있는 소중한 시간이 될 것입니다.

셋째, 또래 학습 도우미를 활용하겠습니다. 각 교과마다 교과 부장을 여러 명 두어 수업시간 내에 학습적 어려움이 발생하는 경우, 서로 가르치고 배우며 의사소통 역량을 증진하고 공동체 역량을 탄탄히 해 사회성을 발달시킬 수 있도록 지원하겠습니다.

학교에서 배우는 것은 비단 지식만이 아닙니다. 타인과 소통하고 협력하는 과정을 배우는 곳이기도 합니다. 코로나19라는 상황에 학생들은 학교에서 누리고 배워야 할 많은 것들을 경험하지 못했습니다. 이러한 경험의 부족을 채워주고 학생들이 더욱 학교와 공동체에 익숙해질 수 있도록 지원을 아끼지 않는 교사가 되도록 노력하겠습니다. 이상입니다.

구상형 3

구상형 3번 문항 답변드리겠습니다.
학생들이 민주시민으로 자라날 수 있도록 공동체 문제를 연대하여 해결할 수 있는 능력을 키워주는 것은 교사의 중요한 역할이라 생각합니다. 이를 실현하기 위해

첫째, 학생들 모두가 논의해 학급생활협약을 만들 수 있도록 온·오프라인 소통 창구를 모두 활용하겠습니다. 인터넷 설문조사와 학급 소통함을 활용해 학급생활협약에 대한 의견을 낼 수 있도록 장려하겠습니다. 학생들이 짧은 시간에 고민을 하고 의견을 내는 것이 아니라 일주일 정도의 지정된 기간 동안 학급생활에 필요한 부분을 고심하고 온·오프라인으로 자유롭게 의견을 나눌 수 있도록 하겠습니다.

둘째, 학급 내 규칙과 질서가 있어야 하는 이유에 대해 공감대를 형성하겠습니다. 이미 정해지거나 큰 틀로 정해진 교칙뿐 아니라 1년간 함께 할 학급 친구들과 서로 합의된 생활협약이 학급공동체를 더욱 단단히 할 수 있음을 알려주고 이러한 공동체의 유대감이 어떤 장점을 갖고 있는지 서로 나눠보게 하겠습니다.

셋째, 벌의 요소보다 자발성을 높일 수 있는 긍정적 요소를 포함하여 학급생활협약을 만들 수 있도록 지원하겠습니다. 벌의 요소를 지닌 규칙은 이를 피하기 위해 학생들이 다른 학생에게 좋지 않은 영향을 미칠 수 있거나 학교 자체를 거부할 수 있기 때문에 서로를 존중하고 협력할 수 있는 긍정적인 학급생활협약을 만들 수 있도록 지원하겠습니다.

이러한 작은 학급공동체로부터의 민주적 의사소통이 학생들의 미래의 민주시민으로서의 기반이 될 수 있을 것이라 생각합니다.
이상입니다.

즉답형 1

즉답형 1번 답변드리겠습니다.

교사의 역할인 학습지도와 생활지도는 그 비중이 동일하다고 생각합니다. 그런데 동료교사 A는 생활지도에 적극적인 모습을 보이지 않고 학습지도에만 신경쓰는 모습을 보이고 있습니다.

따라서 제가 제시문 속의 담임교사라면 다음과 같은 방법으로 해결하겠습니다.

첫째, 동료교사가 겪는 지도의 어려움에 공감하며 지속적인 문제상황에 대해 담임교사로서 책임을 통감하겠습니다.

둘째, A 선생님께 해당 시간의 생활지도에 대해 정중히 부탁드리겠습니다.

셋째, 생활지도 방법에 대해 여쭤보고 공유하며 함께 지속적으로 해결해 나가겠습니다.

이상입니다.

즉답형 2

개인 교직관에 근거하여 논리적으로 답변하세요.

2. 2021년 면접

구상형

1. 다음 사례를 보고 A교사와 B교사 중 귀하가 지지하는 의견과 그 이유에 대해서 말하시오.

   > A, B교사는 3차시에 걸쳐 교과융합 프로젝트 수업을 실시하고 있다. 각 차시가 끝날 때마다 학생들이 결과물을 제출해야 하는 수행평가로 평가하며 학생들에게 평가기준을 안내하였다. 하지만 C학생이 1, 2차시에는 결과물을 제출하였지만 3차시에는 입력저장장치(USB)의 오류로 인해 수업 끝에 3차시 결과물을 제출하지 못하였다.

   - A교사 : 3차시 결과물을 결과에 반영하지 않고, 1, 2차시 결과물만 평가에 반영해야 한다.
   - B교사 : 추가 제출기회를 부여하여 3차시 결과물까지 평가에 반영해야 한다.

2. 다음 세 학생의 행동특성을 종합적으로 고려하여 지도방안을 보완할 방법에 대해 말하시오.

   - 학생A : 교사와 면담을 할 때 지적을 해도 계속 딴 곳을 응시함
   - 학생B : 등교 시간 준수를 말했음에도 계속 지각을 함
   - 학생C : 교사가 주의를 주어도 계속 떠들어서 수업시간에 잦은 방해를 함

3. 코로나19 상황으로 비대면 수업을 실시하고 있다. 이와 비교하여 대면지도가 가진 교육적 효과를 학습지도 측면, 인성지도 측면으로 나누어 말하시오.

즉답형

1. 학생이 자신의 경험을 활용하여 매체로 표현하는 독서교육을 하려고 한다. 자신의 교과와 연계하여 독서교육을 할 수 있는 방안을 말하시오.

2. 다음 상황을 보고 A교사 입장에서 어떻게 해야 할지 말하시오.

   > A교사는 학교에서 ○○업무를 맡고 있다. 그런데 진로 담당교사인 B교사가 A교사에게 찾아와 학년별 진로 체험활동 업무를 맡아달라고 요청하였다. 그러나 A교사는 진로 체험활동 업무에 대한 경험이 없다. 하지만 선배교사인 B교사의 요청을 거절하기에도 어려운 상황이다.

 관련영상

2021 중등 경기
심층면접 예시 영상 ▶

2021년 면접 해설

구상형 1

구상형 1번 답변드리겠습니다.
제가 지지하는 교사는 B교사입니다. B교사는 추가 제출 기회를 부여하여 3차 결과물을 평가에 반영해야 한다고 말하고 있습니다. 제가 B교사를 지지하는 이유는 첫째, 프로젝트 수업의 목적은 결과물이 아니라 과정에 있기 때문입니다. 프로젝트 수업은 학생에게 정돈된 내용에 대한 이해를 바라는 것이 아니라 과제를 해결하는 과정 속에서 의미있는 학습활동의 기회를 제공하는 것을 목표로 합니다. 따라서 학생들이 해당 수업에 얼마나 적극적으로 참여하는지, 얼마나 의미있게 참여하는지 그 과정을 평가했다면 추가 제출 기회를 부여할 수 있을 것입니다.
둘째, 결과물을 제출할 수 없었던 이유가 단순 기기의 오류였기 때문입니다. 학생이 과제를 완성하지 못해서 제출하지 못한 것이 아니라 기기 오류라는 예측하지 못한 변수로 인해 생긴 상황이므로 이는 교사의 재량으로 결과물을 받을 수 있다고 생각합니다. 수행평가의 목표가 단순히 결과물 제출 여부가 아니라 그 내용과 과정에 있다면 추가 제출의 기회를 제공할 수 있을 것입니다. 또한 1차시 2차시 3차시 과제 모두 완성한 것으로 볼 때 학생의 적극성과 수업 참여도가 높았을 것이라고 예측할 수 있으며 프로젝트 수업의 목적성과 더불어 생각할 때, 교사는 이를 감안하여 평가에 반영해야 합니다.
현재 우리 경기 교육에서는 학생들의 평등한 교육을 위해 노력하고 있습니다. 결과보다 과정이 중요하다고 배우고 있는 학생들에게 이런 상황을 해결하는 교사의 모습이 더욱 몸소 와닿는 교육책이 될 것입니다. 이상입니다.

구상형 2

구상형 2번 답변드리겠습니다.
학생A, B, C는 공통적으로 교사의 말에 주의를 기울이는 것이 어렵고, 규칙을 지키기 어려워 한다는 특성을 보입니다. 세 학생의 행동을 종합적으로 고려할 때 지도사항으로 첫째, 학생의 주의집중 방해 요소를 찾아 함께 해소해 나가겠습니다. 학생의 주의집중 방해 요소는 여러 가지가 있습니다. 각 학생에게 필요한 해결책이 무엇인지 먼저 파악해야 합니다. 학생의 가정 내에 특별한 문제가 생긴 것인지, 수면 패턴이 불규칙하여 학교 생활에 집중을 못하는지, 친구와의 대인관계 속에서 심리적 불안함이 생긴 것인지 등 원인을 파악하여 학생이 수업이나 면담, 학교생활에 집중할 수 있는 요소를 찾아 안전한 학교 환경 속에서 생활할 수 있도록 하겠습니다.

둘째, 긍정적 행동지원을 활용하겠습니다. 학생의 부정적 행동에 초점을 맞추는 것이 아니라 긍정적 행동에 초점을 맞춰 지도하겠습니다. 저 또한 학창시절에 담임선생님께서 저의 행동을 지적하실 때 '~하지마라'라고 하시기보다 '이렇게 하는 것이 더 좋으니 이렇게 해봐라'라고 말씀하시면서 격려해주셨습니다. 그런 선생님의 지도에 저는 제가 어떤 행동을 해야 하는지에 초점을 맞춰 긍정적인 생각과 마음을 가지게 되었습니다. 이런 경험을 발판 삼아 저 또한 학생을 격려하고 적절한 보상을 활용할 줄 아는 교사가 되도록 노력할 것입니다.
셋째, 학급 내의 활동에 내적 동기와 책임감을 가지고 임할 수 있도록 역할을 부여하겠습니다. 집중이 어려운 학생들의 특성을 보면 동기가 낮은 경우가 많습니다. 이런 학생들을 위해 1인 1역할 제도를 실시하여 각 학생들이 교실 내에서 임무를 부여받고 책임을 다해 적극적으로 수업과 학급활동에 참여하고 규칙을 지켜나갈 수 있도록 지도하겠습니다. 이상입니다.

구상형 3

구상형 3번 답변드리겠습니다.
현재 코로나19 예방을 위해 학교에서는 대면 수업과 비대면 수업을 병행하고 있습니다. 각각 장단점이 있지만 비대면 수업의 한계가 대두되기도 하면서 학교 교육과정 운영 정상화를 위해 대면 교육의 활성화가 재조명되고 있습니다. 먼저 대면 수업이 가진 학습지도 측면의 교육적 효과를 말씀드리겠습니다.
첫째, 수업 중 교사의 즉각적인 피드백이 가능하다는 것입니다. 학생은 이해되지 않는 부분을 즉각적으로 질문할 수 있고 교사도 학생들의 반응을 보며 추가 설명이나 더 자세한 설명을 해줄 수 있어서 학습지도에 더욱 효과적입니다. 따라서 학생의 얼굴 표정, 몸짓 등의 비언어적 의사소통 방식이 적극적으로 교사의 피드백에 반영될 것입니다.
둘째, 실습 수업이 용이하다는 것입니다. 체육, 미술, 음악 등의 예체능 수업을 포함하여 체험, 작업 등의 실기 수업에서는 대면 수업이 수월할 것입니다. 수업에서 활용하는 여러 학습 물품, 소도구 등을 각 가정으로 매번 보낼 수 없다는 한계가 있기 때문에 학교 공용 물품을 이용한 여러 실습, 실기, 체험 등의 교육활동을 실시하는데 대면 수업이 유리할 것입니다.
다음으로 대면 수업이 가진 인성지도 측면의 교육적 효과로서 첫째, 교실 내의 상호작용이 활발하게 이뤄질 수 있다는 것입니다. 학교는 작은 사회이기도 합니다. 단순히 지식 전달만을 하는 곳이 아니라 사회성을 기르고 활발한 역동을 통해 책으로는 배울 수 없는 인간관계의 상호작용을 배워갑니다. 수업 내에서 학생 간의 상호작용이 일어나기도 하지만 특히 쉬는 시간, 급식 시간 등의 학교 생활에서 학생들은 많은 것을 배우게 됩니다.
둘째, 모둠 수업을 통해 소통하는 방법과 협동심을 배울 수 있습니다. 인터넷 비대면으로 하는 팀 활동에서는 공간 활용과 정보 공유, 의견 전달 등의 과정 속에서 공동체 역량을 증진시키기 어려운 단점이 있으나 대면 수업 시 모둠 수업을 진행하면 학생들이 서로 함께 문제해결을 하며 공동체 역량을 증진해 나갈 수 있습니다. 학교라는 작은 사회 속에서 학생들이 전달식 교육이 아닌 다양한 교육활동을 할 수 있도록 지도하겠습니다. 이상입니다.

즉답형 1

즉답형 1번 답변드리겠습니다.
자신의 경험을 활용해 표현하는 독서교육 방안에 대해 말씀드리겠습니다.
첫째, 책을 읽고 경험과 관련된 질문을 만드는 수업을 하겠습니다. 일방적인 질문에 답을 해오던 학생들이 스스로 질문을 만들어 적극적인 읽기를 할 수 있도록 돕겠습니다. '나라면 어땠을까?', '나도 비슷한 경험이 있었는가?' 등과 같은 질문들을 통해 자신의 경험과 독서의 이야기가 자연스럽게 결부될 수 있도록 하겠습니다.
둘째, 영상이라는 매체를 활용해 개인의 경험을 담을 수 있도록 하겠습니다. 책을 읽고 결말을 바꿔본다던지, 개인이 경험한 이야기와 결합하여 새로운 이야기를 만드는 활동을 영상으로 담아 재미있게 책을 읽을 수 있도록 지도하겠습니다.
이상입니다.

즉답형 2

즉답형 2번 답변드리겠습니다.
후배교사인 A교사 입장에서 선배교사의 요청을 거절하기도 어려운 상황이지만 경험이 없는 업무이기도 한 상황입니다. 먼저 저는 A교사의 입장에서 선배교사님께 이 상황을 솔직하게 말씀드리겠습니다. 맡아본 업무는 아니지만 도울 수 있는 방법에 대해 솔직하게 여쭤보겠습니다. 둘째, 선배교사님께 정중하게 도움을 요청하겠습니다. 업무의 목적과 과정 등을 정중하게 묻고 필기하며 부탁받은 부분에 대해 성실하게 임하겠습니다. 셋째, 진로 체험활동과 관련한 다양한 사례를 찾아보며 좋은 사례에 대해 벤치마킹하겠습니다. 지시받은 업무만 해내는 것이 아니라 효과적으로 진로 체험활동을 운영하기 위한 고민들을 해나가겠습니다. 이 과정에서 혼자만의 독단적인 결정이 되지 않도록 선배교사의 조언을 구하며 해나가겠습니다.
이상입니다.

3. 2020년 면접

1. 학교에서 실시한 설문조사의 일부이다. 이에 대한 해결방안을 말하시오.

〈급식시간 질서 준수 정도에 대한 설문〉

	매우 좋음	좋음	보통	나쁨	매우 나쁨
학생	2%	8%	15%	30%	45%
교사	3%	6%	20%	31%	40%

2. 다음은 학생 A와의 상담일지이다. 담임교사로서 A학생에 대한 지도 방안을 말하시오.

- 4월 18일 : 기초학력진단평가 결과 기초학력 부진 학생으로 선정됨
- 5월 7일 : 학교생활이 재미가 없어서 학교를 다니고 싶지 않다고 말함
- 6월 3일 : 손목에 붕대를 감고 있어서 이유를 물어보았더니 조심스럽게 자해를 했다고 대답함

1. 다음 각각의 사례들이 개인정보 보호법에 위배되는지 여부와 그렇게 생각한 이유를 말하시오.

- 김 교사는 업무용 수첩에 학생의 개인정보를 적은 후, 학생 상담에 활용하였다.
- 학부모회의 원활한 운영을 위하여 학부모들이 협력하도록 학부모들의 연락처를 학부모회 대표에게 전달하였다.
- 이 교사는 학생자치회의 활동 성과를 학급 알림판에 붙였다. 예를 들어 '칭찬할 만한 김○도', '더 노력해야 하는 이○진'과 같이 이름의 한 글자만 지운 후 게시하였다.

2. 모둠활동을 할 때 무임승차를 하는 학생이 발생할 수 있다. 이 경우의 문제점과 해결방안을 말하시오.

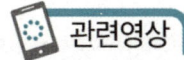

2020 중등 경기
심층면접 예시 영상 ▶

2020년 면접 해설

구상형 1

구상형 1번 답변드리겠습니다.
해당 급식시간 질서 준수 정도에 대한 설문결과, 나쁨과 매우나쁨의 비율이 전체 비율의 반 이상을 차지하여 급식시간 질서 준수에 대한 부정적인 인식을 가지고 있는 것으로 나타났습니다. 경기도에서 지향하는 안전한 학교, 질서있는 학교를 만들어가기 위해 다양한 교육적, 생활지도적 노력들이 필요하다고 생각합니다.
이를 해결하기 위해 첫째, 급식시간 질서 준수에 대한 캠페인을 실시하겠습니다. 학생들과 함께 급식 질서 준수에 대한 학급 규칙과 표어를 만들어볼 수 있게 하고 이를 복도와 급식실에 전시 및 부착하여 질서를 지키는 분위기를 형성해가도록 지도하겠습니다. 변화를 위해서는 동기가 중요하다고 생각합니다. 이러한 활동을 통해 학생들 스스로 질서를 지켜야 할 필요성을 느껴갈 수 있을 것이라 생각합니다.
둘째, 급식시간 감독교사를 배치하겠습니다. 학생들이 스스로 지켜나가는 것도 중요하지만 교사의 지도를 받아야 할 부분은 분명히 존재한다고 생각합니다. 이때 몇 명의 교사에게 과중한 업무가 부여되지 않도록 순서를 정해 함께 지도해 나가겠습니다.
셋째, 조회시간 5분을 사용하여 급식실 질서에 대한 교육을 실시하겠습니다. 매일, 하지만 길지 않은 시간을 할애해 학생들이 질서를 지키는 것에 대한 필요성을 느껴갈 수 있도록 꾸준히 지도해 나가겠습니다.
이렇게 학생들과 함께 공동의 목표를 공유하고 함께 실행해가며 민주적 학교분위기를 형성해 교육혁신에 기여하도록 하겠습니다. 이상입니다.

구상형 2

구상형 2번 문항 답변드리겠습니다.
상담일지를 분석한 결과, A학생은 학업뿐 아니라 학교생활 전반에 걸쳐 어려움을 겪고 있습니다. 심지어 자해를 하여 생명에 위협을 느끼고 있습니다. 표면적으로는 학업 저하와 학교 부적응의 모습을 보이고 있지만, 교사는 학생에게 이러한 모습들이 나타나게 된 동기와 이유를 파악해가는 노력을 선행해야 한다고 생각합니다.
담임교사로서 이를 돕기 위해 첫째, 가정 및 WEE센터와 연계하여 학생의 건강과 안전을 책임지겠습니다. 자해를 했다는 것은 정서행동 문제상 심각한 수준으로 보여집니다. 가정과 지속적으로 소통하며 학생의 가정생활에 대해 파악하고, WEE센터와 연계해 전문적인 도움을 받으며 학생의 심리 상태가 안정될 수 있도록 지원하겠습니다.

둘째, 학생과의 지속적인 상담을 통해 학교생활을 방해하는 요소를 함께 찾아가며 흥미를 느낄 수 있는 요소를 수업에 제공하겠습니다. 학생과의 면담을 통해 근본적인 어려움들을 함께 찾아가며 안전한 관계를 통한 안정감을 느끼게 할 것입니다. 또한 게임이나 유튜브, 악기, 그림, 춤 등 어떤 요소에 관심이 있는지 파악한 후, 학생의 흥미를 반영한 수업을 진행하며 이와 관련된 동아리 활동을 추천하는 등 학생의 안정적인 학교생활을 지원하겠습니다.

셋째, 개별화 교육을 철저하게 실시하겠습니다. 수업을 통해 얻는 앎의 기쁨이 학생의 삶을 더욱 풍요롭게 할 수 있을 것이라 생각합니다. NISE-BACT, 기초학력진단검사 등과 같은 진단평가 도구를 통해 학생의 현행수준을 파악하고, 현재 수준에서 학습을 다시 차근차근 시작할 수 있도록 현행 수준에 맞는 학습자료를 제작해 지도하겠습니다.

이러한 다양한 교육적, 심리정서적 지원을 아끼지 않으며 학생들의 행복한 학교생활을 돕는 교사가 되겠습니다. 이상입니다.

즉답형 1

즉답형 1번 문항 답변드리겠습니다.
먼저 김 교사의 사례는 개인정보 보호법에 위배되지 않는다고 생각합니다. 그 이유는 타인에게 해당 학생의 정보를 제공하는 것이 아니라 당사자와의 상담을 위해 사용한 것이기 때문입니다.
두 번째 사례는 개인정보 보호법에 위배된다고 생각합니다. 학부모님의 협력을 위해 연락처를 학부모회 대표께 전달하는 것은 좋으나 지문에서 각 학부모님들의 동의를 받았다는 것은 찾아볼 수 없습니다. 각 학부모님들께 동의를 받고 연락처를 공유해야 합니다.
세 번째 사례 또한 개인정보 보호법에 위배된다고 생각합니다. 해당 정보를 통해 개인을 특정하고 유추할 수 있다면 개인정보 보호법에 위배됩니다. 또한 교사의 평가와 결합하여 부정적 평가를 받은 학생에게는 모욕감이 들 수 있으므로 이러한 표현은 지양해야 합니다.
이상입니다.

즉답형 2

즉답형 2번 문항 답변드리겠습니다.
모둠활동 시 무임승차를 할 경우 생길 수 있는 문제점과 해결방안에 대해 말씀드리겠습니다. 첫째, 무임승차한 학생은 지속적으로 학업성취가 낮아질 수 있습니다. 해당 학생은 과정에서의 성취보다 결과의 성취를 우선시 여겨 학업에 노력하는 과정을 등한시 할 수 있게 됩니다. 이를 해결하기 위해 교사뿐 아니라 동료 구성원 간의 동료평가 요소도 포함하여 모두가 모두를 평가할 수 있는 장치를 포함시켜야 합니다.

둘째, 학생들 사이에 신뢰관계가 깨질 수 있어 교우관계에까지 악영향을 미칠 수 있습니다. 학업에만 영향을 미치는 것이 아니라 학생 간의 갈등 요소로 번질 수 있는 충분한 요소가 됩니다. 이를 보완하기 위해 명확한 역할분담을 통한 책무성을 강화해야 합니다. 각각의 모둠원에게 역할을 부여해 모두가 노력할 수 있도록 지도해야 합니다.

셋째, 노력하는 학생을 무기력하게 만드는 봉효과를 가져올 수 있습니다. 이를 보완하기 위해 정의적 영역을 포함한 과정평가를 실시하여 학습 결과뿐만 아니라 조별활동의 적극성 및 태도까지 평가될 수 있도록 보완하는 것이 필요합니다.

이상입니다.

4. 2019년 면접

구상형

1. 제시된 박교사의 교단일기를 읽고 학급에 적극적으로 참여하고 소통하고 협력하는 학급문화를 만들기 위한 방안에 대해 말하시오.

   > 우리반 학급 아이들은 학급활동이나 수업시간 모둠활동에서 소극적이어서 걱정이다. 다른 교과 교사들도 그렇게 말했다. 학생들이 자신의 이해와 관련 있지 않은 일이라면 참여하지 않는다.

2. 중학교 3학년 말이나 대학수학능력시험 이후 교육과정 운영 취약 시기에 내실 있는 학사운영을 위해 진로체험, 창의·인성활동 등 교육과정을 다양화하는 방안들이 대두되고 있다. 교사로서 이 시기에 운영할 수 있는 구체적인 활동이나 방안을 말하시오.

즉답형

1. 학생들에게 민주시민교육 지도를 위한 방안을 설명하시오.
2. 학생들에게 독서교육의 중요성을 설명하고 교과와 관련된 독서교육 활성화 방안을 말하시오.

2019년 면접 해설

구상형 1

구상형 1번 문항 답변드리겠습니다.
적극적으로 참여하고 소통하는 학급 문화를 만들기 위한 방안으로 다음과 같은 방안을 실시하겠습니다. 첫째, 1인 1역할 프로젝트를 실시하여 모두가 주인의식을 가질 수 있도록 지도하겠습니다. 이 학급의 이 역할 만은 내가 전문가라는 생각으로 주인의식을 갖고 소속감을 느낄 수 있게 하겠습니다. 둘째, 학급자치회의를 통해 공동의 문제에 관심을 기울일 수 있도록 하겠습니다. 공동의 문제를 함께 논의하고 해결방안을 모색해 나가며 협력적 분위기를 조성하겠습니다. 셋째, 서로가 서로를 잘 알아가고 소통할 수 있도록 학급 마니또를 실시하겠습니다. 서로에 대한 친밀감이 높아질 때 학급의 안정감과 협력하는 분위기가 형성된다고 생각합니다. 학급 마니또를 통해 1:1의 관계성을 높여가 긴밀한 소통을 하는 분위기를 형성하겠습니다.
이상입니다.

구상형 2

구상형 2번 문항 답변드리겠습니다.
수능 및 학년 말 시기를 자기개발시기로 적극 활용할 수 있도록 다음과 같은 활동을 운영하겠습니다. 첫째, '참여형 명사 초청 데이'를 운영하겠습니다. 일반적인 명사 초청이라 하면 교사 협의회를 통해 외부 인사를 초청하게 됩니다. 저는 학생회에서 명사 리스트를 만들 수 있도록 하고, 전교생이 투표로 결정해서 운영하는 '참여형 명사 초청 데이'를 열겠습니다. 학생들의 관심사를 적극적으로 반영해 참여율을 높이고 동기를 높이겠습니다.
둘째, 학급 바자회를 열어 지역사회에 기부하는 활동을 운영하겠습니다. 학생들이 바자회를 기획하고 준비하여 지역사회에 작게나마 기여했다는 뿌듯함을 느낄 수 있도록 지원하겠습니다. 셋째, 함께 만드는 문화예술활동을 진행하겠습니다. 학생들이 직접 만드는 문화예술활동을 통해 학생들의 꿈과 끼를 발현할 수 있도록 하겠습니다.
이상입니다.

즉답형 1

즉답형 1번 문항 답변드리겠습니다.
학생들에게 효과적으로 민주시민교육을 지도하기 위한 방안을 말씀드리겠습니다.
첫째, 학급 자치회를 활성화하겠습니다. 공동의 문제를 함께 고민하고 서로 다른 의견을 존중하며 나아갈 수 있도록 학급 자치회라는 장을 자주 마련하여 민주시민역량을 증진하도록 하겠습니다.
둘째, 학생 주도형 행사를 실시하겠습니다. 학교 축제, 운동회, 전시회 등의 활동에서 담당 동아리나 학생회의 의사결정을 통해 행사가 진행될 수 있도록 돕겠습니다. 함께 의사결정을 내리는 과정을 통해 공동체역량과 민주시민역량을 강화하겠습니다.
이상입니다.

즉답형 2

즉답형 2번 문항 답변드리겠습니다.
독서교육은 4차 산업혁명 시대에 필요한 문해력, 상상력, 창의력 등의 다양한 역량을 증진시킬 수 있다는 점에서 꼭 필요한 교육이라 생각합니다. 독서교육을 통해 삶에 필요한 다양한 관점과 역량을 배운다는 점에서 경험해 보지 못한 세계를 경험하는 것 그 이상의 의미를 담는 중요한 영역이라 생각합니다.
교과와 연계하여 독서교육을 실천할 수 있는 방안으로 첫째, 1학기 1책 읽기를 진행하겠습니다. 청소년 권장도서로 선정된 책 중 교과와 관련 있는 책을 선정해 교과의 내용을 더욱 풍부하게 배울 수 있도록 진행하겠습니다. 저는 특수 교과로서 장애인식개선 도서를 학생들과 함께 읽으며 토론하는 활동을 하겠습니다.
둘째, 교과의 자투리 시간 10분을 활용해 '내가 읽고 싶은 책 읽기' 시간을 운영하겠습니다. 시간을 내서 책을 통으로 읽는 것이 우리 아이들에게 부담스러울 수 있고 자신의 흥미와 동떨어진 책을 읽게 되는 경우 책 자체를 멀리하게 되기도 합니다. 저는 교과시간 마무리 10분을 활용해 책읽기 공간에서 자유롭게 읽고 싶은 책을 10분 동안 읽을 수 있도록 하여 학생들의 문해력과 책에 대한 흥미를 높이는데 노력하겠습니다.
셋째, 나만의 책 만들기 프로젝트를 진행하겠습니다. 자신의 서사를 담은 책을 만들며 책에 대한 흥미와 문해력을 증진해 나가겠습니다.
이상입니다.

5. 2018년 면접

 구상형

1. 고교학점제 실시를 통해 예상되는 학생의 성장과 학교의 변화에 대해 말해보시오.
   * 실제 시험에서는 고교학점제 관련 글이 길게 제시됨

2. SNS에서 학생들이 폭력적인 언어사용을 함으로써 학급 내 바람직한 공동체 실현이 어려워지고 있다. 담임교사로서 사이버 예방교육을 어떻게 실시할 것인지 말해보고, 존중과 배려의 학급문화를 조성할 수 있는 방안에 대해 말해보시오.

 즉답형

1. '교육과정-수업-평가'의 일체화를 위해 교사가 실현할 수 있는 구체적인 방안을 말하시오.
2. 담임교사로서 학업중단 위기학생이 학업에 복귀할 수 있도록 하는 방안에 대해 말하시오.

2018년 면접 해설

구상형 1

구상형 1번 문항 답변드리겠습니다.
고교학점제란, 학생들이 진로에 따라 다양한 과목을 선택·이수하고, 누적학점이 기준에 도달할 경우 졸업을 인정받는 제도입니다.
고교학점제 실시를 통해 예상되는 학생의 성장으로 첫째, 학생 스스로의 진로탐색 및 진로결정 역량을 높일 수 있습니다. 과목을 선택하며 자신의 흥미 및 진로를 고민해야 하기 때문에 학생들이 자신의 삶과 밀접한, 자신의 미래와 관련 있는 과목을 선택할 수 있게 됩니다. 이를 통해 진로탐색 역량 및 진로와 관련한 자기결정 역량을 높일 수 있습니다.
둘째, 학생 선택형 교육과정을 통해 자율성과 주체성이 향상될 수 있습니다. 과목과 시간표를 스스로 선택하며 자율적 선택에 대한 책임감도 높일 수 있고 자기주도적으로 학습하는 역량을 높일 수 있게 됩니다.
고교학점제 실시를 통해 예상되는 학교의 변화로는 첫째, 경쟁과 선발 중심에서 교육주체간 협력과 성장을 지향하는 교육으로 나아가게 됩니다. 평가 시스템의 변화로 협력하는 수업문화가 형성될 것입니다. 학급 단위보다 함께 수강하는 교육과정 중심으로 소속감이 변화되어 갈 것입니다. 현재는 같은 반 학생은 매일 같은 과목을 듣는 형식이므로 학급 내의 소속감이 중요한 반면, 고교학점제는 함께 신청한 해당 과목의 수강생들 간의 유대감이 훨씬 깊어질 것입니다. 둘째, 교사의 다과목 지도역량이 중요해질 것입니다. 현재는 한 교사가 한 과목을 심도있게 지도해왔다면 고교학점제가 도입된 이후에는 학생의 요구에 따라 다양한 과목이 개설될 수 있으므로 교사의 다과목 지도역량을 증진하기 위한 전문적 학습공동체가 활성화될 수 있을 것입니다.
이상입니다.

구상형 2

구상형 2번 문항 답변드리겠습니다.
SNS 활용의 속도는 빨라지는데 그 사용에 대한 교육은 아직 그에 발맞추지 못하고 있는 실정입니다. SNS 사용을 막기보다 건강하게 잘 사용할 수 있는 방법을 가르쳐 주는 것이 실효성 있는 방안이라 생각합니다.
사이버 폭력을 예방하기 위한 방안으로 첫째, '우리 반 사이버 예절 규칙'을 제정합니다. 학급 자치회의를 통해 학생들이 사이버 폭력에 대해 스스로 대처방안을 생각해볼 수 있게 하고, 대처보다 예방이 중요함을 대화를 통해 깨달아갈 수 있도록 지도할 것입니다. 둘째, 처벌 위주의 교육이 아닌 긍정과 예방 위주의 교육이 될 수 있도록 지도합니다. 예를 들어 상대방을 칭찬하거나 기분 좋은 이모티콘을 자주 쓰는 학생을 한 달에 한 번씩 선발해 '건강한 SNS 활용상'을 주는 것입니다. 하지 않아야 할 것에 대한 교육과 함께 어떻게 건강하게 활용해야 하는지에 대한 적극적인 교육도 함께 진행해 나갈 것입니다.

존중과 배려의 학급문화 실천 방안으로는 첫째, 주기적인 회복적 생활교육을 진행하겠습니다. 신뢰서클, 회복서클 등 주기적으로 집단, 개인 상담이 이루어질 수 있도록 하겠습니다. 둘째, 특색있는 학급 문화를 만들어 가겠습니다. 칭찬 릴레이, 또래 마니또와 같은 공동체 내의 개개인을 연결시켜 줄 수 있는 장치를 마련해 안전한 학급, 존중과 배려의 학급문화를 만들어 가도록 하겠습니다.
이상입니다.

즉답형 1

즉답형 1번 문항 답변드리겠습니다.
2015 개정 교육과정에서 개별 교사에 의한 교육과정 재구성이 강조되고 있고, 이를 위해 교수·학습, 그리고 평가 간의 일관성을 강화해야 한다는 '교—수—평 일체화'가 대두되고 있습니다. 저는 이를 위해 교사로서의 다음과 같은 노력을 실천하겠습니다. 첫째, 전문적 학습공동체를 적극 활용하겠습니다. 전문적 학습공동체 내에서 배우게 되는 다양한 수업 관련 정보들에 적극적으로 귀 기울이며, 선배 선생님들의 수업 공개를 통해 배우고, 저의 수업을 오픈하여 많은 선배 선생님들의 피드백을 구하겠습니다. 둘째, 배움중심수업의 교수학습 설계가 이루어지도록 하겠습니다. 프로젝트 수업, 토의토론 수업을 활용해 다양한 배움이 일어나도록 지원하고, 평가 또한 배운 내용을 삶에 적용하는 실제적인 평가가 될 수 있게 계획하여 학생들의 배움이 실제적으로 일어날 수 있도록 노력하겠습니다. 셋째, 배움노트를 적극 활용하겠습니다. 학생이 배운 내용을 정리하고 스스로 자기평가를 해보는 것이 중요합니다. 배움노트를 통해 수업의 끝에 교사가 무엇을 가르쳤는지보다 학생이 무엇을 배웠는지를 확인해 적극적으로 피드백하는 수업을 진행해 나가겠습니다.
이상입니다.

즉답형 2

즉답형 2번 문항 답변드리겠습니다.
학교생활에 적응하지 못하여 학업중단 위기학생이 늘고 있는 가운데, 교사로서 현장에서 어떤 노력을 기울일 수 있는지에 대해 답변 드리겠습니다. 첫째, 학부모 상담을 주기적으로 실시하겠습니다. 학업중단 위기가 일어난 이유에 대해 학부모님과 함께 원인을 찾고, 그 학생에게 어떤 지원이 필요한지 학부모님과 실제적인 이야기를 나누겠습니다. 둘째, 학업중단 숙려제를 실행하겠습니다. 학업중단 숙려제란 학업중단 위기 학생에게 전문 상담원과의 상담 및 체험 프로그램 등을 제공해 학교 적응력 향상과 학업 중단을 예방하는 제도입니다. 다양한 체험 프로그램을 통해 자신의 끼와 흥미를 발견하고 학업의 끈을 놓지 않을 수 있도록 지원하겠습니다. 셋째, Wee클래스의 전문 상담교사와 상담하며 심리정서적으로 지원받을 수 있도록 하겠습니다. 교사와의 1:1 상담과 더불어 전문 상담교사와의 연계를 통해 학생이 안전한 환경에서 자신의 마음을 털어놓고 학업적 고민을 털어놓으며 안정을 찾아갈 수 있도록 지원하겠습니다. 이상입니다.

인천

1 2022년 면접

구상형

1. 코로나19로 인한 교육회복에 대한 내용인 (가)~(라) 중 가장 중요한 것을 고르고 이유를 말하시오. 어떻게 운영할지 4가지를 말하시오.

   (가) 학력격차(교육결손) 회복지원
   (나) 심리정서 회복지원
   (다) 취약계층 회복지원
   (라) 신체건강 회복지원

2. 학교 현장에 무엇을 좋아하는지, 무엇을 잘하는지 모르는 학생들이 많다. 학생들을 위한 진로지도 프로그램 5가지와 교사에게 필요한 진로교육 역량 5가지를 말하시오.

즉답형

1. 학생들 언어 사용 실태가 심각한 상황이다. 학생들의 혐오표현 예방 언어교육을 어떻게 할 것인지 5가지를 말하시오.
2. 디지털 리터러시(미디어 리터러시)를 학생들에게 가르칠 수 있는 방법 5가지를 말하시오.

 2022년 면접 해설

구상형 1

구상형 1번 문항 답변드리겠습니다.
코로나19 이후로 교육 분야에서도 공교육을 정상화하기 위한 다양한 방안들이 제시되고 있습니다. 제시된 4가지 회복지원 방안 중 저는 학력격차 회복지원이 가장 중요한 해결과제라고 생각합니다. 코로나19로 자기주도적 학습능력이 결손된 학생들은 점점 더 학력이 저하되고, 상위권 학생들은 학력이 향상되는 모래시계형 학업 분포가 나타나게 되었습니다. 이는 장기적으로 볼 때 학력부진을 초래할 수 있으며 공교육 신뢰 저하로 이어질 수 있기 때문에 시급히 지원해야 할 영역이라 생각하기 때문입니다.
학습 결손교육 회복 지원 방안으로 첫째, 학생들에게 맞춤형 과제를 부여합니다. 학생의 학습 수준과 흥미에 맞는 수업 과제 및 평가를 진행해 학습공백을 메우기 위해 노력하겠습니다. 둘째, 대학생 일대일 멘토링을 실시합니다. 인천교육청에서 실시하고 있는 정책 중 하나로, 학생과 관심 진로가 같은 대학생과 함께 연계하여 학습 단계별로 멘토링을 실시한다면 학습동기가 높아질 수 있을 것입니다. 셋째, 또래 멘토링을 실시합니다. 배움이 빠른 학생과 느린 학생을 한 조로 묶어 또래 눈높이에서 배움을 차근차근 해나갈 수 있도록 지원합니다. 넷째, 독서융합 수업을 통한 문해교육을 실시합니다. 학생의 수준에 맞는 책을 선정하여 이를 교과와 연계하여 지도한다면 학생의 문해력이 향상될 수 있을 것입니다. 이상입니다.

구상형 2

구상형 2번 문항 답변드리겠습니다.
교사는 학생들의 꿈과 끼를 찾는 교육이 실현될 수 있도록 현장에서 다양한 노력을 기울여야 합니다. 이를 실천하기 위한 방안으로 첫째, 멘티-멘토 프로그램을 진행합니다. 둘째, 직업체험 프로그램 및 직업박람회를 활용합니다. 백문이 불여일견이라는 말이 있습니다. 체험형 교육으로 실제적인 진로교육이 될 수 있도록 합니다. 셋째, 주기적인 직업흥미검사 및 적성검사를 실시합니다. 자신을 알아가는 시간을 가질 수 있도록 합니다. 넷째, 진로 포트폴리오를 제작합니다. 진로계획 및 실천에 대해 스스로 자기점검해나갈 수 있도록 포트폴리오를 활용합니다. 다섯째, 진로와 관련한 독서시간을 운영합니다. 국어 자투리 시간을 활용해 진로와 관련한 도서를 읽거나 자서전을 읽으며 생각의 깊이를 넓혀갈 수 있도록 돕습니다.
이를 현장에서 실천하기 위한 교사의 진로교육 역량으로는 첫째, 비판적 사고능력과 문제해결능력입니다. 미래인재를 육성하기 위해 무조건적인 수용적 태도보다 비판적 사고능력을 갖추며 다양한 문제해결을 적극적으로 해나가는 것이 중요합니다. 둘째, 의사소통능력입니다. 문제해결을 하기 위해 필요한 추가적인 역량이라 생각합니다. 다양한 의견을 편협하지 않게 조율하며 소통하고 개진해나가는 능력이 요구됩니다. 셋째,

협업능력입니다. 일방향 소통이 아닌 쌍방향 소통이 중요해지는 미래사회에서 다양한 구성원과 협력하는 태도가 중요하기 때문입니다. 넷째, 창의성과 혁신입니다. 틀에 박힌 방식을 넘어 창의적이고 혁신적인 문제해결능력이 요구되기 때문입니다. 다섯째, 공감능력입니다. 학생의 상황과 관점에 공감하고 이해하며 진로를 함께 계획해나갈 수 있어야 합니다.
이상입니다.

즉답형 1

즉답형 1번 문항 답변드리겠습니다.
첫째, 처벌위주가 아닌 긍정과 예방위주의 언어순화 교육을 진행합니다. 학기 초 혐오표현을 하지 않을 수 있는 다양한 공감대를 형성하며 함께 규칙을 정하는 것도 좋은 방법이라 생각합니다. 둘째, '예쁜 말 최고상'을 월마다 시상합니다. 학생투표로 SNS와 학교 현장에서 가장 긍정적인 언어를 쓴 학생을 투표해 시상합니다. 셋째, 한 달에 한 번씩 '우리 학교 선생님께 편지쓰기' 활동을 진행합니다. 글로 마음을 전달하는 것은 한 번 생각하고 정리하여 전달할 수 있기 때문에 순화된 표현을 사용하게 됩니다. 넷째, '우리 반 라디오' 활동을 진행합니다. 대본을 작성하고 공개적으로 말하는 활동을 통해 공식적이고 순화된 표현들을 사용할 수 있도록 합니다. 다섯째, '우리 반 인사'를 함께 정합니다. 인사라는 작은 표현으로 친근감을 느껴 공동체성을 증진하게 된다면 혐오표현을 예방하는데 좋은 방법이 될 수 있을 것입니다.
이상입니다.

즉답형 2

즉답형 2번 문항 답변드리겠습니다.
미디어의 홍수 속에서 학생들의 미디어 리터러시 교육이 중요해지고 있습니다. 미디어 리터러시 교육을 학교 현장에서 실천할 수 있는 방안으로 첫째, 가정과 연계한 디지털 리터러시교육을 진행합니다. 학부모님께 집에서 미디어를 시청할 때 지켜야 할 몇 가지를 안내해드려 교육이 삶과 연계될 수 있도록 합니다. 둘째, 1일 1기사 함께읽기 활동을 진행합니다. 조회시간이나 자투리 시간을 활용해 기사를 함께 읽고 정보를 비판적으로 수용하는 연습을 해나갑니다. 셋째, 개인정보 보호교육을 실시합니다. 미디어의 가장 기본이 되는 덕목인 개인정보 보호교육을 학기 초 실시합니다. 넷째, 디지털 시민의식교육을 진행합니다. 미래사회의 인재로 디지털을 안전하고 건강하게 활용할 수 있도록 시민의식교육의 일환으로 미디어교육을 진행합니다. 다섯째, 함께 미디어 비판적 읽기와 관련한 영상을 제작합니다. 본인이 제작한 영상 및 저작물을 활용해 미디어 리터러시 교육을 진행한다면 보다 와닿는 실제적인 교육이 될 수 있을 것입니다.
이상입니다.

2. 2021년 면접

1. 올해 인천시 교육청에서는 역점사업으로 기후위기 대응 정책을 추진 중에 있다. 기후위기 대응과 관련하여 다음 질문에 답하시오.

    1) 자신이 기후위기 대응 관련 동아리를 만든다면 동아리 이름을 말하고, 그 이유를 적절하게 제시하시오.
    2) 기후위기 대응 관련 동아리를 운영한다면 동아리 학생들과 함께 하고 싶은 활동 5가지를 자신의 교과와 연계하여 말하시오.

2. 최근 코로나19로 인해 전면 대면 수업이 불가피해짐에 따라 온, 오프라인이 결합된 블렌디드 러닝 수업이 활성화되고 있다. 블렌디드 러닝 수업과 관련하여 질문에 답하시오.

    1) 블렌디드 러닝 수업을 활성화하기 위해 필요한 교사의 자질 4가지를 말하시오.
    2) 앞서 제시한 교사의 자질을 높이기 위한 방안 4가지를 말하시오.

1. 개학을 앞두고 정부에서는 대면 수업 확대를 방침으로 두고 있다. 대면지도 시 감염병 예방을 위해 교사가 해야 할 역할 5가지를 말하시오.

   > 최근 교육부에서는 대면 수업을 철저한 학교 방역 속에 단계적으로 확대해가겠다는 방침을 밝혔다. 이를 통해 코로나19를 현명하게 극복하며 학교의 일상을 회복하는데 총력을 기울일 뿐만 아니라, 지난 해 위기 속에서 이루어낸 교육 현장의 도전과 변화를 토대로 우리 교육의 더 큰 도약을 시작하는 한 해로 삼을 것이라고 말했다. …(중략)…

2. 다문화학생, 장애학생, 학습지원이 필요한 학생 등이 속해 있는 학급을 맡게 되었다. 학기 초 학부모님들께 가정통신문을 보내려 할 때 '함께 더불어 사는 우리 학급'을 위해 가정통신문에 담을 내용 5가지를 말하시오.

> 안녕하십니까, ○○학년 ○○반 담임교사 ○○○입니다. 우리 학급의 슬로건은 '함께 더불어 사는 우리 학급'으로 정했습니다. 한 해 동안 우리 학급이 함께 어우러져 서로 더불어 살 수 있도록 하기 위해 학부모님들께 다섯 가지를 말씀드리고자 합니다.
> 첫째,
> 둘째,
> 셋째,
> 넷째,
> 다섯째,
> 앞으로 우리 학급을 위해 교사인 제가 먼저 최선을 다하겠습니다. 학부모님들께서도 많은 관심과 참여 부탁드립니다. 감사합니다.

 2021년 면접 해설

구상형 1-1

구상형 1-1번 문항 답변드리겠습니다.
제가 만들 동아리의 이름은 '그린필승'입니다. '그린피스'를 모티브로 한 동아리 이름인데, '우리가 지키고자 하는 자연은 그 어떤 환경오염과 역경 속에서도 필히 승리한다'라는 의미를 담고 있습니다. 자연의 자생능력을 강조하여 그 자생능력을 지속적으로 발휘해 갈 수 있도록 더 이상의 환경오염을 막으며 자연과 공존해가자는 메시지를 학생들과 함께 공유하겠습니다.
이상입니다.

구상형 1-2

구상형 1-2번 문항 답변드리겠습니다.
위 동아리를 통해 제 교과와 연계하여 학생들과 함께 하고 싶은 구체적인 활동 5가지로 첫째, '환경 지킴 영화제'를 실시하겠습니다. 통합학급의 학생들과 특수학급의 학생들이 함께 짧은 단편 영화를 만들어 캠페인 형식으로 매 조회시간마다 전교생에게 방영해 학생들의 참여의지를 높이고 환경 보호에 대한 다양한 아이디어를 떠올려 볼 수 있는 기회를 마련하겠습니다. 둘째, '환경 지킴 시화전'을 열겠습니다. 환경보호에 관한 짧은 시를 써보고, 시가 어려운 장애학생들은 그림으로 표현해볼 수 있도록 자유로운 표현의 장을 만들어 학교의 유휴공간을 전시공간으로 활용해보도록 하겠습니다. 셋째, 지역사회 환경미화활동을 실시하겠습니다. 함께 지역사회의 작은 동산이나 근처 길거리의 쓰레기를 주우며 지역사회에도 경각심을 갖게 하고, 학생들에게도 지역사회에 작은 기여를 했다는 자부심을 느낄 수 있도록 하겠습니다. 넷째, '분리수거 인증제'를 실시하겠습니다. 집에서 분리수거를 하는 장면을 영상이나 사진으로 촬영하여 간단한 느낀 점과 함께 홈페이지에 업로드하면 종량제 봉투를 주거나 친환경 스템플러를 주는 가정과 연계한 프로그램을 실시하겠습니다. 다섯째로, 특수교육대상학생 대상으로 잔반 제로 미션을 실시하겠습니다. 잔반을 남기지 않았을 경우 학급 내에서 줄 수 있는 강화와 보상을 줌으로써 잔반을 남기지 않는 것도 환경보호에 큰 도움이 됨을 함께 공유해가겠습니다.
이상입니다.

구상형 2-1

구상형 2-1번 문항 답변드리겠습니다.
블렌디드 러닝 수업을 활성화하기 위한 교사의 자질은 첫 번째, 소통능력입니다. 일제식 강의형식을 벗어나 학생이 주체적으로 강의를 듣고 과제를 해야 하는 블렌디드 러닝에서 교사와 학생 간의 소통능력은 교사의 중요한 자질입니다. 둘째, 에듀테크 활용 능력입니다. 비대면 수업 시 활용할 수 있는 다양한 컨텐츠, 플랫폼을 활용하는 능력 또한 블렌디드 러닝 수업에 있어 중요한 자질이라고 할 수 있습니다. 셋째, 개별화 지원 능력입니다. 블렌디드 러닝 수업을 제공하는 것에서 그치지 않고 학생들이 개별적 학습을 잘 해내고 있는지 확인하는 것, 자기주도학습이 이루어질 수 있게끔 개개인에 맞춰 적절한 난이도의 교수학습을 제공하는 것 등의 개별화 지원 능력이 필요합니다. 넷째, 평가 설계 능력입니다. 학생들에게 배움이 일어났는지 지속적으로 확인하고 피드백하며 과정 중심의 평가가 이루어질 수 있도록 설계 단계에서부터 평가를 철저하게 설계해야 합니다.
이상입니다.

구상형 2-2

구상형 2-2번 문항 답변드리겠습니다.
앞서 제시한 교사의 4가지 자질을 높이기 위한 방안을 말씀드리겠습니다.
첫째, 소통능력을 강화하기 위해 다양한 의견 수렴 루트를 열어놓습니다. 학생과의 소통이 즉각적으로 이루어질 수 있도록 알림기능이 있는 온라인 게시판을 활용하거나, 기획 단계와 평가 단계에서 간단한 설문조사를 실시해 학생들의 요구사항을 파악하고 소통하도록 하겠습니다. 둘째, 에듀테크 활용 능력을 높이기 위해 다양한 직무, 자율연수에 참여하겠습니다. 에듀테크에 관련한 책과 연수가 많이 나오고 있습니다. 이를 적극 활용하겠습니다. 셋째, 개별화 지원 능력을 높이기 위해 수준별 다양한 학습 컨텐츠를 제작하겠습니다. 한 차시 안에 가, 나, 다 수준의 학생이 모두 적극적으로 참여할 수 있도록 다양한 난이도의 학습 컨텐츠를 개발하겠습니다. 넷째, 평가 설계 능력을 높이기 위해 전문적 학습 공동체에 참여하여 연구, 개발하겠습니다. 선배 선생님들의 노하우와 다양한 아이디어를 얻고 공유하는 장에 적극 참여하겠습니다.
이상입니다.

즉답형 1

즉답형 1번 문항 답변드리겠습니다.
대면 수업을 준비하며 안전한 학교, 안전한 교실 환경을 만들기 위해 교사로서 할 수 있는 방안에 대해 말씀드리겠습니다. 첫째, 지역교육청 단위의 감염병 대응 조치 공문을 철저히 숙지하겠습니다. 위기상황 대응 매뉴얼을 숙지해 확진자가 생기는 경우 즉각적으로 대처할 수 있도록 하겠습니다. 둘째, 가정에 사전 안내를 통한 안전지도를 실시하겠습니다. 보기 쉽게 카드뉴스로 제작해 학부모님들께서 쉽게 아이들에게 전달해주도록 제공하겠습니다. 셋째, 조회시간, 자투리 시간 등을 활용하여 감염병 예방 교육을 실시하겠습니다. 긴 시간 한 번 교육하는 것보다 짧게 자주 교육하는 것이 아이들의 장기기억에 오래 남습니다. 가장 핵심적인 내용을 잘 기억할 수 있도록 자투리 시간을 활용해 전달하겠습니다. 넷째, 거리두기로 인한 협동수업의 제한을 극복하는 수업을 구상하겠습니다. 협동수업이 제한되는 경우가 생기기 때문에 공동체성을 기르기 위한 다양한 원거리 활동을 구상하겠습니다. 다섯째, 감염병 예방 캠페인을 운영해 감염병 예방에 대한 공감대를 형성하겠습니다. 창의적 체험활동, 자율활동 시간을 활용해 학생들이 감염병 예방 포스터, 시화전 등의 활동으로 안전한 학교생활의 중요성을 자각할 수 있도록 돕겠습니다.
이상입니다.

즉답형 2

즉답형 2번 문항 답변드리겠습니다.
'더불어 사는 우리학급'을 위한 가정통신문에 담을 내용으로 첫째, 1인 1역할 제도를 실시하겠습니다. 이 활동을 통해 모두가 학급 내에서 소속감을 느끼며 학급의 일원으로서의 책임감을 느낄 수 있기 때문입니다. 둘째, 감사나무를 활용하겠습니다. 오늘 하루 감사했던, 고마웠던 친구에게 감사한 마음을 담아 나뭇잎 포스트잇에 적어 붙이는 활동입니다. 서로에게 고마움을 느끼며 나무를 풍성하게 채워가도록 지도하겠습니다. 셋째, 협동학습을 주기적으로 실시할 것입니다. 협동학습은 팀워크를 이뤄 같은 목표를 향해 나아가는 활동입니다. 팀워크를 이루며 또래관계가 깊어질 수 있도록 지도할 것입니다. 넷째, 인권교육을 실시하겠습니다. 주기적으로 다문화 이해교육, 장애이해교육과 같은 인권교육을 실시해 원반에서 서로가 서로를 존중하는 문화를 만들어가도록 하겠습니다. 다섯째, 또래 학습도우미를 활용하겠습니다. 진도를 체크해 주거나 짧은 부가설명을 해줄 수 있는 또래 학습도우미를 연결해 서로를 도우며 학습목표를 달성할 수 있도록 하겠습니다.
이상입니다.

3. 2020년 면접

 구상형

1. 제시문에 나타난 A~C의 내용을 읽고 미래교육의 방향을 각각 1가지씩 제시하시오. 그리고 각 교육의 방향을 학교차원에서 실현할 수 있는 방안을 3가지씩 제시하시오.

    - A : 인공지능(AI) 기술이 계속 발전하여 2045년에는 인간의 지능을 뛰어넘는 싱귤래러티를 맞는다.
    - B : 고령화 사회가 지속되며 평생교육, 평생직업이라는 말이 없어지고 4~5개 이상의 다양한 직업을 갖는 시대가 올 것이다.
    - C : 다문화 사회가 확장되고 있다. 지속되는 다문화 가정은 더욱 팽창하여 미래에는 다문화 가정이 이전에 비해 더욱 증가할 것이다.

2. 학교에서 학생들 간의 갈등이 발생하였다. A교사는 이를 해결하기 위하여 회복적 생활교육을 적용하자고 지속적으로 제안하였다. 그러나 A교사의 지속적인 제안에도 불구하고 학교에서는 시간이 오래 걸리고 방법이 복잡하여 기존에 일을 처리했던 방향대로 하자고 하여 받아들여지지 않았다.

    (1) 제시문에서 추론할 수 있는 학교조직문화의 문제점 3가지를 말하시오.
    (2) 민주적 학교 문화를 조성하기 위한 방안을 3가지를 말하시오.

 즉답형

1. 인천광역시 교육감 신년사의 내용 중 교육적 요소를 찾고, 이를 실현하기 위한 교사의 역할 5가지를 말하시오.

    > 이택상주(麗澤相注)라는 말이 있습니다.
    > '두 개의 맞닿은 연못이 서로 물을 대며 마르지 않는다.'라는 뜻으로 서로 협력하며 발전하고 성장하는 것을 의미합니다.
    > … (중략) …
    > 모두 이를 실현하는 한 해가 되기를 기원합니다.

2. 2020년 ○월 ○일 당신은 신규교사로서 교단에 처음으로 섰다. 자신이 생각하는 학생의 성장관에 대해 말하고, 이를 반영한 인사말을 학생들에게 하듯이 시연하시오.

2020년 면접 해설

구상형 1

구상형 1번 문항 답변드리겠습니다.
제시문에 나타난 내용을 바탕으로 우리가 나아가야 할 미래교육의 방향을 말씀드리겠습니다. 먼저 A에서 알 수 있는 우리의 미래교육 방향은 '4차 산업혁명을 주체적으로 이끌어갈 수 있는 역량을 기르는 것'입니다. 지식의 전달과 제공은 인공지능의 역할로 넘어가게 될텐데 그 사용자인 우리는 기술 발전을 주체적으로 이끌어가며 정보를 비판적으로 수용해야 합니다. 이를 구체적으로 학교차원에서 실현할 수 있는 방안으로 첫째, 미디어 리터러시 교육을 진행합니다. 정보를 수동적으로 수용하는 것이 아니라 비판적으로 해석하고 실제 삶에서 다양하게 활용할 수 있도록 지도합니다. 둘째, 교과융합수업을 진행합니다. 교과 간 유사한 내용을 융합하여 지도함으로써 교과의 경계를 허물고 다양한 정보의 활용이 가능하도록 돕습니다. 셋째, 에듀테크 교육을 강화합니다.
B를 볼 때, 한 번의 직업 선택이 평생을 가는 것이 아니라 생애주기에 따라 언제든지 직업과 진로의 방향이 달라질 수 있으므로 '자기결정 역량'을 증진시키는 것이 중요하다고 할 수 있습니다. 이를 학교차원에서 실행할 수 있는 방안으로 첫째, 다양한 자아탐색, 진로탐색의 기회를 제공합니다. 둘째, 나의 인생그래프 그리기 활동을 진행합니다. 셋째, 스스로 목표를 지정하고 달성하는 연습을 하도록 지원합니다.
C를 통해서는 다양한 문화와 계층의 구성원과 함께 공생해가는 공동체 역량의 증진이 중요하다고 볼 수 있습니다. 이를 학교차원에서 실현할 수 있도록 첫째, 주기적인 인권교육을 실시합니다. 둘째, 문화체험의 날을 운영하여 문화적 포용력을 넓혀갈 수 있도록 지도합니다. 셋째, 교과 내에서 협동학습, 조별과제 등 협업과 관련한 활동을 실시하여 공동체 역량을 증진합니다.
이상입니다.

구상형 2

구상형 2번 문항 답변드리겠습니다.
본 제시문으로 알 수 있는 학교조직문화의 문제점으로 첫째, 기존의 일처리 방식을 고수하려는 경직성입니다. 둘째, 문제를 문제시하지 않으려는 소극성입니다. 셋째, 비민주적 의사결정 구조입니다.
민주적인 학교 문화를 조성하기 위한 방안으로 첫째, 혁신적인 인사개혁이 필요합니다. 경력이 낮아도 해당 업무와 관련이 있고 능력이 있다 판단되면 중요한 업무를 맡을 수 있도록 혁신적인 인사개혁이 필요합니다. 둘째, 교육의 핵심 가치와 비전을 공동체가 함께 공유합니다. 학기 초, 학교 교육의 가치에 대해 의논하고 우선순위를 함께 결정하는 과정을 선행하여 그 가치에 부합하는 의사결정을 내리도록 공동체 내의 분위기를 만들어 가야 합니다. 셋째, 교사 토의의 장을 자주 마련합니다. 사소한 수다라도 좋습니다. 서로가 서로를 이해하고 학생과 업무에 대한 공감대를 형성해 나간다면 보다 민주적인 분위기의 학교문화를 만들어갈 수 있을 것이라 생각합니다.
이상입니다.

즉답형 1

즉답형 1번 문항 답변드리겠습니다.
위 신년사를 통해 알 수 있는 교육적 요소는 '공동체성'입니다. 코로나19의 장기화로 비대면 수업, 비대면 교우관계에 대한 우려가 깊어지는 요즘, 공동체성을 회복하기 위한 학교의 노력이 필요합니다. 저는 교사로서 이를 실현하기 위해 다음과 같은 방안을 실시하겠습니다. 첫째, 동료 교사와의 공동체성을 실현하기 위해 전문적 학습공동체를 적극 활용하겠습니다. 둘째, 학부모님과의 공동체성을 실현하기 위해 온라인 알림장을 적극 활용하고 주기적인 상담을 실시하겠습니다. 셋째, 학생과의 공동체성을 실현하기 위해 1:1 상담을 주기적으로 실시하고 각 학생들의 장점을 찾아 칭찬하겠습니다. 넷째, 지역사회와의 공동체성을 실현하기 위해 교과 내 활동에 있어 지역사회 시설을 적극 활용하겠습니다. 다섯째, 학생과 학생간의 공동체성을 실현해갈 수 있도록 또래 마니또, 칭찬 릴레이 등의 특색있는 학급활동을 실천해 나가겠습니다.
이상입니다.

즉답형 2

즉답형 2번 문항 답변드리겠습니다.
제가 생각하는 학생의 성장관은 '혼자 푸르면 숲이 될 수 없다'입니다. 나 혼자만 푸르기 위해 달려나가는 것이 아니라 내 옆의 친구가 바로 설 수 있도록 때로는 지지대가 되어주고 위로가 되어주고, 협력하는 것을 중요한 가치로 생각하고 있습니다. 이를 반영해 학생들에게 인사말을 실제 시연해보도록 하겠습니다.
'안녕하세요~! 반갑습니다! 올해부터 여러분과 함께 지내게 될 선생님입니다. 여러분은 '숲'하면 무엇이 떠오르나요? 한 사람씩 돌아가며 얘기해볼까요?... 그래요, 시원함, 상쾌함, 선선함, 환경보호 등과 같은 것들이 떠오르죠. 숲은 우리를 때로는 쉬게 해주고, 건강하게 살아갈 수 있도록 산소를 내뿜는 소중한 존재에요. 그런데 여러분, 숲에 나무가 한 그루만 떡 하니 서있다고 상상해볼까요? 우리가 그건 숲이라고 부르지 않고 나무라고 부르죠. 그런 것처럼 우리도 한 사람, 한 사람이 한 그루의 나무라 볼 때 우리는 혼자 살아갈 수 없어요. 곁에 있는 나무가 쓰러질 때 지지대가 되어주기도 하고, 내 영양분을 때로는 다른 나무에 공급해주기도 해야 하죠. 여러분도 멋진 숲을 이루어가기 위해 서로를 지지해주고 도와주고 협력해 나가길 바라요. 함께 멋진 숲을 이루어갑시다!'
이상입니다.

4. 2019년 면접

1. 학생이 SNS를 통해 자신의 상황에 대해 쓴 글이다. 학생의 문제점을 파악하고, 담임교사로서 어떻게 지도할 것인지 각각 5가지씩 말하시오.

   > 우리 엄마는 필리핀에서 왔다. 늘 일하느라 바쁜 엄마와 아빠, 엄마의 모습을 본지가 오래이다. 오늘도 저녁은 라면을 먹었다. 혼자 있는걸 좋아하긴 하지만 외로움이 느껴진다. 늘 혼자 있는 나를 보며 우리 반 친구들은 나를 무시하겠지? 혼자 점심을 먹다가 자해 유튜브를 보았다. 오늘은 한번 해보고 싶다. 친구들이 나를 이상하게 생각하는 것 같다. 그래서인지 나는 늘 혼자 점심을 먹는다. 내가 의지할 수 있는 것은 온라인 게임뿐이다. 하루 중 게임을 하는 시간이 가장 많다. 롤과 배그가 없는 하루는 상상이 안 된다.

2. 다음은 A, B교사의 교단일기 일부이다. 두 교사의 수업 상황에서의 공통된 문제점과 수업 개선을 위한 해결방안을 각각 5가지씩 말하시오.

   > - A교사 : 오늘도 역시나 어수선한 분위기에서 수업이 시작되었다. 요즘 유행하는 용어 등 학생들이 쓰는 줄임말을 사용하며 분위기를 이끌어보려고 노력했지만 쉽지 않았다. 학생들은 수업 내용이 어려웠는지 질문하는 학생이 너무 많았다. 오늘 업무가 많아 학생들에게 화를 내며 이런 것도 모르냐고 핀잔을 주었다. 지난 시간에는 친절하게 대답했던 것 같은데.. 나도 어쩔 수 없는 사람인가 보다.
   > - B교사 : 얼마 전 직무연수에서 배운 토의·토론 수업을 새롭게 시도해보았다. 아이들은 하는 둥 마는 둥 하며 내용 정리 시간에 다시 수업을 처음부터 끝까지 설명해달라고 했다. 너무 기초적인 질문에 화가 나서 나도 모르게 강압적인 태도로 학생들을 대한 것 같다.

1. 다음 상황에 대해 자신의 교사관을 밝히고, 교사관과 연계하여 자신이라면 어떻게 교육할지 말하시오.

   > A교사가 학급의 규칙을 어떻게 정할지 생각하다가 직접 만들었다. A교사는 자신이 만든 규칙을 학생들에게 지키라고 했다. 학생들은 A교사가 일방적으로 만든 규칙에 대해 반발하고 있다.

2. 다음 상황에서 학부모에게 교사가 보일 태도와 내용을 말하시오.

> 학생이 방과 후에 학교 운동장에서 놀다가 넘어져서 다친 상황이다. 학생이 학교에서 아무런 조치를 받지 못하고 집에 와서 학부모가 화가 났다. 학부모는 학교에 전화하여 학생이 학교에서 다쳤을 때 보건교사는 무엇을 하고 있었냐고 따지고 있다.

2019년 면접 해설

구상형 1

구상형 1번 문항 답변드리겠습니다.
본 제시문에서 알 수 있는 학생의 문제점은 가정과 학교 내에서 관계에서의 고립감을 느껴 심리정서적 안정을 느끼지 못한다는 것입니다. 이와 같은 학생을 지도하기 위해 첫째, 학급 내 활발한 또래 중심 활동을 실시하겠습니다. 우리는 다수 속에서 살아가지만 한 두명과의 친밀한 교제가 정서상의 안정감을 가져옵니다. 학생이 개개인들과 더욱 알아가고 친해지는 시간을 가질 수 있도록 또래 마니또, 칭찬 릴레이와 같은 또래 중심 활동을 실시하겠습니다. 둘째, Wee센터와 연계하여 전문 상담을 실시하겠습니다. 자해 유튜브를 보며 상상을 해보는 것도 심각한 정서적 위기라고 판단됩니다. 셋째, 가정과 활발하게 소통하겠습니다. 학부모님과의 상담을 통해 가정 내에 필요한 지원을 파악한 후, 교육청과 지역사회에서 받을 수 있는 지원을 안내해드리겠습니다. 넷째, 함께 생활적, 학습적 목표를 설정한 후 달성해가는 과정에서 칭찬과 지지를 아끼지 않겠습니다. 집에서 혼자 지내는 시간이 긴데, 그 시간에 할 수 있는, 혹은 학교에서 소소하게 달성할 수 있는 생활적, 학습적 목표를 함께 설정해 성취감을 느끼고 자존감을 회복할 수 있도록 지원하겠습니다. 다섯째, 게임보다는 건강한 취미로 정서적 안정을 찾고 스트레스 해소를 할 수 있도록 지원하겠습니다.
이상입니다.

구상형 2

구상형 2번 문항 답변드리겠습니다.
A와 B교사의 공통된 문제점은 수업에서 배움이 일어나지 않았다는 점입니다. 이를 개선해 수업혁신을 실현하기 위해 다음과 같은 개선방안을 제시합니다. A교사의 해결방안으로 첫째, 수업 내용 난이도를 조절해야 합니다. 둘째, 학생들의 흥미에 맞는 동기유발을 실시해야 합니다. 셋째, 포용하고 이해하는 태도를 유지해야 합니다. 넷째, 학생들에게 일관된 태도로 지도해야 합니다. 다섯째, 수업규칙을 학급 구성원 모두와 함께 정합니다.

B교사의 해결방안으로는 첫째, 사전에 수업 계획을 철저하게 실시합니다. 둘째, 새로운 수업 방법에 대한 수업 오리엔테이션을 진행합니다. 셋째, 수업 중간 중간에 학생들의 배움을 확인합니다. 넷째, 아이들의 다양성을 인정합니다. 다섯째, 다양한 매체를 활용하여 학생들의 주의집중을 유도합니다.
이상입니다.

즉답형 1

즉답형 1번 문항 답변드리겠습니다.
저의 교사관은 '아름다운 하모니를 이루자'입니다. 학생 개개인이 각자 다른 음을 내고 뚜렷한 개성을 가진 그대로를 존중하되, 공동체를 이루며 함께 할 때 아름다운 화음을 이루어낼 수 있도록 돕자는 것이 저의 교직관입니다. 제시문의 상황은 교사가 일방적으로 학급규칙을 제정하여 학생들의 동의를 얻어내지 못한 상황입니다. 아름다운 화음은 그 음을 내는 것에서 시작합니다. 학생들이 자신의 소리를 낼 수 있도록 토의의 장을 자주 마련해 최선의 결과를 함께 도출할 수 있도록 돕는 조력자로서의 역할을 다하겠습니다.
이상입니다.

즉답형 2

즉답형 2번 문항 답변드리겠습니다.
학부모님께서 보이신 반응이 충분히 공감되고 이해되는 상황입니다. 저는 먼저 학부모님을 전적으로 공감하고 수용하겠습니다. 방어적으로 대할수록 오해만 깊어지게 됩니다. 둘째, 정확한 정보를 제공하겠습니다. 당시 있었던 상황을 임장교사와 학생들로부터 자세히 듣고 그 내용을 상세하게 학부모님께 말씀드리겠습니다. 셋째, 취할 수 있는 가능한 조치들을 학부모님과 함께 나누겠습니다.
이상입니다.

5. 2018년 면접

구상형

1. A교사는 교실 현장에서 교사중심수업에서 벗어난 학생중심활동 수업을 적용하고 있다. A교사가 하는 수업과 관련해서 학생 관련 설문조사를 실시한 결과 다음과 같은 의견이 있었다. 다음과 같은 문제를 개선하기 위한 방안을 수업설계의 측면에서 3가지, 수업운영의 측면에서 3가지씩 제시하시오.

> • 모둠활동에 열심히 참여하는 친구들만 참여하고, 참여하지 않는 친구들은 계속 안 하는 것 같아요.
> • 제가 평가 점수가 낮은데, 같은 모둠 친구들에게 피해를 주는 것 같아서 걱정이 되네요.
> • 친구들이 설명해주는 내용을 잘 이해할 수 없어요.
> • 선생님의 수업 진도가 너무 빨라요. 그래서 수업하고 나면 뭘 배웠는지 잘 모르겠어요.

2. 다음은 A학생의 학생생활기록, 학부모 상담기록이다. 물음에 답하시오.

> **A학생의 생활기록**
> 위생관리 등 기본 생활습관이 형성되어 있지 않다.
> 수학시간에는 흥미 있게 참여하나, 다른 교과시간에는 전혀 참여하지 않고 책상에 엎드려 있다.
> 친구들과 사이가 좋지 않다. 친한 친구가 없고, 자주 다투거나 폭력을 사용하기도 한다.
>
> **학부모 상담기록**
> A학생이 학교생활을 하는 데 있어서 사회성이 부족할 뿐, 친구관계 이외의 다른 부분에서는 특별한 문제가 없다고 생각한다.

(1) 교사가 A학생과 상담해야 할 내용 3가지, 학부모와 상담해야 할 내용 3가지를 설명하시오.
(2) A학생을 지원하기 위하여 동료 교사들에게 부탁할 수 있는 내용을 3가지 설명하시오.

1. 본인이 교사로서 학급을 운영할 때 정하고 싶은 급훈을 선정해보고, 그 이유를 말하시오. 그리고 본인이 생각하는 급훈의 교육적 의의를 설명하시오.

2. 신임교사 A가 업무를 수행하는데 다음과 같은 어려움이 있다. 해결방안 3가지를 제시하시오.

> - 본인에게 주어진 업무를 충분히 파악하지 못해서 업무 수행에 어려움이 있다.
> - 동료 교사들에게 업무에 대해서 물어봤더니, (대충 넘기라는 식의 말)과 같이 말하면서 넘어갔다.
> - 개별업무 분담이 명확하게 구분되지 않는 것 같다. 이런 업무를 초임교사가 하는 것이 불만이다.

2018년 면접 해설

구상형 1

구상형 1번 문항 답변드리겠습니다.
학생중심수업을 현장에 적용하며 생기는 다양한 문제점들에 대한 제시문이라 생각합니다. 이러한 문제점을 개선하기 위한 방안을 수업설계 측면에서 먼저 말씀드리겠습니다. 첫째, 조별활동 내의 무임승차 현상을 예방하기 위해 1인 1역할 시스템을 구축하겠습니다. 둘째, 조별활동 시 평가점수에 대해 명확히 안내하고 시작하겠습니다. 팀 내 기여점수, 동료평가 등과 같이 과정을 평가하는 시스템을 도입해 결과적으로 점수가 낮아도 과정에 충실히 참여했다면 팀에 기여를 할 수 있도록 하겠습니다. 셋째, 학기 초 세부적인 진도표를 작성해 수업 진도가 빨라지는 것을 예방하겠습니다.
수업운영 측면에서는 첫째, 수준별 또래교수를 적용하겠습니다. 둘째, 과정평가를 실시하겠습니다. 셋째, 배움노트를 활용하겠습니다. 수업이 끝난 후 무엇을 배웠고 어떤 것을 느꼈는지 스스로 작성할 수 있는 배움노트를 활용해 학생의 배움이 어느 정도 일어났는지 확인하겠습니다.

구상형 2

구상형 2번 문항 답변드리겠습니다.
교사가 학생과 상담해야 할 내용 3가지는 첫째, 생활 전반에 대한 내용입니다. 방과후 가정 내에서의 생활들, 중요한 생활습관 등을 물으며 학생의 전반적인 상황을 파악합니다. 둘째, 학업에 대한 내용입니다. 수학수업은 왜 좋아하는지, 다른 과목은 왜 관심이 없는지 대화를 나누며 수업 장면에서 지원이 필요한 부분을 찾아갑니다. 셋째, 교우관계에 대한 내용입니다. 또래관계 속에서의 어려움이 무엇인지 파악합니다.
학부모님과의 상담시에는 첫째, 학교생활의 전반적인 모습에 대해 안내할 것입니다. 바쁘셔서 놓치셨을 수도 있는 학생의 학교 전반적인 생활모습에 대해 안내해드리고 현 상황에서 지원할 부분을 함께 찾아가도록 하겠습니다. 둘째, 가정 내의 학생의 전반적 생활에 대해 상담합니다. 방과 후 집에서의 생활, 최근 가정 내의 특별한 이벤트 등과 같은 가정생활에 대한 내용을 묻겠습니다. 셋째, 사회성이 부족하다고 하셨는데 그 내용에 대해 전반적으로 상담합니다. 학생이 언제부터 교우관계에 어려움이 있었는지, 학생의 성향이 어떤지 등을 묻고 학교에서 교우관계 지원을 위해 어떤 노력을 기울여야 하는지에 대한 방향성을 찾아가겠습니다.
A학생을 지원하기 위해 동료 교사들에게 부탁할 수 있는 3가지로 첫째, 학생의 강점을 안내하겠습니다. 부정적 낙인이 찍히지 않도록 학생의 가능성과 장점 등을 선생님들께 설명드리겠습니다. 둘째, 수업시간 내 학생의 태도를 면밀히 관찰해주시도록 요청하겠습니다. 셋째, 조별활동 시 역할을 부여받아 소속감을 느낄 수 있도록 하겠습니다.
이상입니다.

즉답형 1

개인의 교직관에 비추어 답변합니다.

즉답형 2

1. 업무 관련 공문을 통해 매뉴얼 찾기
2. 교사협의를 통해 의견 제시하기
3. 초심찾기

대구

1 2022년 면접

인문소양 – 구상형

1.
〈전제〉
A학생 : 결석 많은 중학생, 편의점에서 물건을 훔치고 인근 중학생들과 주먹질을 함. 편의점 사장님이 cctv를 통해 신고함. A학생 아버지는 월 1회 귀가. 자기 주장이 강한 편.

1-1. 사례에서 학교폭력에 해당되는 것을 찾고, 학교폭력법에 의거하여 이유를 말하시오.
1-2. 학교에서 즉각 수행해야 할 1가지와 사안조사 단계에서 할 1가지를 말하시오.
1-3. A학생 아버지와 상담할 때 라포형성을 위한 방법 2가지를 말하시오.

2.
(가) 자유론에서 자기 스스로 계획하고 조사하고 있는 내용의 부분
(나) 장군이 싸움터에서 의견을 듣지 않았고 오히려 여러 의견을 들으면 큰 일을 할 수 없다는 내용(김영윤 장군의 이야기로 추정)
(다) 삼국사기 효선 제9편 가난한 딸이 어머니를 봉양한 내용

2-1. 자유론과 관련하여 IB 학습에 적용 가능한 평가 방안 2가지를 말하시오.
2-2. (나)를 읽고 (가)의 관점에서 토론의 의미를 2가지 말하시오.
2-3. (다)에서 효도의 의미와 효행프로그램 2가지를 말하시오.

3.
〈그린스마트 학교〉
가) 공간혁신에 대한 내용
나) 첨단 시스템에 대한 내용
다) 친환경 에너지에 대한 내용
라) 지역 사회 개방에 대한 내용

3-1. 그린스마트 학교 모습 3가지를 말하시오(제시문 인용 안 됨).
3-2. 그린스마트 학교 운영시 효과 3가지를 말하시오.

2. 2021년 면접

 인문소양

1.
   아침 일찍 한 학생이 급하게 들어와 이야기했다.
   최근 A학생이 코로나19에 걸리지 않았음에도 불구하고 B학생이 '코로나 바이러스'라며 놀렸고 이로 인해 A학생이 많이 괴로워했다. 어젯밤, A학생이 손목을 그은 사진을 자신에게 보냈고 사진을 받은 학생은 깜짝 놀라 A학생의 이야기를 들어준다 했고 둘은 한참 동안 이야기를 나눴다고 했다. 이러한 상황을 알고 학생은 교사에게 도움을 요청하러 왔다고 말했다.

   (1) A학생에 대한 교사의 위기대응방안 3가지를 말하시오.
   (2) B학생에 대한 학교의 지도방안 2가지를 말하시오.

2.
   • (가)
   "왜 그러니, Ⓐ 조나단? 왜 그래? 여느 새들처럼 사는 게 그리 어려운 게냐, 조나단? 저공비행은 펠리컨이나 알바트로스에게 맡기면 안 되겠니? 왜 먹지 않는 게냐? 애야, 비쩍 마른 것 좀 봐라!"

   "비쩍 말라도 상관 없어요, 엄마. 저는 공중에서 무얼 할 수 있고, 무얼 할 수 없는지 알고 싶을 뿐이에요. 그게 다예요. 그냥 알고 싶어요."

   Ⓑ 아버지가 인자하게 말했다.
   "이것 봐라, 조나단. 겨울이 멀지 않았다. 배들이 나오지 않을 거고, 수면 가까이 있던 물고기 떼는 깊이 들어가겠지. 연구해야겠다면 먹이에 대해, 먹이를 어떻게 잡을지에 대해 연구하거라."

   • (나)
   체찰사가 내가 머물고 있다는 소식을 듣고 먼저 군관을 보내더니, 조금 있다가 또 군관을 보내어 조문하기를, "일찍 상을 당했다는 소식을 듣지 못하였다가 이제야 비로소 듣고 놀라 애도한다."고 하고, 저녁에 만날 수 있는가를 물었다. 나는 대답하기를 "저녁에 마땅히 가서 뵙겠다."고 하였다. 어두울 무렵 가서 뵈오니, 체찰사는 소복을 입고 접대한다. 조용히 일을 의논하고 나올 때 남 종사(從事)가 사람을 보내어 문안했다.

   • (다)
   – 지극히 어리석은 사람도 남을 꾸짖을 때는 영악하고,
   　총명한 사람이라도 자신의 잘못은 대충 넘어가려고 한다.
   　('인수지우나 책인즉명하고, 수유총명이나 서기즉혼이다.')

> - 학문을 널리 배우고 자신의 뜻을 독실하게 하며,
>   모르는 것은 열절히 파고들어 묻고
>   가까운 것, 쉬운 것부터 생각해 나가면,
>   그러는 중에 인은 저절로 생겨나게 된다.

(1) (가)에서 나타난 Ⓐ와 Ⓑ의 세상을 살아가는 가치에 대한 차이점을 비교하시오.
(2) (나)에서 알 수 있는 대구미래역량 1가지를 제시하고 관련된 교육정책 2가지를 말하시오.
(3) (다)의 교육적 시사점과 관련하여 IB학습자상을 차례대로 제시하시오.

3.
- (가)
  대구미래역량교육은 제4차 산업시대를 선도적으로 대응하며 주체적으로 살아갈 수 있는 창의융합형 인재를 양성하기 위해 미래를 살아가는 데 필요한 의미 있고 깊이 있는 다양한 경험을 제공하겠습니다. 학생들이 꿈꾸는 미래를 만들어 가기 위해서는 미래를 배워야 하며, 배움의 과정 또한 한 학생도 소외되지 않고 자신의 잠재력을 꽃피울 수 있도록 함께 성장하는 교육을 추구하고 있습니다. 대구미래역량교육은 4개의 미래역량과 17개의 실천과제를 제시하고 있습니다. … (중략) …

- (나)
  대한중학교는 다문화 가정 학생을 포함하여 다양한 학생들이 함께 지내고 있습니다. 코로나19로 인해 학교에서의 수업이 불가능해지고 원격수업을 실시하면서 여러 문제가 발생하였습니다. 대표적으로 학력격차가 심해졌다는 것입니다. 자기주도적 학습이 가능했던 학생들은 높은 성적을 유지하였지만 그렇지 못한 학생들은 성적이 많이 떨어졌습니다.

(1) (가)와 (나)를 바탕으로 하여 대구시교육청의 교육정책 2가지를 제시하고 그것이 필요한 이유를 미래역량과 관련지어 설명하시오.
(2) (가)와 관련하여 _____을 기르기 위한 교사의 지도방안 2가지를 말하시오.

3. 2019년 면접

인문소양 – 구상형

1. 인터넷 중독으로 집에서 새벽까지 게임만 하고, 학교에서는 엎드려 자기만 한다.

   (1) 위 사례의 학생 상담 방안 2가지를 말하시오.
   (2) 가정과 지역사회에서 시행할 수 있는 인터넷 중독 예방방안을 각 1가지씩 말하시오.

2. 헤로도토스 역사, 백범일지, 이방인, 자유론, 난중일기 관련 내용 출제

4. 2018년 면접

인문소양 – 구상형

1. 다음 제시문을 읽고 아래의 문항에 답하시오.

   (가) A학생은 평소에 수업 집중을 잘하지 않고, 수업시간에 방해되는 행동을 자주 한다. 교사는 이 학생에 대해 주의도 주고, 타일러도 보았지만 개선이 되지 않았다. A학생의 이런 행동은 점차 심해져 교사의 지도에 반항하고, 반 학생들 사이에서 A의 문제 행동이 우상화되는 분위기이다.
   (나) B학생은 수업시간에 엎드려 있고 무기력하다. 수업에 참여시키고자 깨우면 짜증을 내고 말을 듣지 않는다. 또, 반 학생들이 잠을 깨우면 폭력을 휘두르기도 한다.

   (1) A학생 지도 시 문제점 2가지를 말하시오.
   (2) B학생 지도 시 교사가 하면 안 될 사항 2가지를 말하시오.
   (3) A, B 학생들의 문제 학생을 예방하기 위한 교사의 심리적 지원 방안 2가지를 말하시오.

2. 다음 제시문을 읽고 아래의 문항에 답하시오.

   (가) 간단하게 말하자면, 다른 사람들에게 중대하게 연관되지 않는 일에 대해서는 각자의 개별성이 발휘되도록 하는 것이 바람직하다. 각자의 고유한 개성이 아니라 전통이나 다른 사람들이 행하는 관습에 따라 행동하게 되면, 인간을 행복하게 만드는 중요한 요소 가운데 하나이자 개인과 사회의 발전에 결코 빼놓을 수 없는 요소인 개별성을 잃게 된다. — 밀, 「자유론」
   (나) 어린이들에게 꼭 길러 주어야 할 유일한 습관은 어떠한 습관에도 물들지 않는 습관이다. 그의 전체의 모습을 관찰하여 독특한 개성을 고찰할 수 있을 때까지는 어떠한 구속도 해서는 안 된다. — 루소, 「에밀」
   (다) 기공이 나를 이끌고 같이 밖으로 나와 달구경을 하였다. 달빛이 대낮같이 밝았다. 나는 있다가, "만약 달 속에 또 한 세계가 있어 달로부터 땅덩이를 바라보는 자가 있다면 역시 우리처럼 난간에 기대고 서서 땅 빛이 달에 가득 찼다고 '땅 놀이'를 할 터이겠지!" — 박지원, 「열하일기」
   (라) 다문화 학생들이 급증하고 있다. 2000년대를 기점으로 국제결혼의 증가로 인한 자연스러운 현상이지만, 초등교육은 물론 중등교육에서도 학교에서 다문화 학생을 위한 각종 예산과 지원이 절실하다고 한다. 특히 외국 학생이 어느 날 갑자기 학교로 전입해 오는 일도 많아지고 있다. 이 학생을 맞을 준비가 없는 학교는 당황할 수밖에 없다. 이 학생 한 명을 위해 새로 갖춰야 할 일이 엄청나기 때문이다.

   (1) 제시문 (가)를 바탕으로 카뮈의 「이방인」에서 뫼르소가 '이방인'으로 불리게 된 이유를 설명하시오.
   (2) (1)의 답변을 근거할 수 있는 뫼르소의 말과 행위를 '뫼르소와 어머니'와 관련하여 3가지를 말하시오.
   (3) 제시문 (가)~(다)가 시사하는 바를 바탕으로 (라)의 다문화 가정 학생의 지도 방안을 2가지 말하시오.

평가원

1. 2022년 면접

구상형

1. 다음은 첫 수업에서 말한 아이들의 공부 동기에 대한 각오이다. 각각의 아이들에게 어떤 과제를 내주어야 할지 말하시오.

   - A학생 : 높은 성적을 얻고 싶다.
   - B학생 : 스스로 주체적인 학습을 해보고 싶다.
   - C학생 : 친구들과의 관계를 협력적으로 잘 해보고 싶다.

2. 기초학력 결손 현상이 심화되고 있는 상황이다. 이러한 기초학력 결손을 해결하기 위해 필요한 교사의 인성적 자질과 전문적 자질을 한 가지씩 말하고, 각 자질을 함양시키기 위한 향후 노력을 한 가지씩 제시하시오.

3. 교사의 SNS활동에 대한 두 교사의 의견 중, 자신의 의견과 가까운 한 가지를 선택하고, 그 이유를 말하시오. 또한 자신이 선택한 입장으로 인한 유의점을 학교 조직문화의 관점에서 제시하시오.

   - A교사 : 교사 SNS활동은 개인의 자유, 표현의 자유에 해당한다.
   - B교사 : 교사의 품위 등을 생각하여 SNS를 자제해야 한다.

즉답형

- 교사A : 상황과 관계없이 학생을 무조건적으로 신뢰해야 한다.
- 교사B : 학생을 무조건적으로 신뢰하는 것은 교육적으로 바람직하지 않을 수 있다.

1. 두 교사의 입장 중 자신의 입장과 가까운 교사를 선택하고 그 이유를 말하시오.

2. 자신이 선택한 입장의 유의점을 제시하시오.

3. 앞서 언급한 유의점을 고려하여 자신이 교사로서 학생과의 관계 형성을 위해 어떤 노력을 할 것인지 제시하시오.

2022년 면접 해설

구상형 1

구상형 1번 문항 답변드리겠습니다.
학생의 학습동기에 맞는 학습과제를 제시하는 것은 학생의 학업성취를 높일 수 있는 중요한 방법입니다. 먼저 A학생에게는 포트폴리오 과제를 활용하겠습니다. 자신의 학습 진전도를 평가하며 뿌듯함과 성취감을 느낄 수 있도록 하겠습니다. B학생에게는 프로젝트 학습과 관련한 과제를 내도록 하겠습니다. 주제 선정부터 결과물 제작까지 학생이 자기 주도적으로 과제를 이끌어갈 수 있도록 지도하겠습니다. C학생에게는 협동학습을 활용하겠습니다. 공동의 과제를 해결하기 위해 또래와 소통하며 의사소통역량을 높일 수 있도록 지도하겠습니다.
이상입니다.

구상형 2

구상형 2번 문항 답변드리겠습니다.
기초학력 결손을 해결하기 위한 교사의 인성적 자질로 '세심함', 전문적 자질로 '교육과정 재구성 역량'이 필요합니다. 먼저 인성적 자질인 '세심함'을 함양시키기 위해 학생의 학습결손에 대한 다양한 원인을 분석하는 시간을 갖겠습니다. 학생의 가정, 환경, 문화적 배경이 다름을 인정하고 학습결손을 보완할 수 있는 다양한 이유를 세심하게 파악하겠습니다.
전문적 자질인 '교육과정 재구성 역량'을 증진시키기 위해 전문적 학습공동체에 적극적으로 참여하겠습니다. 다양한 선생님들과 교류하고 연구하며 교육과정 재구성 역량을 증진하기 위해 노력하겠습니다.
이상입니다.

구상형 3

구상형 3번 문항 답변드리겠습니다.
실시간 소통이 활발해지는 최근의 온라인 상황에서 교사의 SNS활동에 대한 부분도 주목을 많이 받고 있습니다. 저는 A교사를 선택하겠습니다. 가위가 위험하다고 아예 사용하지 않는 것은 어리석은 일입니다. 가위라는 도구를 어떻게 올바르게 활용할 수 있는지, 이를 통해 삶의 질을 높일 수 있는지를 가르쳐야 한다고 생각합니다. 이는 교사인 제가 가위라고 비유한 SNS를 먼저 건강하게 활용할 수 있어야 가능한 부분이라 생각합니다. 하지만 우려되는 역기능이 있는데 이를 학교 조직문화의 관점에서 제시한다면 급진적 혁신보다

안정성을 추구하는 학교 조직문화라는 점에서 우려될 수 있는 점이 있다는 것입니다. 이는 학생과 학부모, 동료교사 간 건강한 소통문화를 형성해가며 해결해갈 수 있을 것이라 생각합니다.
이상입니다.

즉답형 1

저의 가치관과 일치하는 교사는 교사A입니다. 그 이유는 신뢰는 그 대가까지도 감당할 수 있어야 완성되는 가치라고 생각하기 때문입니다.

즉답형 2

제가 선택한 가치관의 유의점은 학생이 이를 악용할 수도 있다라는 점입니다. 건강과 안전에 대한 영역이 아닌 이상, 제가 의도하지 않은 방향대로 흘러가도 학생에게 교사가 끝까지 신뢰하고 있다는 것을 느낄 수 있게 하는 교사가 될 것입니다.

즉답형 3

앞서 말한 유의점을 고려하여 학생과의 관계를 잘 형성해가기 위해 첫째, 학생과 소소한 부분부터 신뢰를 쌓아가도록 하겠습니다. 작은 약속을 지키는 것, 지나가는 말도 잊지 않는 모습을 통해 학생과 흔들리지 않을 수 있는 신뢰를 켜켜이 쌓아가겠습니다. 둘째, 신뢰라는 가치의 본질을 생각하겠습니다. 상대방이 신뢰를 깨버릴 것에 대한 두려움을 갖기보다 그 부분도 신뢰를 쌓아가는 과정의 일부라 생각하고 받아들이겠습니다.
이상입니다.

2 2021년 면접

구상형

1. 다음 제시문은 과목을 선택하는 상황에서 학생들의 고민을 기록한 상담일지의 내용이다. 두 학생의 문제점이 무엇인지 각각 말하고, 담임교사로서 어떻게 지도할 것인지 각각 1가지씩 말하시오.

   - 민수 : A과목에 흥미는 있는데 성적이 안 나올 것 같아요.
   - 수지 : B과목이 진로에는 도움이 되는데 외울 것이 많아 지루할 것 같아요.

2. 최교사가 갖추고 있는 자질을 2가지 말하고 앞으로 교사로서 각각의 자질을 함양하기 위한 노력을 말하시오.

   소극적인 선우가 어떤 활동에 흥미를 보이는지 지켜보았다. 선우를 지켜본 끝에 선우에게 학교 연극동아리를 지원하도록 추천하였다. 주변에서 선우가 동아리활동에 적극적이고 즐겁게 참여하는 모습을 보인다고 들었다. 게다가 동아리를 주도적으로 이끌며 주연을 맡고 부장까지 맡게 되었다고 하였다. 이러한 선우의 모습을 보니 뿌듯함을 느끼지만 '내가 다른 학생들의 어려움을 놓치고 있는 것은 아닐까?'하는 고민이 생겼다.

3. A, B, C교사의 의견 중 가장 중요하다고 생각하는 것을 하나 선택하고, 그 이유를 교사상과 관련지어 말하시오. 그리고 교사상에 따라 아이들을 어떤 인간으로 길러낼 수 있는지 말하시오.

   - A교사 : 기초학력을 향상시키는 것이 중요합니다.
   - B교사 : 자신감을 갖는 것이 중요합니다.
   - C교사 : 원만한 교우관계를 갖는 것이 중요합니다.

 즉답형

- 〈제시문〉-제시문만 구상실에서 미리 제시됨
  코로나19로 인해 온라인 수업관련 학교 업무가 증가하였다. 정보부장이 정보처리, 온라인 컨텐츠 개발 등에 우수한 능력을 보이는 A교사에게 관련 업무를 모두 맡겼다. A교사는 부당하다고 생각했지만 일을 받아들이기로 결정하였다. A교사는 수업이나 학생관리 등에 대한 시간이 부족해지는 와중에도 정보부장에게 아무런 말도 하지 않았다. 한편, 동료교사가 A교사에게 온라인 수업에 대한 수업코칭을 부탁했는데 '그건 제 업무가 아닌 것 같습니다'라고 거절하여 동료교사와 사이가 서먹해졌다.

1. A교사가 동료교사의 요청을 거절한 이유를 A교사의 입장에서 말하시오.
2. A교사의 행동을 교직윤리 측면에서 비판하시오.
3. 자신이 A교사라면 어떻게 할 것인지 말하시오.

2021년 면접 해설

구상형 1

구상형 1번 문항 답변드리겠습니다.
고교학점제의 실시로 인해 학생들에게 자율적인 과목 선택권이 주어지게 되고 이로 인해 학생들의 다양한 고민이 생겨날 수 있습니다. 제시문의 두 학생과 같은 상황일 때 어떻게 상담할 것인지 차례대로 말씀드리겠습니다.
먼저 민수의 문제점은 흥미는 있지만 어떻게 공부해야 할지 모르는 상황이라는 점입니다. 민수를 지도하기 위해 첫째, 개별 맞춤형 교육을 실시하겠습니다. 민수의 학습 수준에 맞는 발문과 삶에 와닿는 예시를 통해 난이도 장벽을 낮추겠습니다. 둘째, 민수가 자신의 학습 진전도를 평가할 수 있도록 포트폴리오를 활용하겠습니다. 포트폴리오를 누적해가며 자신의 학습 진전도를 평가하고 부족한 부분을 채워나갈 수 있도록 지도하겠습니다.
다음으로 수지의 문제점은 과목이 진로에 도움이 될 것 같지만 학습량이 많을 것 같아 두려워하고 있다는 점입니다. 수지를 지도하기 위해 첫째, 배움노트를 활용하겠습니다. 수업 전후로 자신이 무엇을 배웠는지, 이 전에 무슨 내용을 배웠는지를 상기하며 평소에 장기기억에 저장해 몰아서 공부하지 않아도 될 수 있도록 지도하겠습니다. 둘째, 토의토론 학습을 통해 말하며 공부할 수 있도록 지도하겠습니다. 눈으로 공부하는 것보다 입으로 말하며 공부하는 학습이 더 장기기억에 오래 남습니다. 또한 친구와의 교류를 통해 나누는 내용들은 더 잘 기억에 남아 수지의 학습적 어려움을 도울 수 있을 것입니다. 이상입니다.

구상형 2

구상형 2번 문항 답변드리겠습니다.
최교사가 갖추고 있는 자질과 각각의 자질을 함양하기 위한 노력에 대해 답변하겠습니다. 최교사는 먼저 뛰어난 관찰력을 가지고 있습니다. 개별 학생의 흥미에 맞는 활동을 연계해 학교생활 전반을 돕고 있기 때문입니다. 관찰력을 높이기 위해 첫째, 학생 개개인을 보는 섬세함을 높여야 합니다. 교사에겐 전체를 보는 능력도 필요하지만 나무 하나하나를 돌보고 성장시키는 능력도 필요하기 때문입니다. 둘째, 수업일지를 활용합니다. 매일매일의 학생상담 및 수업장면 기록을 통해 학생들의 필요를 민감하게 알아차릴 수 있도록 합니다.
다음으로 최교사가 갖추고 있는 자질은 책무성입니다. 책무성을 높이기 위해 첫째, 초심을 늘 마음에 새깁니다. 교단에 서기 위해 했던 노력들, 가졌던 마음가짐들, 처음 아이들을 만났을 때를 늘 기억하며 책무성을 다져가야 합니다. 둘째, 다양한 교사 연구회에서 활동합니다. 다른 지역, 다른 학교의 선생님들과의 교류를 통해 그들의 열정과 책임감, 전문성을 배우는 시간을 가진다면 책무성에 대한 좋은 자극이 될 것이라 생각합니다. 이상입니다.

구상형 3

구상형 3번 문항 답변드리겠습니다.
제시문의 의견 중 제 의견과 가장 가까운 의견은 C교사입니다. 제 교사상은 '더불어 사는 법을 가르치는 사람'입니다. 사람은 혼자 살 수 없다는 말이 있듯이, 학생은 학교에서 관계성과 사회성을 배우고 심리적으로 안정감을 느껴야 합니다. 삶의 전반을 영위하는 데 사회성과 대인관계에 대한 부분은 큰 비중을 차지하기 때문입니다.
제 교사상에 따라 아이들을 다음과 같은 어른으로 성장시킬 수 있을 것입니다. 첫째, 대화할 줄 아는 어른으로 성장할 수 있을 것입니다. 관계에서 오해와 갈등은 불가피합니다. 이를 피하지 않고 긍정적으로 대처할 수 있는 유연한 사회인으로 성장시키겠습니다. 둘째, 공동체성을 지닌 사람으로 성장할 수 있을 것입니다. 다른 사람을 배려하고 기다릴줄 아는 어른이 되어갈 수 있도록 지도하겠습니다. 이상입니다.

즉답형 1

A교사가 동료교사의 요청을 거절한 이유를 말씀드리겠습니다. 첫째, 이미 과중한 업무를 맡고 있다고 생각했을 것이기 때문입니다. A교사는 이미 수업, 학생관리, 온라인 수업관련 모든 업무를 혼자 하고 있는 상황입니다. 둘째, 심리적 여유가 없었을 것이기 때문입니다. 부드럽게 말할 수 있었을 상황이었지만 일의 압박과 심리적 여유의 부족으로 인해 의도치 않게 퉁명스럽게 말이 나올 수 있었을 것이라 생각합니다.

즉답형 2

A교사의 행동을 교직윤리 측면에서 비판하겠습니다. 첫째, 민주시민역량을 발휘해야 합니다. 민주시민역량의 중요한 내용 중 하나는 다른 사람의 권리만큼 내 권리도 중요하다는 것입니다. 부당한 업무지시나 과중한 업무를 부여받았을 때는 정중하게 이를 상의하고 논의할 수 있는 힘이 있어야 합니다. 둘째, 타인에 대한 예의를 지켜야 합니다. 상황에 따라 타인을 대하는 태도가 달라지는 것이 아니라 늘 상대방을 존중하며 배려하는 관계에 대한 예의를 지니고 있어야 한다고 생각합니다.

즉답형 3

제가 A교사라면 다음과 같이 반응하겠습니다. 첫째, 정보부장님께 정중하게 업무 조정에 대해 말씀드리고 '온라인 수업 설명회'를 실시하겠습니다. 제가 모든 업무를 담당하는 것이 아니라 학교 구성원이 온라인 수업의 플랫폼, 컨텐츠를 활용해 가실 수 있도록 교무회의나 전문적 학습 공동체 시간을 활용해 짧은 연수를 실시하겠습니다. 둘째, 부탁하는 동료교사를 적극적으로 돕겠습니다. 저에게 도움을 요청한 것은 제가 도울 수 있는 능력이 있기 때문이라 생각합니다. 오히려 이를 감사히 생각하고 도움을 기꺼이 줄 수 있는 교사가 되겠습니다. 이상입니다.

3. 2020년 면접

구상형

1. 학생들이 다음과 같이 수행평가에 대해 불만을 표출하고 있다. 이때 담임교사가 직면한 문제점 3가지와 각각에 대한 해결책을 1가지씩 말하시오.

   - 수행평가 수가 너무 많고 어려워요. 너무 힘들어요.
   - 이번 주에 제출해야 하는 수행평가가 4개나 있어요. 벅차요.
   - 수행평가를 도대체 왜 하는지 모르겠어요. 그냥 선택형 지필평가로 하면 안 되나요?

2. 다음 상황에서 교사에게 필요한 자질 2가지와 필요한 이유를 말하시오.

   동현이는 지각과 결석을 자주한다. 교사는 동현이에게 "계속 결석하면 유급이야."라고 말했지만 그 다음 날도 지각을 했다. 교사는 만나서 상담을 하려고 하지만 동현이가 자꾸 결석을 하여 상담을 못하고 있다.

3. 다음 제시문에서 ㉠, ㉡의 교육적 예시를 설명하고 자신의 교직관과 연결지어 말하시오.

   '말을 물가로 끌고 갈 수는 있어도 물을 마시게 할 수는 없다.'

   ㉠ 말이 자발적으로 물을 마시러 가도록 해야 하지만, 물을 마시지 않으면 ㉡ 억지로라도 물가로 끌고 가야 한다.

즉답형

1. A 부장교사와 B 부장교사가 다음과 같이 대화를 하고 있다.

   - A 부장교사 : 회의는 면대면으로 해야 효과적이다. 그 이유는 …
   - B 부장교사 : 시대가 변했으므로 온라인으로 회의를 진행하여야 한다. 그 이유는 …

   (1) 위의 부장교사 중 누구와 일을 하고 싶은지 말하시오.
   (2) 만약 부장교사와 의견이 달라 갈등이 생긴다면 어떻게 대처할 것인가?

2020년 면접 해설

구상형 1

구상형 1번 문항 답변드리겠습니다.
수행평가와 관련해 담임교사가 직면한 문제점과 해결방안을 말씀드리겠습니다. 첫째, 학생들이 느끼기에 수행평가의 개수가 많고 어렵다는 점이 문제입니다. 수행평가가 타당도 있게 진행될 수 있게 난이도와 개수를 조절하는 것은 중요합니다. 이를 해결하기 위해 평가 난이도와 개수를 조절하겠습니다. 학생의 배움이 일어났는지를 평가하는 것이 중요하기 때문에 평가도구의 적절성을 검토해 난이도와 개수를 조절하겠습니다. 둘째, 학생들의 수행평가 스케줄이 부담스럽게 편성되어 있다는 점이 문제입니다. 이를 해결하기 위해 각 교과 선생님들과 학년 협의회를 열어 사전에 수행평가를 조정하겠습니다. 셋째, 학생들이 수행평가의 필요성을 느끼지 못하고 지필평가를 요구하고 있다는 점이 문제입니다. 이를 해결하기 위해 사전에 평가안내를 철저하게 실시하겠습니다. 평가의 목적과 필요성을 충분히 공유하고 평가가 단순히 결과를 판단하는 것이 아닌 과정을 평가할 때 의미가 있음을 안내하겠습니다.
이상입니다.

구상형 2

구상형 2번 문항 답변드리겠습니다.
제시문과 같은 상황에서 교사에게 필요한 자질로 첫째, 포기하지 않는 인내가 필요합니다. 이유 없는 행동은 없다고 생각합니다. 학생의 부적응 행동에 대해 포기하지 않고 친밀하게 다가가는 인내를 발휘하겠습니다. 둘째, 종합적 판단 능력입니다. 단일한 모습으로만 학생을 판단하고 평가하는 것이 아닌, 가정과의 상담, wee센터와의 협력, 전 학년 선생님과의 면담 내용 공유 등을 통해 학생의 상황을 종합적으로 판단하며 학생을 이해해가겠습니다.
이상입니다.

구상형 3

구상형 3번 문항 답변드리겠습니다.
제시문은 교사의 역할에 대한 비유입니다. 제시문의 ㉠에 해당하는 교육적 예시로는 학생의 자발성을 존중하는 참여형 교육이라 생각합니다. 반면 ㉡의 경우는 교사 주도의 평등한 교육을 의미한다고 생각합니다. 저의 교직관은 ㉠의 예시처럼 학생의 자발적 학습동기를 존중하는 교육입니다. 4차 산업혁명 사회를 주도해 나갈 미래형 인재에게 요구되는 역량은 자기주도적 학습역량입니다. 학생의 자발성을 존중하고 이끌어주는 것 또한 교육의 일부라 생각하며 이를 높일 수 있는 다양한 참여형 교육을 전개해 나가겠습니다. 이상입니다.

즉답형 1-1

함께 일하고 싶은 분은 B부장교사입니다. 시대의 흐름을 읽고 그에 발맞추는 적절한 시도를 해나가는 점이 우리가 직면한 교육적 과제와 일치한다고 생각하기 때문입니다.

즉답형 1-2

부장교사와의 의견이 달라 갈등이 생긴다면 다음과 같이 대처하겠습니다. 첫째, 부장교사님의 의견에 따르겠습니다. 부장교사의 수십 년간의 경력과 노하우를 존중하기 때문입니다. 둘째, 그 이후에 정중하게 다양한 아이디어를 제시하겠습니다. 배를 전진시키기 위해서는 같은 방향으로 같은 에너지로 노를 저어야 합니다. 부장교사님과 같은 방향성으로 일을 처리한 뒤 정중하게 의견을 제시해 보겠습니다.
이상입니다.

4. 2019년 면접

 **구상형**

1. 이 상황에서 교사의 문제점 2가지와 즉각적 대처방안 2가지를 말하시오.

> 김 교사의 수업 중, 두 학생이 떠들고 있다. 교실 분위기가 흐트러지는 것 같아 경고를 주었는데도 학생들은 잡담을 계속하고 있다. 김 교사는 이를 그대로 두고 볼 수가 없어 다가가 두 학생에게 주의를 주었다. 이때 민호가 수업진도가 늦다고 짜증을 내며 "쌤, 우리 반 진도 느리잖아요. 그냥 빨리 수업 나가요." 라고 이야기하고 있다.

2. 당신이라면 전보신청을 할 것인지 여부와 이유를 말하시오. 그리고 전보신청과 관련 없이 통일된 한국에서 어떤 교직관을 바탕으로 교육에 임할 것인지 말하시오(단, 전보신청 여부는 채점 영향 없음).

> 통일이 된 지 3년이 지났다. 지금 함경도 지역에 교사가 많이 부족한 상황이어서 남한의 교사들에게 전보 신청을 받고 있다.

3. 로봇이 교육을 대신할 수 있다고 생각하는지 여부와 그 이유를 함께 설명하시오. 위의 답변과 관련지어 학생은 어떤 인간으로 성장해야 하는지 말하시오.

> 최근 인공지능 의료 로봇 왓슨이 의사를 대체하여 진료를 보는 등 사회 곳곳에서 인공지능의 혁신이 불고 있다. 이에 따라 교육도 로봇이 대체할 수 있다는 이야기가 나오고 있다.

 즉답형

1.
> • A교사 : 학생들의 고민을 잘 들어주며 인기가 많다. 임기응변 능력이 뛰어나 재미있게 가르쳐 학생들의 수업 만족도가 높다. 하지만 교과연구는 거의 하지 않는다.
> • B교사 : 학생과 소통을 잘 못하지만 동료교원들과 열심히 협업하며, 수업연구를 열심히 한다. 그러나 임기응변이나 상황대처능력이 부족하며, 수업에서 학생들의 수업만족도가 낮다.

(1) A, B교사 중 당신은 누구와 유사한가?
(2) 자신과 유사한 교사를 교사의 역할과 책임 측면에서 비판하시오.
(3) 당신이 동료 교사라면 A, B교사 중 누구와 협력할 것인가?

2019년 면접 해설

구상형 1

구상형 1번 문항 답변드리겠습니다.
김 교사의 수업상황에서 문제점과 이에 따른 적절한 대처방안을 연이어 답변드리겠습니다. 김 교사의 문제점으로는 첫째, 학생에게 직접 다가가 떠드는 학생을 제지한 것입니다. 공개적인 처벌과 훈육은 학생들로 하여금 낮은 자존감과 상처를 안겨줄 수 있습니다. 이를 적절히 지도하는 방법으로 적절히 이동하며 수업하는 것입니다. 앞자리 한 곳에서만 고정적으로 수업을 진행하는 것이 아니라 분단 이곳 저곳을 적절히 이동하며 지도한다면 학생들의 떠드는 소리가 잦아들 수 있을 것입니다. 둘째, 훈육을 위해 수업을 중단한 것이 문제점이라 할 수 있습니다. 다른 학생들의 수업권을 존중하여 수업을 진행한 뒤, 쉬는 시간에 해당 학생들을 적절히 훈육하고 지도하는 것이 올바른 지도방법이라 생각합니다. 하지만 이 제시문의 상황으로 적절히 지도한다면 수업진도를 나가자는 학생에게 함께하는 것의 가치를 안내하겠습니다.
이상입니다.

구상형 2

구상형 2번 문항 답변드리겠습니다.
통일된 대한민국의 교육은 어떠해야 하는지 교사로서 고민하는 자세를 갖는 것은 중요합니다. 저는 전보신청을 할 것입니다. 통일된 대한민국의 상황에서 지역별 교육의 불평등은 필연적으로 존재하게 될 것이고, 이를 해소하고 학생들에게 안전한 교육을 제공하는 것이 교사의 의무라 생각하기 때문입니다.
통일된 대한민국에서 '단 한 학생도 놓치지 않는 책임교육'이라는 교직관을 바탕으로 교육을 실현해 나가겠습니다. 학력격차, 소득격차, 문화격차에 상관없이 자신의 개성과 특성에 맞는 맞춤형 교육을 받을 수 있도록 끊임없이 고민하는 교사가 되겠습니다.
이상입니다.

구상형 3

구상형 3번 문항 답변드리겠습니다.

교육 현장에서도 4차 산업혁명시대의 흐름에 맞게 미래교육에 대한 다양한 구상을 해나가고 있습니다. 저는 로봇이 교육을 대신할 수 없다고 생각합니다. 그 이유는 교육의 목표가 높은 성적을 내는 데에만 있지 않고 학생의 전인적인 발달을 돕는 데에 있다고 생각하기 때문입니다. 공동체 속에서 타인을 배려하고 존중하며 자신을 올바르게 인지할 수 있도록 돕는 전인격적 교육은 로봇으로 대체될 수 없는 인간의 고유한 영역이라 생각합니다.

이에 근거하여 학생은 '공동체 역량'에 기반해 건강한 사회인이 되어야 한다고 생각합니다. 타인을 존중하고 배려하며 사회의 일원으로 건강한 자아실현을 해나가는 학생으로 지도해 나가겠습니다. 이상입니다.

즉답형 1-1

두 교사 중 저는 B교사와 유사하다고 생각합니다. 교사의 역할은 다양하지만 가장 핵심적인 역할로 '교육과정 전문가'가 되는 것이 중요하다고 생각하기 때문입니다.

즉답형 1-2

B교사가 비판받을 수 있는 지점으로 첫째, 학생과의 소통도 수업의 일부이기 때문입니다. 이를 극복하기 위해 학생들과 활발히 소통하며 눈높이에 맞는 교육을 실시하는 것이 중요하다고 생각합니다. 둘째, 수업 만족도가 낮다는 점에서 교사의 책임이 무겁다고 생각합니다. 수업 만족도를 향상시키기 위해 수업 전, 후로 수업 피드백을 받고 이를 교육과정에 반영하는 것이 방법이 될 수 있을 것입니다.

즉답형 1-3

제가 동료교사라면 A교사와 협력하고 싶습니다. 서로 다른 장점을 활용해 서로 배우는 시너지효과가 날 것이기 때문입니다.
이상입니다.

5. 2018년 면접

구상형

1. 학생A에 대한 문제 원인 2가지와 담임교사로서 학생A를 지도할 수 있는 방안을 학생에 대한 문제 원인과 관련되게 한 가지씩 답변하시오.

   > 학생A는 다문화가정 학생이다. 침울한 분위기를 지니고 있으며 선생님도 자꾸 피하는 듯한 모습이다. 학생A가 살아온 나라의 문화, 환경이 달라 친구들과 친하게 지내지 못하고 있다. 학생A의 나라와 문화가 다르다보니 친구 사귀는 방식도 다르고, 한국어도 서툴다. 성격이 소극적인 편이라 친구들에게 먼저 접근하는 것도 어렵다.
   > 이때 교사가 기회를 만들어 이야기를 나눠보니 "친구를 사귀는 문화가 자신이 살던 나라와 너무 다른 것 같아요.", "한국어가 서툴러서 친구들이 놀릴까봐 걱정이 되네요.", "원래 성격이 소심해요." 등의 고민을 털어놓았다.

2. 다음과 같은 상황에서 어떻게 대처할 것인지 교사의 자질 측면에서 답변하고, 그에 대해 자신이 기울여 온 노력과 향후 실천계획을 답변하시오.

   > 최 교사는 학생중심 수업을 실시했다. 하지만 학생들은 불만을 가지고 있었다.
   > - 학생1 : 프로젝트 수업을 하지만 결과가 없어요.
   > - 학생2 : 선생님이 우리에게 더 관심을 보였으면 좋겠어요.
   > - 학생3 : 수업이 재미는 있는데 남는 것이 없어요.
   > - 학생4 : 그냥 선생님이 강의식으로 가르쳐 주시는 것이 더 좋아요.

3. 최 교사가 성찰일지를 적은 내용이다. 학습자에 대한 최 교사의 인간관을 말하고, 박 교사의 의견에 대해 찬성, 반대 입장과 근거를 말하고, 이와 관련된 자신의 교사상을 말하시오.

   > 얼마 전 외국 학교 중 어느 곳이 교원평가를 오직 학생의 성적을 평가 기준으로 삼아 평가한다는 것을 들었다. 이에 대해 박 교사 역시 성적만을 교원평가의 잣대로 사용하는 것이 좋아 보인다고 했다. 하지만 내가 보기에 그렇게 하는 것은 바람직하지 않아 보인다.

즉답형

1.
   > 융합교육과정을 개발하는데 연구부장 교사와 신입교사 최 교사가 맡았다. 연구부장은 최 교사와 의논하지 않고 혼자 결정할 때가 많다. 최 교사는 연구부장의 마음을 이해하면서도 함께 의논하지 않는 점에 대해 서운해 한다.

   (1) 연구부장 교사의 입장에서 그렇게 한 이유를 설명하시오.
   (2) 연구부장이 나타내었어야 할 자질과 그 이유를 답변하시오.
   (3) 당신이 신입교사인 최 교사라면 어떻게 하겠는가?

2018년 면접 해설

구상형 1

구상형 1번 문항 답변드리겠습니다.
학급 내 다문화 학생의 수가 늘어남에 따라 다문화 학생에 대한 이해와 적절한 교육적 지도에 대한 논의가 많아지고 있습니다. 제시문 A학생의 문제점으로는 첫째, 다른 문화와 환경에 대한 어려움을 겪고 있다는 점입니다. 친구를 사귀는 것부터 인간관계의 미묘한 상황도 A학생에게는 매우 어려운 과제에 해당됩니다. 둘째, 한국어 구사에 어려움을 겪고 있다는 점입니다. 언어는 자신을 표현하고 세상과 연결되는 중요한 매개체입니다. 언어에 어려움을 겪고 있기 때문에 학급 내에서도 자신이 없고 내성적인 모습을 보이는 경향이 있음을 알 수 있습니다. 이를 해결하기 위한 구체적 방안으로 첫째, 징검다리 교육과정을 운영합니다. 다문화 학생이 입급하기 전 방학기간 동안이나 중학교 입학 전, 오리엔테이션의 개념으로 학급과 수업, 문화의 차이에 대한 다양한 안내를 제공합니다. 둘째, 가정과 지역사회와 연계하여 한국어 지도를 다각도로 진행합니다. 일과의 자투리 시간을 활용해 한국어 지도를 하는 것뿐만 아니라 가정 내에서 동일하게 교육이 진행될 수 있도록 가정과 긴밀한 연락을 하며, 지역사회 한국어 교육기관을 연계하는 등의 적극적인 노력을 기울입니다.
이상입니다.

구상형 2

구상형 2번 문항 답변드리겠습니다.
학습자 중심의 교육과정은 학습자의 관심, 필요, 욕구를 교육과정의 주요 결정인자로 보고, 교사와 학습자가 협동하여 교육적으로 가치가 있는 프로젝트 혹은 주제, 활동 등을 교육 현장에서 선정·조직하여 융통성 있게 운영하는 교육과정이라고 할 수 있습니다.
제시문의 상황에서 필요한 교사의 자질은 '반성적 성찰 능력'입니다. 학생들의 배움이 일어나고 있는지 교육과정 전반을 성찰하고 수정, 발전시켜갈 수 있는 교육과정적 성찰 안목이 필요합니다. 이를 향상시키기 위해 저는 교육과정–수업–평가 일체화와 관련한 다양한 서적을 찾아보았습니다. 앞으로 이를 더 발전시키기 위해 전문적 학습공동체를 활용하여 전문성을 향상시키겠습니다. 둘째, 의사소통 역량입니다. 학생과 끊임없이 소통하며 배움이 일어나고 있는지 확인하는 과정이 필요합니다. 저는 이를 향상시키기 위해 경청하는 태도를 함양시켜 왔습니다. 앞으로 의사소통 역량을 증진시키기 위해 학생과의 소통 창구를 여러 방향으로 열어놓겠습니다. 교과 게시판, 우리 반 건의함, 수업 전 후의 피드백 등의 다양한 소통방식을 활용해 교육과정의 질을 높이도록 하겠습니다.
이상입니다.

구상형 3

구상형 3번 문항 답변드리겠습니다.
교원평가의 진정한 목적은 교육의 질을 높여 공교육을 정상화하는 데에 있습니다. 교원평가에 대한 다양한 이견이 있는데, 먼저 최 교사의 학습자에 대한 인간관은 과정중심 인간관입니다. 결과로 모든 상황을 설명하는 것보다 과정 안에서 다양한 역량과 성취를 평가하는 것이 중요하다는 입장입니다. 저는 박 교사의 의견에 반대합니다. 교원의 교육활동은 학생의 높은 성적으로 결론지어지는 것이 아니라 학습과 생활지도, 학급운영, 연구 등의 다양한 면을 포함합니다. 학생의 성적만으로 교원평가의 지표로 활용하는 것은 전반적인 교육의 질을 낮출 수 있으므로 지양해야 합니다.
저의 교사상은 한 명의 학생도 놓치지 않는 교사입니다. 성적이 잣대가 되어 높은 성적의 학생, 상위권 대학만이 우선시되는 교육 풍토를 지양하고 모든 학생이 개별화된 적절한 교육을 받을 수 있도록 지원하는 교사가 되고 싶습니다. 이상입니다.

즉답형 1-1

연구부장 교사의 입장에서 첫째, 신규교사를 배려한 것이라 생각합니다. 학교 적응을 해나가고 있는 신규교사를 배려해 업무를 도맡아 진행하는 것일 수 있다고 생각합니다. 둘째, 좀 더 전문성이 필요한 영역이라 생각했을 수 있습니다. 교육과정에 대한 완전한 이해를 바탕으로 융합형 교육과정을 구상해야 하는데 아직 그 전문성을 배워가야 하는 시기라 판단했을 수 있기 때문입니다.

즉답형 1-2

연구부장이 나타내었어야 할 자질은 '의사소통 역량'입니다. 배려하는 선한 의도를 가지고 있었다고 할지라도 상대방과 대화하고 소통하며 진행해야 한다고 생각하기 때문입니다.

즉답형 1-3

제가 신입교사라면 연구부장 교사에게 다양한 질문을 하겠습니다. 융합교육과정을 운영하시는데 어려운 점은 없으신지, 도울 부분은 없는지, 어떻게 진행해야 하는 것인지 적극적인 태도로 다양한 질문을 하며 연구부장님과 존중적 의사소통을 해나가겠습니다. 이상입니다.

CLASS 04 집단토의 기출문제

교과

1. 2020년 경기 집단토의

1. 다음 자료를 참고하여 민주시민교육에 대하여 논하시오.

   〈자료〉
   - 민주시민교육이란 민주시민으로서 사회 참여에 필요한 지식, 가치, 태도를 배우고 실천하게 하는 교육을 말한다.

     — 경기도교육청 학교 민주시민교육 진흥 조례

   - 시민교육은 단순히 시민을 도덕적으로 계몽하는 것에서 벗어나야 한다. 시민교육은 사회적 실천을 통해 공동체와 자기 자신을 함께 변화시킬 수 있는 시민을 양성하는 것이다.

     — 더불어 사는 민주시민 교과서

   - 한국 청소년 정책 연구원은 국제교육협의회(IEA)가 38개국 학생들을 대상으로 조사한 국제시민의식 교육연구(ICSS)자료를 바탕으로 한국의 초등 4학년~고교 3학년 학생 9,398명의 민주시민 역량을 산출했다. 조사 결과 한국은 옳고 그름을 판단하는 수준과 민주시민관련 지식을 평가하는 '시민의식'수준은 세계 2위였다. 그러나 학교 안팎의 시민활동에 참여하는 비율은 전 영역에서 최하위 수준이었다. 또한, 청소년, 환경운동, 인권운동, 자선, 기부, 외국인 문화단체 등 6개 영역에서 한국은 평균보다 적게는 6%에서 많게는 31%까지 뒤졌다.

     — ○○신문

   〈조건〉 발언 시 다음 조건을 포함할 것
   - 학교 민주시민교육의 방향에 대한 자신의 생각
   - 자신의 교과와 연계한 민주시민교육 실천 방안
   - 민주시민 역량 함양을 위한 학생 중심 실천 방안

예시답안

 **기조발언**

안녕하세요, 관리번호 ○번입니다. 학교는 작은 사회라는 말이 있습니다. 학교 안에서 민주시민으로 살아가기 위한 다양한 역량과 자질을 익히고 실천하는 것이 중요하다고 생각합니다. 오늘 우리가 나눌 주제를 통해 나오게 될 다양한 교육적 실천과제들이 기대됩니다. 집단지성을 발휘하며 함께 성장하고 배우는 시간이 되면 좋겠습니다. 이상입니다.

 자율발언

▶ 2015 교육과정이 표방하는 핵심역량 중 의사소통역량, 공동체역량은 민주시민교육과 굉장히 밀접한 관련이 있습니다. 저는 학생들이 교육과정 속에서 최대한 민주성을 배울 수 있도록 계획하고 지도하는 것이 교사의 몫이라 생각합니다. 다른 선생님들도 어떻게 생각하시는지 궁금합니다. 이상입니다.

▶ 앞서 말씀해주신 선생님께서 너무 좋은 아이디어를 말씀해주셔서 저도 학교 현장에 적용해보고 싶다는 생각이 들었습니다. 덧붙여 특수교육대상학생들에게 민주시민교육을 할 수 있는 방법으로 첫째, 학급자치 경험하기를 실천해볼 수 있을 것입니다. 존중은 존중으로 배워야 하고 친절은 친절을 통해서만 배울 수 있습니다. 민주시민역량은 민주적인 의사결정과정을 직접 삶으로 경험할 때 내재화될 수 있을 것입니다. 둘째, 교육청의 정책사업을 활용하겠습니다. 경기도교육청에서는 '민주시민교육 실천학교'를 시범운영하며 학생들이 삶 속에서 민주주의를 체계적으로 배워갈 수 있는 실제적인 사업들을 실천해가고 있습니다. 이를 학교 현장에 잘 적용할 수 있도록 교육과정 속에 녹이며 민주성을 증진해 나갈 수 있도록 하겠습니다. 이상입니다.

▶ ○번 선생님의 의견이 굉장히 참신한 아이디어라고 생각합니다. 민주시민 역량 함양을 위해서는 선생님께서 말씀하신 것처럼 교사의 적극성이 기반이 되어야 한다는 것에 동의합니다. 민주시민역량 함양을 위해 학생중심 교육을 실천할 수 있는 방법을 덧붙여 본다면 첫째, 의사소통역량을 키우기 위해 토론하는 독서교육을 실천할 것입니다. 학교 일과의 자투리 시간을 활용해 10분 책읽기를 습관화하거나, 교과별 추천도서를 활용해 질문을 만들고 답을 하는 활발한 토론수업을 진행하겠습니다. 이를 통해 학생들의 의사소통역량을 증진하겠습니다. 둘째, 지역사회 시의회나 지자체를 방문해 의사결정과정을 간접경험해 보는 체험형 활동을 추진하겠습니다. 마을교육공동체의 일환으로 다양한 지자체와 연계해 학생들의 삶과 교육이 동떨어져 있지 않다는 것을 알 수 있도록 도와가겠습니다. 이상입니다.

 **정리발언**

관리번호 ○번 정리발언 시작하겠습니다. 오늘 토의를 함께하며 선생님들의 번뜩이는 아이디어에 연신 감탄하는 시간이었습니다. 특히, 토의 과정에서 언급된 '가정과 지역사회를 연계한 프로젝트형 민주시민교육'을 실제 학교 현장에서 실천해보고 싶습니다. 선생님들의 아이디어들을 잘 녹여 학교 현장에 실천함으로써 행복한 경기교육을 실현해 나가는 교사가 되도록 하겠습니다. 감사합니다.

2 2019년 경기 집단토의

1. 경기 혁신교육 3.0 시대를 열어가는 경기미래교육의 방향과 구체적인 실천방안에 대해 제시된 〈자료〉를 참고하여 아래 〈조건〉에 맞게 토의하시오.

> 〈자료〉
> - 미래사회는 주어진 틀 속에서 정해진 답을 찾는 것이 아니라 스스로 문제를 찾아 탐구하고, 자신의 답을 찾아가는 것이 중요하다. 이를 위해 혁신교육을 지속적으로 해야 하며 학생이 주체가 되어 학습할 수 있는 환경을 조성해 주어야 한다. 이를 통해 '상상하고 도전하는 학생 주도의 미래교육'을 구현할 수 있을 것이다.
> - 2030 경기미래교육 비전은 '행복하게 배우고 함께 성장하는 학습 공동체'이며 추구하는 인간상은 배움을 즐기고, 실천하는 민주시민, 소통하고 공감하는 감성인, 함께하는 세계인이다.
>
> 〈조건〉 발언 시 다음 조건을 포함할 것
> - 미래사회에 필요한 학생 역량
> - 경기미래교육의 방향에 대해 자신의 생각 말하기
> - 학교에서 실천할 수 있는 구체적인 교육 활동

예시답안

 기조발언

안녕하세요, 관리번호 ○번입니다. 교육은 백년대계라는 말이 있습니다. 향후 100년을 준비하며 학생들이 갖춰야 할 미래역량에 대해 고민하고 논의하게 될 이 시간이 기대가 됩니다. 또한 선생님들과 다양한 교육적 실천방안에 대해 토의하며 미래교육에 대해 논의할 수 있게 되어 영광입니다. 이상입니다.

 자율발언

▶ 경기미래교육은 학생들이 스스로 문제를 해결하고, 자기주도적으로 탐구하며 학습하는 혁신교육을 실시하고 있습니다. 이렇게 변화된 교육처럼 변화된 미래사회에 학생들에게 필요한 핵심역량으로는 첫째, 지식정보처리 역량입니다. 급변하는 사회에 맞춰 학생들은 다양한 문제를 합리적으로 해결하기 위해 여러 가지 영역의 지식과 정보를 스스로 처리하고 활용할 수 있어야 하기 때문입니다. 둘째, 창의적 사고 역량입니다.

폭넓은 기초지식을 바탕으로 다양한 분야의 지식, 기술, 경험을 융합적으로 활용하여 새로운 것을 창출하는 능력이 미래사회에서는 더욱 필요하기 때문입니다. 셋째, 공동체 역량입니다. 경기미래교육이 강조하는 '행복하게 배우고 함께 성장하는 학습 공동체'를 위해서는 공동체의 구성원으로서 소통하고 협력하며 함께 성장할 수 있는 공동체 역량이 필요하기 때문입니다. 다른 선생님들께서는 미래사회에 필요한 역량으로 어떤 점을 중요시 하시는지 함께 나누어 보고싶습니다. 이상입니다.

▶ ○번 선생님의 말씀을 들으며 제가 생각하지 못한 부분까지 생각해볼 수 있게 되어서 큰 배움이 되었습니다. 또한 저는 경기미래교육의 방향에서 학생들의 자기주도성 향상과 민주시민으로의 성장이 중요한 부분이라고 생각합니다. 학생들이 스스로 문제를 찾아 탐구할 수 있는 자기주도성과 자율성을 가진다면 미래사회에서 마주하는 여러 가지 문제들을 스스로 해결해 나갈 수 있는 원동력으로 작용할 것입니다. 더 나아가 문제들을 독단적으로 해결하는 것이 아니라 타인과 의견을 나누고 조율하기 위해서는 민주시민으로서의 성장 또한 필요하다고 생각합니다. 경기미래교육의 방향에서는 위의 두 가지를 모두 중요시하며 교육을 실시하고 있습니다. 다른 선생님의 의견은 어떠하신지 궁금합니다. 이상입니다.

▶ ○번 선생님의 실천 방안을 저도 꼭 수업에서 활용해 보고 싶습니다. 저는 미래교육을 학교에서 실천하기 위해서 첫째, 배움중심의 프로젝트 수업을 진행할 것입니다. 학생 스스로 주제를 정하고 문제에 대해 탐구하고 해결하며 지식정보처리 역량을 키울 수 있도록 프로젝트 수업을 진행할 것입니다. 둘째, 에듀테크를 활용한 교육을 진행할 것입니다. 학생들이 디지털 기기를 수업에 활용해 창의적 사고 역량을 발휘해 교육에 임할 수 있도록 하겠습니다. 마지막으로 교과, 창의적 체험학습과 연계하여 민주시민교육을 진행할 것입니다. 학생들이 민주시민의 가치를 존중하고 공동체의 문제를 상호 연대하여 해결하며 공동체 역량을 키울 수 있도록 하겠습니다. 이상입니다.

 정리발언

관리번호 ○번 정리발언 시작하겠습니다. 오늘 토의를 통해 선생님들의 의견들을 들으며 앞으로의 미래교육이 나가야 할 방안에 대해 더 많은 생각을 하게 되었습니다. 특히 학생들이 주체가 되는 교육, 학생들이 주도하는 교육이 미래사회를 더욱 풍성하게 만들 것이라는 기대에 마음이 부풉니다. 저 또한 자율발언에서 나눴듯 프로젝트 수업, 에듀테크 활용 수업, 민주시민교육 등을 통해 학생들이 미래사회에 대응하는 능력을 키울 수 있도록 노력하는 교사가 되겠습니다. 감사합니다.

3. 2018년 경기 집단토의

1. 제시문을 보고 꿈이 성장하는 교육을 위해 노력하는 다음 주체들의 고민을 해결하기 위한 교사의 역할에 대하여 논하시오.

> 〈제시문〉
> - 학생 : 4차 산업혁명에 대해 관심이 많아. 미래에 유망한 직업이 무엇이 있을까? 알고 싶어.
> - 교사 : 학생 스스로 성장할 수 있는 방안이 무엇이 있을까? 다양한 학습 경험을 제공해 주고 싶어.
> - 학부모 : 지역 인프라를 적극적으로 활용하고 싶어. 사교육비 절감이 된다면 더 좋을 것 같아.

 **예시답안**

 기조발언

안녕하세요, 관리번호 ○번입니다. 급변하는 미래사회에 대응하는 미래 인재를 양성하기 위해 항상 고민하시는 선생님들과 함께 토의하게 되어 이 시간이 참 기대가 됩니다. 학생들의 꿈과 학부모님의 희망 사항, 교사로서의 성장을 위해 함께 고민하고 논의하는 좋은 시간이 되었으면 좋겠습니다. 이상입니다.

 자율발언

▶ 학교는 학생, 학부모, 교사 등 다양한 구성원들이 함께 하는 공동체입니다. 이러한 공동체들의 고민을 함께 나누며 공동의 발전과 성장을 위해 교사는 항상 열린 마음으로 구성원들의 의견을 경청하고 소통하여야 합니다. 먼저 위의 학생은 미래 유망직업에 관심이 있습니다. 이러한 학생의 고민을 해결하기 위해서는 첫째, 다양한 직업박람회, 직업 체험 등의 직업 프로그램을 제공합니다. 교과서나 학교 안에서 알 수 있는 직업들에는 한계가 있기 때문에 지역사회 기관, 직업 박람회들을 활용해 학생들이 직접 체험해보고 경험할 수 있는 직업 프로그램을 제공하도록 하겠습니다. 둘째, 디지털 미디어를 활용하여 직업들을 탐색하도록 합니다. 특히 4차 산업혁명에 관심이 많은 학생을 위해 VR, AI 등을 활용해 직업을 탐색하고 자신의 흥미와 적성에 맞는 직업을 알아보도록 합니다. 다른 선생님들께서는 학생들의 직업탐색을 위해 또 어떤 좋은 방법을 활용하실지 궁금합니다. 이상입니다.

▸ ○번 선생님의 전문적 학습 공동체를 통한 교사 지원방안은 학교에서도 바로 사용할 수 있는 좋은 방법인 것 같습니다. 저는 학생 스스로 성장할 수 있는 다양한 학습 경험을 제공하고 싶은 교사의 고민 해결을 위해 수업과 관련된 방안을 제시해보려고 합니다. 첫째, 개별 맞춤형 교육을 제시하겠습니다. 개별 맞춤형 교육은 학생이 모든 교육 활동에 참여하여 자신에게 맞는 학습을 스스로 해나가는 것으로 학생의 주도적인 성장에 도움이 될 것입니다. 둘째, 토의·토론학습을 활성화하는 방안을 제시하겠습니다. 학생들 간의 토의·토론을 통해 타인의 의견과 생각을 공유하고 문제를 해결하는 활동을 통해 다양한 학습 경험을 할 수 있을 것입니다. 셋째, 독서교육을 통한 경험 제공을 제시하겠습니다. 책 속에는 많은 지식과 정보들이 있습니다. 최근 독서교육지원 플랫폼이 다양해짐에 따라 학생들이 당장 접하기 힘든 경험들을 더욱 쉽게 접할 수 있게 되었습니다. 저는 'e북드림 전자책', AI활용 '책열매' 등을 활용하여 독서교육을 진행하겠습니다. 이상입니다.

▸ 저 또한 학부모 고민을 해결하기 위해 ○번 선생님과 같이 마을교육공동체의 활용을 떠올렸습니다. 거기에 더하여 그린스마트 미래학교의 학교 복합화를 통해 학교 공간을 활용할 수 있는 방안을 제시하겠습니다. 노후 된 학교들을 개혁하는 그린스마트 미래학교가 많이 생겨나고 있습니다. 제가 해당 학교의 교사라면 그린스마트 학교의 공간혁신, 스마트 교실, 그린학교뿐만 아니라 학교 복합화로 학생, 학부모, 더 나아가 지역사회 모두가 활용하고 평생교육까지 생각할 수 있도록 다른 교사들과 합심해 학부모의 고민을 해결할 수 있도록 하겠습니다. 다른 선생님들의 의견은 어떠하실지 궁금합니다. 이상입니다.

 정리발언

관리번호 ○번 정리발언 시작하겠습니다. 학생의 꿈이 성장하는 교육을 위해 다양한 공동체가 함께하고 있다는 것을 다시 한번 느끼는 자리였습니다. 저 또한 학교 안, 지역사회 안의 한 공동체로서 함께 성장할 수 있도록 학생의 직업탐색, 디지털 미디어활용, 다양한 교육과 사업들을 더 고민해보고 실현시킬 수 있도록 노력하겠습니다. 선생님들과의 토의시간을 통해 다시 한번 저를 성찰할 수 있는 좋은 경험이었습니다. 감사합니다.

4 2017년 경기 집단토의

제시문에 나타난 학교의 문제점과 민주적 학교 운영 체제를 활성화하기 위한 방안을 논하시오.

> 〈제시문〉
> - A교사 : 학교 축제를 학생인 우리 손으로 직접 준비하고 싶어. 그러면 더 재미있을 텐데.
> - B교사 : 불합리한 학교 교칙을 고치고 싶은데 어떻게 고쳐야 할지 모르겠어.
> - C교사 : 학생이 학교의 주인이고, 교육의 주체라는 인식이 부족한 것 같아.
> - D교사 : 이웃 학교의 교장은 학생회 대표를 교장실로 불러서 정기적으로 학생회의 건의사항을 수렴하고 있어.

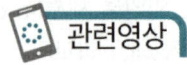

시연 예시 영상
보러가기 ▶

5. 2016년 경기 집단토의

다음 교사 협의회의 내용을 보고 문제해결 방안을 논하시오.

〈교사 협의회 내용〉
- A교사 : 수업 시간에 학생들이 자꾸 잠을 자서 고민입니다.
- B교사 : 나는 열심히 하지만 학생들의 만족도가 낮아서 고민입니다.
- C교사 : 수업 종이 치고 시작하기까지 10분이 걸립니다.
- D교사 : 교원평가, 학부모의 요구에 맞추기 위해 수업을 바꾸어야 하는데 혼자서는 어렵습니다.

예시답안

 기조발언

안녕하세요, 관리번호 ○번입니다. 학교는 학생들이 주체가 되어 꿈을 꾸고 성장하는 곳입니다. 학생들의 꿈과 끼를 발현시키는데 있어 교사는 모범적인 모델이자 안내자가 되어야 합니다. 좋은 안내자가 되실 선생님들과의 문제해결방안 논의를 통해 학생들의 발전과 성장을 어떻게 지원할지 많이 배워가고 싶습니다. 이상입니다.

 자율발언

▶ 학교 안에서는 다양한 교육이 일어나는 만큼 다양한 문제들도 발생하곤 합니다. 위 교사들이 겪고 있는 문제의 해결방안을 교사, 학생, 학교 차원에서 나눠보고자 합니다. 먼저 교사 차원에서는 A, B교사의 수업과 관련된 어려움은 배움중심수업과 과정중심평가의 실시를 통해 해결할 수 있습니다. 학생들이 수동적으로 강의식 수업에 끌려가는 것이 아니라 학생 스스로 주도하는 배움중심수업과 과정중심평가를 통해 학생들이 적극적으로 수업에 참여하고 자신의 학습에 높은 만족도를 느낄수 있도록 하겠습니다. 다른 수업 개선방법에는 어떤 것들이 있을지 선생님들의 의견을 듣고싶습니다. 이상입니다.
▶ 선생님들의 의견을 듣고 정말 다양한 수업 방법이 있다는 것을 다시 한 번 느꼈습니다. 다음으로 수업을 혼자서 바꿔나가기 어려워하는 D교사에게는 전문적 학습공동체의 활용을 권하고 싶습니다. 동료 교사에게 수업 공개 또는 수업 성찰 나눔을 통해 함께 수업을 성장시킬 것을 제안하겠습니다. 더 나아가 다양한 연구회, 역량 강화 연수, 워크숍 등을 통해 수업에 대한 전문성을 기르고 새로운 수업 방법을 교실에 적용하는 것 또한 좋은 방법이라고 권하겠습니다. 이상입니다.

▶ 다음으로 학생 차원에서 C교사의 말에서 알 수 있는 문제점으로 수업이 시작했음에도 불구하고 정리되지 않았을 때 교실의 질서를 지키게 하기 위하여 학생들이 스스로 학급 자치회를 열어 학급 규칙과 그에 따른 결과를 서로 나누게 하겠습니다. 학생 차원에서 문제해결방법이 어떤 것이 있을지 선생님들의 의견을 들어보고 싶습니다. 이상입니다.

▶ 학생들의 수업 참여와 학급 규칙 설정에 관한 다양한 아이디어들 잘 들었습니다. 마지막으로 학교 차원에서 학생과 교사, 학부모님의 의견을 들을 수 있는 장을 열어주는 것도 좋을 것 같다는 생각이 들었습니다. 학기 평가회, 대토론회 등을 통해 학생들의 의견과 학부모의 요구, 교사들의 성찰을 나누며 학교 공동체 모두가 함께 성장할 수 있도록 학교 차원의 지원을 제시하겠습니다. 이상입니다.

 정리발언

관리번호 O번 정리발언 시작하겠습니다. 지금까지 협의회에서 나온 선생님들의 고민들과 학생, 학부모의 요구를 학생, 교사, 학교 차원에서 나누어봤습니다. 선생님들께서 나눠주신 아이디어들을 바탕으로 현장에서 배움중심수업, 전문적 학습공동체, 대토론회 등을 실현할 수 있는 교사가 되도록 노력하겠습니다. 감사합니다.

비교과

1. 2020년 경기 집단토의

다음 조건을 포함하여 진로교육에 대해 논하시오.

〈조건〉
1. 진로교육이 나아가야 할 방향
2. 교과와 관련하여 어떻게 학생 중심 교육을 실천할 것인가?
3. 진로 역량을 함양하기 위해서 어떻게 교육할 것인가?

2. 2019년 경기 집단토의

다음 조건을 포함하여 교육 생태계 확장 방안에 대해 논하시오.

〈조건〉
1. 학생에게 필요한 역량
2. 교사로서 교육 생태계 확장에 대한 생각
3. 교육 생태계 확장을 위한 교육활동

3. 2018년 경기 집단토의

〈담화문〉을 보고 자신의 전공(영양, 보건, 상담, 사서)과 관련하여 학생 중심 수업 활성화 방안에 대하여 논하시오.

〈담화문〉
- A교사 : 학생 중심 교육을 위해 다양한 방식으로 교육을 하고 싶어요.
- B교사 : 학생 외에도 학부모, 동료 교사 등 교육 공동체의 의견을 듣기 위해 다양한 방법으로 소통하기를 원해요.
- C교사 : 학생 중심 교육을 실현하기 위해 교사, 지역사회, 학생 등 모든 교육 공동체가 협력할 수 있는 방법이 필요해요.

4. 2017년 경기 집단토의

다음 상황에 처해 있는 학교가 있다. 이 학교의 교육 비전을 공동 토의하여 도출하시오.

- 학교 : 신도시 외곽에 있는 개교 2년차 고등학교
- 학생 : 학업 성취수준이 낮고, 무기력하고, 학교폭력이 자주 발생함
- 교사 : 변화를 시도하고자 하는 교사가 많음
- 학부모 : 대부분 맞벌이 가정이며, 학교 운영과 프로그램에 대부분 참여하지 못함

5. 2016년 경기 집단토의

제시문을 보고 경기도의 핵심 과제인 '안전한 학교'를 만들기 위해 구성원 전체가 참여하여 공동으로 실천할 수 있는 방안을 논의하시오.

〈제시문〉
- 과제1 : 건강하고 안전하고 쾌적한 학교 환경 조성
- 과제2 : 단 한 명의 학생도 교육에서 소외되지 않는 배움에서 평등한 학교
- 과제3 : 재난 위기 상황 발생 시 대응 능력 증진

예상문제

예상문제 1

 구상형

1. 다음 제시문은 진로를 선택하는 상황에서 학생들의 고민을 기록한 상담일지의 내용이다. 두 학생의 문제점이 무엇인지 각각 말하고, 담임교사로서 어떻게 지도할 것인지 각각 2가지씩 말하시오.

   - 민철 : 이 진로를 선택하면 흥미는 없지만 안정적으로 돈 벌고 살 수 있을 것 같아요.
   - 은지 : 저는 아이돌이 되고 싶어요. 그래서 맨날 아이돌 무대 영상만 보고 있어요.

2. A, B, C교사의 의견 중 가장 중요하다고 생각하는 것을 하나 선택하고, 그 이유를 교사상과 관련지어 말하시오. 그리고 교사상에 따라 어떻게 지도할 수 있을지 말하시오.

   - A : 올바른 인성을 지닌 사람으로 성장해가야 합니다.
   - B : 진로설정에 필요한 내용을 주로 배워가야 합니다.
   - C : 기초학력을 향상시키는 것이 중요합니다.

 즉답형

1. 학급운영을 어떻게 해나갈지 학기 초 학부모님께 안내해드리는 형식으로 답변하세요.
2. A학생은 학교수업에 관심이 없고 학교에 오기 싫어한다. 어떻게 지도할 수 있을지 말하시오.

예상문제 2

 구상형

1. 아래의 제시문은 한 신규교사의 교직일기이다. 제시문을 읽고 인성교육을 학교에서 어떻게 실천해갈 수 있을지 5가지 실천방안을 말하시오.

   > 교육청에서 '인성교육 5개년 계획'을 실시하고 있다. 우리학교도 전문적 학습 공동체에서 교육청의 방향성에 맞게 '인성교육 융합 교육과정'을 계획하고 실시하자는 의견이 나왔다. 각 교과마다 인성교육과 관련된 요소를 찾고 융합하여 지도하자는 것이었다. 학생들의 인성 및 생활지도에 효과적일 것이라는 생각이 들었다. 하지만 수업 진도를 나가기도 바쁜데 인성교육을 왜 실시해야 하는지에 대해 의문을 갖는 교사도 있었다.

2. 신규교사인 A교사는 다음과 같은 학급 운영에 어려움이 있다. A교사에게 필요한 자질과 이를 바탕으로 학생들의 고민을 해결할 수 있는 방안을 3가지 말하시오.

   - 학생1 : 제가 반장으로서 제 역할을 다 못하고 있는 것 같아요. 애들이 제 의견을 따라주지 않아요. 어떻게 해야 할까요?
   - 학생2 : 마니또 활동 싫어요. 유치하고 재미없어요. 잘 모르는 애한테 왜 잘해줘야 해요?
   - 학생3 : 수업이 재미없어요. 그냥 빨리 집에 가고 싶은데 그냥 수업에 자게 놔두면 안돼요?

 **즉답형**

1. 미디어 리터러시 교육의 중요성과 학교 내 활성화 방안을 말하시오.
2. 학생 상담 전에 선행되어야 할 것과 학생과의 라포 형성을 위한 방법을 말하시오.

예상문제 3

구상형

1. 다음 회의 내용을 보고 잘못된 점 3가지를 찾고, 이에 대한 해결방안을 각각 말하시오.

   - 교사A : 학생 급식시간 질서 확립 방안에 대한 교직원 회의를 시작하겠습니다.
   - 교사B : 저는 학생자치회가 사전에 회의한 내용이 괜찮다고 생각합니다. 선생님들께서 시간대를 돌아가면서 질서 유지를 위한 지도를 해주시면 좋지 않을까요?
   - 교사C : 학생자치회 애들이 자기들 봉사하기 싫어서 그런 의견 낸 것 아닙니까? 급식시간에 봉사시간 준다고 애들 시키면 될텐데요.
   - 교사D : 애초에 급식지도는 학생안전부 관리하에 있으니 안전부에서 해결하시죠.

   … (중략) …

   - 교사A : 자 오늘 나눈 대화를 교장선생님께 말씀드린 후 결정된 사항을 교사 메신저로 안내하겠습니다. 수고하셨습니다.

2. 다음 글을 통해 알 수 있는 우리 사회가 갖춰야 할 미래교육의 방향을 5가지 제시하시오.

   OECD는 2018년 '우리가 원하는 미래'의 성격을 아래와 같이 제시했다.
   - 모든 학생이 전인적 인간으로 성장
   - 학생이 지니고 있는 잠재능력 최대 발현
   - 개인과 사회의 웰빙에 기초한 공동의 미래사회 구축

   그리고 이를 실현하기 위한 교육의 역할을 강조했다.

즉답형

1. 원격수업과 대면 수업이 동떨어지지 않고 잘 연계될 수 있는 자신만의 방안 3가지를 말하시오.

2. 자신의 교육관을 말하고 이를 드러낼 수 있는 학급 운영 방안 3가지를 말하시오.

예상문제 4

구상형

1. 생태전환교육을 학교 현장에 실시하기 위해 필요한 교사의 자질과 구체적인 실시방안 5가지를 말하시오.

2. 다음은 '바칼로레아'에 대한 글이다. 제시문을 읽고 학생들이 생각하는 힘을 기르기 위해 필요한 역량과 이를 구체적으로 지도할 수 있는 방안 5가지를 말하시오.

> 시험지에는 다음과 같은 질문이 적혀 있다. '현재의 나는 나의 과거가 만들어낸 것인가?' 이 문제는 실제 2015년도 프랑스의 대입 자격시험 '바칼로레아'의 인문계열 철학 문제이다. 5개의 보기 중 적절한 것, 또는 적절하지 않은 보기를 고르는 연습만을 반복해온 한국 고등학생이라면 보기가 없는 주관식 시험에 적지 않은 충격을 받을 것이 분명하다. 올바른 답을 고르는 능력이 아닌 생각하는 능력을 보는 진짜 시험. 프랑스의 바칼로레아에 대해 알아보자.
> 매년 6월경에 치러지는 이 시험의 목적은 보다 많은 학생들에게 교육의 기회를 제공하는 것이다. 학생의 교육받을 권리를 보장하는 교육의 목적에 알맞게 80%의 합격률을 자랑한다.
> 프랑스의 '바칼로레아'가 우리에게 시사하는 바는 무엇일까. 답안지에 적혀 있는 한 가지 보기가 그 문제에 대한 진정한 해답은 아니라는 것이다. 출제자의 의도보다 중요한 것은 각자의 생각과 가치관이다. 하나의 정답을 향해 달려가기에 급급한 대한민국 학생들에게 진정으로 필요한 것은 한 권의 문제집이 아니라 질문에 대해 끊임없이 고민하고 자신의 생각을 표현하는 연습일 것이다.

즉답형

1. 다음 상황에서의 문제점 1가지를 말하고, 어떻게 해결할 수 있을지 A교사의 입장에서 말하시오.

> B교사의 수업 시간에 학생1과 학생2가 다툼이 일어났다. 서로의 신체에 상해를 가한 상태로 다툼이 끝났지만 B교사는 이를 A교사에게 알리지 않았다. 학생의 학부모를 통해서 이 사실을 알게 된 A교사는 B교사에게 물어봤으나 "애들 장난으로 끝났고, 그냥 서로 조금씩 긁힌거라서 수업 후에 보건실 가라고 안내했어요~"라며 지나쳤다.

2. 포스트 코로나 시대에 나타날 수 있는 교육 현장의 변화 2가지와 그 이유를 설명하시오.

예상문제 5

구상형

1. 다음 제시문을 읽고 학급 담임교사로서 해결방안 5가지를 말하시오.

   학생A는 다문화가정 학생이다. 수업에 집중하는 모습을 보이지만 언어의 장벽으로 학업성취도는 낮은 편이다. 그래서 점점 학교 수업에 흥미를 잃어가는 것 같다. 교우관계는 좋은 편이나 한 번씩 서로 이해하지 못하는 부분이 생겨 학생들이 교사인 나에게 상담을 하러 온다. 나도 A학생의 문화를 잘 알지 못해 상담하는 것이 쉽지 않다.

2. 다음 에듀테크에 관한 기사를 읽고, 교사로서 미래교육을 실천할 수 있는 5가지 방안을 말하시오.

   교육감은 "AI 기반 맞춤형 학습 지원을 위한 교육데이터 분석 시스템 구축은 변화하는 시대에 필요한 필수 사업"이라며 "에듀테크 기업과의 지속적인 협력을 통해 상생할 수 있는 미래교육 생태계를 조성하고, 나아가 수요자의 교육만족도를 높일 수 있도록 끊임없이 최선을 다하겠다"고 밝혔다.
   － ○○일보

즉답형

1. 다음 글의 의미를 설명하고, 자신만의 실천방안을 말하시오.

   교육과정의 질은 교사의 질을 뛰어넘을 수 없다.

2. 다음과 같은 어려움을 겪는 교사들을 위해 협력 수업의 중요성과 수업 나눔의 장점을 포함하여 조언하시오.

   - 교사A : 학생들이 제 수업을 재미없어 하는 것 같아요. 근데 뭐가 잘못된지 모르겠어요.
   - 교사B : 수행평가랑 지필평가 등등 시험 일정에 맞추려면 수업이 너무 정신없어요.

예상문제 6

1. 다음 기사를 읽고 건전한 학교 조직문화를 만들어 가기 위한 자신만의 방법을 3가지 말하시오.

   ○○교육청은 솔선수범하는 청렴문화를 확산시키고 교육 현장의 청렴 분위기 확산을 위해 관내 학교의 청탁방지담당관(교감) 및 행정실장, 교사들을 대상으로 청렴 교육을 실시했다. 특히, 약속, 책임, 배려, 정직, 절제, 공정 등 청렴의 6가지 덕목을 강조하면서 청렴의 반대 개념은 부패가 아니라 청렴의 덕목을 지키지 않는 '청렴 아님'의 영역이라고 설명해 현장에서 실천하는 청렴의 중요성을 인식시켰다.
   － ○○일보

2. 다음은 학교에서 실시한 설문조사의 일부이다. 이에 대한 해결방안 3가지를 말하시오.

   〈우리학교 상호 인사하기 문화에 대한 설문〉

	매우 잘함	잘함	보통	나쁨	매우 나쁨
학생	2%	8%	15%	30%	45%
교사	3%	6%	20%	31%	40%

1. 다음 상황에서 학부모 상담 시 교사가 보여야 하는 태도와 내용을 말하고 상황을 해결할 수 있는 방안을 말하시오.

   학부모A는 학기 초부터 교사B에게 무리한 부탁을 하고 있다. 학원 숙제를 학교 수업시간에 풀 수 있도록 시간을 확보해 달라는 것과 급식 시간에 선생님이 함께 밥을 먹어달라는 것을 요구하며 들어주지 않으면 지속적으로 민원을 제기할 것이라고 말한다.

2. 학생들 간의 민주시민역량을 키우기 위한 방안으로 교사A가 고안해 낸 방법이다. 내 수업에서 활용하고 싶은 것과 이유 2가지를 말하시오.

   • 수업 내 모둠 활동, 마니또 활동, 1인 1역할, 학급자치회 부서별 활동

예상문제 7

 구상형

1. 독서교육에 대한 다음 고민들을 보고 학교 내 독서교육 활성화 방안을 3가지 이상 말하시오.

   - 어떤 내용과 수준을 선정해야 할지 모르겠어요.
   - 만화책도 독서교육에 도움이 될까요?
   - 같은 책만 계속 읽는데 괜찮을까요?

2. 학생A는 다음과 같은 문제를 겪고 있다. 이 학생을 지원할 수 있는 방안을 자신의 교육관과 연계하여 설명하고, 학급 운영에서 활용할 수 있는 방안을 말하시오.

   - 가정 형편이 어렵고 한부모 가정으로 어머님의 돌봄이 부족한 상태
   - 친구들과 쉽게 어울리지 못하고 조용한 성격
   - 기초학력 학업 성적이 저조한 상태

 즉답형

1. 토의·토론 학습을 왜 해야 하는지에 대해 학생들의 불만사항이 있다. 학급 담임교사로서 대처할 수 있는 방안을 말하시오.

2. 다음은 A교사의 고민이다. A교사에게 필요한 역량과 이를 해결할 수 있는 방안을 조언하시오.

   '학급 운영에, 수업 준비에 학부모 상담까지 너무 일이 많아. 그런데 부장님이 자신의 업무까지 지시하는 것 때문에 오늘도 야근을 해야 해. 부장님이 지시한 일이니 무조건 해야하겠지?'

예상문제 8

구상형

1. 개별화교육을 통합학급, 특수학급에서 어떻게 실현할 수 있을지 담임교사로서 각각의 실천방안을 3가지씩 말하시오.

2. 두 학부모님의 입장 중 자신의 입장과 가까운 학부모님을 선택하고 그 이유를 말하시오. 또한 선택하지 않은 학부모님과 상담을 한다면 어떻게 상담을 할 것인지 말하시오.

   - 학부모 A : 특수교육대상 학생들에게 예체능 수업은 학생들의 삶의 질을 높이며 전인격적 성장을 도울 수 있다.
   - 학부모 B : 특수교육대상학생들의 학력 신장을 위해 예체능 수업 비중을 줄이고 국, 영, 수 수업 비중을 늘려야 한다.

즉답형

1. 장애인식개선 교육은 매년 받아야 하는 교육이라 따분하게 생각하여 학생들이 집중하지 못하고 있다. 담당 교사로서 어떻게 대처할 것인지 말하시오.

2. 다음 글의 의미를 설명하고, 자신만의 실천방안을 말하시오.

   교육의 진정한 목적 중의 하나는 부단히 문제를 제기할 수 있는 환경 속에 인간을 두는 것이다.

예상문제 9

1. 다음은 학부모님에게 실시한 설문조사의 일부이다. 이에 대한 해결방안을 5가지 말하시오.

〈학부모님과의 소통 정도에 대한 설문〉

	매우 잘함	잘함	보통	나쁨	매우 나쁨
학생	2%	8%	15%	30%	45%
교사	3%	6%	20%	31%	40%

2. 다음 세 학생의 행동 특성을 종합적으로 고려하여 지도방안을 보완할 방법에 대해 말하시오.

- A학생 : 교사가 주의를 주어도 계속 엎드려 잠
- B학생 : 준비물을 가져오거나 학습지를 잘 보관하지 못해 늘 학습준비가 되어 있지 않음
- C학생 : 교사와 면담하는 것을 힘들어 함

1. 코로나19 상황으로 실시했던 우리나라의 비대면 수업의 한계와 아쉬움을 1가지 말하고, 향후 비대면교육을 해야 할 상황이 온다면 어떻게 실시할 것인지 담임교사의 입장으로 답변하시오.

2. 다음은 A교사의 고민이다. A교사에게 필요한 역량과 이를 해결할 수 있는 방안을 조언하시오.

'우리 학부모님들은 너무 불만사항이 많으셔. 학생이 밥을 어떻게 먹었는지, 원적학급에서는 어땠는지 매일 피드백을 요구하시지. 또 하루에 한 장의 사진을 매일 보내달라고 요구하셔. 너무 부담스러워.'

예상문제 10

 구상형

1. 로봇이 교육을 대신할 수 있다고 생각하여 학교교육에 대한 의문을 제기하는 학부모님이 있다. 학부모님께 담임교사로서 상담할 수 있는 내용 4가지와 학생이 어떤 인간으로 성장해야 하는지 자신의 성장관에 대해 말하시오.

2. 다음은 마을교육 공동체에 대한 글이다. 자신의 교과 영역에서 마을교육 공동체를 활용해 진행할 수 있는 교육활동 4가지를 말하시오.

> 2015년 H초등학교의 발레단이 마을 학교에서 연습을 시작한 것을 계기로 학교와 마을 학교 간의 협력 관계와 순환 체계가 자리를 잡아갔다. J중학교의 학교 신문반 학생들이 J마을신문과 연계해 학습 활동을 하거나, S중학교의 학생들이 정규 교과 시간이나 자율 동아리 활동 시간에 마을 도서관으로 나가 벽화를 그리거나 마을 축제 포스터 제작, 노래와 연주, 마을 자원 지도 그리기 등의 학교 밖 배움을 경험할 수 있었다.

 즉답형

1. 독서교육을 왜 해야 하는지에 대해 학생들의 불만사항이 있다. 학급 담임교사로서 대처할 수 있는 방안을 말하시오.

2. 다음의 상황에서 교사에게 필요한 자질 2가지와 그 이유를 말하시오.

> 수현이는 또래관계가 좋지 않다. 또래관계가 좋지 않아 학교를 나오고 싶어하지 않는다. 수현이의 원활한 학교 생활을 돕고 싶은데 어떻게 해야 할지 모르겠다.

CLASS 06. 심층면접 주요 주제(정책, 이론)

 면접에서 다루는 학교 속 Hot한 주제들

① 교직관

뚜렷한 교직관을 갖자!

심층면접에서의 단단한 뿌리는 뚜렷한 교직관입니다. 뿌리가 흔들리는 나무는 잘 자랄 수 없듯 자신의 교직관을 명확히 하지 못한다면 교직에 대한 자신의 의견을 정확하게 전달하기 어렵습니다. 앞선 기출문제에서도 보셨듯 교직관은 여러 문제에 녹여져 답변하게 되어 있습니다. 전공 이론을 암기하는 것과 달리 교직관이란 내가 추구하는 교사란 어떤 사람이고, 학생들을 만나 어떻게 학급을 운영해나가고, 학교에서 문제상황이 발생했을 때 어떤 것에 중점을 둘지 등 많은 고민을 한 끝에 서서히 자리 잡게 됩니다. 지금 당장은 자신의 교직관이 어떠한지, 무엇에 중점을 둘지 감이 오질 않는다 해도 뒤에 나오는 다양한 정책, 이론 등을 통해서 혹은 다양한 경험과 지식들을 통해서 자신이 교직생활을 하며 중요하게 생각할 부분은 어떤 것들이 있는지 생각해보는 시간을 꼭! 가져보세요.

1) 두고두고 생각해 볼 질문들

① 나는 어떤 사람인가?
② 내가 가지고 있는 가치관과 신념은 무엇인가?
③ 교육이란 무엇인가?
④ 왜 교육이 필요한가?
⑤ 교육을 통해 얻을 수 있는 것은 무엇인가?
⑥ 교사란 어떤 존재인가?
⑦ 내가 추구하는 교사는 어떤 모습인가?
⑧ 교사로서 전문성을 키우기 위해 내가 할 수 있는 것은 무엇인가?
⑨ 학생은 어떤 존재인가?
⑩ 학생들과 함께 할 때 가장 중요하게 생각하는 것은 무엇인가?
⑪ 수업을 통해 나와 학생이 얻을 수 있는 것은 무엇인가?
⑫ 지식이란 무엇인가?
⑬ 지식은 어떻게 접근할 수 있는가?
⑭ 학부모와의 관계를 어떻게 유지할 것인가?
⑮ 동료교사와 어떤 관계를 형성할 것인가?

2) 교직관 관점

① 성직관
- 교직을 세속적인 직업과 달리 보는 관점
- 성직자와 같은 사랑, 희생, 봉사가 강조되며 모범적인 삶을 살아야 함
- 특별한 사명의식을 갖고 교사라는 직업을 갖게 됨

② 노동직관
- 교직은 노동직 중 하나이며 학교라는 직장에 고용된 직업인
- 법에 보장된 권리를 누려야 함
- 잘못된 관행에 맞서 싸워야 함

③ 전문직관
- 수업, 생활 지도 등 전문성을 가지고 학생을 가르쳐야 함
- 전문성에 기반하여 자율적으로 업무를 구성, 수행
- 자율성에 대한 책임감을 가지고 학생 성장을 도모해야 함

* 어느 한 관점에 치우치는 것을 지양하고 조화롭게 자신만의 교직관을 형성해야 함

 리미쌔미 Fact Check

리미쌔미의 교직관은 어떤 것이에요?

- **현쌤** : 요즘 학생들은 '갓생'이란 단어를 많이 사용합니다. 시간을 허투루 쓰지 않고 자신 삶의 주체가 되어 부지런히 다양한 경험을 쌓는 사람들을 말합니다. 주도적으로 자신의 삶을 개척해 나가는 좋은 유행이라 생각합니다.
  우리 학생들이 '갓생'의 삶을 살 수 있도록 저 또한 학생들 보다 먼저 부지런히 많은 경험을 하고 많은 지식을 구성해 보며 학생들이 자신의 삶을 개척하고 변화에 대응하는데 있어 창의적인 안내자가 되어 줄 수 있는 '갓선생'이 되도록 노력하겠습니다.

- **김쌤** : 저의 교사관은 '아름다운 하모니를 이루는 것'입니다. 학생 개개인이 각자 다른 음을 가지고 있다는 것과 뚜렷한 개성을 가진 그대로를 존중하되, 공동체를 이루며 함께 할 때 아름다운 화음을 이루어낼 수 있도록 돕자는 것이 저의 교직관입니다.
  틀린 음은 없습니다. 다른 음이 있을 뿐입니다. 학생들이 성장하며 아름다운 자신의 소리를 내며 타인과 조화로운 화음을 만들어갈 수 있도록 돕는 조력자로서의 역할을 다하겠습니다.

- **오쌤** : 배움의 바다 속에서 교사는 학생에게 수영을 알려주기도 하고 함께 헤엄치며 놀기도 하며 파도에 휩쓸린 학생을 구출하기도 합니다. 바다에 여러 위험 요소와 변화 상황이 있듯이 교사는 시시각각 변할 수 있는 교육 환경 속에서 학생 성향 및 환경을 파악하고 함께 헤쳐나갈 준비를 해야 합니다.
  또한 학생의 배움과 성장을 위해 학습 발판을 마련하고 올바른 방향으로 길을 찾을 수 있도록 도와줘야 합니다. 이런 면에서 보면 교사가 일방적으로 학생에게 도움을 주는 조력자로만 보일 수 있지만 학생의 올바른 성장이 교사의 자아 효능감 또한 향상시키므로 서로 협력자의 관계가 될 수 있다고 생각합니다.

☆ 여러분의 교직관을 적어보세요.
1.
2.

② 2022 개정 교육과정

어떻게 바뀌었을까요?

2022 개정 교육과정을 알아보는 이유는 무엇일까요? 아래 교육과정 개정 이유와 중점을 살펴보면 앞으로의 교육 현장에서 중요하게 다룰 키워드는 무엇인지 가득 담겨있기 때문입니다.

1) 교육과정 개정 이유는?

예측할 수 없는 4차 산업혁명의 가속화로 인한 사회 변화, 학령인구 급감 등 교육 환경 변화에 대응하고, 미래교육으로의 대전환을 준비하기 위해 개정함

2) 교육과정 개정 중점

① 미래사회 변화에 대응할 수 있는 역량을 가르치는 교육과정
  - 지속가능한 사회를 위한 생태전환교육을 실천함
  - 디지털 기초 소양을 강화하고 정보교육을 확대함

② 학생의 진로와 적성을 바탕으로 성장할 수 있는 맞춤형 교육과정
  - 교과 재구조화와 고교학점제 등을 통해 과목 선택권을 확대함
  - 진로의 연계와 학교생활 적응을 위한 진로연계학기를 도입함

③ 학교 교육과정의 자율성 강화 및 책임교육
  - 학교 자율시간을 도입하여 다양한 연계 교육과정이 가능하도록 함
  - 지역·학교 간 교육격차를 완화하고 책임교육을 강화함

④ 디지털·인공지능 교육환경에 맞는 교수·학습 평가
  - 창의력과 비판적 사고를 위한 교수·학습과 평가로 개선함
  - 온·오프라인이 연계된 수업을 진행함

특히 새 교육과정 개발은 학습자들이 디지털 전환, 기후환경 변화 및 학령인구 감소 등 미래 사회 변화에 적극적으로 대응할 수 있는 기초 소양과 역량을 함양하여, '포용성과 창의성을 갖춘 주도적인 사람'으로 성장할 수 있도록 우리 교육의 체제를 혁신하고자 추진되었습니다. 이러한 키워드들을 면접의 다양한 부분에 응용하여 녹여낸다면 변화하는 교육에 발맞춘 좋은 답변을 제시할 수 있겠죠?

3) 2015 개정 교육과정 핵심역량

① 자기관리 역량
  자아 정체성과 자신감을 가지고 자신의 삶과 진로에 필요한 기초 능력과 자질을 갖춰 자기 주도적으로 살아갈 수 있는 능력

② 지식정보처리 역량

문제를 합리적으로 해결하기 위하여 다양한 영역의 지식과 정보를 처리하고 활용할 수 있는 능력

③ 창의적 사고 역량

폭넓은 기초 지식을 바탕으로 다양한 전문 분야의 지식, 기술, 경험을 융합적으로 활용하여 새로운 것을 창출하는 능력

④ 심미적 감성 역량

인간의 대한 공감과 이해, 문화적 감수성을 바탕으로 삶의 의미와 가치를 발견하고 향유하는 능력

⑤ 의사소통 역량

다양한 상황에서 자신의 생각과 감정을 효과적으로 표현하고 다른 사람의 의견을 경청하며 존중하는 능력

⑥ 공동체 역량

지역·국가·세계 공동체의 구성원으로서 요구되는 가치와 태도를 가지고 공동체의 발전에 적극적으로 참여하는 능력

 리미쌔미 Fact Check

학교에서 보는 2015 개정 교육과정과 2022 개정 교육과정 무엇이 다를까?
- **현쌤** : 2015 교육과정은 지식정보 사회가 요구하는 창의 융합 인재 양성을 이야기했다면 2022 교육과정에서는 미래 사회의 불확실성을 대비하는 역량에 초점을 맞췄다고 생각해요. 학생들이 변화대응력을 키우고 창의를 넘어 혁신을 주도하고 더 나아가 이런 모든 변화를 포용할 수 있는 능력까지 학교에서 배울 수 있도록 강조했어요.
- **김쌤** : 예전에는 SW 기초소양만 담았다면 앞으로는 디지털 기초소양 기반 마련과 AI 등 신기술 분야 학습까지 이루어질 것으로 보여요.
- **오쌤** : 학교 시수 증감이 많은 변화가 있는데 시수 운영이 자유로워진 만큼 학생들의 수업 활동에도 많은 변화가 있을 것 같아요. 또한 상급학교 진학 전 2학기 중 일부를 진로연계학기로 운영하는 것도 학생들의 진학 후 변화되는 학교생활에 미리 도움이 될 것 같아요.

☆ 여러분은 2022 교육과정에서 가장 중요한 점이 무엇이라고 생각하나요?

☆ 이런 부분을 교육과정 또는 학급 운영에서 어떻게 다룰 수 있을까요?

③ 교육분야 5대 국정과제
앞으로 우리나라 교육이 나아가야 할 방향

1) **100만 디지털인재 양성**
   ① 디지털·AI 등 역량을 갖출 신산업·신기술 분야의 핵심인재 양성
   ② 4차 산업혁명시대, 디지털 대전환에 대응한 SW·AI 및 디지털 교육기반 조성

2) **모두를 인재로 양성하는 학습혁명**
   ① AI 등 신기술을 활용한 교육혁신으로 미래 핵심 역량을 갖춘 인재 양성
   ② 학생 개개인을 위한 국가 책임의 학습 지원과 진로·경력관리 시스템 구축

3) **더 큰 대학자율로 역동적 혁신 허브 구축**
   ① 4차 산업혁명에 대응한 대학의 자율적인 혁신과 유연한 제도 운영 지원
   ② 대학의 기술·자원을 활용해 창업교육 강화 및 대학 내 창업 생태계 구축

4) **국가교육책임제 강화로 교육격차 해소**
   ① 모든 아이들이 행복하게 성장할 수 있게 교육과 돌봄의 국가책임 강화
   ② 소외계층 없는 맞춤형 교육과 전 국민 평생학습 지원 등으로 교육격차 해소

5) **이제는 지방대학 시대**
   ① 지역과 대학 간 연계·협력으로 지역인재 육성 및 지역발전 생태계 조성
   ② 국민 누구나 자신의 역량을 지속 개발할 수 있는 평생·직업교육 강화

> **리미쌔미 Fact Check**
>
> **왜 이런 교육 관련 이슈&과제를 알아야 할까요?**
> 교육관련 정책은 대부분 3개년, 5개년으로 계획을 수립하고 진행해요. 이런 정책과 이슈들에 어떤 내용들이 자주 나오는지 주의 깊게 본다면 교사로서 더 배워야 할 부분, 실천해야 할 부분, 학생들에게 가르쳐야 할 부분이 보이고 교사 또한 지속성 있게 성장할 수 있어요!

4 고교학점제

고등학교도 대학처럼 학점을?!

중학교가 자유학년제를 하고 정말 많은 변화가 있었죠? 그것만큼 고등학교에 큰 변화의 바람이 불고 있어요. 바로 그 변화는 고교학점제! 어떻게 구성되어 있는지, 교사가 준비해야 할 것은 무엇인지 잘 알아둬야겠죠?

1) 고교학점제의 이해

(1) 고교학점제란?

학생이 기초 소양과 기본 학력을 바탕으로 진로와 적성에 따라 다양한 과목을 선택하고 목표한 성취 수준에 도달했을 때 과목을 이수하여 누적 학점이 기준에 도달하면 졸업을 인정받는 교육과정 이수 운영 제도

(2) 고교학점제가 도입된 이유는?

① 4차 산업혁명으로 인해 사회 구조와 직업세계가 급격하게 변화되어 학생들에게 기존의 교육이 아닌 미래사회에 적응할 수 있도록 돕는 에듀테크 활용 교육, 개별화 교육 등이 필요함
② 학령인구 및 생산연령인구 감소를 초래해 인력 부족, 지역 공동화 등 국가 성장잠재력 약화로 이어질 우려가 있어 교육을 통한 인재 양성이 필요함
③ 학생들은 텍스트보다 이미지·동영상 등 디지털 기반 콘텐츠를 통한 이해를 선호하므로 능동적으로 지식과 정보를 선택하여 스스로 진로를 설정해야 함
④ 급격한 기술 진보와 경제 성장에도 불구하고 한편으로는 고용 불안 소득, 양극화 등 사회적 불평등이 심화되어 학생들에게 균등한 교육 기회 제공이 필요함
⑤ OECD, 등 국제기구에서도 미래 사회 대응을 위해서는 삶에 대한 적극성, 주도성과 책임감을 지닌 인재 양성을 강조함

OECD Education 2030 : 학생 주도성 및 변혁적 역량 강조

1. 창의성, 문제해결력(Creating new value, 새로운 가치 창조)
2. 협동, 공감, 갈등 관리(Reconciling tensions and dilemmas, 긴장과 딜레마 해소)
3. 책임감, 시민성(Taking responsibility, 책임감 가지기)

(3) 고교학점제 효과
① 경쟁과 선발 중심의 교육에서 학생들의 협력과 성장을 지향하는 포용교육으로 전환함
② 학생 스스로 의미 있는 지식을 모아 진로와 학업을 디자인해 나갈 수 있는 능력을 향상시킴
③ 첨단 기술 환경에서 에듀테크 기반 미래형 교육을 구현함
④ 학생과 교사가 함께 만들어 가는 과목을 설계하고, 학교 밖 교육 활성화 등 학교 교육의 경계가 확장됨
⑤ 교육과정, 학교 공간, 학교 문화 등의 고등학교 교육의 종합적 혁신을 도모

> 리미쌔미 Fact Check
>
> 고교학점제가 도입된 배경과 그 효과를 보면 앞으로 변화될 교육을 가장 많이 대변하고 있어요. 그만큼 여기 나오는 키워드들을 외워두면 응용하기 좋겠죠?
> 학생들의 포용과 소통 능력, 미래사회에 빠르게 대응하는 주도성 등 앞으로 고등교육이 추구해야 할 많은 내용을 담고 있네요!

(4) 고교학점제 운영과정
① 운영 중점
- 선택과목 수요조사, 수강 신청 절차 등을 통해 학생의 수요를 반영할 수 있도록 함
- 학생들이 자신의 진로와 연계된 학업 계획을 수립해 이수할 수 있도록 진로·학업지도함
- 학생들이 과목 이수 기준에 도달하여 학점을 취득할 수 있도록 책임 교육을 강화하여 기초 소양과 기본 학력 보장

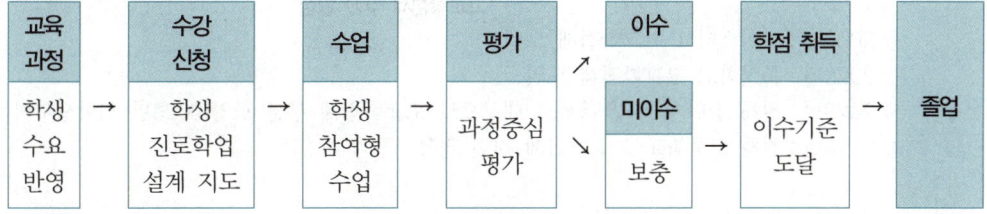

② 고교학점제에 따른 학교의 변화

구분	기존 학교	고교학점제 학교
학년별 주요 진로 활동	• 고1 : 일반적 진로 활동 • 고2 : 내신 성적 중심 • 고3 : 성적별 진학 결정	• 고1 : 진로 집중학기 운영 • 고2 : 과목 선택 및 수강 • 고3 : 진로 기반 진학 준비
과목 선택	대입을 위한 정해진 과목	학생 수요에 따른 과목
수업량	• 교과 180단위 • 창체 24단위 (자율, 동아리, 봉사, 진로활동)	• 교과 174학점 • 창체 18학점 (자율자치, 동아리, 진로)
졸업 요건	각 학년 수업일수 2/3 이상 출석	3년간 192학점 취득
평가	상대평가	성취평가
수업 공간	교실, 오프라인 수업	지역사회 활용, 온라인 수업 확장
수업 운영	• 주당 34시간 • 학급별 시간표 • 교실 수업 위주	• 주당 32시간 • 개인별 시간표 • 도서관, 개별 학습공간 활동
교사 업무	• 단일 교과 지도 • 교무생활 지도 중심	• 다교과 지도 • 교육과정 중심 업무

2) 고교학점제 운영 방안

고교학점제 추진 일정
① 2020년 : 마이스터고 고교학점제 도입
② 2022년 : 특성화고 고교학점제 도입
③ 2023년 : 전체 일반계고 및 특목고 대상으로 고교학점제 부분 도입(2023년 입학생부터 적용)
④ 2025년 : 전체 고등학교 고교학점제 전면 적용

(1) 학교 규정 및 체제 정비
① 학교 규정 정비 : 학교 규칙 및 교육과정 관련 내부 규정을 정비함
② 학교 문화 혁신
  • 교사 문화 변화
    학생 수요에 따른 개설 과목이 확대됨에 따라 교사의 다과목 지도 역량이 크게 필요해짐. 또한 교수, 학습, 평가를 위한 다양한 정보 나눔이 필요하기 때문에 더욱 더 협력적 공동체 문화가 강조됨

기존 교사상		변화된 교사상
• 교과지식의 전달자 • 입시 및 진학 지도 전문가	→	• 학생의 성장을 지원하는 진로·학업 설계 안내자 • 교수 학습 및 평가 전문가

- 학생 문화 변화
  학생 스스로 학습, 진로를 설계하는 능력을 갖춘 자기주도적, 창의적 학습자

기존 학생상		변화된 학생상
• 제시된 교육과정을 이수하는 수동적 존재 • 타율적 관리의 대상	→	• 새로운 가치를 창조하는 학습자 • 자율적 존재로 스스로 진로를 설계하는 학습자

- 학부모 문화 변화
  고교학점제에 대한 이해를 바탕으로 자녀의 진로·진학을 위한 안내와 조언자

(2) 학생 선택형 교육과정 편성·운영
  ① 학생 선택형 교육과정 의미
    학생이 자신의 흥미와 적성에 따라 진로를 탐색하면서 자율적인 과목 선택을 통해 학생 스스로 만들어가는 교육과정
  ② 학생 선택형 교육과정의 목적
    입시와 경쟁 중심의 획일적인 교육에서 벗어나 모든 학교에서 다양하고 특색있는 고교 교육 실현
  ③ 공동교육과정과 학교 밖 교육
    - 공동교육과정
      학교 자체적으로 학생 선택형 교육과정을 운영해야 하지만 학교 여건에 따라 모든 과목을 개설할 수 없을 때 보완하는 방안

공동교육과정의 유형

운영 방식에 따른 유형	
거점형 공동교육과정	연합형 공동교육과정
거점학교에서 과목을 개설하여 본교와 타교 학생 모두가 수강하는 교육과정	인근 학교가 연합하여 과목을 나누어 개설하고 상호 교차하여 수강하는 교육과정

수업 방식에 따른 유형	
오프라인 공동교육과정	온라인 공동교육과정
대면 수업 중심	실시간 쌍방향 원격 수업 활용

- 학교 밖 교육
  일정 요건을 갖춘 지역사회 기관을 활용하여 수업을 이수하는 교육

(3) 진로·학업 설계 지도 방법
① 다양한 교사의 협력을 바탕으로 학생이 자신의 진로를 탐색할 수 있도록 정보를 제공하고 지원함
② 졸업생 특강, 대학생 멘토링, 학부모 지원단을 활용할 수 있음
③ 학생들이 직접 체험하고 진로를 경험할 수 있도록 실습, 워크숍, 체험 부스 등의 다양한 진로 체험 방법 마련

(4) 학생 수업 및 평가 내실화
① 학생의 역량을 기르는 수업을 위해 교육과정 재구성 필요
② 교사의 전문성을 향상하여 다양한 선택과목을 운영
③ 다양한 컨텐츠와 온라인 수업의 활성화를 통해 학습자 중심의 수업 진행
④ 과정중심평가를 통해 학생들의 성취를 평가

3) 특수교육대상자의 고교학점제 참여
① 특수교육대상학생의 수요를 반영한 선택과목 개설과 학생들의 자율적인 교과목 선정
② 특수교육대상학생의 기초학력 보장을 위한 다양한 보충프로그램 필요
③ 특수교육대상학생의 개별 특성과 성장을 지원하기 위한 세분화된 맞춤형 교육 필요

 리미쌔미 Fact Check

특수교육대상학생의 선택교과 선택권이 보장될 수 있을지, 또 특수교육대상학생들이 과목의 특성과 교과 내용을 이해하고 선택한 것인지에 대해서도 생각해봐야 할 것 같아요. 만약 학생들이 이 부분에 어려움을 겪고 있다면 교사는 어떻게 지원할 수 있을지 그 방안도 고민해 봐야겠어요.

☆ 고교학점제에서 가장 중요한 핵심은 무엇일까요?

☆ 고교학점제에서 장애학생을 지원하기 위한 방법은 무엇이 있을까요?

5) 그린스마트 미래학교

리미쌔미 Pick! 가장 눈여겨볼 주제!

미래교육을 실현하려면 미래교육을 진행할 공간이 필요하겠죠? 디지털과 환경을 모두 생각한 그린스마트 미래학교가 바로 그 공간입니다. 그린스마트 미래학교는 어떤 곳일지 아래의 내용을 꼼꼼히 살펴보세요!

1) 그린스마트 미래학교란?
노후 학교시설을 단장하여 공간혁신, 그린학교, 스마트 교실, 학교시설 복합화를 통해 교수학습 혁신과 미래형 교육과정 구현이 가능한 미래교육 인프라를 갖춘 학교

2) 그린스마트 미래학교 등장의 이유는?
① 급변하는 미래사회를 선도할 인재 양성과 교육혁신의 중요성이 부각됨
② 교육과정 개편, 고교학점제, 에듀테크 활용 및 원격교육 등 새로운 교육과정과 교육체계에 맞는 교육환경이 필요해짐
③ 기후변화, 환경오염, 인구변화 등 세계적 위기에 대응하여 공동체 연대의 중요성이 강조됨

3) 그린스마트 미래학교 효과
① 교육과정, 교수학습, 학교시설 등을 종합적으로 혁신한 미래교육으로 전환할 수 있음
② 학생, 교직원, 학부모, 지역주민이 원하는 학교 모습을 함께 만들어 갈 수 있음
③ 지역·학교·공동체의 요구에 따라 비중을 달리하여 다양한 학교 모델을 운영할 수 있음

4) 주요 내용
(1) 공간혁신 : 개별 맞춤형 학습과 다양한 체험 활동을 할 수 있는 학교 공간의 혁신
　① 다양한 학습과 융합적 경험이 가능한 공간 조성
　　• 유연한 공간 : 크기와 용도 변화가 가능한 공간
　　• 창의 융합 공간 : 과목 간 또는 활동 간 융합이 이루어지는 공간
　　• 소규모 공간 : 온라인 수업에 대비한 개별 공간
　② 학생의 휴식과 소통이 있는 공간 조성
　　• 참여·소통공간 : 휴식 및 소통 공간 제공하여 인성 및 정서 함양
　　• 개방성 확보 : 내부 공간과 연결된 외부공간 마련
　③ 다양한 학습경험을 제공하는 교수학습 운영
　　• 선택학습 확대 : 통합·분반 수업 및 온·오프라인 수업으로 교과 선택 확대

- 주제 중심 수업 활성화 : 융합수업, 통합수업, 탐구수업 및 프로젝트 수업 활성화
- 인성·공동체 교육 : 협력수업, 자발적 소통을 통해 인성·공동체 의식 함양

(2) 스마트 교실 : 디지털 시대에 맞는 에듀테크를 활용한 스마트 학습환경 조성
① 디지털 기반의 스마트 학습환경 구축
- 무선 인터넷 : 온·오프라인 융합 수업이 가능하도록 무선 인터넷 환경 구축
- 개별 디바이스 : 교수학습 프로그램이 탑재된 디지털 기기(태블릿, 노트북 등) 지원
- 수업 기자재 : 첨단 학습 기자재 구비(VR, MR, 미러링 기기 등)
- 플랫폼 : 교수학습 통합플랫폼 구축
② 스마트한 학교 운영 체계 구축
- 교무학사 : 지능형 교육행정정보시스템을 통해 수강 신청, 과제 제출, 수업 피드백 등
- 기기 관리 : 학교 테크 센터 운영 등 기자재 효율적 관리
- 학생 안전 : 지능형cctv, 비콘 등 첨단 안전기술 활용
③ 디지털 전환 기반의 교수학습 혁신
- 블렌디드 수업 확대
- 교수학습 확장
- 맞춤형 개별학습

(3) 그린학교 : 탄소중립 실현과 체험하며 공감하는 환경생태학습의 실천을 위한 그린학교
① 탄소중립 제로 에너지 실현

패시브(Passive)		액티브(Active)	
냉·난방 에너지 사용량 최소화 (단열 성능 강화 등)	+	신재생에너지 생산 (태양광, 지열 등)	→ 제로에너지

② 학습과 휴식이 함께하는 생태학교
③ 환경생태교육의 장으로 활용되는 학교

(4) 학교 복합화 : 학교 시설을 지역과 공유하며 상생하는 공간으로의 변화
① 지역 사회와의 상생을 위해 학교를 공공시설로 조성, 개방
② 평생교육 및 자기계발 등을 위한 마을공동체 자원으로 활용

> 리미쌔미 Fact Check
> 이 4가지의 구성요소가 그린스마트 미래학교의 중요 핵심이에요! 그럼 이런 구성요소들이 어떤 정책과 함께 어우러져 사용될지, 함께 알아두면 좋은 정책들을 봐볼까요?

교육과정	2022 개정 교육과정 : 미래사회 대비를 위한 교육과정 개편
	고교학점제 : 과목 선택권 확대를 통해 학생 스스로 진로와 교육과정을 설계하는 교육 체제
	AI 융합교육 : 정보·AI 역량 강화를 위한 교육과정 체계화 추진
학교 환경	교과 교실제 : 다양한 과목 운영을 위한 학습 환경 구축
	학교공간 혁신사업 : 다양한 수업과 활동, 휴식이 공존하는 학습공간 구현
	학교시설 환경개선 : 노후 기자재 및 시설 교체, 석면 제거 등
	생활 SOC 학교시설 복합화 : 학교 안에 지역에 부족한 공공시설 확충
스마트 환경	무선 인프라 구축 : 교실에 와이파이 설치하여 디지털 기기를 활용하는 학습환경 조성
	K-에듀 통합플랫폼 : 콘텐츠, LMS 등을 연결하여 제공
	온라인 콘텐츠 활용 교과서 : 미래형 교과서 체제 기반 마련

5) 활용 방법

① 공간혁신 : 도서실-돌봄교실 융합, 개방형 공간 활용한 융합수업 등
② 스마트 교육환경 : 개인 태블릿 및 태블릿 대여 공간 활용, 에듀테크 활용, 고교학점제 환경 조성 등
③ 그린학교 : 제로에너지 건물, 교내 정원 조성 등
④ 학교시설 복합화 : 도서관, 자료실 등 학교 운영 시간 외 주민 활용, 주민과 학생 대상 목공·도예 프로그램 실시 등

 리미쌔미 Fact Check

그린스마트 미래학교의 개축, 증축을 위한 공사기간 동안 우리 학생들은 어디에서 수업을 받을 수 있을까요? 바로 '모듈러 교실'입니다! 모듈러 교실은 빠른 설치, 해체, 이동이 가능하도록 개발된 학교 건물이라 짧은 시간에 제작 가능하며 건설폐기물도 적다는 장점이 있습니다. 친환경 자재와 공기 순환 장치를 설치하도록 하고 있어 학생들의 안전과 건강도 염두에 두었습니다.

☆ 교사가 할 수 있는 그린스마트 미래학교의 4가지 핵심요소 실현 방법에는 어떤 것이 있을까요?

- 공간혁신

- 스마트교실

- 그린학교

- 학교 복합화

6 환경생태교육

소중한 지구를 위해 교육 현장에서는 어떤 교육을?

일회용기 줄이기, 분리수거하기, 재활용하기 등 사회에서도 환경에 대한 관심은 날로 뜨거워지는데요. 학교 또한 미래 환경문제의 심각함을 깨닫고 학생들에게 그 경각심을 알리고 환경을 보존하기 위한 교육을 강조하고 있답니다.

1) 환경생태교육이란?
환경에 관한 문제를 바르게 인식하고 환경 보전을 위한 구체적인 실천능력을 개발하기 위한 교육

2) 핵심 개념
(1) 생태전환교육
① 심각해지는 기후 위기에 대응해 인간과 자연의 공존과 지속가능한 생태 문명을 위해 개인의 생각과 행동 양식뿐만 아니라 조직문화 및 시스템까지 총체적인 전환을 추구하는 교육
② 생태전환교육의 핵심가치 : 통합, 변혁, 실천, 연대
③ 활성화 방안
- **환경동아리, 봉사활동** 등 체험 중심의 교육활동 진행
- **유치원, 초등학교** : 학교 텃밭 활용한 체험 활동
- **중·고등학교** : 자유학년제, 고교학점제를 연계한 환경 관련 수업 진행
- 에코스쿨, 그린스마트 미래학교 확대
- 기후위기 극복 방안 프로젝트 수업 확대

(2) 탄소 중립
① 이산화탄소를 배출한 만큼 이산화탄소를 흡수하는 대책을 세워 이산화탄소의 실질적인 배출량을 '0'으로 만드는 개념
② 실천 활동
- 일회용 플라스틱 컵 대신 텀블러, 다회용컵 사용하기
- 물티슈, 휴지 대신 개인 손수건 사용하기
- 냉방온도 2도 높이기
- 계절에 맞는 옷차림하기
- 냉장고 문 자주 열지 않기
- 대중교통 이용하기
- 양치, 설거지할 때 물 받아놓기
- 외출할 때 불 끄기

☆ 학급 단위로, 학교 단위로 할 수 있는 환경생태교육은 어떤 것이 있을까요?

7 원격수업(온라인 수업)
이제는 선택 아닌 필수!

1) 원격수업이란?
  ① 개념 : 교수-학습 활동이 서로 다른 시간 또는 공간에서 이루어지는 수업 형태
    * 원격수업은 수업의 공간적 특성 및 시간적 특성을 기준으로 동시적 원격수업 및 비동시적 원격수업으로 구분 가능
  ② 적용 : 2020.4.6. 수업 개시 이후 코로나-19 감염병 상황 등으로 인해 출석(집합) 수업이 곤란하여 한시적으로 원격수업을 실시

2) 원격수업 유형

구분	운영 형태
① 실시간 쌍방향 수업	• 실시간 원격교육 플랫폼을 활용하여 교사·학생 간 화상 수업을 실시하며, 실시간 토론 및 소통 등 즉각적 피드백 ※ (화상수업도구 예시) 네이버 라인 웍스, 구루미, 구글 행아웃, MS팀즈, ZOOM, 시스코 Webex 등 활용
② 콘텐츠 활용 중심 수업	• (강의형) 학생은 지정된 녹화강의 혹은 학습콘텐츠를 시청하고 교사는 학습내용 확인 및 피드백 • (강의+활동형) 학습콘텐츠 시청 후 댓글 등 원격 토론 ※ (예시) EBS 강좌, 교사 자체 제작 자료 등
③ 과제 수행 중심 수업	• 교사가 온라인으로 교과별 성취기준에 따라 학생의 자기주도적 학습내용을 맥락적으로 확인 가능한 과제 제시 및 피드백 ※ (예시) 과제 제시 → 독서 감상문, 학습지, 학습자료 등 학생 활동 수행 → 학습결과 제출 → 교사 확인 및 피드백
④ 기타	• 교육청 및 학교 여건에 따라 별도로 정할 수 있음

리미쌔미 Fact Check

각 학교는 교과별 성취기준 및 학습자의 온라인 학습환경 등을 고려하여 다양한 원격수업 형태를 자유롭게 활용할 수 있지만, 실시간 쌍방향 수업 등 학생의 수업 참여가 활성화되도록 노력해야 해요.

3) 원격수업 운영 기준

① **수업량**: 학생의 학습권 보장을 위해 단위 수업시간에 준하는 적정 수업량을 확보하도록 노력하여야 함
- 학교급, 학습내용의 수준, 학생의 학습부담, 학교 여건 등을 종합적으로 고려하여 탄력적으로 운영이 가능함

  - (실시간 쌍방향 수업) 학교급별 단위수업시간과 동일하게 운영하되, 준비시간 고려
  - (콘텐츠 활용 중심 수업) 동영상 등 콘텐츠 시청, 학습보고서 작성, 원격토론, 피드백 시간 등을 포함하여 단위수업시간에 준하여 운영
  - (과제 수행 중심 수업) 정규 수업시간 동안 수행 가능한 분량의 과제 제시, 학생 과제수행 시간 및 피드백 시간을 포함하여 단위수업시간에 준하여 운영

② **수업 유의사항**: 원격수업의 특성을 고려하되, 학습결손이 발생하지 않도록 교과목별 성취기준에 따른 수업 제공
- 단편적 강의 위주의 콘텐츠 학습만으로 진행되지 않도록 유의하며, 학생의 생각 표현과 활동의 결과를 제시할 수 있는 기회 제공
- 학업에 대해 흥미를 가지고 학습을 지속할 수 있도록 학생별 피드백 제공

4) 교수·학습

① **수업방식 혁신**

기존 교실 중심 체제에서 벗어나, 원격수업-대면 수업 간 혼합수업(블렌디드 러닝) 등 온·오프라인을 연계한 방식 도입 권장

혼합수업 구분	세부 모형 예시
원격수업 간 혼합	• 콘텐츠 활용 수업(예습학습)+실시간 쌍방향 원격수업 • 실시간 쌍방향 원격수업+과제수행형 원격수업 • 콘텐츠 활용 수업+과제수행형 원격수업+쌍방향 원격수업
원격수업+등교수업 간 혼합	• 원격수업(예습학습)+등교수업(피드백, 프로젝트 학습 등) • 등교수업(핵심개념학습)+원격수업(확인과제학습, 피드백)

② 역량함양 수업

토의·토론 수업 및 프로젝트 수업 등 학생의 역량을 함양할 수 있는 수업방법 운영 활성화

역량중심 수업 운영 예시
교과(통합사회) 실시간 쌍방향 모둠별 토의 수업(합리적 의사결정 모형)

- 주제 : 인권 기반의 사회 정의 실현 방안
- 방법 : 패들렛(온라인 포스트잇) 활용 브레인라이팅 수업 → 화상회의 프로그램 활용 실시간 쌍방향 모둠 토의 → 피드백(허니컴 프로그램의 보드 활용) 및 학습 노트 작성
- 역량 : 창의적 사고 역량+의사소통 역량+공동체 역량

창의적 체험활동
원격수업 간 블렌디드 수업(콘텐츠 활용+실시간 쌍방향 수업)

- 영역 : 민주시민교육(서로 존중하는 학급을 위한 학급규칙 세우기)
- 콘텐츠 활용 : 서로 다름을 이해하고 상호 존중의 중요성 알아보기(지식채널 활용)
- 실시간 쌍방향 : 화상회의 프로그램을 활용하여 토론을 통해 학급규칙 정하기
  ※ 실시간 댓글, 온라인 투표 등 활용
- 역량 : 의사소통 역량+공동체 역량+문제해결 역량

③ 맞춤형 피드백 제공

수업 중 형성평가를 활용한 학습 수준 진단, 참여도·태도 등을 종합적으로 관찰하여 개별 피드백 제공 활성화

5) 온라인 활용 수업에 필요한 교사의 역량

단계	필요 역량
교수·학습 준비	• 온라인과 오프라인의 각 장점을 최적화할 수 있도록 학습 내용을 구분하고 재조직하여 교육과정을 재구성하는 역량 • 온라인 학습의 이점을 활용하여 맞춤형 학습이 가능하도록 학생의 학습 경험을 설계하는 역량 • 온라인상의 풍부한 학습자원과 온·오프라인에서 활용 가능한 다양한 테크놀로지를 교수·학습에 통합하는 역량
교수·학습 운영	• 온라인 공간에서 수업을 운영하면서 보조적인 의사소통 도구들을 활용하여 학생들의 반응을 포착하고 학생들과 소통하는 역량 • 학생의 학습을 촉진할 수 있도록 상호작용 전략을 개발·활용하고, 적절한 피드백을 적시에 제공하는 등 퍼실리테이션과 관련한 역량 • 디지털 리터러시 역량

학생 평가	• 온라인 환경에서 교사가 학생의 학습과제 수행 과정 및 결과를 관찰하여 진단하고 모니터링하는 역량 • 향후 학습과 관련한 빅데이터가 구축되었을 때 이를 올바르게 해석하고 교수·학습 개선을 위해 활용하는 역량 • 온라인 기반 학생 평가 내실화와 신뢰도 제고를 위한 방안을 마련하고 실천하는 역량

6) 온라인 활용 수업 지원 방안

구분	세부 내용
인적·물적 인프라 구축	• 컴퓨터와 인터넷, 영상 녹화 및 녹음 장비 등의 하드웨어, 영상 편집 등의 소프트웨어, 그리고 콘텐츠 제작을 위한 별도 공간 등 온라인 수업을 위한 단위 학교의 물리적 인프라 정비 • 온라인 수업으로 인한 교사의 업무 부담 감소를 위해 온라인 수업 준비를 위한 교사 간 협업 체제 구축 • 단위 학교의 동 학년, 동 교과교사뿐만 아니라 다양한 교과교사 간의 공동 혹은 융합형의 공동 온라인 수업 준비를 위한 제도적 기반 마련 • 교과 전문성 신장을 통하여 협력적 수업 설계 및 자율연수 시간을 확보하는 방안 고려
온라인 교육 격차 해소를 위한 지원 체제 구축	• 취약 계층 학생 가정에 디지털 인프라를 지원하고 해당 가정의 학생과 학부모를 대상으로 하는 디지털 소양 교육(온라인 수업 이해, 기자재 활용법 등) 제공 • 온라인 교육 기간 발생하는 학습결손을 지원하는 지역사회의 역할 강화
학생 평가	• 온·오프라인 수업 및 학생 평가 방식을 연계할 수 있는 수업 및 학생 평가 활동 개발 • 온라인 수업에서도 의미 있는 학생 활동과 학습 경험이 이루어지므로 온라인 수업의 과정 및 결과를 기록하고 이를 학생 평가에 반영할 수 있도록 구체적인 방법과 절차를 마련

7) 원격수업 유의사항

① 공정성·형평성	교육청 및 학교는 원격수업 운영에 있어 공정한 학습 관리, 다문화 학생 및 기초생활 수급자 등 취약계층에 대한 배려 등을 위해 노력하여야 함
② 장애학생	교육청 및 학교는 장애 유형 및 정도를 고려한 원격수업 운영을 위해 노력하여야 하며, 필요한 경우 순회교육 등 지원 방안을 강구하여야 함
③ 초등 저학년	초등학교 1~2학년의 경우에는 담임교사가 보호자 상담(유·무선 포함) 등 다양한 방법을 통해 피드백하는 등 학생의 성장을 조력하여야 함

④ 비참여 학생	학교는 학생의 원격수업 참여를 위해 노력하여야 하며, 불가피하게 참여하지 못한 경우에는 해당 학생을 위한 대체학습 또는 보충학습 계획을 별도로 마련하여 학습 결손이 발생하지 않도록 노력하여야 함
⑤ 학교 간 공동교육과정	'학교 간 온라인 공동교육과정'은 기존의 시·도 온라인 공동교육과정 지침을 따르며, '학교 간 오프라인(출석) 공동교육과정'은 이 기준안에 따라 원격수업을 실시함
⑥ 교원역량	교육청 및 학교는 교원의 원격수업 설계 및 콘텐츠 활용 역량 등의 교원연수 및 컨설팅을 적극적으로 지원하여야 함
⑦ 기반 조성	교육청 및 학교는 학생의 원격수업 참여가 가능한지 확인하고, 원격수업 콘텐츠, 원격수업 플랫폼, 스마트기기 대여 등 원격수업 인프라 구비 및 원격솔루션 등 지원환경 조성을 위해 노력하여야 함
⑧ 질 관리	교육청 및 학교는 원격수업에 따른 학습결손이 발생하지 않도록 각 교과의 특성에 맞는 양질의 수업을 위해 노력하여야 함
⑨ 저작권	학교에서는 원격교육으로 운영되는 홈페이지 등에 '수업 및 수업지원 목적임'을 명시하고 학생에게 저작물을 다른 사이트에 공유하지 않도록 교육하여야 함

 리미쌔미 Fact Check

저작권 경고 문구 예시는 어떻게 쓸까요?
저작권법(제25조 제2항)에 따라 학교 수업을 위한 저작물(사진, 글, 그림, 영상 등)은 본 홈페이지에서만 이용 가능하며, 이 외의 공간에서 저작물을 공유 또는 게시하는 행위는 저작권법 위반에 해당될 수 있습니다.

8) 원격수업 장단점

① 장점
- 환경에 상관없이 활용 가능
- 속도 조절과 반복 가능
- 안전한 환경에서 수업 가능
- 다양한 온라인 프로그램 활용 가능

② 단점
- 수업에 대한 집중력과 흥미 저하
- 적극적 상호작용 어려움
- 교내 체험활동 어려움
- 수업 후 과제 증가
- 학습 격차 증가

③ 단점 해결방안
- **학생상담** : 전문상담사는 상담 수요조사 또는 심리지원 프로그램 운영 등을 통해 심리적 어려움을 겪고 있는 학생을 파악하여 상담 지원
- **소통강화** : 원격수업 시 실시간 조·종례 등을 통해 비대면 환경에서 교사-학생, 학생 간 소통을 강화하여 사회성 함양 및 정서발달 도모

☆ 교사의 원격수업을 위한 공간은 어떻게 마련할 수 있을까요?
(그린스마트 미래학교와 연관하여 생각해 볼까요?)

8) 에듀테크
디지털 교실 안의 새로운 교육

1) 에듀테크란?
교육(education)과 기술(technology)의 합성어. 이러닝을 넘어 학습자 맞춤 교육, 교사 업무 경감 등 교육효과를 높이기 위해 가상/증강현실·인공지능·빅데이터 등 신기술을 콘텐츠·솔루션·하드웨어·시스템 등에 접목한 제품과 서비스로 정보통신 기술(ICT)을 활용한 차세대 교육

 리미쌔미 Fact Check
4차 산업혁명 기술과 교육이 만나는 모든 경우가 에듀테크에 해당한다고 생각하면 돼요!

2) 에듀테크 사용 예시
① 학생이 게임 형식 문제 풀이를 수행하는 중, 인공지능으로 학생 수준을 진단하고 취약 부분 보강과 심화 학습 등을 맞춤형으로 제공하는 수학 교육 콘텐츠 활용
② 온라인 학교 시스템(LMS)을 이용하여 e학습터, 스터디 라이브, 구글 클래스룸 활용
③ 구성원 간의 소통을 위해 클래스팅, 위두랑 등의 플랫폼을 활용하여 학사 운영 안내
④ 학교시설 관리, 물품관리 등의 종합적 학교 운영시스템 활용
⑤ 학생의 학력, 정서, 진로에 관련된 빅데이터를 수집하여 분석하고 안내하는 시스템 활용

3) 에듀테크의 효과
① 체험·경험을 통한 자기주도학습이 가능하여 자율성과 주도성 증진
② 다양한 분야의 문제를 접하고 정보통신 기술을 활용하여 색다른 해결방안을 모색하며 문제해결 능력 향상
③ 여러 가지 콘텐츠, 시스템을 활용하며 창의성 및 비판적 사고 증진

☆ 에듀테크를 어떤 부분에 활용해 수업을 창의적으로 진행할 수 있을까요?

9 메타버스
가상현실에서 만나요!

1) **메타버스란?**
   초월과 가상을 뜻하는 '메타(Meta)'와 현실 세계를 뜻하는 '유니버스(Universe)'가 합쳐진 개념으로 가상세계에서 현실세계 활동을 하는 공간을 말함

2) **메타버스 4가지 주요 유형**
   ① 증강현실 : 스마트폰이나 태블릿 PC와 같은 디바이스에서 실제 환경에 가상의 사물이나 정보를 합성하여 보이게 하는 기술, 영상, 이미지, 정보 등이 합성되어 보일 수 있음
      예 포켓몬 고
   ② 가상현실 : 컴퓨터 그래픽으로 가상의 사이버 공간을 구축한 것, 현실 세계에서 불가능한 상황까지 실제 상황처럼 체험할 수 있도록 구축
   ③ 거울세계 : 현실 세계를 복사하되 정보성과 편의성을 더한 상태 예 구글 지도, Zoom
   ④ 라이프 로깅 : 자신의 삶에 관한 다양한 경험과 정보를 기록하여 저장하고 공유하는 활동
      예 페이스북, 인스타그램

3) **메타버스 플랫폼**
   ① 로블록스(Roblox)
   ② 제페토(ZEPETO)
   ③ 게더타운(Gather town)
   ④ 이프랜드(ifland)

4) **메타버스 교육의 장점**
   ① 새로운 사회적 소통공간으로 활용
   ② 콘텐츠 제작 등 높은 자유도에 따른 학습자의 자율성이 확대됨
   ③ 가상 세계에서의 새로운 경험을 통해 학습 흥미와 학습 참여도를 상승시킴
   ④ 교육격차를 줄일 수 있음
   ⑤ 미래사회 요구에 맞는 인재 양성이 가능함

5) **메타버스 교육의 단점**
   ① 프라이버시 문제 및 가벼운 유희 위주의 관계 형성
   ② 익명성의 특성으로 인한 각종 범죄의 가능성 증가
   ③ 정체성 혼란 초래 및 현실 세계 부적응

6) 교육에 메타버스를 도입할 때 체크리스트
① 학생들에게 유의미한 경험을 제공해줄 수 있는 콘텐츠를 탑재하고 있는가?
② 개인 맞춤형으로 설계되었는가?
③ 교사, 학생이 개인의 콘텐츠를 공유할 수 있는가?
④ 교육적으로 해로운 콘텐츠를 차단할 수 있는가?
⑤ STEAM 교육, SW 교육, 인공지능 교육을 고려하였는가?

 리미쌔미 Fact Check

다양한 플랫폼이 많은 교육 사업들에서 언급되었듯 메타버스도 교육 현장의 플랫폼으로써 활용될 것으로 보여요. 교사보다 IT 기기를 잘 다루는 학생들이 많은데, 학생들이 이러한 능력과 창의력을 발휘해서 활동한다면 메타버스는 교육적 효과를 극대화하기에 최적의 장소와 조건이 되지 않을까요?

☆ 메타버스를 활용한 교과수업을 효과적이고 재밌게 하려면 어떻게 해야 할까요?

10 개별 맞춤형 교육
이제 수업주체는 교사 NO! 학생 YES!

1) 개별 맞춤형 교육이란?
교육과정을 학생의 능력과 필요에 맞게 구성하여 학습을 촉진하는 다양한 지도 방식을 아우르는 포괄적인 교육

2) 개별 맞춤형 교육의 구성
① 학생 참여 : 교육과정 초기에 학습 목표와 학습 방법을 정하는 단계에 학생이 직접 참여
② 공동 창조 : 학생과 교사가 함께 학습 목표, 학습 내용, 평가를 공동 창조
③ 사회적 구성 : 공동의 학습 목표를 달성할 때 또래들과의 관계를 통해 생각이나 계획을 구성함
④ 자기 발견 : 학습하는 가운데 자신의 기술, 지식, 과제 수행을 스스로 돌아보며 피드백함

3) 개별화 학습 vs 개별 맞춤형 학습
* 개별화 학습 : 특수교육의 개별화 교육계획에 따른 개별화 교육과는 다른 의미의 학생 개별 교육을 뜻함

개별화 학습	개별 맞춤형 학습
• 개별화 학습은 교사가 학생에게 과제를 배정함 • 학생들이 학습활동을 선택할 수 있으나 교사가 제시한 범위에서 선택 한정	• 개별 맞춤형 학습은 교육활동 설계·개발 과정에 학생을 참여시킴 • 교육 활동, 내용과 평가에 학생의 의견을 적극적으로 반영

4) 개별 맞춤형 교육의 효과
① 창의적이고 비판적인 사고를 통해 새로운 아이디어를 창출할 수 있음
② 의사소통 능력과 협력을 바탕으로 구성원들과의 조화를 이룰 수 있음
③ 회복 탄력성이 높아 어려운 과제를 파악하고 해결하기 위해 노력함
④ 변화에 적응하는 융통성과 피드백을 받아들이고 성찰하는 능력이 향상됨
⑤ 목표와 시간을 스스로 관리하고 자기주도적으로 학습하는 능력이 향상됨

리미쌔미 Fact Check
미래교육에서 '맞춤형 교육'이란 단어가 많이 등장했어요. 그만큼 앞으로 미래교육에는 학생이 모든 교육과정에 참여하고 자기주도적으로 학습하는 활동이 중요시될 거에요!

☆ 에듀테크를 활용해 개별 맞춤형 교육을 실시하려면 어떻게 수업을 진행해야 할까요?

⑪ 디지털 미디어 리터러시 교육
넘쳐나는 미디어 정보 속에서 살아남기!

1) 디지털 미디어 리터러시 교육이란?
미디어를 통해 전달되는 내용에 대한 이해 및 정보의 진위 여부를 판단하여 비판적 사고를 기르는 교육

2) 디지털 미디어 리터러시 교육을 해야 하는 이유는?
① 원격수업의 일상화에 따라 미디어를 통한 정확한 정보를 인지하고 이를 효율적으로 활용하는 디지털 문해력을 키우기 위함
② 미래 사회에 적합한 기초 소양으로서 '디지털 소양'이 강조됨

> **리미쌔미 Fact Check**
> **디지털 소양이란?**
> 디지털 지식과 기술에 대한 이해와 윤리의식을 바탕으로, 정보를 수집·분석하고 비판적으로 이해·평가하여 새로운 정보와 지식을 생산·활용하는 능력

③ 비대면 소통, 정보공유의 평등성, 정보생산의 대중성이 강화되는 지능정보사회에서 보다 능동적·창의적인 시민성을 강화시키기 위함
④ 올바른 정보를 선별·평가하고 협업과 적극적인 참여를 통해 개인적·사회적 문제를 창의적으로 해결하는 역량 강화를 위함
⑤ 단순히 미디어 활용, 정보 수집, 제작하는 것에서 나아가 새로운 시대의 민주시민을 길러내기 위함

3) 디지털 미디어 리터러시 핵심 역량
① 디지털 활용 역량
② 디지털 참여 역량
③ 창의와 혁신 역량
④ 디지털 정서 지능 역량
⑤ 디지털 보안 및 탄력성 역량

4) 디지털 미디어 리터러시를 통한 민주시민교육
① 미디어 접근-이해-생산-윤리와 관련한 전반적인 미디어 리터러시 교육 활성화로 비판적인 사고와 공공의 문제에 참여하는 민주시민 육성

② 미디어 환경 변화에 대응하여 지능정보사회에 필요한 능동적·창의적인 미디어 리터러시 역량을 지닌 민주시민 양성

5) 디지털 미디어 리터러시 교육 방법

(1) 올바른 미디어 이해
  ① 누가 어떤 목적으로 만들었는지 살피기
  ② 자극적·선정적 기법을 사용하고 있는지 비판적으로 분석하기
  ③ 수용자에게 어떤 영향을 미칠지 예측하기
  ④ 특정 개인이나 집단이 어떻게 묘사되었는지 파악하기

(2) 시청자와 제작자로서의 동영상 플랫폼 살피기
  ① 시청자
    • 위험한 영상 콘텐츠 신고하기
    • 계획성 있는 시청 습관 들이기
    • 학업에 활용하기
  ② 제작자
    • 초상권과 개인정보 엄수
    • 자료화면 및 BGM 등 저작권 확인

(3) 소셜 미디어 바로 알기
  ① SNS 장점 : 자신을 다양한 방식으로 표현하고 사회의 건강한 변화를 도우며 전세계 사람들과 소통 가능
  ② SNS 단점 : 과의존 현상과 개인정보 유출 주의
  ③ SNS의 기록 지우기 : 동영상 시청·검색기록 삭제 및 기록 일시 중지 설정, 활동 내역 삭제

(4) 온라인 위험상황 대처법
  ① 호기심을 의문형으로 바꾸기(누가? 왜?)
  ② 개인정보를 알리지 않고 실명 대신 닉네임 사용하기
  ③ 온라인에서 만난 사람을 오프라인에서 만나는 상황 피하기
  ④ 온라인에서 만난 사람과 친구가 되고 싶은 이유 생각하기

학생들과 직접 영상 미디어를 계획, 제작해보면 디지털 미디어 리터러시에 대한 중요성과 지켜야 할 예절, 저작권 등을 훨씬 더 빨리 인지하고 지킬 수 있어요!

⑫ 교육과정-수업-평가-기록 일체화
교육과정부터 수업, 평가, 기록까지 한 번에!

1) 교육과정-수업-평가-기록 일체화란?
교육과정, 수업, 평가, 기록을 하나의 과정으로 진행하는 교육 방법으로 교사가 재구성한 교육과정을 기반으로 배움이 중심인 학생 중심의 수업과 과정 중심의 평가를 통해 학생의 전인적 성장을 돕는 과정
* 이하 교-수-평-기 일체화로 기재

2) 교-수-평-기의 구성
(1) 교육과정 : 핵심 역량과 성취기준을 중심으로 교육과정 재구성
   ① 교과 내, 교과 간 교육과정 재구성
   ② 주제중심 교육과정 재구성

(2) 수업 : 배움중심수업
   ① 학생의 실생활과 연계된 수업 내용
   ② 학습자 중심의 프로젝트 학습, 토의토론 수업, 문제기반 학습 등 실시
   ③ 배움과 성장이 함께 일어나는 수업

(3) 평가 : 성장중심평가
   ① 과정중심평가
   ② 다면평가(동료, 교사, 자기평가)
   ③ 학생의 성장을 돕는 피드백

(4) 기록
   ① 학생의 활동상황, 활동내용 등을 기록
   ② 참여도 및 태도
   ③ 성취기준도달도(누가기록 : 장시간 누적해서 기록하기)

> **리미쌔미 Fact Check**
> 기록은 단순 생활기록부의 기록을 위해서만 이루어지는 것이 아니라 수업 활동 내에서 전반적으로 학생의 성장을 관찰하기 위해 이루어져야 해요.

3) 교-수-평-기 일체화 장점
① 교육과정 재구성 단계부터 평가를 염두해 수행중심의 학생참여 수업을 진행하기 때문에 과정중심평가의 사용이 용이해짐
② 교사가 교육과정을 해석하여 수업을 설계할 수 있는 능력인 '교육과정 문해력'이 증가함
③ 교육과정과 수업, 평가의 불일치를 최소화할 수 있음
④ 학생을 배움의 주체로 전환함

4) 교-수-평-기 불일치 유형

유형	특징
교육과정≠수업	교육과정과 성취기준에 대한 검토 없이 교과서 중심의 진도 나가기 수업 실시
수업≠평가	수업 내용과 무관한 일제식 평가 실시
교육과정=수업≠평가	교육과정 재구성에 따른 수업을 실시하였으나 평가 방식이 연계되지 않음
교육과정=수업=평가≠기록	교육과정 운영 과정에서 학생이 보인 성과, 특성을 무관하게 통지표에 서술함

5) 교-수-평-기 일체화 방법
① 교육과정 재구성(교과 내, 교과 간 통합 재구성)

순서	단계	내용
1	교육과정의 재인식	교육과정 탐색
2	학생 요구 분석	학생들의 삶 이해하기
3	교과 내, 교과 간 재구성	• 중점 가치 정하기 • 주제 선정 • 핵심 개념을 중심으로 학습내용 재구조화 • 재구성 내용을 중심으로 평가계획 수립
4	재구성된 교육과정으로 배움중심수업 실천	교과특성에 맞는 배움중심수업 실천
4	교육과정, 수업과 연계한 평가	교육과정, 수업과 밀착된 평가 실시
5	평가 결과 피드백	교사에겐 교수학습의 질 개선, 학생에겐 성장 중심의 정보 제공
6	교육과정-수업-평가(기록) 조망하기	교사가 실천한 교육 활동을 전반적으로 되돌아보고 살펴보는 활동

② 이해중심 교육과정-백워드 설계

순서	단계	내용
1	교육과정의 재인식	교육과정 탐색
2	학생 요구 분석	학생들의 삶 이해하기
3	바라는 결과의 확인 (목적 설정)	• 백워드 방식으로 재구성할 단원 설정 • 성취기준 또는 단원 목표 찾기 • 단원 성취기준이나 단원목표를 보면서 핵심질문, 영속적인 이해 작성하기 • 단원의 개념적, 사실적, 기능/과정적 지식 찾기
4	수용할 만한 증거 결정 (평가 계획)	• GRASPS 틀을 이용한 수행과제 만들기 　- 실생활 관련 목표(Goal) 　- 학생 역할(Role) 　- 실제 대상(Audiences) 　- 실제 상황(Situation) 　- 결과물(Product)과 수행 　- 수행기준(준거)
5	학습 경험과 수업 계획	• 수행과제 달성을 위한 학습활동 • 교과특성에 맞는 학생중심수업
6	평가 결과 피드백	교사에겐 교수학습의 질 개선, 학생에겐 성장 중심의 정보 제공
7	교육과정-수업-평가(기록) 조망하기	교사가 실천한 교육 활동을 전반적으로 되돌아보고 살펴보는 활동

6) 교-수-평-기 일체화 활성화되려면?
① 교육과정-수업-평가 일체화를 위한 공감대 형성 및 관점의 변화가 필요함
② 교육과정, 수업, 평가에 대한 교사의 전문성을 길러야 함
③ 학교별, 학년별 교사 학습공동체를 활성화하여 교사 역량을 강화해야 함
④ 학교의 교육철학을 자유로이 이야기할 수 있는 소통, 공감의 학교문화가 조성되어야 함
⑤ 다양한 일체화의 우수 사례를 발굴하여 공유하여야 함

☆ 교-수-평-기 일체화를 수업에서 실천하려면?

13 배움중심수업
삶의 역량을 기르는 자발적 배움이 일어나는 수업

1) 배움중심수업이란?
   ① 학생-학생, 학생-교사 간 공유와 생각 나눔을 통해 자기 생각을 만들어 가는 배움
   ② 학생의 자기주도성과 자발성을 기반으로 삶과 유의미한 관계를 맺음으로써 앎과 삶이 일치하는 수업

2) 배움중심수업 철학
   ① 지식관 : 지식은 변하는 것이며 형성과정이 중요, 학생의 경험을 통해 구성되는 것
   ② 학생관 : 학생은 스스로 성장하는 힘을 지닌 주체적 인격체
   ③ 수업관 : 학습자의 자기주도성과 자발성에 기초하여 교사와 학생의 지속적인 교류와 소통을 통해 함께 지식을 창조하는 과정

3) 배움중심수업 구성
   ① 주체 : 학생은 배움의 주체이며, 교사는 가르침의 주체
   ② 지향 : 배움중심수업은 역량 신장을 통한 행복한 배움을 지향

인지적 능력	교과 지식, 사고력, 창의력 등
실행 능력	문제해결력, 자기 관리 능력, 협업 능력 등
정의적 능력	성취동기, 호기심, 상호 공감 민주적 생활 태도 등

   ③ 배움과 성장 : 학생은 배움을 삶과 맥락에서 경험함으로써 성장, 교사는 성찰과 가르침 그리고 나눔으로 성장

4) 배움중심수업 성찰과 나눔
   ① 수업 전 성찰
      • 교사 개인 성찰 후 수업을 설계
      • 협력 성찰 후 공동 수업을 설계
   ② 수업 중 성찰
      • 교사 개인 성찰 및 배움중심수업의 전개(수업 전 성찰 상기, 수업 장면에서 성찰 찾기)
   ③ 성찰과 나눔
      • 수업 후 교사 개인 성찰 및 환류
      • 나눔 활동

리미쌔미 Fact Check

배움중심수업에서 교사가 해야 할 가장 중요한 부분은 성찰이에요!
수업 전, 수업 중, 수업 후 모든 부분에서 성찰은 진행되며 이러한 성찰을 통해 교사는 성장할 수 있어요.

5) 배움중심수업 활성화 방안
① 삶과 연계한 교과교육과정 재구성-수업-평가 진행하기
② 과정중심 피드백을 통한 학생 맞춤형 수업 진행하기
    ※ 과정중심 피드백 : 교수·학습 과정 중에 학생들에게 학습의 목표가 무엇이고, 현재 자신의 상태는 어느 정도이며, 어떻게 개선해 나가야 하는지에 대해 지속해서 생각하게 함으로써 학생의 현재 상태와 목표 사이의 간격을 줄여 성공적 학습에 이르도록 돕는 전략
③ 학생주도 프로젝트 기반의 융복합수업 활성화하기
    - 다교과 연계 융복합수업
    - 지역사회 연계 융복합수업

☆ 자신의 수업을 수업 전, 중, 후로 나눠 어떻게 성찰할 수 있을지 나눠볼까요?

☆ 다양한 학생들에게 배움이 일어나는 수업은 어떻게 설계할 수 있을까요?

14 과정중심평가
결과보다 과정을 지켜보아요

1) **평가 패러다임의 변화**
   ① 평가의 대상 : 개별 학생의 학습 과정과 결과를 모두 평가, 인지적 능력과 정의적 능력 등을 고려하여 학생의 종합적인 역량을 평가
   ② 평가의 운영 : 학생 참여형 수업과 연계하여 정규교육과정 내에서 평가
   ③ 평가의 활용 : 교수학습의 질 개선 및 학생의 성장과 발달 지원
   ④ 학습 결과에 대한 평가에서 학습을 위한 평가/학습으로서의 평가

학습결과에 대한 평가	학습을 위한 평가/학습으로서의 평가
• 학기 말/학년 말에 시행되는 평가 (등급, 성적표를 제공하기 위한 평가)	• 교수·학습 중 지속적으로 시행되는 평가 (학습에 도움을 주기 위한 평가)
• 총합적 평가	• 진단적, 형성적 평가
• 결과 중심 평가	• 결과 및 과정 중심 평가
• 교사평가	• 교사평가, 자기평가, 동료평가

2) **과정중심평가의 이해**
   (1) 과정중심평가의 도입
      ① 성취기준에 기반한 평가계획에 따라 교수·학습 과정에서 학생의 변화와 성장에 대한 자료를 다각도로 수집하여 적절한 피드백을 제공하는 평가
      ② 교육과정, 교수·학습, 평가를 연계하여 실시하며, 학습 결과뿐만 아니라 학습의 과정도 중시
      ③ 대면 수업과 원격수업의 내용과 과정을 아우르는 평가

   (2) 성취평가제의 이해
      ① 성취평가제는 상대적 서열에 따라 '누가 더 잘했는지'를 평가(규준참조 평가)하는 것이 아니라 '학생이 무엇을 어느 정도 성취하였는지'를 평가(준거참조 평가)하는 제도
      ② 교과목별 성취기준에 도달한 정도에 따라 학생의 성취수준을 '5단계(A-B-C-D-E)', '3단계(A-B-C)', '이수 여부(P)'로 평가

   (3) 과정중심평가의 이해
      ① 과정중심평가는 교육과정 성취기준에 기반한 평가 계획에 따라 교수·학습 과정에서 학생의 변화와 성장에 대한 자료를 다각도로 수집하여 적절한 피드백을 제공하는 평가
      ② 과정중심평가는 학생의 교육 목표 도달도를 확인하고 교수·학습의 질을 개선하는 데에 주안점을 둠

③ 평가 계획에서부터 평가도구 개발, 평가 시행, 피드백 및 결과 산출, 기록까지 교사의 수업·평가 전문성에 기반한 평가 ⇒ 교사의 평가 자율성 및 책무성 제고

> **리미쌔미 Fact Check**
>
> 과정중심평가를 시행할 때는 성취기준에 근거하여 학교에서 중요하게 지도한 내용과 기능을 평가하고 교수·학습과 평가활동이 일관성 있게 연계되도록 해야 해요.
> 또한, 정의적, 기능적, 창의적인 면이 중시되는 교과는 타당한 평정 기준과 척도에 따라 평가를 실시하고, 실험·실습의 평가는 교과목의 성격을 고려하여 합리적인 세부 평가 기준을 마련하여 실시해요.

(4) 과정중심평가의 흐름

절차	내용
평가 계획	교육과정 성취기준 분석 및 내용 평가요소 선정, 수업과 평가를 연계한 평가 계획 수립
평가도구 개발	학교, 교과 및 학생의 특성을 고려하여 평가 계획에 근거한 평가도구 개발
평가 시행	학생의 학습 수행 과정과 결과를 함께 평가
평가 결과 처리	개별 학생의 교육목표 도달 지원, 교수·학습의 질 개선

3) 과정중심평가 유형
① 서·논술형 평가 : 학생이 정답이라고 판단되는 내용을 직접 답하도록 하는 방법
② 구술 평가 : 특정 내용이나 주제에 대해 의견·생각을 발표하여 준비도, 이해력, 표현력, 판단력, 의사소통 능력 등을 직접 평가하는 방법
③ 토의·토론 : 특정 주제에 대해 학생들이 서로 토의하고 토론하는 것을 관찰하여 평가
④ 프로젝트 : 특정 연구 과제나 산출물 개발 과제 등을 수행 후, 프로젝트의 전 과정과 결과물(연구보고서나 산출물)을 종합적으로 평가
⑤ 포트폴리오 : 작품을 체계적으로 누적하여 작품집 혹은 서류철을 이용한 평가
⑥ 실험·실습 : 실험·실습에 대한 과정이나 결과 보고서를 쓰게 하고, 보고서와 교사가 관찰한 실험·실습 과정을 종합적으로 평가
⑦ 관찰법 : 관찰을 통해 일련의 정보를 수집하는 측정 방법(일화기록법, 체크리스트 등)
⑧ 자기평가 : 수행 과정이나 학습 과정에 대해 학생 스스로 평가
⑨ 동료평가 : 수행 과정이나 학습 과정에 대해 동료 학생들이 상대방을 서로 평가

4) 2022학년도 학생평가 관련 주요 개정사항 : 원격수업 운영 및 기록의 체계화

① 평가의 객관성·공정성·신뢰도 제고를 위하여 원격수업에서 학생의 수행과정 및 결과를 교사가 직접 관찰·확인하여 지필평가, 수행평가 등을 실시함
(※ 지필평가는 반드시 등교하여 실시함)
② 원격수업에서 교사가 학생의 수행 과정과 결과를 직접 관찰·확인한 경우 학교생활기록부에 기재 가능
③ 원격수업에서 교사가 직접 관찰·확인하지 못한 학생활동은 학교생활기록부에 기재할 수 없음 (단, 등교수업과 연계하여 교사가 직접 관찰·확인한 학생활동은 기재 가능)

5) 학생평가 용어

① **지필평가** : '중간 또는 기말고사'와 같은 '일제식 정기고사'를 의미하며 '문항정보표'의 구성에 따라 '선택형'과 '서답형'으로 구분
② **수행평가** : 교과 담당교사가 교과 수업 시간에 학습자들의 학습과제 수행 과정 및 결과를 직접 관찰하고, 그 관찰 결과를 전문적으로 판단하는 평가 방법
③ **성취기준** : 학생들이 교과를 통해 배워야 할 내용과 이를 통해 수업 후 할 수 있거나 할 수 있기를 기대하는 능력을 결합하여 나타낸 활동의 기준. 교수·학습 및 평가의 실질적인 근거로 교사가 무엇을 가르치고 평가해야 하는지, 학생이 무엇을 학습하고 성취해야 하는지에 관한 실질적인 지침
④ **평가기준** : 학습 정도를 판단하기 위해 각 성취기준에 도달한 정도를 상/중/하의 세 단계로 구분하고 각 단계에 속한 학생들이 무엇을 알고 있고, 할 수 있는지를 기술한 것
⑤ **평가요소** : 교육과정 성취기준 도달의 증거로 학생들이 보여주기를 기대하는 핵심 내용을 구체적으로 기술한 평가 내용
⑥ **성취기준 재구조화** : 교육과정 성취기준을 실제 평가의 상황에서 준거로 사용하기에 적합하도록 보다 구체적이고 명료하게 하는 것

☆ 다양한 교과에 과정중심평가를 활용하여 평가 계획을 세워봅시다.

15 IB(국제 바칼로레아)

교육이 변화한다!

1) IB(International Baccalaureate)란?
스위스에 본부를 둔 비영리 교육재단인 IB본부에서 개발·운영하는 국제 인증 학교 교육프로그램. 역량 중심 교육과정을 기반으로 개념 및 이해 탐구학습 활동을 통한 학습자의 자기주도적 성장을 추구하는 학교 교육 체제

2) IB 목표
- 서로 다른 문화를 이해하고 존중하며, 더 나은 평화로운 세상을 실현하는 데 기여할 수 있는 지식이 풍부하고 탐구심과 배려심이 많은 청소년을 기르는 것
- 전 세계 학생들이 적극적이고 공감할 줄 알며, 서로 다름을 이해하고 존중하는 평생 학습자가 될 것을 장려함

3) IB 학습자상
- 탐구하는 사람
- 사고하는 사람
- 원칙을 지키는 사람
- 배려하는 사람
- 균형 잡힌 사람
- 지식이 풍부한 사람
- 소통하는 사람
- 열린 마음을 지닌 사람
- 도전하는 사람
- 성찰하는 사람

리미쌔미 Fact Check

꼭 IB와 관련된 문제가 아니더라도 다양한 학습자상을 익혀놓으면 좋아요. 자신이 가장 먼저 학생들에게 제시하고 싶은 학습자상을 골라보고 학생들이 이러한 학습자로 성장하기 위해 교사로서 어떤 지원을 할 수 있을지 생각해보는 것도 중요하겠죠?

4) IB 교육과정 특성
① 배경
4차 산업혁명 시대가 요구하는 창의력과 비판적 사고를 갖춘 창의융합형 미래 글로벌 인재를 양성하기 위해서는 교육 패러다임이 바뀌어야 하며, 이를 위해 세계적으로 인정받은 IB교육과정을 운영함

② 현 교육과의 차이점

현재 교육		IB 교육
집어 넣는 교육	⇒	꺼내는 교육
결과를 가르치는 교육		과정을 가르치는 교육
문제해결력		문제발굴력
지식소비자		지식생산자
현존 직업 취업 준비 교육		미래직업 창출한 역량교육

5) IB 운영단계

PYP (Primary Years Programme)		MYP (Middle Years Programme)		DP (Diploma Programme)
초등학교	⇒	중학교	⇒	고등학교
6개 교과군 및 프로젝트		8개 교과군 및 프로젝트		6개 교과군 및 핵심요소
전인적 성장, 자신과 타인의 존중 추구		학습과 실생활의 연계 위한 도전적 과제 해결 추구		신체적・지적・정서적・윤리적 성장 및 학문적 성장 추구

6) 우리나라 IB 적용 방안

초, 중학교 (PYP, MYP)	• 학교 전체로 운영 • 수업 방법은 제시하지만, 가르치는 내용은 별도로 제시하지 않음 • 우리나라 교육과정의 내용체계와 성취기준 등을 내용으로 우리 교과서를 활용하여 가르침 • IB 프로그램의 수업 방식을 접목하여 수업을 진행하고 그에 맞는 평가 실시
고등학교 (DP)	• 희망자에 한해 학교 내 일부 학급에서 운영 • 과목의 내용체계와 평가방법을 구체적으로 제시하고, 디플로마 획득을 위하여 충족하여야 할 요건이 명시화되어 있음 • 고등학교 2~3학년에 이루어지며, 다양한 선택과목 중 IB과목을 선택하여 이수하게 됨 • 2015 개정 교육과정과 IB 디플로마를 동시에 이수하고 졸업

7) 고등학교 디플로마 프로그램(DP)
　① 구성요소
　　• 6개 교과군에서 각 1과목을 선택하여 이수(언어와 문학-국어, 언어습득-외국어, 개인과 사회, 과학, 수학, 예술)
　　• 핵심과정 3가지 모두 이수(지식이론, 소논문, 창의/활동/봉사)
　② 평가 채점 방식
　　• 내부평가 : 학교에서 교과교사가 채점 후 IB 채점전문가가 심사
　　• 외부평가 : 수능처럼 지정된 날에 IB본부에서 출제한 시험을 치르고 IB채점관이 채점

리미쌔미 Fact Check

대학 진학은 어떻게?
IB를 이수한 학생은 수능 최저 등급을 요구하지 않는 수시 전형으로 대학에 진학할 수 있어요. 현재 다수 국내 대학에서 IBDP 프로그램과 이수 학생 학업성취능력에 대해 긍정적인 관심을 가지고 있다고 해요!
그동안 우리나라의 고질적 문제였던 수능을 위한 획일적 교육, 입시 위주의 교육이 IB를 통해 해결될 수 있을지, 또한 이 변화에서 특수교육대상학생을 지원할 방안은 어떤 것이 있을지 한번 고민해봐야겠어요.

☆ IBDP 교육과정을 보고 고교학점제와 연관지어 고등교육이 어떻게 변화할지 학생, 교사, 학교 측면에서 생각해볼까요?

16 전문적 학습공동체(동료 교사 관계)
교사 전문성 향상의 만능키!

1) 전문적 학습공동체란?
교사 상호 간 협력과 집단지성을 통해 다양한 연구, 연구의 실천, 비전 등을 공유하며 전문성 향상을 위해 함께 성장하는 공동체

 리미쌔미 Fact Check

전문적 학습공동체의 목적은 공동연구와 공동실천을 통해 교육공동체의 전문성을 신장하고 동반 성장하기 위함입니다!

2) 전문적 학습공동체의 운영
① 모든 학교는 교원의 전문성 신장을 위해 자율장학의 일환으로 자율성과 책무성에 기반하여 전문적 학습공동체를 운영
② 학교는 학습공동체의 날 지정, 연수 공간 확보 등을 통해 학교 안 전문적 학습공동체 지원
③ 전문적 학습공동체는 주제별, 교과별 등 교수학습을 위한 소모임 프로그램으로 운영
④ 학교 안뿐만 아니라 학교 밖, 학교 간 전문적 학습공동체도 운영 가능

3) 전문적 학습공동체의 구성
① 주제탐구
- 실행연구 과제 및 혁신교육 탐구
- 토의, 토론, 학교 탐방, 세미나 등 활용

② 공동연구
- 집단지성을 통한 연구
- 문제해결을 위한 문헌 조사와 선행 연구, 선진 사례 연구 등

③ 공동실천
- 수업나눔과 성찰을 통한 교실 수업 개선
- 일상적 수업 개방과 수업 나눔
- 공동 수업 개발

④ 연구결과 공유
- 연구 및 실천 결과 나눔
- 학교 단위 컨퍼런스, 교육과정 평가회 등 활용

4) 전문적 학습공동체의 효과
① 교사 간 피드백을 통해 자신의 수업에 대한 성찰과 반성을 지속적으로 할 수 있음
② 함께 연구하고 실천하며 협력하는 가운데 교사 간의 신뢰와 소속감이 향상됨
③ 전문적 학습공동체의 실현을 통해 학생들의 온전한 배움을 회복하고 증진시킬 수 있음

5) 동료 교사와의 관계
① 다양한 갈등 상황 : 업무편성의 불균형, 불합리한 요구, 업무 습득 미흡, 업무 태만 등
② 해결 방안 : 경청, 공감, 존중, 의사소통, 멘토-멘티, 공문 및 매뉴얼 찾아보기 등

6) 동료 교사 갈등의 원인
① 수직적인 관계로 운영되는 학교 구조
② 교사 간의 의견, 성향, 업무 태도의 다름
③ 상호 간의 다른 경험으로 인한 갈등
④ 사회 변화에 따른 교직생활의 변화
⑤ 의사소통의 결여로 인한 오해

 리미쌔미 Fact Check
갈등의 원인을 인지하고 서로 타협할 수 있는 부분을 최선책으로 찾아요. 항상 정중하고 예의 바른 태도는 필수겠죠!

☆ 전문적 학습공동체를 효과적으로 운영하려면 어떻게 해야 할까요?

☆ 교사가 된다면 운영해보고 싶은 전문적 학습공동체는 무엇인지 생각해볼까요?

17 자유학년제
중학생들의 꿈과 끼를 찾아서!

1) 자유학년제란?
자기주도적 학습능력을 기르기 위해 중학교 과정 중 1학년 1, 2학기 동안 중간·기말고사와 같은 지식·경쟁 중심에서 벗어나 토론·실습 위주의 학생 참여형 수업과 학생의 소질과 적성을 키울 수 있는 직장체험 활동 같은 진로 탐색 교육, 다양한 체험활동을 중심으로 교육과정을 운영하는 제도
* 기존의 '자유학기제'를 확대한 것으로, 2018년부터 희망하는 중학교에서 1학년을 대상으로 시범 운영함

2) 자유학년제 특징
① **진로탐색** : 자유학년제는 다양한 진로교육을 통해 학생들의 꿈을 찾을 수 있게 도움, 오전에는 교과수업이 이루어지고 오후에는 학교가 자율적으로 예체능, 토론, 동아리 활동을 선택하여 운영
② **체험중심학습** : 학생의 적성과 소질을 찾을 수 있도록 관심사에 따라 다양한 프로그램에 학생들이 참여하도록 하여 자신의 적성과 장점을 발견할 기회를 줌
③ **핵심 역량 발굴** : 창의성은 미래 사회에서 가장 중요한 소질이기 때문에 자유학년제에서 협동과 의사소통을 통한 토의 등의 프로그램을 진행하여 개개인의 역량 개발을 통해 창의성을 기르는 교육 내용과 방식을 지향
④ **학생 참여형 수업** : 토론과 실습 중심의 참여형 수업을 통해 학생이 적극적으로 토론, 실습할 수 있는 환경을 지향

3) 자유학기제와 자유학년제의 차이

자유학기제	자유학년제
1개 학기에 4개 영역 진행 (진로 탐색, 주제 선택, 예술체육, 동아리)	영역에 대한 제한 없이 2개 학기에 걸쳐 4개 영역 진행
1-1학기, 1-2학기, 2-1학기 중 1개 학기만 자유학기로 설정	1-1학기, 1-2학기 1학년만 자유학년제 실시
1개 학기에 170시간 이상	2개 학기에 총 221시간 이상

* 자유학년제에 참가한 1학년 학생은 고등학교 입학전형에 1학년 교과 내신 반영되지 않음

4) 자유학년제 장점
① 학생들의 학업에 대한 부담 감소
② 활동을 통한 과정 중심의 평가 진행
③ 학생의 꿈과 희망, 적성을 찾는 데 도움
④ 학생 중심 교육으로 변화
⑤ 학생의 자기주도 학습 능력 향상

5) 자유학년제 단점
① 기초학력 저하
② 자유학년제와 일반 학년과의 괴리감
③ 농산어촌 진로체험처와 프로그램 개발 필요

☆ 자유학년제의 다양한 활동을 학생들이 자신의 것으로 만들게 하려면 어떻게 해야 할까요?

18 기초학력
모든 학생이 뒤처지지 않도록

1) **기초학력이란?**
   초등학교부터 고등학교까지 학생이 배우는 학교 교육과정에서의 최소한의 성취기준을 충족하는 학력

2) **'기초학력 보장법'의 내용**
   ① 학습지원대상학생에게 필요한 지원을 하여 모든 학생의 기초학력을 보장, 능력에 따라 교육을 받을 수 있도록 한다.
   ② 학생별 기초학력 수준 도달 여부 진단 검사를 실시할 수 있다.
   ③ 기초학력지원센터를 지정·운영할 수 있다.

3) **기초학력 3단계 안전망**
   ① 1단계 수업 내 지원 : 정규 수업 시간에 학습 결손이 발생하지 않도록 맞춤형 지도
      - 예방 : 학습에 기초가 되는 문해력 및 수리력 교육 실시
      - 선별·진단 : 기초학력 진단·보정 시스템, 담임교사 관찰 등 활용
      - 교원역량강화 : 기초학력 정책 이해 및 관련 연수, 전문적 학습공동체 활용
   ② 2단계 학교 내 지원 : 단위학교 내 다중지원팀 구성, 학생 중심 맞춤형 프로그램 지원
      - 부진수준 파악 및 원인 진단
      - 맞춤형 학습지도
      - 학부모 및 보호자 상담, 연수
   ③ 3단계 학교 밖 지원 : 학습+비학습적 요인으로 학교의 노력으로 해결하기 어려운 학생에 대한 종합적 지원
      - '학습종합클리닉센터'의 찾아가는 서비스 활용

4) **교사의 기초학력 지원 방안**
   ① 기초학력에 대한 교원역량 강화를 위해 기초학력 정책 이해 및 관련 연수, 전문적 학습공동체 활용
   ② 기초학력 진단-보정 시스템 활용하여 학생들 선별·진단
   ③ 기초학력향상 지원사이트(꾸꾸)의 다양한 학습자료 활용
   ④ 다중지원팀을 구성하여 학생에게 맞는 맞춤형 학습지도 제공

☆ 기초학력이 부족한 학생을 어떻게 지원할 수 있을까요?

19 민주시민교육(인성교육)

민주시민이 되기 위한 준비!

1) 민주시민교육이란?
   ① 비판적 사고력을 가진 주체적인 시민이 민주주의의 가치를 존중하고 서로 상생할 수 있도록 공동체의 문제를 상호 연대하여 해결하는 민주시민으로서의 역량을 강화시키는 교육
   ② 2022 개정 교육과정 총론 주요사항의 민주시민교육
      • 사회를 살아가는 시민으로서 갖추어야 할 역량 강화와 공동체 가치 함양을 위해 민주 시민교육과 연계하여 평화, 인성교육·인문학적 소양 교육 내실화 강화 예정

2) 민주시민교육의 필요성
   현대 사회의 문제들을 해결하기 위해서는 자신을 존중하는 것을 바탕으로 타인을 존중하고 다른 사람과 협력할 수 있는 민주시민으로서의 의사소통이 필요해짐

3) 민주시민교육 내용
   ① 일상적 시민교육 : 시민교육 중심의 교육과정을 운영함
   ② 학교자치 활성화 : 학교 자치기구 운영과 학생 주도 학생자치활동을 실시함
   ③ 평화·통일교육 확산 : 평화·통일교육 확산을 통해 평화 감수성을 함양시킬 수 있도록 함
   ④ 다문화 어울림 교육 : 다문화가정 학생 교육지원을 강화함
   ⑤ 시민교육 네트워크 활성화 : 지역사회 기반의 시민교육을 진행함

4) 민주시민교육 수업 방안
   ① 보편적 가치 추구 수업 : 교과융합수업, 주제통합수업을 통해 보편적 가치를 나누고 가치에 맞는 프로젝트 수업을 진행
   ② 지역사회 참여형 수업 : 자신이 살고 있는 지역사회 속 공동체의 문제를 찾고 이를 해결하기 위해 논의하는 수업을 진행
   ③ 사회적 논쟁 수업 : 사회에서 일어나는 문제들에 대한 토의·토론 수업을 진행하여 비판적 사고력을 통해 문제해결방안과 대안을 제시하고 나눔
   ④ 창의적 체험활동 연계 민주시민교육 : 학급자치활동, 동아리 활동, 봉사활동 등을 통해 민주시민으로의 역량을 강화시킬 수 있는 활동 진행

5) 민주시민교육의 효과
① 학생 스스로 성숙한 비판 능력과 자립적인 견해를 가질 수 있도록 도움
② 국민의 의무와 권리를 알고 사회에서 발생하는 갈등을 조정하는 능력을 키움
③ 자발성과 창의성을 갖춘 능동적 시민의 역량을 키움

6) 인성교육이란?
자신의 내면을 바르고 건전하게 가꾸고 타인·공동체·자연과 더불어 살아가는 데 필요한 인간다운 성품과 역량을 기르는 것을 목적으로 하는 교육(인성교육진흥법)
① 핵심 가치·덕목 : 예, 효, 정직, 책임, 존중, 배려, 소통, 협동
② 핵심 역량 : 지식, 의사소통능력, 갈등해결능력이 통합된 능력

7) 인성교육과 민주시민교육의 관계
인성교육의 핵심 가치·덕목과 민주시민교육을 통해 함양하고자 하는 역량들은 서로 구성요소가 될 수 있으므로, 중점은 다르더라도 하나의 교육활동이 인성교육이면서 민주시민교육이 될 수 있음

> **리미쌔미 Fact Check**
> - **김쌤** : 민주시민교육은 하나의 과목이 아니라 학교 교육과정과 학교생활 전반을 통해 이루어져요. 하지만 교사는 중립성을 가지고 편향되거나 강압적인 민주시민교육을 하지 않도록 각별히 주의해야 해요!
> - **현쌤** : 계기교육을 활용해 민주시민교육을 실시했어요. 매달 있는 공휴일이나 계절, 학사일정에 맞춰 주제를 정하고 계기교육을 하면서 민주시민으로서 가져야 할 역량을 함께 지도했어요. 예를 들어 4월에는 식목일, 세월호 사건 등의 주제를 정해 환경, 안전과 관련된 논의를 나누고 대안책을 함께 구상했던 수업이 기억에 남아요.
> - **오쌤** : 학교는 학생들이 민주시민으로서의 역량을 연습할 수 있는 최적의 장소에요. 학생들에게 공동체의 소속감과 평등, 다른 사람을 배려할 수 있는 마음을 실제 상황에서 익힐 수 있도록 투표, 선거, 토론회 등을 실시했어요.

☆ 민주시민교육을 할 때 교사가 중요시해야 할 부분은 어떤 것이 있을까요?

20 인권교육
나를 존중하고, 타인을 존중하는

1) 인권이란?
모든 사람이 존엄하게 누려야 할 권리

2) 인권교육이란?
국제적 합의에 따라 인권교육 정의에 포함되어야 할 요소들
① 인권과 기본적인 자유에 대한 존중을 강화하는 것
② 인격과 인간 존엄성을 완전히 발달시키는 것
③ 모든 국민, 인종·국적·민족·종교·언어 집단 내에서 이해, 관용, 성적 평등, 우애를 증진하는 것
④ 법에 의해 통치되는 자유롭고 민주적인 사회에 모든 사람이 효과적으로 참여할 수 있도록 하는 것
⑤ 평화를 구축하고 유지하는 것
⑥ 인간중심의 지속 가능한 발전과 사회정의를 증진시키는 것

3) 인권침해 예방법
① 자기보호 역량 강화 교육과 성교육
② 유관기관(지역 경찰서, 주민센터, 복지관 등) 연계한 인권침해 예방교육
③ 친구들과 함께하는 온라인 소통공간 '위두랑' 활용
④ 인권지킴이 활동
⑤ 교직원, 보호자 대상 학교폭력 예방교육, 인권교육

4) 인권지원단이란?
장애학생의 인권보호와 인권침해 예방활동을 위해 지역사회 유관기관 및 담당자가 모여 장애학생을 지원하는 것
① 인권지원단 역할
- 지원 : 정기 현장지원, 특별지원
- 예방활동 : 더봄학생 지원 및 관리, 인권교육 및 연수지원
- 협의회 및 간담회 : 인권지원단 협의회 및 지역 간담회 개최
- 사례 발굴 및 홍보 : 우수사례 발굴, 장애학생 인권보호 활동 홍보
② 인권지원단 구성 : 특수교육센터 교사, 경찰서 성폭력 담당자, 상담 전문가, 성교육 전문가, 장애학생 보호자 등

③ 정기 현장지원과 특별지원
- **정기 현장지원** : 매월 1회 이상 지역 내 학교(특수학교 및 일반학교)를 인권지원단이 방문하여 장애학생 관련 인권보호 연수, 성교육, 인권보호 관련 규정 등을 확인하고 장애학생 인권침해 예방을 위한 지원 활동 실시
- **특별지원** : 장애학생 인권침해 사안 발생 시, 피해학생 보호 및 가·피해학생 지원을 위해 인권지원단이 현장을 방문하여 실시하는 지원

리미쌔미 Fact Check

더봄학생이란?
학교(성)폭력이나 아동학대 등의 피해 경험이 있거나 다양한 외부적 환경에 의한 인권침해 가능성이 높은 학생을 더봄학생으로 선정해요.
- 학교(성)폭력 피해 경험이 있는 학생으로 재발 위험이 있는 학생
- 사이버 폭력에 노출될 위험이 높은 학생
- 가정폭력의 피해 경험 또는 노출 위험이 있는 학생
- 여러 가지 환경적 요인에 의해 학교(성)폭력, 가정폭력 등 인권침해 사안에 노출 위험이 높은 학생(빈곤가정, 지적장애인 보호자, 장애 형제·자매, 다문화 가정, 가정 내 방치 등)

☆ 학생에게 인권침해 사안이 발생했다면 교사는 어떻게 행동해야 할까요?

21 학교예술교육
예술을 통한 민주시민 양성

1) **학교예술교육이란?**
   학생들의 꿈과 끼의 실현을 돕고 예술적 소양과 바람직한 인성을 함양시키기 위해 학교 내 다양한 예술교육 프로그램을 진행하는 교육

2) **학교예술교육 비전과 목표**
   ① 비전 : 예술적 감수성을 토대로 공감하고 소통하는 민주시민 양성
   ② 목표 : 학교-지역 협력을 통한 모든 학생들의 예술체험 생활화로 학교예술교육의 보편성 강화

3) **학교예술교육 필요성**
   ① 예술교육에 대한 사회적 관심 및 교육적 수요 증가
   ② 포스트 코로나 시대의 온라인을 활용한 예술 활동 참여 기회 제공
   ③ 지역 기반 학교예술교육을 통해 학생들의 예술 참여 지속성과 자생력 확보

4) **학교예술교육 방법**
   (1) 교육과정에서 교원과 학교의 예술교육 역량 강화
   (2) 학생의 예술교육 기회 확대
      ① 모든 학생의 예술활동 지원
         • '1학생 1예술활동' 확대 위한 학생예술동아리 지원
         • 대면·비대면 예술활동 공유 기회 확대(예술on교실)
      ② 학생 예술심화교육 기회 제공
         • 예술중점학교(예술집중 거점학교, 진로맞춤형 예술위탁교육 전담학교)
      ③ 문화소외지역·계층 학생의 예술활동 지원
         • 문화소외계층 학생의 꿈사다리 장학제도
         • 문화소외지역의 예술드림거점학교
   (3) 학교가 중심이 되는 지역협력 네트워크 조성

5) **학교예술교육포털 활용** : https://artsedu.kice.re.kr/home/kor/main.do

☆ 학교예술교육을 진행하는 방법에는 또 어떤 것들이 있을까요?
(ex. 학생연극, 뮤지컬, 오케스트라 등)

22 다문화 교육

세계화 시대 우리가 지녀야 할 소양은?

1) 다문화 교육이란?
인종, 종교, 문화, 성별 등에 따른 집단의 문화를 동등하게 인식하고 다른 문화에 대한 편견을 줄여 개방적이고 상호작용적인 공감 능력을 배양하기 위한 교육

2) 다문화 교육의 필요성
① 국제결혼과 외국인 가정 자녀 증가로 인한 다문화 학생의 증가로 서로의 문화 이해를 위한 교육 필요
② 학교 구성원의 다문화 수용성 개선으로 다문화 친화적 교육 환경을 조성하여야 함
③ 다문화 학생의 교육 수요를 고려한 사각지대 없는 맞춤형 지원 또한 필요

 리미쌔미 Fact Check

다문화 교육은 아동부터 청소년, 이주민과 내국인 모두를 대상으로 이루어져야 해요.

3) 다문화 교육의 변화

사회화
주류 사회의 통합을 위함
소수자 대상
다문화 학생에게 한국어, 한국문화 교육 치중

⇒

교육
상호작용을 통한 배움과 사회 변화를 위함
상호문화교육
문화간 소통을 위한 교육

4) 다문화 교육 활용 방안
① 미디어 속 다양한 나라의 문화를 찾아보고 관련된 자신의 생각 나누기
② '외국인 거리' 방문을 통해 외국의 이색적인 문화 경험하기
③ 교과수업과 연계된 다문화 교육
④ 5월 20일 '세계인의 날'의 다양한 축제를 활용하여 서로의 문화 이해하기

5) 다문화 학생 지원 방안

① 다문화 학생 조기 적응을 위해 징검다리 과정 확대
   * **징검다리 과정** : 초·중학교 입학 및 입학 예정인 다문화 학생 대상으로 학교생활 조기 적응 지원을 위한 준비교육
② 다문화 학생 배움·채움 프로그램 운영을 통해 다문화 학생의 학습 결손 보완과 한국어 교육, 진로지도까지 맞춤형 지원 제공
③ 대학생 멘토링 운영
④ 태블릿 PC, 전자 번역기기 등 디지털 매체 제공을 통해 의사소통 지원

☆ 학생들의 다문화 감수성을 키우기 위한 방안은 무엇이 있을까요?
* 다문화 감수성 : 다양한 문화를 이해하고 그들과 조화롭게 관계를 맺고 소통할 수 있는 태도와 역량

☆ 우리 반에 다문화 학생을 지원하기 위한 방안으로는 무엇이 있을까요?

23 통합교육
장애인과 비장애인이 함께하는 작은 사회

1) 통합교육이란?
특수교육대상자가 일반학교에서 장애유형, 장애정도에 따라 차별받지 않고 또래와 함께 개개인의 교육적 요구에 적합한 교육을 받는 것

2) 통합교육의 목적
① 학생들의 다양성을 인정하고 수용하기 위해
② 교육의 평등성과 수월성을 추구하기 위해
③ 조화의 극대화를 이루기 위해

3) 통합교육의 장점
① 장애학생 관점
- 여러 학생과 상호작용하며 사회성이 증진됨
- 바람직한 또래의 행동 모델링이 가능함
- 사회적으로 수용되는 다양한 행동방식을 익힐 수 있음

② 비장애학생 관점
- 장애에 대한 태도와 인식이 긍정적으로 변화할 수 있음
- 장애인과 의사소통하는 방법을 익히게 됨
- 각자의 개인차를 인정하고 이해하게 됨

③ 일반교과 교사 관점
- 직접적으로 장애학생을 접하며 장애에 대한 이해도가 증가됨
- 교수적 수정 및 팀 티칭을 활용하여 수업할 수 있음

4) 통합교육 구성원과 역할
① 구성원 : 일반교과 교사, 특수교사, 학부모, 관련 서비스 종사자, 행정가 등
② 구성원의 역할
- 일반교과 교사 : 장애학생을 비장애학생과 동등하게 대함, 장애학생을 위한 수정 절차를 계획하고 적용
- 특수교사 : 교육과정 수정을 계획하고 적용, 장애학생에 대한 정보 제공, 장애학생 문제 행동 조절 등

5) 통합학급 내 사회적 관계 지원 방법
   ① 장애 인식 개선교육을 통한 장애에 대한 직접적인 교육
   ② 장애 관련 동아리 및 통합 동아리 운영
   ③ 또래 도우미 활용

6) 또래교수
   ① 개념 : 교사 역할을 하는 또래 교수자가 학습에 어려움을 겪는 동급생 또는 하급생인 다른 또래 학습자를 교수하고 학습활동을 도와주며 함께 학습해 나가는 것
   ② 효과
   - 학생들이 주어진 과제에 반응하고 연습할 기회가 증가됨
   - 학습과제에 참여하는 시간이 증가됨
   - 학업성취에 대한 피드백을 수시로 받을 수 있음
   - 정확한 반응이 증가됨
   - 학생들의 상호작용이 증가됨

    리미쌔미 Fact Check
   - **오쌤** : 일반고등학교에 있을 때 뉴스포츠를 활용한 통합 특수체육 동아리를 운영했었어요. 비장애학생들이 킨볼, 스내그 골프, 골볼 등 접해보지 못한 다양한 뉴스포츠 도구들과 규칙들을 익히며 장애학생들과 함께 즐겁게 어울리는 좋은 경험을 쌓았어요.
   - **김쌤** : 저도 일반고등학교에서 '점자책동아리'를 운영했었어요. 통합 동아리로 장애-비장애 학생들이 협력하여 UDL을 적용한 점자책과 오디오북을 만들었는데 학생들에게도 저에게도 정말 좋은 추억이었어요.

☆ 장애학생 통합이 활발히 일어나기 위해 학생, 교사, 학교 측면에서 어떤 노력을 할 수 있을까요?

24 독도교육

독도교육은 체험이 답이다!

1) **독도교육이란?**
   일본 교과서에 독도 관련 영토주권침해 기술을 확대하여 일본 청소년에게 옳지 않은 교육을 지속하고 부당한 독도 영유권을 계속해 주장하고 있기에 독도에 대한 우리나라 학생들의 관심과 이해를 높이고자 실시하는 교육

2) **독도의 중요성 및 독도의 날**
   ① 독도를 기선으로 배타적 경제수역(EEZ)을 설정하기 때문에 넓은 해양 영토를 지닐 수 있으며 독도의 풍부한 바닷속 수산자원과 천연자원을 확보할 수 있음
   ② 10월 25일은 독도의 날로 많은 학교에서도 독도교육 활성화를 위해 '독도교육주간'으로 지정하여 운영

3) **독도교육 활성화 방안**
   독도 영유권 의식 제고를 위한 체험 중심 독도교육 활성화
   ① 첨단 기술을 활용한 미래형 전시·체험 시설이 설치되어 있는 독도체험관 활용
   ② 독도교육주간을 탄력적으로 운영-독도의 날(10.25.) 연계
   ③ 학교 독도지킴이를 선정하여 독도홍보 및 독도 관련 활동 진행
   ④ 교과 및 창의적 체험활동 연계 중심 독도교육 실시
   ⑤ 독도탐방 체험 및 독도영상을 통해 독도의 생생한 모습 경험

4) **그 외 통일교육 방안**
   ① 남한말-북한말 퀴즈
   ② 북한 먹거리/놀이 체험
   ③ 통일 후 북한 여행지도 그리기

> ☆ 학생들에게 체험형 독도교육을 실천할 방법으로는 어떤 것들이 더 있을까요?

25 독서교육

책 속에 길이 있다!

교육은 참 많이 변화했는데 예전이나, 지금이나 독서교육은 여전히 강조되고 있어요. 이런 걸 보면 '우리가 꼭 알고 가야 하는 중요한 교육이구나' 하는 느낌이 팍팍 오시죠? 이제 단순 종이책이 아닌 디지털로 변화하는 독서교육 함께 알아보아요.

1) 학교 독서교육이란?
학교 교육과정 중 다양한 교과 내용, 교육 활동에서 책을 활용하여 진행하는 교육과 학교 도서관을 활용해 진행하는 교육

2) 독서교육 필요성
① 인문교육 활동으로서 독서가 학생들의 교양 함양과 바람직한 습관, 태도를 형성하는 데 큰 영향을 줌
② 학교 교육과정과 연계하여 학습 자료를 검색, 선정하고 학습과제에 맞게 정리하는 활동을 통해 문제해결능력과 교과학습능력 향상에 도움
③ 유튜브, SNS 등 영상매체 접촉 빈도가 높아지며 다양한 내용에 대한 글을 이해·해석·창작할 수 있는 문해력 저하가 나타나기 때문에 문해력 향상을 위해 독서교육 필요

3) 독서교육의 활성화 방안
① 학생들 스스로 학급별 도서 추천목록 만들기
② 교실 도서관 만들기
③ 아침 독서시간 또는 수업 중 독서시간 마련하여 책 읽는 시간 제공하기
④ 학급 문학상 만들어 작가 후보를 뽑고 심사해 작가에게 상 주기
⑤ 사서교사와 연계하여 독서 활동 진행하기
⑥ 학교 도서관을 활용하여 프로젝트 수업하기
⑦ 1학기 1권 읽기
⑧ 질문을 통한 하브루타 독서토론하기

4) 독서교육의 효과
① 독서 능력과 태도의 향상
② 의사소통 능력과 비판적 사고능력의 향상
③ 다양한 분야의 지식과 정보를 읽고 해석하는 문해력 신장
④ 여러 분야의 책을 통해 창의력 향상
⑤ 자신의 의견과 주장을 논리적으로 표현
⑥ 책 또는 과제에 집중하는 시간 증가

5) 독서교육지원 플랫폼 활용
① 전자책 대여 'E 북드림 전자책'
1인당 매달 5권의 책을 대여해 주며 다양한 교과와 연계하여 수업 자료로도 활용 가능
② AI기반 '책열매'
한 학기 한 권 읽기 수업을 지원하기 위해 개발된 인공지능 기반 서비스로 학생의 독서 성향과 이력을 분석하여 도서를 추천하고 학생별 어휘 학습 제공
③ 온라인으로 독후활동 '독서교육종합지원 시스템'
독서 이력 및 독후활동을 체계적으로 기록해주는 사이트로 독후 감상문, 편지, 감상화, 일기 등의 각종 양식으로 독후활동을 업로드 가능

6) 독서교육 동향
① 학교 교육과정 내에서의 교과 독서
학교에서 운영되는 독서 활동이 일회성, 행사성을 벗어나 학생들의 독서력 향상과 실제 학습과정에서 독서 활동을 활용할 수 있도록 운영
② 학교 도서관 중심의 독서교육 : '도서관 이용 교육', 사서교사가 주도하는 '사서교사의 독서 교육', 도서관을 거점으로 이루어지는 '학교 독서 행사를 통한 독서교육' 등 진행
최근 교과교사와 사서교사들이 함께하는 다양한 독서교육이 진행됨

7) 활용법
① 자유학년제 연계 독서교육
② 동아리 연계 독서교육
③ 창의적 체험활동 연계 독서교육

☆ 학급과 학교 도서관을 활용해 학생과 할 수 있는 독서활동은 어떤 것들이 있을까요?

- 학급

- 학교 도서관

26 생활지도
학생의 성장을 돕는 생활지도

1) 생활지도란?

학생 개개인이 학교, 가정, 사회에서 자신의 능력, 흥미, 특성을 이해하여 문제상황에서 스스로 문제를 해결하고 자신의 성장을 이루게 하는 과정을 지도하는 것

2) 생활지도의 목적
① 전인적 민주시민으로서의 성장
② 치료보다 예방하기 위함
③ 문제해결력의 신장
④ 미래생활의 준비

3) 생활지도 영역
① 학업지도
② 진로지도
③ 사회성지도
④ 인성지도

4) 생활지도 시 교사의 태도
① 긍정적으로 학생의 잠재가능성에 대한 신뢰를 갖는다.
② 학생을 관찰하고 학생에게 필요한 정보를 제공하려 노력한다.
③ 교사의 성장과 전문성의 발전을 위해 노력한다.
④ 학교조직 및 제도와 적극적으로 협력하여 지도한다.

☆ 나는 어떤 방법, 어떤 태도로 학생 생활지도를 할지 생각해 볼까요?

27 학급긍정훈육법(PDC)
친절하지만 단호한 선생님이 되는 법

1) 학급긍정훈육(PDC)이란?
심리학자인 아들러(Adler)와 드라이커스(Dreikurs)의 이론을 교실에 적용해 학생을 통제하는 대신 그들과 협력적으로 문제를 해결하려는 훈육법으로 친절하며 단호한 교사를 강조

2) PDC를 활용한 학생 지도

(1) 다른 사람의 지속적인 도움과 관심을 얻으려는 학생
  ① 제대로 된 관심을 받을 수 있는 일을 하도록 이끌어 줌
  ② 바꾸거나 구해주려 하지 말고 학생 스스로 감정을 조절할 수 있다 믿음
  ③ 학생 스스로 일정표를 짜도록 도와줌
  ④ 특별 대접을 하지 않음

(2) 자신의 힘을 과시하고 보스처럼 구는 학생
  ① 학생이 긍정적 힘을 사용할 수 있도록 도움을 요청함
  ② 부드러우면서도 단호하게 행동함
  ③ 규칙이나 일정표를 따르게 함
  ④ 자리에서 물러나 마음을 진정시키게 함

(3) 보복하는 학생
  ① 상처받은 감정을 토닥여 줌
  ② 학생 행동에 처벌이나 보복하지 않음
  ③ 신뢰를 쌓고 경청해줌
  ④ 어느 한쪽 편을 들지 않음

(4) 쉽게 포기하고 무기력한 학생
  ① 할 일을 작은 단계로 나누어줌
  ② 비난하는 것을 멈춤
  ③ 시도한 것 자체를 격려함
  ④ 동정하지 않음
  ⑤ 어떻게 하는지 보여주고 기술을 가르치지만 직접 해주지 않음

3) PDC를 활용한 친절한 문제해결기술

① 문제해결 카드상자 : 문제해결 카드를 뽑아 카드에 적힌 방법을 사용함
② 선택 돌림판 : 돌림판 칸에 학생들의 문제해결법을 적어 활용함
③ 학급회의 : 발생한 문제를 학급 의제로 제안하고 학생들이 스스로 의논하여 해결할 수 있도록 함
④ 긍정적 타임아웃 : 비난이나 수치심을 주기 위해 공간에서 분리하는 것이 아니라 학생의 마음을 안정시키고 기분을 전환할 수 있도록 공간을 마련해 줌

4) PDC를 활용한 단호한 문제해결기술

① 제한적 선택 : 해결책을 제시하고 학생에게 선택하게 함
② 관철하기 : 잠깐 말을 멈추고 학생이 해야 할 행동을 행동으로 보여주기
③ 행동변화 질문법 : 바꾸고 싶은 행동과 관련된 질문을 통해 학생들이 변화할 수 있도록 유도
④ 존중하는 태도로 거절하기 : 충분한 이유를 설명하며 거절하기

☆ 무기력한 학생, 힘을 과시하는 학생 생활지도에 학급긍정훈육법을 활용해 상담해 볼까요?

- 무기력한 학생

- 힘을 과시하는 학생

28 학부모 상담
학부모와의 대화를 통해 학생을 알아가요

1) 학부모 상담 방법
① 주로 학기 초 '상담주간'을 이용해 실시하며 상담주간이 아니더라도 학기 중 수시로 학생에 대한 가정과의 연계가 필요할 때 실시
② 대면 상담 또는 유선 상담, 게시판 상담 등이 있으며 코로나19 이후 다양한 비대면 상담 유형이 활용
③ 학생관련 학업 목표 설정, 생활지도 및 안내 사항이 있을 경우 수시 상담 진행

2) 학부모 상담 효과
① 학부모 상담을 통해 교육 방법, 생활 지도 방법 등을 나누어 가정과 연계된 지도 가능
② 학생의 부적응 요인, 가정의 위기 요인 등을 조기에 파악할 수 있음
③ 학부모 요구 수용을 통한 교육 만족도 향상

3) 상담 결과 활용
① 가정 내 학대나 방임 등의 징후가 발견되면 가정에 직접 방문, Wee클래스·센터 연계
② 학생, 학부모의 개별학습 요구를 바탕으로 개별 맞춤형 학습 가능
③ 학생의 생활지도와 인성지도에 반영하여 가정과 연계된 지도 가능

 리미쌔미 Fact Check

무리한 요구를 하는 학부모님과는 어떻게 상담할 수 있을까요?
먼저 학부모님의 감정을 수용해 드려요. 그런 다음 현실적으로 가능한 부분과 어려운 부분을 설명해 드리며 교사의 전문적인 모습을 보여드려요. 그리고 상담한 내용을 추후에 어떻게 적용하고 있는지, 어떤 변화가 있는지 안내해 드리면 더욱 좋겠죠?

☆ 학생의 학교 생활, 학업에 무관심한 학부모님은 어떻게 상담해야 할까요?

☆ 학부모님과 활발한 소통을 위해서 어떤 방법을 사용할 수 있을까요?

29) 아동학대
학대로부터 학생을 지킬 수 있는 가장 가까운 사람, 교사

1) 아동학대 정의
보호자를 포함한 성인이 아동의 건강 또는 복지를 해치거나 정상적 발달을 저해할 수 있는 신체적·정신적·성적 폭력이나, 가혹행위를 하는 것과 아동의 보호자가 아동을 유기하거나 방임하는 것

2) 아동의 4가지 권리
① 생존권 : 기본적인 삶을 누리는데 필요한 권리
② 발달권 : 잠재능력을 최대한 발휘하는데 필요한 권리
③ 보호권 : 유해한 것으로부터 보호받을 권리
④ 참여권 : 자신의 나라와 지역사회 활동에 적극적으로 참여할 수 있는 권리

3) 아동학대 유형 및 징후
① 신체 학대
- 사고로 보기에는 미심쩍은 상처
- 신체적 상처로 자주 병원을 가는 경우
- 부모에 대한 두려움, 집으로 돌아가는 것에 대한 거부감
- 다른 아동이 다가올 때 공포감을 느끼는 행동
- 공격 또는 위축된 극단적 행동

② 정서 학대
- 과도한 수면 부족 증세
- 스트레스로 인한 원형 탈모
- 특정 물건을 계속 빨고 있거나 물어 뜯음
- 폭력성향, 히스테리, 강박, 공포, 극단행동, 과잉행동, 자살시도 등 비정상적인 반응

③ 성 학대
- 걷거나 앉는데 어려움
- 입천장의 손상, 성병 감염 및 임신
- 나이에 맞지 않는 성적 행동
- 타인, 동물, 장난감을 대상으로 하는 성적 상호관계
- 부모에 대한 두려움, 집으로 돌아하는 것에 대한 거부감

④ 방임
- 기아, 영양실조, 적절하지 못한 영양상태
- 계절에 맞지 않는 옷, 청결하지 못한 외모
- 음식 구걸, 도둑질
- 지속적 피로·불안정 호소, 수업 중 과도한 수면

4) 아동학대 신고의무자
① **아동학대 신고의무자** : 직무를 수행하면서 아동학대 범죄를 알게 된 경우나 그 의심이 있는 경우에는 아동보호 전문기관 또는 수사기관에 신고할 의무가 있는 자를 말함
② **피해아동에 대한 비밀 보호** : 피해 아동의 교육 또는 보육을 담당하는 학교의 교직원 또는 보육교직원은 정당한 사유가 없으면 해당 아동의 취학, 진학, 전학, 또는 입소의 사실을 아동학대 행위자인 친권자를 포함하여 누구에게든지 누설하여서는 아니됨
③ **아동학대 신고의무 불이행에 따른 제재** : 정당한 사유 없이 그 직무상 아동학대를 알게 되었거나 의심이 되었음에도 신고를 하지 아니한 신고의무자에게는 500만원 이하의 과태료가 부과됨

5) 아동학대 신고의무자에 대한 보호
① **아동학대 신고자 비공개** : 신고인의 인적 사항 또는 신고인임을 미루어 알 수 있는 사실을 다른 사람에게 알려주거나 공개 또는 보도하여서는 안됨
② **아동학대 신고자 공개자에 대한 제재** : 신고인의 인적사항 또는 신고인임을 미루어 알 수 있는 사실을 다른 사람에게 알려주거나 공개 또는 보도한 자는 1년 이하의 징역 또는 500만원 이하의 벌금에 처함

6) 조기 발견 및 무단결석 관리·대응 매뉴얼
① 기본 원칙
- 아동학대 징후 발견 시 즉시 신고
- 무단결석 아동 및 조퇴한 아동 관리 강화 : 2일 이상 무단결석 아동 발생 시 전화연락 또는 가정방문 등을 통해 아동학대가 의심되거나 아동의 안전과 소재가 파악되지 않은 경우 수사기관(112)에 신고
- 아동학대 신고의무자 역할 숙지
② 평상 시 관리·대응
- 매일 아동의 건강과 안전을 확인
- 보호자 동의서(무단결석 시 가정방문)를 사전에 받아둠

③ 아동학대 신고 시 주의사항
- 보호자에게 신고내용을 알리는 등의 행위로 아동학대 증거가 은폐되지 않도록 주의하여야 함
- 가능한 한 증거 사진 등을 확보함
- 아동이 불안에 빠지지 않도록 큰 일이 난 것처럼 하지 않고 일상적으로 대함
- 성 학대의 경우 증거 확보를 위해 씻기거나 옷을 갈아 입히지 않음
- 진술의 오염이 있을 수 있으므로 학대에 대해 계속 캐묻거나 유도 질문을 하지 않음
- 신고 후에 신고자나 피해아동의 정보가 외부에 노출되지 않도록 주의
- 신고 후에 아동보호전문기관 또는 수사기관과 지속적인 협력 유지

30 학교폭력
학교에서 절대로 사라져야 할

1) 학교폭력이란?
학교 내외에서 학생을 대상으로 발생한 상해, 폭행, 감금, 협박, 약취·유인, 명예훼손·모욕, 공갈, 강요·강제적인 심부름 및 성폭력, 사이버 따돌림, 정보통신망을 이용한 음란·폭력 등에 의하여 신체·정신 또는 재산상의 피해를 수반하는 행위를 말함(학교폭력예방법 제2조)

2) 학교폭력 유형

 리미쌤미 Fact Check

유형 상세 내용을 보고 지문 해석에 활용해요.
예) 이러한 행동은 학교폭력에 해당하는가?

신체 폭력	• 신체를 손발로 때리는 등 고통을 가하는 행위(상해, 폭행) • 일정한 장소에서 쉽게 나오지 못하도록 하는 행위(감금) • 강제(폭행, 협박)로 일정한 장소로 데리고 가는 행위(약취) • 상대방을 속이거나 유혹해서 일정한 장소로 데리고 가는 행위(유인) • 장난을 빙자한 꼬집기, 때리기, 힘껏 밀치기 등 상대학생이 폭력으로 인식하는 행위
언어 폭력	• 여러 사람 앞에서 상대방의 명예를 훼손하는 구체적인 말(성격, 능력, 배경 등)을 하거나 그런 내용의 글을 인터넷 SNS 등으로 퍼뜨리는 행위(명예훼손) ※ 내용이 진실이라고 하더라도 범죄이고, 허위인 경우에는 형법상 가중 처벌 대상이 됨 • 여러 사람 앞에서 모욕적인 용어(생김새에 대한 놀림, 병신, 바보 등 상대방을 비하하는 내용)를 지속적으로 말하거나 그런 내용의 글을 인터넷, SNS 등으로 퍼뜨리는 행위(모욕) • 신체 등에 해를 끼칠 듯한 언행("죽을래" 등)과 문자메시지 등으로 겁을 주는 행위(협박)
금품 갈취 (공갈)	• 돌려 줄 생각이 없으면서 돈을 요구하는 행위 • 옷, 문구류 등을 빌린다며 되돌려주지 않는 행위 • 일부러 물품을 망가뜨리는 행위 • 돈을 걷어오라고 하는 행위
강요	• 속칭 빵 셔틀, 와이파이 셔틀, 과제 대행, 게임 대행, 심부름 강요 등 의사에 반하는 행동을 강요하는 행위(강제적 심부름) • 폭행 또는 협박으로 상대방의 권리행사를 방해하거나 해야 할 의무가 없는 일을 하게 하는 행위(강요)

따돌림	• 집단적으로 상대방을 의도적이고 반복적으로 피하는 행위 • 싫어하는 말로 바보 취급 등 놀리기, 빈정거림, 면박주기, 겁주는 행동, 골탕 먹이기, 비웃기 • 다른 학생들과 어울리지 못하도록 막는 행위
성폭력	• 폭행·협박을 하여 성행위를 강제하거나 유사 성행위, 성기에 이물질을 삽입하는 등 행위 • 상대방에게 폭행과 협박을 하면서 성적 모멸감을 느낄 수 있도록 신체적 접촉을 하는 행위 • 성적인 말과 행동을 함으로써 상대방이 성적 굴욕감, 수치감을 느끼도록 하는 행위
사이버 폭력	아래 내용 참고

 리미쌔미 Fact Check

- **오쌤** : 사소한 괴롭힘, 학생들이 장난으로 여기는 행위도 학교폭력이 될 수 있음을 인식할 수 있도록 분명하게 가르쳐야 해요.
- **현쌤** : 학교폭력은 "학교 내·외에서 학생을 대상으로 하는 폭력"이므로, 가해자가 학생이 아닌 경우에도 필요시 피해 학생에 대해 보호조치를 할 수 있어요.

3) 사이버 폭력

사이버 폭력이란, 정보통신망을 이용해서 폭력, 음란, 정보 등에 의하여 신체적, 정신적, 재산상의 피해를 수반하는 행위를 말함. 학생들을 대상으로 한 경우에는 학교폭력에 해당

4) 사이버 폭력 유형

사이버 명예훼손	사이버 공간에서 상대를 비하할 목적으로 사실 또는 거짓을 말하여 상대방의 명예를 떨어뜨리거나 인격을 침해하는 행위
사이버 언어폭력	채팅방, 게시판 등 사이버 공간에서 문자, 사진, 동영상 등으로 비방글, 악성댓글, 욕설 등을 올리는 행위
사이버 영상 유포	정보통신망을 이용하여 상대방의 동의 없이 개인의 사생활과 관련된 특정 신체 부위나 각종 유해성 사진, 영상 등을 전송 및 유포하여 괴롭히는 행위
사이버 따돌림	사이버 공간에서의 특정 상대를 대화에 참여하지 못하게 하거나 채팅방에서 퇴장하지 못하게 하는 것과 같은 모든 행위
사이버 갈취	사이버 머니, 금품 갈취형으로 주로 와이파이 셔틀, 게임머니 등 사이버상의 갈취 형태의 괴롭힘
사이버 스토킹	사이버 공간에서 원하지 않는 문자, 사진, 동영상을 반복적으로 보내 상대방에게 공포심이나 불안감을 주는 모든 행위

5) 사이버 폭력 특징
① 익명성 때문에 가해 행동에 쉽게 가담할 수 있음
② 시공간적 제한이 없어 사이버 폭력에 지속적으로 노출될 수 있음
③ 공격하는 소문이나 허위사실이 빠르게 복제·확산될 수 있음
④ 신체적 접촉이 없기 때문에 가해자는 크게 인지하지 못함
⑤ 사이버 공간에 기록된 내용은 영구적으로 남을 수 있음

6) 사이버 폭력 대처방안
① 학생
- 방관하지 않고 신고하거나 학교, 학교전담경찰관, 부모님 등 도움 요청하기
- 온라인으로 모르는 사람의 쪽지나 대화 신청은 거절하기
- 정확하지 않은 정보나 음란물 등은 함부로 게시하거나 유포하지 않기
- 나와 다른 사람의 개인정보를 소중하게 생각하기
- 사이버 공간에서도 바른 언어 사용과 예절 지키기

② 학부모
- 자녀의 온라인 활동 관심 가지기
- 자녀가 사이버 폭력 피해를 보았을 때 대처할 수 있도록 사전 교육하기
- 대처 방법과 피해 시 도움 요청 기관 알려주기
- 자녀가 사이버 공간에서 부모의 개인정보를 사용하지 않도록 관리하기
- 올바른 스마트 기기 사용법을 익힐 수 있도록 환경 마련하기

③ 즉각 대처법
- 증거 저장하기 : 객관적으로 사실관계를 파악하고 증거자료 확보
- 보복은 금물 : 흥분하지 말고 침착하게 대응
- 도움 요청하기 : 보호자, 학교, 전문기관, 경찰 등에 도움 요청

> 리미쌔미 Fact Check
> ① 국번 없이 117로 신고
> ② 전화가 힘든 상황일 때는 #0117로 문자 상담 또는 신고
> ③ 안전드림 117센터 누리집(http://www.safe182.go.kr)에서도 24시간 언제든 상담
> ④ 가까운 경찰서 민원실 방문 신고

7) 학교폭력 사안처리

① 사안처리 흐름도

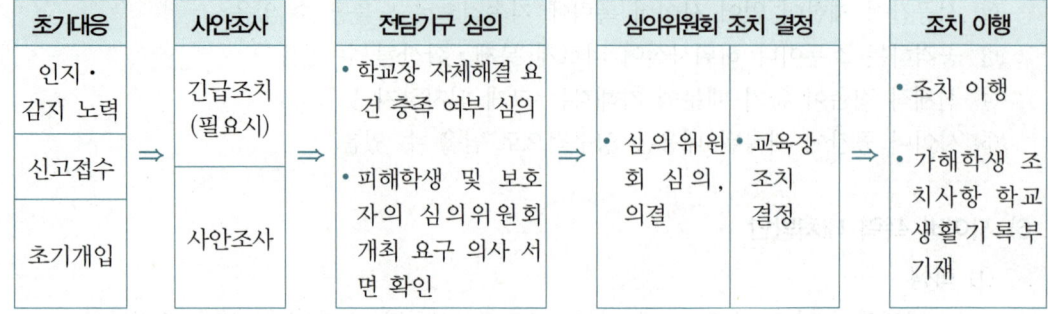

② 사안처리 시 유의사항
- 공정하고 객관적인 자세를 끝까지 갖추고 적극적인 자세로 학교폭력 사안처리를 위해 노력함
- 학생과 학부모의 상황과 심정에 대한 이해와 공감을 통해 신뢰를 형성하고, 불필요한 분쟁이 추가적으로 발생하지 않도록 함
- 사안조사 시 관련 학생들을 분리하여 조사하고, 축소·은폐하거나 성급하게 화해를 종용하지 않도록 함
- 사안조사는 가능한 수업시간 이외의 시간을 활용하고, 부득이하게 수업시간에 할 경우에는 별도의 학습기회를 제공함
- 학교폭력대책심의위원회 결정 전까지는 피해학생, 가해학생을 단정 짓지 말고 관련학생이라는 용어를 사용함
- 전담기구의 조사 및 심의위원회 조치 결정시 관련학생 및 보호자에게 반드시 의견진술의 기회를 제공해야 함
- 성범죄 관련 사안을 인지한 경우, 예외 없이 수사기관에 즉시 신고해야 함
- 동일 사안에 대하여 재심 성격의 심의위원회는 개최하지 않음

8) 학교(교사)의 학교폭력 대응

(1) 학교폭력 감지·인지 노력

① 초기 감지·인지의 중요성 : 교사는 학교에서 많은 시간을 학생들과 같이 보내므로 주의를 기울이면 학교폭력 발생 전에 그 징후를 발결할 수 있는 가능성이 많음. 교사는 학교폭력 상황을 감지·인지했을 때, 신속하고 적극적으로 개입해야 함
- 감지 : 학생들의 행동이나 교실 분위기 등을 보고 학교폭력이라고 느끼어 알게 되는 것
- 인지 : 학생 또는 학부모의 직접 신고, 목격자 신고, 제3자 신고, 기관통보, 언론 및 방송 보도, 상담 등으로 학교폭력 사안을 알게 되는 것

② 학교 구성원의 역할 및 책임
- 학교폭력 실태조사 실시, 교내 학교폭력 신고함
- 홈페이지 비밀게시판, 담임교사의 문자·메일 등 다양한 신고체계 마련
- 교사의 관찰 및 상담 실시
- 교내·외 순회지도

③ 학교폭력 징후

피해학생의 징후	가해학생의 징후
• 늦잠을 자고, 몸이 아프다하며 학교 가기를 꺼림 • 성적이 갑자기 혹은 서서히 떨어짐 • 학교생활 및 친구관계에 대한 대화를 시도할 때 예민 반응을 보임 • 아프다는 핑계 또는 특별한 사유 없이 조퇴를 하는 횟수가 많아짐 • 갑자기 짜증이 많아지고 가족이나 주변 사람들에게 폭력적인 행동을 함 • 용돈을 평소보다 많이 달라고 하거나 스마트폰 요금이 많이 부과됨	• 친구관계를 중요시하며 귀가시간이 늦거나 불규칙함 • 다른 학생을 종종 때리거나, 동물을 괴롭히는 모습을 보임 • 자신의 문제 행동에 대해서 이유와 핑계가 많고, 과도하게 자존심이 강함 • 옷차림이나 과도한 화장, 문신 등 외모를 과장되게 꾸며 또래 관계에서 위협감을 조성함 • 평소 욕설 및 친구를 비하하는 표현을 자주함

(2) 신고의무와 신고방법
① 의무
- 신고의무 : 학교폭력 신고의무에 따라 학교폭력 현장을 보거나 그 사실을 알게 된 자는 학교 등 관계기관에 이를 즉시 신고하여야 함
- 교원의 보고의무 : 누구라도 학교폭력의 예비·음모 등을 알게 된 자는 이를 학교장 또는 심의위원회에 고발할 수 있음. 다만, 교원이 이를 알게 되었을 경우에는 학교의 장에게 보고하고 해당 학부모에게 알려야 함
- 신고자·고발자에 대한 비밀누설 금지 의무

② 신고방법
- 교내 신고방법 : 구두, 신고함, 설문조사, 이메일, 홈페이지, 휴대전화, 포스터 부착 등
- 교외 신고방법 : 112 경찰청, 117 학교폭력 신고센터, 학교전담경찰관 등

9) 피해 및 가해학생 조치
① 피해학생에 대한 보호조치
- 제1호 : 학내외 전문가에 의한 심리상담 및 조언
- 제2호 : 일시보호(일시적으로 보호시설, 집, 학교상담실 등에서 보호받는 조치)
- 제3호 : 치료 및 치료를 위한 요양(의료기관 등에서 치료받는 조치)

- 제4호 : 학급교체(동일 학교 내의 다른 학급으로 소속 변경)
- 제5호 : 기존 전학권고 조치는 삭제됨

② 가해학생에 대한 조치
- 제1호 : 피해학생에 대한 서면사과
- 제2호 : 피해학생 및 신고·고발 학생에 대한 접촉, 협박 및 보복행위의 금지
- 제3호 : 학교에서의 봉사
- 제4호 : 사회봉사(학교 밖 행정 및 공공기관에서의 봉사)
- 제5호 : 학내외 전문가에 의한 특별교육이수 또는 심리치료
- 제6호 : 출석정지(출석정지 기간은 출석일수에 산입하지 않음)
- 제7호 : 학급교체
- 제8호 : 전학(상급학교 진학 시에도 각각 다른 학교에 배정)
- 제9호 : 퇴학처분(가해학생을 선도·교육할 수 없다고 인정될 때, 다만 의무교육과정에 있는 가해학생에 대하여는 적용하지 아니함)

10) 학교폭력 관련 상담
① 학생위기상담 종합지원 서비스 : Wee클래스·센터·스쿨 상담 제공
② 청소년사이버상담센터 : 온라인 상담 서비스 제공
③ 청소년전화 1388 : 지역번호+1388, 전화상담 서비스와 긴급출동, 위기개입 지원
④ 또래상담 홈페이지 : 학교폭력 및 사이버 폭력 예방교육자료 제공
⑤ 상다미쌤(카카오톡 플러스친구) : 학교폭력 고민 상담 서비스 제공
⑥ 다 들어줄 개(모바일 앱) : 365일 24시간 1:1 상담, 힐링웹툰 제공
⑦ 푸른 코끼리(모바일 앱) : 고민상담 서비스(1:1채팅, 게시판 등), 사이버 폭력 피해자 체험
⑧ 스마트안심드림(모바일 앱) : 자녀의 사이버 폭력 의심 문자 감지 및 알림 서비스 제공

11) 학교폭력 종합정보 홈페이지 '도란도란' 활용 : www.dorandoran.go.kr

㉛ 안전교육

아는 만큼 조심할 수 있어요!

1) 안전교육이란?
일상생활과 재난 상황에서 자신의 안전을 위협하는 위험 요소가 무엇인지 알고 안전하게 생활하는 방법을 익혀 위험을 예방하며, 위험 상황에 직면했을 때 적절하게 대처할 수 있는 능력을 기르도록 하는 교육

2) 안전교육의 목표
① 안전하게 생활하는 삶의 방식을 습관화하기 위함
② 위험 상황에 직면했을 때 적절하게 대처할 수 있는 위기대응능력 신장 위함

3) 학교 안전교육 7대 표준안

생활안전교육	시설안전	실내안전, 다중이용시설의 안전 수칙, 감전사고 대처
	제품안전	공산품 안전, 식품 안전
	실험·실습 안전	
	신체활동안전	체육 및 여가활동 안전 일반, 놀이활동 안전, 계절놀이 안전, 물놀이 안전, 등산 안전, 탈 것 안전, 현장체험학습 안전(캠핑 안전 포함)
교통안전교육	보행자 안전	
	자전거 안전	
	오토바이 안전	
	자동차 안전	
	대중교통 안전	
폭력예방 및 신변보호교육	학교폭력	언어/사이버 폭력, 물리적 폭력, 집단 따돌림
	성폭력	성폭력 예방 및 대처방법, 성매매 예방
	아동학대	
	자살	
	가정폭력	
	유괴 미아사고 예방	

약물 및 사이버 중독 예방 교육	약물중독	마약류 폐해 및 예방, 흡연 폐해 및 예방, 음주 폐해 및 예방, 고카페인식품 폐해 및 예방
	사이버중독	인터넷게임 중독 예방, 스마트폰 중독 예방
재난안전교육	화재	화재발생, 화재발생시 안전수칙, 소화기 사용 및 대처방법
	사회재난	폭발 및 붕괴의 원인과 대처방법, 각종 테러사고 발생시 대처요령, 감염병
	자연재난	자연재난, 홍수 및 태풍 발생 시 대처요령, 지진 발생 시 대처요령, 대설·한파·폭염·낙뢰발생 시 대처요령
직업안전교육	직업안전 의식	
	산업재해의 이해와 예방	
	직업병	
응급처치교육	응급처치의 이해와 필요성	
	심폐소생술	심폐소생술, 자동제세동기의 사용
	상황별 응급처치	기도폐쇄, 지혈 및 상처처치, 염좌 및 골절처치, 화상 응급처치, 갑작스런 상황에서 응급처치

① 모든 학교는 안전교육 7대 표준안에 따른 7대 영역 51차시 이상의 안전교육을 진행하여야 하며 학교 안전교육의 실시 시간 단위는 이수시간을 자율적으로 20% 범위 내에서 조정·운영할 수 있음

② 교직원은 안전교육을 3년마다 15시간 이상 이수, 4시간 이상의 심폐소생술 등 응급처치 교육을 이수하여야 함

4) 학교안전정보센터 활용 : http://www.schoolsafe.kr

초·중등 임용 2차 대비

PART 04

부록

class 1. 교육 관련 명언
class 2. 체크리스트
class 3. 기본교육과정 성취기준

CLASS 01 교육 관련 명언

- 가르침도 없고 스스로 배우는 것도 없으면 자기의 결점도 보이지 않는다. - 탈무드
- 교사란 자신을 태움으로써 다른 사람을 밝게 비춰 주는 초와 같다. - 이탈리아 속담
- 교사의 임무는 독창적인 표현과 지식의 희열을 불러 일으켜주는 일이다. - 아인슈타인
- 교육은 그대의 머리 속에 씨앗을 심어주는 것이 아니라, 그대의 씨앗들이 자라나게 해주는 것이다. - 칼릴 지브란
- 교육은 사회의 거울이다. - 엘드
- 교육의 가장 귀중한 효과는 당신이 좋아하든 좋아하지 않든 당신이 해야 할 때에 당신으로 하여금 할 수 있도록 하는 능력을 길러주는 것이다. - 헉슬리
- 교육의 목적은 기계를 만드는 것이 아니라 인간을 만드는 데 있다. - 루소
- 교육의 숭고한 목적은 분별의 능력을 증대시키는 것이다. 이는 악한 것에서 좋은 것을, 가짜에서 진실을 가려내어 이를 추구하게 하는 것이다. - 사무엘 존슨
- 교육의 참된 목적은 각자가 평생 자기의 교육을 계속할 수 있게 하는 데 있다. - 존 듀이
- 교육이란 알지 못하는 바를 알도록 가르치는 것이 아니라 사람들이 행동하지 않을 때 행동하도록 가르치는 것을 의미한다. - 마크 트웨인
- 교육이란 자신의 무지를 깨달아 가는 과정이다. - 듀란트
- 단순한 호기심이 강압적 주입보다 더 효과적이다. - 히포
- 어린이에게는 과학을 가르치는 것이 아니다. 단지 과학의 취미를 주면 족하다. - 루소
- 학교에서 가르쳐진 것은 교육이 아니라 교육의 수단일 뿐이다. - 에머슨
- 독서가 마음에 끼치는 영향은 운동이 육체에 끼치는 영향과 같다. - 리차드 스틸
- 독서는 단지 지식의 재료를 공급하는 것뿐이다. 그것을 자기의 것으로 만드는 것은 사색의 힘이다. - 존 로크
- 말을 강까지 끌고 갈 수는 있으나 말에게 물을 마시게 할 수는 없다. - 탈무드
- 머리의 녹은 책으로 닦아라. - 영국 속담

- 모든 학문은 상호 간에 결합되어 있기 때문에 하나를 다른 것에서 분리하는 것보다도 모든 것을 한꺼번에 배우는 것이 훨씬 쉽다는 것을 잘 알아야 한다. - 데카르트
- 물고기 한 마리를 주면 그를 하루 동안 배부르게 할 수 있으나 물고기 낚는 법을 가르치면 그를 평생 배부르게 할 것이다. - 탈무드
- 보는 것이 넓으면 망설이지 않고, 듣는 것이 총명하면 유혹되지 않는다. - 묵자
- 교육은 과거의 가치 전달에 있는 것이 아니라, 미래의 새로운 가치 창조에 있다. - 존 듀이
- 세 사람이 함께 길을 가면 거기에는 반드시 자기의 스승이 될 만한 사람이 있다. - 논어
- 교육의 진정한 목적 중의 하나는 부단히 문제를 제기할 수 있는 환경 속에 인간을 두는 것이다. - 크레이튼
- 써먹지 못하는 많은 교육보다 적용되는 적은 교육이 차라리 낫다. - 베이컨
- 어리석은 질문이란 없다. 질문하기를 멈추지 않는 한 어떤 사람도 바보가 되지 않는다. - 슈타인메츠
- 어린 아이들은 교육을 받아야 함과 동시에 스스로 교육할 수 있도록 내버려 두어야 한다. - 딤넷
- 예술은 채찍을 사용하지 않고 인간을 교육할 수 있는 유일한 수단이다. - 버나드 쇼
- 인간을 지력으로만 교육시키고 도덕으로 교육시키지 않는다면, 사회에 대해 위험을 기르는 것이 된다. - 루스벨트
- 좋은 도구가 탁월한 교사를 만드는 것이 아니다. 그러나 탁월한 교사는 도구를 잘 쓸 줄 안다. - 에머슨
- 아이들에게는 비평보다 몸소 실천해 보이는 모범이 필요하다. - 주베르
- 학교는 생각을 도구로 한 공장이나 정보를 취득하고 교환하는 장소가 아니라 더불어 사는 사회적 유기체가 되어야 한다. - 린너

CLASS 02 체크리스트

 심층면접 체크리스트

전반적 피드백용

날짜		면접자		면접관	
체크리스트	상	중	하	개선점 or 잘한 점	
목소리 크기					
말 속도					
논리성					
자세					
문항	상세 피드백				
구상형1					
구상형2					
구상형3					
즉답형 1					
즉답형 2					
전반적 피드백					

내용 체크용

구성요소			점수
구상형	교직관 및 교직수행 실현 방안	교직 사명감	
		교사 책무성	
		교직 내 실현 방안	
	교육 정책 이해	정책의 철학과 가치 이해	
		정책의 핵심요소	
		정책 실천 계획의 구체성	
		실천 의지	
즉답형	교직을 위한 성장 노력	다양한 경험이 있는가	
		교육관련 활동에 능동적으로 참여했는가	
		활동이 교사 성장에 도움이 되었는가	
		교사로의 성장을 위해 지속적으로 노력하는가	
	자질 및 태도	학생 중심의 사고를 하는가	
		개별 학생에 대한 존중, 공감, 소통을 하는가	
		교사로서 합리적 판단 능력이 있는가	
		실천 의지가 있는가	

* 위 내용은 예시입니다. 면접 문제에서 중점적으로 확인하려는 내용 기입해서 사용하세요.

2. 수업 실연 체크리스트

전반적 피드백용

구분		평가 요소	척도	특이점
도입부		동기 유발	① ② ③	
		자료 활용	① ② ③	
		보조원 활용	① ② ③	
		학습 목표 제시	① ② ③	
전개	활동1	자료 활용	① ② ③	
		보조원 활용	① ② ③	
		강화 적용	① ② ③	
		개별 행동 지도	① ② ③	
		학습 내용의 적절성	① ② ③	
	활동2	자료 활용	① ② ③	
		보조원 활용	① ② ③	
		강화 적용	① ② ③	
		개별 행동 지도	① ② ③	
		학습 내용의 적절성	① ② ③	
마무리		형성 평가	① ② ③	
		차시 예고	① ② ③	
개인적 특징		교사 발문(내용 및 논리성)의 적절성	① ②	
		시선처리, 몸짓 등의 적절성	① ②	
		목소리 톤의 변화 정도, 크기, 속도 등의 적절성	① ②	
		교실 공간(이동 동선)을 효율적으로 활용한다.	① ②	
		활동의 논리적 구성	① ②	
		학생과의 상호작용 다양성	① ②	
한줄 평 "오늘 수업은 _____이었다."				
총평				
개선 사항 (단기목표)				

내용 체크용

구성요소		점수
가르치는 내용이 삶과 연결되며 실천 가능한가	교과 내용 재구성	
	학습자 실생활 관련	
	경험 반영	
	실천적 삶과 연계 가능성	
자기 생각 만들기와 학습의 과정을 다루도록 이끄는가	스스로 생각하게 만드는가	
	학습 조직화 가능하게 만드는가	
	학생 생각 공유할 수 있는가	
	학습을 내면화할 수 있는가	
배움과 성장에 도움되는가	앎과 실천에 대해 이끄는가	
	비판적 사고를 자극하는 발문을 하는가	
	창의적 문제해결을 돕는가	
	민주시민 소양을 갖추도록 하는가	
지적, 정의적 능력 종합적으로 다루는가	인지적 능력 발현하게 하는가	
	정의적 능력 함양하게 하는가	
	배움을 통해 통찰하도록 하는가	
	배운 내용을 종합적으로 사고하게 하는가	
배움의 성장이 있었는가	학습자 배움 과정 확인하는가	
	도전적 과제 제시로 학습자 동기 유발하는가	
	높은 수준 배움을 자극하는가	
	배움이 확장하여 협력적 배움이 일어나도록 이끄는가	

* 위 내용은 예시입니다. 실연 문제에서 중점적으로 확인하려는 내용 기입해서 사용하세요.

3. 수업 나눔 체크리스트

전반적 피드백용

	내용 및 개선사항	시간
1번		
2번		
3번		
4번		
Good		
Bad		
총평		

내용 체크용

		구성요소	점수
수업성찰 및 반성적 사고	자신의 수업을 스스로 성찰할 수 있는가	수업에 대한 신념	
		교과에 대한 철학	
		자신의 수업 반성	
		가르치며 어려웠던 점	
	문제를 새롭게 발견해 수업설계를 할 수 있는 역량을 가지고 있는가	교과 내용 수업 문제 인식	
		학습 위계	
		학습 내용 내면화	
		문제해결 위해 새롭게 수업 설계	
질문생성 능력 및 의사소통	문제를 성찰적 질문으로 변환할 수 있는가	수업자의 문제상황을 알아차리는가	
		문제상황을 열린 질문으로 나타내는가	
		자신 수업에 대한 성찰적 질문에 근거를 제시하여 답하는가	
		메타 인지 능력을 가지고 질문하는가	
	수업자 자신과 대화, 마음과 생을 나눌 수 있는 의지를 지니고 있는가	자신의 수업에 대해 스스로 대화할 수 있는가	
		수업 어려움을 솔직히 드러내는가	
		자신의 수업의 의미를 스스로 이해시킬 수 있는가	
		수업자의 어려운 마음을 나눌 의지가 있는가	
수업 공감 능력	적극적 공감하여 문제 해결의지를 지니는가	정서적 반응 지각하고 있는가	
		현재 반응 수용하는가	
		정서적 반응 형태 변별할 수 있는가	
		바람직한 방향 유지하는가	

* 위 내용은 예시입니다. 나눔 문제에서 중점적으로 확인하려는 내용 기입해서 사용하세요.

CLASS 03 기본교육과정 성취기준

 체크 포인트

성취기준이란 학생들이 학습을 통해 성취해야 할 지식, 기능, 태도 등을 진술해 놓은 것으로 학생들이 무엇을 공부하고 성취해야 하는지, 교사는 무엇을 가르치고 평가해야 하는지에 대한 길잡이가 되어줍니다.
임용 공부를 할 때는 막연하고 어렵게만 느껴졌던 성취기준이 막상 현장에서 보니 수업을 구성하고 진행하는 데 없어서는 안 되는 수업의 뼈대라는 것을 실감했어요! 그럼 수업 실연을 구성할 때도 이 성취기준들을 알고 있다면 좀 더 알차고 명확한 수업이 될 수 있겠죠?

1. 성취기준 코드

'[ ]'안의 내용을 살펴보면 처음 숫자는 학년군, 과목 뒤에 숫자는 교과별 학습영역, -(다시) 뒤의 숫자는 순서를 의미합니다.

2. 성취기준 자료실

다른 교육과정의 성취기준이 궁금하다면 '학생평가지원포털'에서 쉽게 검색할 수 있어요.
(기본교육과정 탑재 예정) https://stas.moe.go.kr/cmn/main

3. 바른 생활

01 학교와 나	[2바생01-01] 학교에서 필요한 규칙을 지킨다. [2바생01-02] 나의 몸을 깨끗하고 단정하게 유지한다. [2바생01-03] 나를 인식하고 소중히 여긴다. [2바생01-04] 친구 간의 예절을 지키고 서로 돕는다.
02 가족	[2바생02-01] 집안의 물건과 생명을 소중히 여긴다. [2바생02-02] 가족 간에 지켜야 할 예절을 실천한다. [2바생02-03] 가족을 위해 할 수 있는 일을 실천한다. [2바생02-04] 다양한 가족의 형태와 문화를 존중한다.
03 마을	[2바생03-01] 이웃에 대한 예절을 지키고 사이좋게 지낸다. [2바생03-02] 바른 태도로 가게를 이용한다. [2바생03-03] 공공장소와 공공시설물을 바르게 이용한다. [2바생03-04] 우리 마을과 마을 사람들이 하는 일을 소중히 여긴다.
04 나라	[2바생04-01] 우리나라를 대표하는 것을 소중히 여긴다. [2바생04-02] 우리나라의 전통문화를 소중히 지킨다. [2바생04-03] 바른 태도로 외국인을 대한다. [2바생04-04] 여러 나라가 함께하는 행사에 다양한 방식으로 참여한다.
05 봄	[2바생05-01] 봄철 건강한 생활을 위해 필요한 생활 습관을 갖는다. [2바생05-02] 봄철 행사에서 지켜야 할 일을 실천한다. [2바생05-03] 봄맞이 청소를 하고 정리 정돈을 한다. [2바생05-04] 봄에 볼 수 있는 동식물을 소중히 여기고 보호한다.
06 여름	[2바생06-01] 여름을 건강하게 지내는 방법을 실천한다. [2바생06-02] 여름철 다른 사람을 배려하는 예절을 실천한다. [2바생06-03] 여름방학 생활 계획을 세운다. [2바생06-04] 여름철 안전 규칙을 지킨다.
07 가을	[2바생07-01] 추석에 지켜야 할 예절을 지킨다. [2바생07-02] 가을 행사에 참여하고 규칙을 지킨다. [2바생07-03] 생활 속에서 협동을 실천한다. [2바생07-04] 자연과 추수하는 사람들에게 감사한 마음을 갖는다.
08 겨울	[2바생08-01] 겨울을 건강하게 지내는 방법을 실천한다. [2바생08-02] 주변의 어려운 이웃을 돕는다. [2바생08-03] 겨울철 생활 계획을 지킨다. [2바생08-04] 겨울철 안전 규칙을 지킨다.

4. 슬기로운 생활

01 학교와 나	[2슬생01-01] 학교에서의 일과를 살펴본다. [2슬생01-02] 나의 몸을 살펴보고 몸에 관심을 갖는다. [2슬생01-03] 내가 좋아하는 것과 잘하는 것을 찾아본다. [2슬생01-04] 나와 친구의 같은 점과 다른 점을 찾아본다.
02 가족	[2슬생02-01] 다양한 형태의 집과 집안의 여러 장소를 살펴본다. [2슬생02-02] 가족을 소개하고 하는 일을 알아본다. [2슬생02-03] 집에서 가족과 함께 하는 일을 찾아본다. [2슬생02-04] 다양한 가족의 형태와 생활 모습을 살펴본다.
03 마을	[2슬생03-01] 이웃과의 생활 모습을 살펴본다. [2슬생03-02] 생활에 필요한 물건과 가게를 이용하는 방법을 알아본다. [2슬생03-03] 공공시설에서 하는 일과 이용 방법을 살펴본다. [2슬생03-04] 우리 마을의 모습과 마을 사람들이 하는 일을 알아본다.
04 나라	[2슬생04-01] 우리나라를 대표하는 것과 우리나라의 자랑거리를 살펴본다. [2슬생04-02] 우리나라의 전통문화와 생활 모습을 살펴본다. [2슬생04-03] 여러 나라의 생활 모습을 살펴본다. [2슬생04-04] 여러 나라를 연결하는 교통기관의 종류를 알아본다.
05 봄	[2슬생05-01] 봄 날씨에 따른 생활 모습을 찾아본다. [2슬생05-02] 봄 행사를 알아보고 경험을 발표한다. [2슬생05-03] 봄 풍경을 관찰하고 봄의 모습을 찾아본다. [2슬생05-04] 봄 식물을 가꾸고 자라는 모습을 관찰한다.
06 여름	[2슬생06-01] 여름 날씨에 따른 생활 모습을 알아본다. [2슬생06-02] 여름 날씨와 관련된 다양한 생활용품을 살펴보고 사용한다. [2슬생06-03] 여름철 자연의 모습을 살펴본다. [2슬생06-04] 여름에 볼 수 있는 여러 동식물을 관찰한다.
07 가을	[2슬생07-01] 가을 날씨에 따른 생활 모습을 살펴본다. [2슬생07-02] 추석과 가을 행사를 알아본다. [2슬생07-03] 가을철 자연의 모습을 살펴본다. [2슬생07-04] 가을 곡식과 열매의 특징을 살펴본다.
08 겨울	[2슬생08-01] 겨울 날씨에 따른 생활 모습을 살펴본다. [2슬생08-02] 겨울을 따뜻하고 안전하게 나는 방법을 찾아본다. [2슬생08-03] 동식물의 겨울나기 모습을 살펴본다. [2슬생08-04] 한 해의 생활을 돌아보고 새 학년에 하고 싶은 일을 발표한다.

5. 즐거운 생활

01 학교와 나	[2즐생01-01] 학교의 모습을 여러 가지 방법으로 표현한다. [2즐생01-02] 다양한 신체활동을 통하여 자유롭게 자신의 몸을 표현한다. [2즐생01-03] 나를 여러 가지 방법으로 표현한다. [2즐생01-04] 친구와 함께하는 놀이 활동에 참여한다.
02 가족	[2즐생02-01] 여러 가지 집의 모습과 형태를 다양하게 표현한다. [2즐생02-02] 우리 가족을 여러 가지 방법으로 표현한다. [2즐생02-03] 가족과 함께하는 놀이에 즐겁게 참여한다. [2즐생02-04] 다양한 가족의 모습을 여러 가지 방법으로 표현한다.
03 마을	[2즐생03-01] 이웃 간의 생활 모습을 여러 가지 방법으로 표현한다. [2즐생03-02] 가게의 모습을 여러 가지 방법으로 표현한다. [2즐생03-03] 공공시설과 관련된 놀이 활동에 참여한다. [2즐생03-04] 우리 마을을 여러 가지 방법으로 표현한다.
04 나라	[2즐생04-01] 우리나라를 대표하는 것을 여러 가지 방법으로 표현한다. [2즐생04-02] 우리나라의 전통 놀이와 문화를 즐긴다. [2즐생04-03] 여러 나라의 다양한 놀이와 문화를 즐긴다. [2즐생04-04] 여러 나라가 함께하는 활동을 다양한 방법으로 경험한다.
05 봄	[2즐생05-01] 봄 날씨와 생활 모습을 여러 가지 방법으로 표현한다. [2즐생05-02] 다양한 봄 행사에 즐겁게 참여한다. [2즐생05-03] 봄에 볼 수 있는 풍경을 다양하게 표현한다. [2즐생05-04] 봄에 볼 수 있는 생명의 변화를 다양하게 표현한다.
06 여름	[2즐생06-01] 여름 날씨와 생활 모습을 여러 가지 방법으로 표현한다. [2즐생06-02] 다양한 여름철 놀이에 즐겁게 참여한다. [2즐생06-03] 여름철에 볼 수 있는 풍경을 다양하게 표현한다. [2즐생06-04] 여러 가지 활동을 통하여 여름방학을 즐긴다.
07 가을	[2즐생07-01] 가을 날씨와 생활 모습을 여러 가지 방법으로 표현한다. [2즐생07-02] 다양한 가을 행사에 즐겁게 참여한다. [2즐생07-03] 가을철에 볼 수 있는 풍경을 다양하게 표현한다. [2즐생07-04] 가을의 곡식과 열매를 여러 가지 방법으로 표현한다.
08 겨울	[2즐생08-01] 겨울 날씨와 생활 모습을 여러 가지 방법으로 표현한다. [2즐생08-02] 다양한 겨울 행사에 즐겁게 참여한다. [2즐생08-03] 겨울 동식물의 모습을 여러 가지 방법으로 표현한다. [2즐생08-04] 여러 가지 활동을 통하여 겨울방학을 즐긴다.

6. 국어

01 듣기·말하기	〈듣기·말하기의 원리〉 [2국어01-01] 말소리와 생활 주변의 소리를 듣고 구별한다. 〈듣기·말하기의 실제〉 [2국어01-02] 소리와 말소리에 의미가 있음을 알고, 들리는 소리에 적절하게 반응한다. [2국어01-03] 표정이나 몸짓으로 다양한 감정이나 요구를 표현한다. [2국어01-04] 원하는 물건과 행동을 소리나 간단한 낱말로 표현한다. 〈듣기·말하기의 태도〉 [2국어01-05] 대화 상대방에게 눈 맞추기, 표정, 몸짓, 소리로 관심을 표현한다.
02 읽기	〈읽기의 원리〉 [2국어02-01] 여러 가지 모양 중에서 같은 그림, 모양, 자모음 글자를 찾는다. 〈읽기의 실제〉 [2국어02-02] 일상생활에서 그림이나 상징에 관심을 가진다. [2국어02-03] 글자가 소리로 표현되는 것을 알고, 읽어 주는 내용에 관심을 가진다. 〈읽기의 태도〉 [2국어02-04] 일상생활에서 자주 볼 수 있는 글자에 관심을 가진다.
03 쓰기	〈쓰기의 원리〉 [2국어03-01] 다양한 도구를 사용하여 여러 가지 선과 모양을 그린다. 〈쓰기의 실제〉 [2국어03-02] 그림, 사진, 기호, 글자 카드, 글자로 사실이나 생각을 표현한다. [2국어03-03] 쓰기 도구를 사용하여 자유롭게 표현한다. 〈쓰기의 태도〉 [2국어03-04] 말소리와 생각을 긁적이기, 그림, 글자 형태로 나타내는 것에 관심을 가진다.

초등학교 3~4학년

01 듣기·말하기	〈듣기·말하기의 원리〉 [4국어01-01] 한 글자 낱말이나 자주 사용하는 낱말을 소리 내어 발음한다. 〈듣기·말하기의 실제〉 [4국어01-02] 일상생활에서 자주 사용하는 낱말을 듣고 뜻을 이해한다. [4국어01-03] 친숙한 행동으로 표현하거나 사물을 지칭하는 낱말을 사용하여 말한다. [4국어01-04] 질문을 하거나 허락을 구하고, 질문에 적절하게 대답한다. 〈듣기·말하기의 태도〉 [4국어01-05] 상대방의 말을 주의 깊게 듣고 반응한다.
02 읽기	〈읽기의 원리〉 [4국어02-01] 여러 가지 낱말 중에서 같은 글자를 찾는다. [4국어02-02] 글자와 소리를 대응하여 낱말을 따라 읽는다. 〈읽기의 실제〉 [4국어02-03] 일상생활에서 자주 접하는 낱말을 읽는다. [4국어02-04] 그림을 단서로 글의 내용을 파악한다. [4국어02-05] 안내판과 표지판의 기호와 글자를 읽고 의미를 파악한다. 〈읽기의 태도〉 [4국어02-06] 바른 자세로 책을 읽는 습관을 기른다. [4국어02-07] 다양한 주제와 종류의 책에 관심을 가진다.
03 쓰기	〈쓰기의 원리〉 [4국어03-01] 글자의 모양을 따라 쓴다. 〈쓰기의 실제〉 [4국어03-02] 일상생활과 관련된 친숙한 글자와 낱말을 쓴다. 〈쓰기의 태도〉 [4국어03-03] 바른 자세로 글자를 쓴다.

초등학교 5~6학년

01 듣기·말하기	〈듣기·말하기의 원리〉 [6국어01-01] 비슷한 발음을 듣고 발음의 차이를 구별한다. 〈듣기·말하기의 실제〉 [6국어01-02] 그림이나 사진을 보고 내용을 말한다. [6국어01-03] 사람이나 사물의 특징, 범주, 관계를 나타내는 말을 듣고 의미를 파악한다. [6국어01-04] 다른 사람에게 들은 말의 주요 내용을 전달한다. [6국어01-05] 시간이나 장소를 나타내는 낱말을 사용하여 겪은 일을 말한다. 〈듣기·말하기의 태도〉 [6국어01-06] 상황과 대상에 따라 바른 말 고운 말을 사용한다.
02 읽기	〈읽기의 원리〉 [6국어02-01] 글자의 짜임을 익혀 글자와 낱말을 읽는다. 〈읽기의 실제〉 [6국어02-02] 다양한 낱말을 읽고 의미를 파악한다. [6국어02-03] 그림책을 읽고 그림을 단서로 내용을 파악한다. [6국어02-04] 정보를 담은 글을 읽고 필요한 정보를 찾는다. 〈읽기의 태도〉 [6국어02-05] 일상생활에서 자주 접하는 동시, 노래, 이야기에 관심을 갖고 즐거움을 느낀다.
03 쓰기	〈쓰기의 원리〉 [6국어03-01] 글자의 짜임과 순서에 맞게 글자와 낱말을 쓴다. 〈쓰기의 실제〉 [6국어03-02] 사물의 이름, 존재, 상태, 동작을 나타내는 낱말을 쓴다. [6국어03-03] 일상생활에서 필요한 정보를 낱말로 메모한다. 〈쓰기의 태도〉 [6국어03-04] 쓰기에 흥미를 갖고 스스로 글자를 쓰려는 태도를 지닌다.

중학교 1~3학년

01 듣기·말하기	〈듣기·말하기의 원리〉 [9국어01-01] 다양한 문장 유형을 사용하여 상대방과 대화한다. 〈듣기·말하기의 실제〉 [9국어01-02] 상대방의 이야기를 듣고 주요 내용을 파악한다. [9국어01-03] 상황과 상대방에 따라 적절하게 내용을 구성하여 말한다. [9국어01-04] 사건이나 사실을 일어난 순서에 맞게 전달한다. [9국어01-05] 자신의 생각이나 느낌을 적절하게 표현한다. 〈쓰기·말하기의 태도〉 [9국어01-06] 대화할 때의 규칙을 지키며 상대방과 의견을 주고받는다.
02 읽기	〈읽기의 원리〉 [9국어02-01] 낱말과 문장을 발음에 주의하며 정확하게 소리 내어 읽는다. [9국어02-02] 문장을 의미 단위로 띄어 읽는다. 〈읽기의 실제〉 [9국어02-03] 다양한 문장을 읽고 의미를 파악한다. [9국어02-04] 짧은 글을 읽고 주요 대상과 내용을 파악한다. [9국어02-05] 경험이나 사실을 반영한 글을 자신이 겪은 일과 관련지어 읽는다. 〈읽기의 태도〉 [9국어02-06] 글에서 재미있는 표현을 찾아 흥미를 느끼며 읽는다.
03 쓰기	〈쓰기의 원리〉 [9국어03-01] 문장의 기본 구조와 순서를 이해하고 어순에 맞게 문장을 쓴다. [9국어03-02] 문장의 종류에 알맞은 문장부호를 쓴다. 〈쓰기의 실제〉 [9국어03-03] 표현하고자 하는 의미가 바르게 나타나도록 문장을 정확하게 쓴다. [9국어03-04] 매체를 활용하여 자신의 생각이나 느낌을 표현한다. 〈쓰기의 태도〉 [9국어03-05] 기록의 필요성을 이해하고 기록하는 습관을 가진다.

고등학교 1~3학년

01 듣기·말하기	⟨듣기·말하기의 원리⟩ [12국어01-01] 어법에 맞는 말을 찾고, 틀린 문장을 바르게 고쳐 말한다. ⟨듣기·말하기의 실제⟩ [12국어01-02] 뉴스나 광고 방송 등 매체를 통해서 전달되는 내용을 듣고 주제를 파악한다. [12국어01-03] 설명하거나 안내하는 말에서 자신에게 필요한 내용이 무엇인지 확인하고 적절하게 행동한다. [12국어01-04] 사건이나 사실에 대한 자신의 생각을 말한다. [12국어01-05] 자신의 의도가 드러나도록 설명·주장·설득하는 말을 한다. ⟨듣기·말하기의 태도⟩ [12국어01-06] 상대방의 표정이나 행동을 보고 의도와 감정을 파악하여 적절하게 대화한다. [12국어01-07] 부탁, 거절, 위로의 말을 할 때 상황에 맞는 표정, 자세, 어조로 대화한다.
02 읽기	⟨읽기의 원리⟩ [12국어02-01] 정확한 발음과 적절한 속도로 글의 분위기를 살려 읽는다. ⟨읽기의 실제⟩ [12국어02-02] 이야기 글과 설명하는 글을 읽고 주요 내용을 파악한다. [12국어02-03] 글쓴이와 등장인물의 느낌이나 생각을 파악하며 글을 읽는다. ⟨읽기의 태도⟩ [12국어02-04] 목적에 맞게 자료를 선택하여 읽고 다양한 정보를 찾는다. [12국어02-05] 다양한 읽을거리를 스스로 찾아 즐겨 읽는 태도를 기른다.
03 쓰기	⟨쓰기의 원리⟩ [12국어03-01] 내용이 자연스럽게 연결되도록 문장을 이어서 쓴다. [12국어03-02] 중심 문장과 뒷받침 문장을 쓴다. ⟨쓰기의 실제⟩ [12국어03-03] 주제에 알맞은 내용으로 짧은 글을 쓴다. [12국어03-04] 생활 서식에 알맞은 내용을 쓴다. ⟨쓰기의 태도⟩ [12국어03-05] 언어 예절을 지켜 글을 쓴다.

7. 사회

초등학교 3~4학년

01 나의 삶	〈자율성〉 [4사회01-01] 스스로 용변을 처리하고 신체를 청결히 하며 바른 식습관을 실천한다. [4사회01-02] 다양한 상황과 활동에 맞게 의복을 선택하고 단정한 옷차림을 유지한다. [4사회01-03] 생활 장면에서 물건이나 활동 등을 선택하는 필요성을 알고 스스로 선택하는 경험을 다양하게 가진다.
02 관계의 삶	〈사회적·도덕적 인성〉 [4사회02-01] 가정과 학교에서 대상과 상황에 맞는 바른 인사와 대화 예절을 알고 실천한다. 〈사회적 능력〉 [4사회02-02] 가족 구성원을 소개하고 화목한 가족의 모습을 표현한다. [4사회02-03] 친구와 사이좋게 지내며 우정을 가꾸어 나간다.
03 시민의 삶	〈공간과 삶〉 [4사회03-01] 우리 동네의 환경과 사람들의 생활 모습을 관찰하고 설명한다. [4사회03-02] 화폐가 지니는 교환의 가치를 알고 필요한 물건을 구입한다. 〈역사·문화 소양〉 [4사회03-03] 우리 가족이 살아온 이야기를 조사하고 발표한다. [4사회03-04] 가족과 함께 한 여러 가지 문화 활동 경험을 소개한다. 〈민주주의 가치〉 [4사회03-05] 주변에서 일어나는 여러 가지 사회 현상에 관심을 두고 관찰한다. [4사회03-06] 가정과 학교에서 지켜야 할 규칙과 질서를 알고 지키는 생활을 실천한다.

초등학교 5~6학년

01 나의 삶	〈자율성〉 [6사회01-01] 용모 단정, 올바른 식사 예절 등 일상생활에서의 자조기술을 실천한다. [6사회01-02] 가정과 학교 등 일상적인 생활공간에서 스스로 해야 할 일이 무엇인지 알고 실천한다. [6사회01-03] 일상생활에서 선택의 필요성과 선택에 따른 결과를 알고 결정하는 생활 태도를 가진다.
02 관계의 삶	〈사회적·도덕적 인성〉 [6사회02-01] 어떤 일을 위해 노력해 본 경험을 발표하고 노력하는 생활 태도를 가진다. [6사회02-02] 일상생활에서 지켜야 하는 여러 가지 생활 예절을 알고 실천한다. 〈사회적 능력〉 [6사회02-03] 이웃 사람들이 서로 도우며 살아가는 모습을 관찰하고 설명한다. [6사회02-04] 친구 관계를 형성하고 유지하는 방법을 알고 친구와의 우정을 소중히 여긴다.
03 시민의 삶	〈공간과 삶〉 [6사회03-01] 지역의 자연 및 인문 환경적 특징을 조사하고 자연을 소중히 여기는 마음을 가진다. [6사회03-02] 우리 지역의 사람들이 환경과 조화를 이루며 사는 모습을 관찰한다. [6사회03-03] 우리 가족의 경제활동 모습을 조사하고 발표한다. 〈역사·문화 소양〉 [6사회03-04] 우리의 의식주와 명절 등 전통 생활 문화를 조사하여 발표한다. [6사회03-05] 역사와 문화에 대한 흥미와 관심을 갖고 우리 지역의 다양한 문화 활동을 경험한다. 〈민주주의 가치〉 [6사회03-06] 우리 생활에 도움을 주는 지역사회 여러 기관의 종류와 역할을 조사한다. [6사회03-07] 생활 주변에서 이웃들이 문제해결을 위해 서로 돕고 이해하는 모습을 관찰한다. [6사회03-08] 사람들이 함께 살아가는 데에 필요한 규범을 알고 지킨다. [6사회03-09] 나라의 소중함을 알고 나라 사랑을 실천한다.

중학교 1~3학년

01 나의 삶	〈자율성〉 [9사회01-01] 식사, 개인위생, 정리 정돈 및 청소, 활동 준비 등 일상에서 스스로 해야 할 일을 찾아 실천한다. [9사회01-02] 다양한 상황에서 합리적인 선택 방법을 알고 스스로 결정한다. [9사회01-03] 자신을 긍정적으로 바라보고 미래에 대한 꿈과 희망을 표현한다.
02 관계의 삶	〈사회적·도덕적 인성〉 [9사회02-01] 자신의 일에 최선을 다하는 태도를 가지고 실천한다. [9사회02-02] 다른 사람의 입장을 이해하고 존중하며 배려하는 태도를 갖고 생활 속에서 실천한다. 〈사회적 능력〉 [9사회02-03] 주변 사람들에게서 나타나는 다양한 사회적 관계의 모습을 조사하고 비교한다. [9사회02-04] 사회적 상황에서 사람들의 생각, 감정, 행동 변화의 모습을 관찰하고 의미를 설명한다.
03 시민의 삶	〈공간과 삶〉 [9사회03-01] 우리나라의 영역과 자연·인문 환경적 특징에 대한 정보를 수집하고 발표한다. [9사회03-02] 지역 간에 인적·물적 교류가 활발하게 이루어지는 모습을 조사한다. [9사회03-03] 생활 주변에서 일어나는 경제 활동의 모습을 관찰하고 우리 생활과의 관련성을 설명한다. 〈역사·문화 소양〉 [9사회03-04] 우리나라는 오랜 역사가 있음을 알고 자부심을 가진다. [9사회03-05] 역사적 위인들의 업적을 조사하고 배울 점을 발표한다. [9사회03-06] 우리 전통문화를 소중히 여기고 다양한 문화 활동을 경험한다. 〈민주주의 가치〉 [9사회03-07] 지역의 문제에 관심을 가지고 민주적인 문제해결의 필요성을 설명한다. [9사회03-08] 민주주의 원리를 알고 생활 주변에서 민주주의의 모습이 드러난 사례를 조사한다. [9사회03-09] 다함께 지키는 사회 규범의 필요성을 설명하고 생활 속에서 실천한다. [9사회03-10] 자신이 속한 다양한 공동체를 조사하고 공동체를 위해 노력하는 자세를 가진다.

고등학교 1~3학년

01 나의 삶	〈자율성〉 [12사회01-01] 자신의 일상을 되돌아보고 스스로 할 일을 미리 계획하여 준비하고 실천한다. [12사회01-02] 자신의 요구, 신념, 권리가 소중함을 알고 이를 지켜나가는 생활을 실천한다. [12사회01-03] 자신의 미래를 긍정적으로 전망하고 성인으로서의 삶을 준비한다.
02 관계의 삶	〈사회적·도덕적 인성〉 [12사회02-01] 자신의 일을 성실하게 수행하는 태도의 중요성을 알고 실천한다. [12사회02-02] 다른 사람을 배려하고 봉사하는 생활을 실천한다. 〈사회적 능력〉 [12사회02-03] 다양한 사회적 관계의 유형을 관찰하고 적절한 사회적 관계를 형성한다. [12사회02-04] 사회적 관계의 형태와 특성에 따른 자신의 역할 행동을 실천한다. [12사회02-05] 사회적 관계에서 나타나는 갈등의 원인을 조사하고 갈등 해결 방법을 토의한다.
03 시민의 삶	〈공간과 삶〉 [12사회03-01] 세계 여러 나라의 사람들이 환경과 조화를 이루며 살아가는 모습을 다양한 정보를 활용하여 조사하고 발표한다. [12사회03-02] 국가 간 교류의 모습을 찾아 발표한다. [12사회03-03] 사람들의 경제생활 모습을 이해하고 경제적 주체로서의 삶을 준비한다. 〈역사·문화 소양〉 [12사회03-04] 우리 역사의 주요 사건과 위인들을 조사하고 우리 역사를 소중히 여기는 마음을 표현한다. [12사회03-05] 인류가 남긴 세계 문화유산의 역사적 가치를 알고 아름다움을 표현한다. [12사회03-06] 다양한 문화를 존중하며 문화생활을 즐긴다. 〈민주주의 가치〉 [12사회03-07] 법이 우리 생활에 미치는 영향을 관찰하고 준법 생활을 실천한다. [12사회03-08] 인권의 중요성을 알고 인권을 존중하는 생활을 실천한다. [12사회03-09] 민주사회의 특징을 조사하고 생활 속에서 민주주의를 실천한다. [12사회03-10] 우리나라의 통일과 세계 평화의 소중함을 표현하고 우리가 할 수 있는 일을 실천한다. [12사회03-11] 사회가 변화되어온 모습을 조사하고 미래의 삶을 예상한다.

8. 수학

초등학교 1~2학년

01 수와 연산	〈수의 기초〉 [2수학01-01] 시야의 사물이 사라진 상황에서 주위를 탐색하며 사물을 찾는다. [2수학01-02] 여러 가지 구체물 중에서 제시한 것과 같은 것 또는 다른 것을 찾는다. [2수학01-03] 구체물 중에서 같은 것이나 서로 관계있는 것을 찾아 일대일로 짝짓는다. [2수학01-04] 세 개의 구체물을 한 가지 기준에 따라 순서대로 배열한다. 〈수〉 [2수학01-05] 사물의 있고 없음을 구별하고, 사물 한 개와 여러 개를 구별한다. [2수학01-06] 다섯 개 이하인 구체물의 개수를 센다. [2수학01-07] 배열이 다른 두 모임의 개수를 세어 비교한다. 〈수의 연산〉 [2수학01-08] 하나의 구체물 모임을 두 개의 모임으로 가른다. [2수학01-09] 두 개의 구체물 모임을 하나의 모임으로 모은다. 〈화폐〉 [2수학01-10] 화폐의 용도를 이해하고 화폐가 필요한 상황을 구분한다. [2수학01-11] 여러 가지 구체물 중에서 화폐를 찾는다. [2수학01-12] 주어진 화폐와 모양, 색상, 크기가 같은 화폐를 찾는다.
02 도형	〈평면도형과 입체도형〉 [2수학02-01] 주변에 있는 사물의 모양을 관찰한다. [2수학02-02] 사물의 모양에서 볼 수 있는 기초적인 특성을 탐색한다. [2수학02-03] 모양이 같거나 모양이 다른 사물을 찾는다. 〈공간 감각〉 [2수학02-04] 나를 중심으로 주변에 있는 물건을 탐색한다. [2수학02-05] 나를 중심으로 주변에 있는 물건을 찾는다. [2수학02-06] 주변에 있는 물건을 자유롭게 옮긴다.

03 측정	〈양의 측정〉 [2수학03-01] 측정 가능한 속성으로서 크기, 길이, 들이, 무게 등을 감각적으로 탐색한다. [2수학03-02] 구체물 두 개의 크기, 길이, 들이, 무게 등을 직관적으로 비교하여 알맞은 비교 용어로 표현한다. 〈시간〉 [2수학03-03] 낮과 밤의 생활 모습을 관찰하여, 시간의 흐름을 경험한다. [2수학03-04] 일의 전후에 따라 변화되는 모습을 관찰하여, 시간의 흐름을 경험한다.
04 규칙성	〈규칙성과 대응〉 [2수학04-01] 생활 주변에서 반복되는 리듬과 동작, 소리 등을 통해 규칙을 경험한다. [2수학04-02] 시각적, 청각적, 운동적 표현을 통해 반복되는 규칙을 따라 한다.
05 자료와 가능성	〈자료〉 [2수학05-01] 일상생활에서 여러 가지 분류를 경험한다.

초등학교 3~4학년

01 수와 연산	〈수〉 [4수학01-01] 열 개 이하인 구체물의 개수를 센다. [4수학01-02] 두 구체물 모임의 개수를 세어 더 많은 것과 더 적은 것을 찾는다. [4수학01-03] 1부터 9까지의 수를 세고 읽고 쓴다. [4수학01-04] 0의 의미를 알고 0을 읽고 쓴다. [4수학01-05] 한 자리 수의 계열을 알고 수의 크기를 비교한다. [4수학01-06] 순서수를 알고 구체물과 그림의 배열을 순서수로 나타낸다. 〈수의 연산〉 [4수학01-07] 한 자리 수의 덧셈과 뺄셈이 이루어지는 실생활 장면에서 덧셈과 뺄셈의 의미를 이해한다. [4수학01-08] 합이 9 이하인 더하기를 하고 덧셈식으로 나타낸다. [4수학01-09] 피감수가 9 이하인 빼기를 하고 뺄셈식으로 나타낸다. [4수학01-10] 0이 있는 덧셈과 뺄셈을 한다. 〈화폐〉 [4수학01-11] 화폐의 단위를 알고 동전의 액면가를 읽고 쓴다. [4수학01-12] 동전의 액면가 크기를 비교한다. [4수학01-13] 주어진 동전을 다른 액면가의 동전으로 교환한다. [4수학01-14] 몇 백 원짜리 물건과 교환할 수 있는 동전을 찾는다. [4수학01-15] 몇 백 몇 십 원짜리 물건과 교환할 수 있는 동전을 찾는다.
02 도형	〈평면도형과 입체도형〉 [4수학02-01] 교실 및 생활 주변에서 쉽게 접할 수 있는 여러 가지 사물에서 입체도형의 모양을 관찰한다. [4수학02-02] 상자 모양, 공 모양, 둥근기둥 모양 등의 여러 가지 모양을 탐색한다. [4수학02-03] 여러 가지 입체도형의 모양에서 볼 수 있는 특성을 탐색하고, 여러 가지 모양의 공통점과 차이점을 찾는다. [4수학02-04] 여러 가지 입체도형의 모양을 이용하여 여러 가지 모양을 만든다. 〈공간 감각〉 [4수학02-05] 익숙한 사물이나 장소의 위치를 파악하고 찾는다. [4수학02-06] 위치와 방향, 거리를 나타내는 용어를 알고 표현한다. [4수학02-07] 특정한 위치와 방향, 거리에 있는 사물을 찾는다.

03 측정	〈양의 측정〉 [4수학03-01] 직관적 비교의 문제점을 느끼고, 직접 비교의 필요성을 이해한다. [4수학03-02] 구체물 두세 개의 크기, 길이, 들이, 무게 등을 직접 비교하여 비교 용어로 표현한다. 〈시간〉 [4수학03-03] 하루의 주요 활동을 아침, 점심, 저녁을 기준으로 구분하여 일과의 흐름을 이해한다. [4수학03-04] 하루의 주요 활동을 순서대로 나열하여, 간단한 일과표를 만든다.
04 규칙성	〈규칙성과 대응〉 [4수학04-01] 생활 주변의 두 가지 물체 배열에서 규칙이 있는 것을 찾는다. [4수학04-02] 주어진 규칙에 따라 두 가지 물체를 배열한다. [4수학04-03] 반복되는 물체 배열을 보고, 다음에 올 것을 추측하여 배열한다.
05 자료와 가능성	〈자료〉 [4수학05-01] 분류된 자료를 보고 기준을 찾는다. [4수학05-02] 한 가지 기준에 따라 여러 가지 자료를 두 개의 모임으로 분류한다.

초등학교 5~6학년

01 수와 연산	〈수〉 [6수학01-01] 10의 개념을 이해하고, 몇 십을 세고 읽고 쓴다. [6수학01-02] 10개의 묶음과 낱개의 수를 두 자리 수로 나타내고, 두 자리 수를 읽고 쓴다. [6수학01-03] 두 자리 수의 계열을 이해하고, 수의 크기를 비교한다. 〈수의 연산〉 [6수학01-04] 받아올림(내림)이 없는 두 자리 수의 덧셈과 뺄셈이 이루어지는 실생활 장면에서 덧셈과 뺄셈의 의미를 이해한다. [6수학01-05] 합이 10이 되는 더하기를 하고 덧셈식으로 나타낸다. [6수학01-06] 피감수가 10인 빼기를 하고 뺄셈식으로 나타낸다. [6수학01-07] 받아올림(내림)이 없는 두 자리 수의 범위에서 두 수나 세 수의 덧셈과 뺄셈을 한다. [6수학01-08] 받아올림(내림)이 없는 두 자리 수의 덧셈, 뺄셈과 관련된 실생활 문제를 해결한다. 〈화폐〉 [6수학01-09] 지폐의 액면가를 읽고 쓴다. [6수학01-10] 지폐의 액면가 크기를 비교한다. [6수학01-11] 몇 천 원, 몇 천 몇 백 원을 다른 액면가의 화폐로 교환한다. [6수학01-12] 몇 천 원짜리 물건과 교환할 수 있는 화폐를 찾는다. [6수학01-13] 몇 천 몇 백 원짜리 물건과 교환할 수 있는 화폐를 찾는다.
02 도형	〈평면도형과 입체도형〉 [6수학02-01] 교실 및 생활 주변에서 볼 수 있는 사물을 관찰하여 평면도형의 모양을 탐색한다. [6수학02-02] 여러 가지 방법으로 평면도형의 모양을 만들고, 비슷한 모양끼리 분류한다. [6수학02-03] 네모, 세모, 동그라미 모양의 특성을 알고, 여러 가지 사물에서 네모, 세모, 동그라미 모양을 찾는다. [6수학02-04] 여러 가지 평면도형의 모양을 이용하여 다양한 모양을 만든다. 〈공간 감각〉 [6수학02-05] 공간을 구성하고 있는 사물들 사이의 위치와 방향, 거리를 표현한다. [6수학02-06] 동일한 물건을 분류하고 쌓아 공간을 정리한다. [6수학02-07] 물건을 이동시키거나 쌓아 자유롭게 공간을 구성한다.

03 측정	⟨양의 측정⟩ [6수학03-01] 신체 부위, 구체물 등의 임의 단위를 사용하여 길이, 들이, 무게를 잰다. [6수학03-02] 임의 단위 사용의 문제점을 느끼고, 표준 단위의 필요성을 이해한다. [6수학03-03] 길이(1cm)의 표준 단위를 이해하고, 자를 사용하여 구체물의 길이를 측정한다. [6수학03-04] 길이(cm)의 표준 단위를 이용하여 여러 가지 구체물의 길이를 어림한다. ⟨시간⟩ [6수학03-05] 시계의 구성 요소를 이해하고, 시각을 '몇 시', '몇 시 30분'으로 읽는다. [6수학03-06] 달력의 구성 요소를 이해하고, 날짜를 년, 월, 일로 읽는다.
04 규칙성	⟨규칙성과 대응⟩ [6수학04-01] 생활 주변의 세 가지 물체 배열에서 규칙이 있는 것을 찾는다. [6수학04-02] 여러 가지 규칙에 따라 세 가지 물체를 배열한다. [6수학04-03] 생활 주변의 무늬 배열에서 규칙을 찾는다. [6수학04-04] 여러 가지 모양을 활용하여 규칙에 따라 무늬를 꾸민다.
05 자료와 가능성	⟨자료⟩ [6수학05-01] 수집된 자료를 두 개 이상의 모임으로 분류한다. [6수학05-02] 여러 가지 기준에 따라 자료를 순차적으로 분류한다. [6수학05-03] 여러 가지 기준으로 분류한 것을 표로 나타낸다.

중학교 1~3학년

01 수와 연산	〈수〉 [9수학01-01] 100의 개념을 이해하고, 몇 백을 세고 읽고 쓴다. [9수학01-02] 일, 십, 백의 자릿값과 위치적 기수법을 이해하여 세 자리 수를 읽고 쓴다. [9수학01-03] 세 자리 수의 계열을 이해하고 수의 크기를 비교한다. [9수학01-04] 생활 속에서 명명수를 찾아 읽는다. 〈수의 연산〉 [9수학01-05] 받아올림(내림)이 있는 두 자리 수의 덧셈과 뺄셈이 이루어지는 실생활 장면에서 덧셈과 뺄셈의 의미를 이해한다. [9수학01-06] 19 이하의 받아올림(내림)이 있는 덧셈과 뺄셈을 한다. [9수학01-07] 받아올림(내림)이 있는 두 자리 수의 범위에서 두 수나 세 수의 덧셈과 뺄셈을 한다. [9수학01-08] 받아올림(내림)이 있는 두 자리 수의 덧셈, 뺄셈과 관련된 실생활 문제를 해결한다. [9수학01-09] 곱셈이 이루어지는 실생활 장면에서 곱셈의 의미를 이해한다. [9수학01-10] 1의 단부터 9의 단까지의 곱셈구구의 원리를 이해한다. [9수학01-11] 곱셈구구를 활용하여 실생활 문제를 해결한다. 〈화폐〉 [9수학01-12] 주어진 화폐를 다른 액면가의 화폐로 교환한다. [9수학01-13] 주어진 물건과 교환할 수 있는 화폐를 찾는다.
02 도형	〈평면도형과 입체도형〉 [9수학02-01] 삼각형, 사각형, 원의 구성 요소를 이해한다. [9수학02-02] 여러 가지 삼각형, 사각형을 구별한다. [9수학02-03] 여러 가지 방법으로 삼각형, 사각형, 원을 만든다. [9수학02-04] 다각형과 정다각형의 모양을 알고 구별한다. [9수학02-05] 주어진 도형으로 여러 가지 모양을 만들거나 꾸민다. 〈공간 감각〉 [9수학02-06] 쌓기나무를 이용하여 자유롭게 쌓는다. [9수학02-07] 쌓기나무로 만든 입체 모양을 보고 똑같이 쌓는다. [9수학02-08] 쌓기나무로 만든 입체 모양에 사용된 쌓기나무의 개수를 센다. [9수학02-09] 주어진 조건에 맞게 쌓기나무를 이용하여 입체 모양을 만든다.

03 측정	⟨양의 측정⟩ [9수학03-01] 길이(1m), 들이(1L), 무게(1kg)의 표준 단위를 이해하고, 이를 이용하여 주어진 양을 측정한다. [9수학03-02] 줄자, 체중계, 눈금 저울 등의 측정 도구 사용법을 익히고 활용한다. [9수학03-03] 길이(m), 들이(L), 무게(kg)의 표준 단위를 이용하여 주어진 양을 어림한다. ⟨시간⟩ [9수학03-04] 시계를 보고, 시각을 '몇 시 몇 분'으로 읽는다. [9수학03-05] 1시간은 60분임을 이해하고, 시간을 '시간', '분'으로 나타낸다. [9수학03-06] 1일, 1주일, 1개월, 1년 사이의 관계를 이해한다.
04 규칙성	⟨규칙성과 대응⟩ [9수학04-01] 생활 주변의 물체, 무늬, 수 등의 배열에서 규칙이 있는 것을 찾는다. [9수학04-02] 자신이 정한 규칙에 따라 물체, 무늬, 수 등을 배열한다. [9수학04-03] 물체, 무늬, 수 등의 배열에서 규칙을 찾아 그 규칙을 말이나 기호, 동작 등 여러 가지 방법으로 나타낸다.
05 자료와 가능성	⟨자료⟩ [9수학05-01] 사진, 그림 등을 이용하여 그래프로 나타낸다. [9수학05-02] 기호(○, ×, /)를 이용하여 그래프로 나타낸다. [9수학05-03] 막대그래프 그리는 방법을 익히고, 막대그래프로 나타낸다. [9수학05-04] 막대그래프에서 자료의 특성을 찾아보고 해석한다. ⟨가능성⟩ [9수학05-05] 여러 가지 놀이로 가능성을 경험한다.

고등학교 1~3학년

01 수와 연산	〈수〉 [12수학01-01] 1000의 개념을 알고, 몇 천을 세고 읽고 쓴다. [12수학01-02] 일, 십, 백, 천의 자릿값과 위치적 기수법을 이해하여 네 자리 수를 읽고 쓴다. [12수학01-03] 네 자리 수의 계열을 이해하고, 수의 크기를 비교한다. [12수학01-04] 생활 속의 다양한 명명수를 읽는다. [12수학01-05] 양의 등분할을 통하여 분수의 개념을 이해하고, 전체에 대한 부분의 크기를 분수로 나타내고 읽는다. [12수학01-06] 진분수 범위에서 분수끼리의 크기를 비교한다. 〈수의 연산〉 [12수학01-07] 받아올림(내림)이 없는 세 자리 수의 덧셈과 뺄셈이 이루어지는 실생활 장면에서 덧셈과 뺄셈의 의미를 이해한다. [12수학01-08] 받아올림(내림)이 없는 세 자리 수의 범위에서 두 수의 덧셈과 뺄셈을 한다. [12수학01-09] 받아올림(내림)이 없는 세 자리 수의 덧셈, 뺄셈과 관련된 실생활 문제를 해결한다. [12수학01-10] 나눗셈이 이루어지는 실생활 장면에서 나눗셈의 의미를 이해한다. [12수학01-11] 나눗셈의 몫을 구하는 여러 가지 방법을 알아본다. [12수학01-12] 나눗셈과 관련된 실생활 문제를 해결한다. 〈화폐〉 [12수학01-13] 두 가지 이상의 물건 구입에 필요한 화폐를 찾는다. [12수학01-14] 지역사회 시설 이용에 필요한 화폐를 찾는다. [12수학01-15] 제시한 화폐에 따른 거스름돈을 확인한다.
02 도형	〈평면도형과 입체도형〉 [12수학02-01] 직육면체와 정육면체를 구별하고 구성 요소를 이해한다. [12수학02-02] 각기둥과 각뿔을 구별하고 구성 요소를 이해한다. [12수학02-03] 원기둥과 원뿔 및 구를 구별하고 구성 요소를 이해한다. [12수학02-04] 여러 가지 방법으로 입체도형의 모양을 만든다. 〈공간 감각〉 [12수학02-05] 쌓기나무로 만든 입체 모양을 보고 똑같은 입체 모양을 만든다. [12수학02-06] 쌓기나무로 만든 입체 모양의 앞, 옆, 위에서 본 모양을 찾고 표현한다. [12수학02-07] 쌓기나무로 만든 입체 모양을 표현하는 여러 가지 방법을 이해하고, 주어진 표현 방법에 맞게 입체 모양을 만든다.

03 측정	⟨양의 측정⟩ [12수학03-01] 길이(1km), 들이(1mL), 무게(1g)의 표준 단위를 이해하고, 이를 이용하여 주어진 양을 측정한다. [12수학03-02] 계량컵, 비커, 저울 등의 측정 도구 사용법을 익히고 활용한다. [12수학03-03] 길이(km), 들이(mL), 무게(g)의 표준 단위를 이용하여 주어진 양을 어림한다. ⟨시간⟩ [12수학03-04] 1일, 1주일, 1개월 계획표를 작성한다. [12수학03-05] 계획표를 보고 알 수 있는 여러 가지 사실을 찾는다.
04 규칙성	⟨규칙성과 대응⟩ [12수학04-01] 생활 주변에서 두 양 사이의 규칙적 대응 관계가 있는 것을 찾는다. [12수학04-02] 두 양 사이의 대응 관계에서 규칙을 찾고, 대응표에 나타낸다. [12수학04-03] 한 양이 변할 때 다른 양이 그에 종속하여 변하는 대응 관계를 추측하고 확인한다.
05 자료와 가능성	⟨자료⟩ [12수학05-01] 꺾은선그래프 그리는 방법을 익히고, 꺾은선그래프로 나타낸다. [12수학05-02] 꺾은선그래프에서 자료의 특성을 찾고 해석한다. [12수학05-03] 막대그래프와 꺾은선그래프의 차이를 비교한다. [12수학05-04] 실생활과 관련된 여러 가지 그래프를 찾고 해석한다. ⟨가능성⟩ [12수학05-05] 생활 속에서 가능성 0, 1, 1/2의 경우를 찾는다. [12수학05-06] 생활 속에서 여러 가지 가능성의 예를 찾는다.

9. 과학

초등학교 3~4학년

01 물질	〈물체와 물질〉 [4과학01-01] 여러 가지 물질로 이루어진 물체를 오감을 통해 관찰한다. [4과학01-02] 학교, 집, 지역사회에서 볼 수 있는 물체의 종류를 구분한다. [4과학01-03] 학교, 집, 지역사회에서 볼 수 있는 물체의 용도를 구분한다. 〈물질의 성질〉 [4과학01-04] 여러 가지 물체의 질감(딱딱한 물체와 물렁한 물체, 부드러운 물체와 거친 물체)의 차이를 인식하고, 질감이 비슷한 물체를 구분한다.
02 에너지	〈전기와 자석〉 [4과학02-01] 생활에서 이용되는 여러 가지 전기기구를 찾는다. [4과학02-02] 자석에 붙는 물체와 붙지 않는 물체를 구별한다. 〈열〉 [4과학02-03] 물질의 차가운 정도와 따뜻한 정도를 구분한다. [4과학02-04] 물질의 차가운 정도와 따뜻한 정도에 따라 주의할 점을 이해한다. 〈소리와 빛〉 [4과학02-05] 신체나 여러 가지 도구를 이용하여 그림자를 만든다. [4과학02-06] 그림자가 생기는 곳과 생기지 않는 곳을 구분한다.
03 우리 몸	〈우리 몸의 구조와 기능〉 [4과학03-01] 우리 몸 각 기관의 생김새를 관찰하고 하는 일을 찾는다.
04 동물과 식물	〈동물과 식물의 생활〉 [4과학04-01] 여러 가지 동물의 생김새를 관찰하고 특징을 찾는다. [4과학04-02] 여러 가지 식물의 모양을 관찰하고 특징을 찾는다. [4과학04-03] 생물과 무생물을 구분한다.
05 지구와 우주	〈지각의 변화〉 [4과학05-01] 생활 주변의 지형을 관찰한다. 〈대기와 해양의 상호작용〉 [4과학05-02] 여러 가지 물의 상태를 관찰한다. [4과학05-03] 공기의 흐름과 부피를 관찰한다. 〈지구와 달〉 [4과학05-04] 낮과 밤의 모습을 비교한다.

초등학교 5~6학년

01 물질	〈물체와 물질〉 [6과학01-01] 여러 가지 물체를 관찰하고 구성 재료에 따라 분류한다. 〈물질의 성질〉 [6과학01-02] 주변의 물건, 물, 공기 등을 통해 고체, 액체, 기체의 의미를 이해하고, 주변의 물질을 고체, 액체, 기체로 분류한다. 〈용해와 용액〉 [6과학01-03] 고체를 물에 녹여 여러 가지 용액을 만든다. [6과학01-04] 물에 녹는 물질과 녹지 않는 물질을 구분한다.
02 에너지	〈전기와 자석〉 [6과학02-01] 생활에서 발생하는 정전기 현상을 관찰하고 대처 방법을 조사한다. [6과학02-02] 자석의 밀고 당기는 성질을 관찰하고 생활에서 사용되는 예를 조사한다. 〈열〉 [6과학02-03] 온도계로 온도를 측정하고, 온도 측정이 필요한 예를 조사한다. 〈소리와 빛〉 [6과학02-04] 생활 주변의 소리를 듣고 큰 소리와 작은 소리, 높은 소리와 낮은 소리로 구분한다.
03 동물과 식물	〈동물과 식물의 생활〉 [6과학03-01] 여러 가지 동물의 생김새, 사는 곳, 먹이를 조사한다. [6과학03-02] 동물의 암수를 구분하고, 새끼를 낳는 동물과 알을 낳는 동물의 한 살이에 흥미와 호기심을 갖는다. [6과학03-03] 여러 가지 식물의 뿌리, 줄기, 잎, 꽃과 열매를 관찰하고 생김새와 특징에 따라 분류한다. [6과학03-04] 식물이 자라는 과정을 관찰하여 식물의 한 살이에 대한 관찰일지를 작성한다.
04 지구와 우주	〈지각의 변화〉 [6과학04-01] 지층의 관찰을 통해 지층의 형성 차례와 과정을 비교한다. [6과학04-02] 화석의 생성 과정을 조사한다. 〈대기와 해양의 상호작용〉 [6과학04-03] 날씨와 우리 생활과의 관계를 관찰한다. 〈지구와 달〉 [6과학04-04] 지구와 달의 모양을 비교한다.

중학교 1~3학년

01 물질	〈물질의 성질〉 [9과학01-01] 여러 가지 혼합물을 다양한 방법으로 분리한다. [9과학01-02] 일정한 형태가 없는 액체의 성질을 이해한다. 〈용해와 용액〉 [9과학01-03] 물질을 빨리 녹이는 방법을 이해한다. 〈물질의 변화〉 [9과학01-04] 물의 세 가지 상태를 관찰한다.	
02 에너지	〈전기와 자석〉 [9과학02-01] 전지, 전선, 전구를 이용하여 전기회로를 구성한다. [9과학02-02] 전기가 통하는 물체와 통하지 않는 물체를 구별한다. 〈열〉 [9과학02-03] 온도가 다른 두 물체가 접촉할 때 나타나는 온도 변화를 관찰하여 열의 이동을 이해한다. [9과학02-04] 생활에서 열의 이동을 이용한 예를 조사한다. 〈소리와 빛〉 [9과학02-05] 거울에 비친 모습과 실제 모습을 비교하고, 여러 가지 거울의 특징을 구분한다. [9과학02-06] 생활에서 거울이 이용되는 예를 조사한다. 〈힘〉 [9과학02-07] 수평 잡기로 물체의 무게를 비교하고, 저울을 이용하여 물체의 무게를 측정한다. [9과학02-08] 저울의 종류와 쓰임새를 비교한다.	
03 우리 몸	〈우리 몸의 구조와 기능〉 [9과학03-01] 감각기관 및 뼈와 근육의 생김새를 관찰하고 그 기능을 이해한다. 〈인간의 성장〉 [9과학03-02] 생명 유지에 필요한 3대 영양소의 종류와 기능을 이해하고, 건강한 식습관을 형성한다.	

04 동물과 식물	〈동물과 식물의 생활〉 [9과학04-01] 서식지에 따른 동물의 특징과 생활 방식을 조사한다. [9과학04-02] 식물 각 기관의 구조와 기능을 이해한다. [9과학04-03] 서식지에 따른 식물의 특징과 생활 방식을 조사하고, 식물의 생장 조건을 이해한다. 〈환경과 생태계〉 [9과학04-04] 식물과 동물의 생활 방식을 이해하고, 생태계를 보전하기 위한 방법을 조사한다.
05 지구와 우주	〈지각의 변화〉 [9과학05-01] 지진으로 인한 피해 사례와 대처 방법을 안다. [9과학05-02] 화강암과 현무암의 특징을 비교한다. 〈대기와 해양의 상호작용〉 [9과학05-03] 하루 동안의 기온 변화를 비교한다. [9과학05-04] 계절별 날씨의 특징을 비교한다. 〈우주〉 [9과학05-05] 태양이 지구의 에너지원인 사례를 관찰한다. [9과학05-06] 태양계를 구성하는 행성을 구분한다.

고등학교 1~3학년

01 물질	〈물질의 성질〉 [12과학01-01] 여러 가지 실험을 통해 기체의 성질을 이해한다. 〈용해와 용액〉 [12과학01-02] 용액의 진하기를 비교한다. 〈물질의 변화〉 [12과학01-03] 물과 얼음의 상태 변화에 따른 부피와 무게 변화를 비교한다. [12과학01-04] 연소와 소화의 조건을 이해하고 화재 예방 및 화재 발생 시의 안전 대책을 조사한다.
02 에너지	〈전기와 자석〉 [12과학02-01] 여러 가지 전기기구를 쓰임새에 따라 바르게 사용한다. [12과학02-02] 전기기구를 안전하게 사용하는 방법과 전기를 절약하는 방법을 안다. 〈열〉 [12과학02-03] 화재 예방 및 화재 발생 시 대처 방법을 알고 실천한다. 〈소리와 빛〉 [12과학02-04] 소리의 발생과 전달 과정을 탐구한다. [12과학02-05] 오목렌즈와 볼록렌즈의 특징을 구분하고, 생활에서 렌즈가 이용되는 예를 조사한다. 〈힘〉 [12과학02-06] 우리 주변에 작용하는 여러 가지 힘을 구분한다.
03 우리 몸	〈우리 몸의 구조와 기능〉 [12과학03-01] 소화·배설, 순환·호흡 기관의 구조와 기능을 알고, 건강한 몸을 위한 생활 태도를 가진다. 〈인간의 성장〉 [12과학03-02] 인간의 탄생과 생애 주기별 성장 과정을 이해한다.

04 동물과 식물	〈동물과 식물의 생활〉 [12과학04-01] 여러 가지 동물을 척추동물(포유류, 파충류, 양서류, 어류, 조류)과 무척추동물로 분류한다. [12과학04-02] 현미경을 통해 식물 각 기관의 미세 구조를 관찰하고, 식물의 생장에 필요한 증산 작용과 광합성을 이해한다. [12과학04-03] 생명의 유전과 진화에 대하여 이해하고, 생명을 소중하게 여기는 태도를 갖는다. 〈환경과 생태계〉 [12과학04-04] 생태계의 평형을 이해하고, 일상생활에서 환경을 보존하는 태도를 갖는다.
05 지구와 우주	〈지각의 변화〉 [12과학05-01] 화산활동이 일어났을 때의 대처 방법을 안다. [12과학05-02] 일상생활에 광물과 암석을 이용하는 사례를 조사한다. 〈대기와 해양의 상호작용〉 [12과학05-03] 기압이 날씨에 미치는 영향을 조사한다. [12과학05-04] 해양 자원의 활용 가치를 안다. [12과학05-05] 기후 변화에 대처하는 방법을 알고 실천한다. 〈지구와 달〉 [12과학05-06] 지구와 달의 운동으로 나타나는 현상을 조사한다. 〈우주〉 [12과학05-07] 우주 과학이 생활에 미치는 영향을 조사한다.

10. 실과

초등학교 5~6학년

01 가정생활	〈식생활〉 [6실과01-01] 몸에 이로운 음식과 해로운 음식을 구별할 수 있으며, 균형 잡힌 식사를 통해, 건강한 식습관을 갖는다. [6실과01-02] 조리 도구를 안전하게 사용하는 방법을 알고, 간단한 음식을 조리한다. [6실과01-03] 식사 예절을 익혀 바른 식습관을 생활화한다. 〈의생활〉 [6실과01-04] 날씨, 계절, 상황 등에 알맞은 옷차림을 통해 깨끗하고 단정한 의생활을 실천한다. [6실과01-05] 의복을 종류대로 분류하여 정리한다. [6실과01-06] 세탁 과정을 익혀 간단한 의복을 세탁한다. 〈주생활〉 [6실과01-07] 여러 가지 물건을 분류하여 정리 정돈 하는 습관을 기른다. [6실과01-08] 여러 가지 청소도구의 이름과 기능을 익혀 쓰임에 맞게 청소한다. [6실과01-09] 이웃 간 지켜야 하는 주거 생활의 규칙과 예절을 익혀 올바른 공동체 생활을 실천한다. 〈여가생활〉 [6실과01-10] 놀이·오락의 종류를 조사하고, 자신의 흥미와 상황에 맞는 활동을 선택한다. [6실과01-11] 여가 생활의 다양한 모습을 탐색하여 자신에게 맞는 여가활동을 실천한다. [6실과01-12] 지역사회에서 활용할 수 있는 여가활동을 통하여 여가 생활을 즐긴다.
02 기술 정보	〈정보통신〉 [6실과02-01] 컴퓨터를 활용하여 정보를 탐색하고 필요한 정보를 선택하여 적용한다. [6실과02-02] 정보통신 기기를 이용하여 정보를 수집 및 전달하고 일상생활을 편리하게 하는 기능을 익힌다. [6실과02-03] 건전한 정보와 사이버 언어 이용을 통하여 정보통신 예절을 익힌다. 〈작업활동〉 [6실과02-04] 물건을 만들거나 고치는 데에 사용되는 공구의 종류와 사용 방법을 익혀 안전하게 사용하는 습관을 기른다. [6실과02-05] 생활용품을 만드는 활동을 통하여 작업의 즐거움을 경험한다.

03 생명·환경	〈생명존중〉 [6실과03-01] 가정에서 기를 수 있는 동물의 특징을 알고 애완동물을 선택한다. [6실과03-02] 애완동물 돌보기 방법을 익히고 이를 통해 책임감과 생명 존중 태도를 기른다. [6실과03-03] 식용식물 및 화초 재배를 통하여 공감적이고 자연 친화적인 태도를 기른다. 〈환경 보존〉 [6실과03-04] 생활 쓰레기의 종류에 따라 분리·배출하여 환경 보존을 실천하는 습관을 기른다. [6실과03-05] 재활용 방법을 익혀 자원을 절약하는 습관을 기른다.
04 진로 인식	〈자아 인식〉 [6실과04-01] 나의 꿈을 표현하고, 꿈을 이루기 위해 할 일을 계획한다. [6실과04-02] 나의 성장 과정과 변화된 모습을 발견하며, 자신의 모습에 소중함과 자긍심을 갖는다. [6실과04-03] 내가 잘하는 것과 좋아하는 것을 찾고, 진로와 직업 선택을 위한 자신의 가치를 발견한다. 〈일과 직업〉 [6실과04-04] 가족과 이웃의 일터를 탐방하는 활동을 통해 일의 가치와 긍정적 태도를 기른다. [6실과04-05] 내가 만난 사람들이 하는 일을 소개함으로써, 일과 직업의 다양성을 이해한다. [6실과04-06] 다양한 직업의 세계를 체험함으로써 직업적 흥미를 발견한다.

11. 진로와 직업

중학교 1~3학년

01 자기 탐색	〈자기 이해〉 [9진로01-01] 이름, 나이, 주소, 가족, 학교 등 자기의 기본 정보를 알고 기록한다. [9진로01-02] 자기의 소중함을 알고 장점과 단점을 파악하여 자신을 긍정적으로 소개한다. [9진로01-03] 자기의 꿈과 희망을 알아보고 행복한 미래 생활을 설계한다. 〈역할과 책임〉 [9진로01-04] 가정에서 자신의 역할과 책임을 알고 실천한다. [9진로01-05] 학교에서 자신이 해야 할 역할과 책임을 알고 실천한다. [9진로01-06] 사회생활 속에서 자신의 생각과 감정을 조절하며 배려, 협동, 봉사를 실천한다.
02 직업의 세계	〈직업의 의의〉 [9진로02-01] 일을 통해 얻을 수 있는 기쁨과 보람을 이해하고 직업의 경제적·사회적 가치 등을 조사한다. [9진로02-02] 가족 구성원의 직업과 지역사회 내 다양한 직업을 조사하고 분류하여 가치를 탐색한다. 〈직업 탐색〉 [9진로02-03] 자신의 직업 흥미와 적성 등 직업 선택 시 고려해야 할 사항을 살펴본다. [9진로02-04] 지역사회에서 접할 수 있는 농수산업 직종을 탐색한다. [9진로02-05] 지역사회에서 접할 수 있는 제조업 직종을 탐색한다. [9진로02-06] 지역사회에서 접할 수 있는 서비스업 직종을 탐색한다.
03 작업 기초 능력	〈작업 수행〉 [9진로03-01] 앉아서 하는 작업, 서서하는 작업, 움직이면서 하는 작업의 바른 자세를 익혀 안전하게 작업을 수행한다. [9진로03-02] 신체와 도구를 사용하여 단순한 작업을 수행한다. 〈작업 도구 및 기기〉 [9진로03-03] 농수산업에서 필요한 작업 도구 및 기기의 종류와 용도, 기능을 익힌다. [9진로03-04] 제조업에서 필요한 작업 도구 및 기기의 종류와 용도, 기능을 익힌다. [9진로03-05] 서비스업에서 필요한 작업 도구 및 기기의 종류와 용도, 기능을 익힌다. 〈직업과 정보통신〉 [9진로03-06] 전화기 사용법과 통화 예절을 익혀 직업 생활에 활용하는 능력을 기른다. [9진로03-07] 문서 작성과 인터넷 활용 등 작업에서 필요한 컴퓨터 활용 능력을 기른다.

04 진로 의사결정	〈자기 결정〉 [9진로04-01] 의사결정 과정을 이해하고 합리적이고 주체적으로 일을 결정한다. 〈직업 능력〉 [9진로04-02] 흥미, 적성, 요구 등을 이해하고 자신의 심리적 특성을 파악한다. [9진로04-03] 힘, 자세, 이동 등을 이해하고 자신의 신체적 특성을 파악한다. [9진로04-04] 학교, 가정, 지역사회 환경을 이해하고 자신의 적응 능력을 파악한다. 〈전환 계획〉 [9진로04-05] 특수학교 진학 정보를 수집하여 진학에 필요한 전환 계획을 수립한다. [9진로04-06] 일반고·특성화고 등 진학 정보를 수집하여 진학에 필요한 전환 계획을 수립한다.
05 진로 준비	〈진학 및 취업 준비〉 [9진로05-01] 선택한 고등학교 유형의 진학 정보를 수집한다. [9진로05-02] 선택한 고등학교의 교육과정 및 생활에 대한 정보를 수집하고 체험한다. 〈직업 체험〉 [9진로05-03] 농수산업 분야의 직업 체험을 통하여 관련 직업의 특성과 필요한 능력을 파악한다. [9진로05-04] 제조업 분야의 직업 체험을 통하여 관련 직업의 특성과 필요한 능력을 파악한다. [9진로05-05] 서비스업 분야의 직업 체험을 통하여 관련 직업의 특성과 필요한 능력을 파악한다.
06 직업 생활	〈자기관리〉 [9진로06-01] 용모, 건강, 금전, 시간 등에 대한 기본적인 자기관리 능력을 기른다. [9진로06-02] 상황에 맞는 교통수단을 선택하여 등하교한다. [9진로06-03] 일의 소중함과 여가 생활의 가치를 알고 적합한 여가활동을 즐긴다. 〈작업 태도〉 [9진로06-04] 간단한 구두 및 서면 작업 지시에 따라 과제를 수행한다. [9진로06-05] 상황에 맞는 인사와 적절한 감정 표현으로 원만한 대인관계를 유지한다. [9진로06-06] 학교와 직장의 작업 환경을 조사하고 작업 규칙을 지킨다. [9진로06-07] 위험한 물건과 상황을 인지하고 교내에서 안전하게 작업한다.

고등학교 1~3학년

01 자기 탐색	〈자기 이해〉 [12진로01-01] 자기와 가족, 학교, 직장, 지역사회 등 주변 환경에 대한 정보를 파악하고 기록한다. [12진로01-02] 직업적 신체 특성과 강점과 약점을 파악하고 긍정적인 직업 자아상을 확립하여 소개한다. [12진로01-03] 미래의 행복한 삶을 설계하고 직업 생활을 준비한다. 〈역할과 책임〉 [12진로01-04] 가족으로서의 역할과 책임을 알고 실천하며 행복한 가정을 계획한다. [12진로01-05] 학교와 직장에서 자신이 해야 할 역할과 책임을 알고 실천한다. [12진로01-06] 민주 시민으로서의 권리와 의무를 이해하고 사회생활 속에서 배려, 협동, 봉사를 실천한다.
02 직업의 세계	〈직업의 의의〉 [12진로02-01] 일과 행복한 삶의 관계를 이해하고 직업의 경제적·사회적 가치를 다양한 활동으로 체험한다. [12진로02-02] 지역사회의 다양한 직업들 가운데 미래 유망 직업을 탐색하고 미래 직업인의 자세와 능력을 갖춘다. 〈직업 탐색〉 [12진로02-03] 자신의 직업 흥미와 적성, 직업 조건 등을 고려하여 직업 선택 기준을 설정한다. [12진로02-04] 지역사회에서 접할 수 있는 농수산업 직종을 탐색하고 체험한다. [12진로02-05] 지역사회에서 접할 수 있는 제조업 직종을 탐색하고 체험한다. [12진로02-06] 지역사회에서 접할 수 있는 서비스업 직종을 탐색하고 체험한다.
03 직업 기초 능력	〈작업 수행〉 [12진로03-01] 작업을 지속적으로 정확하고 신속하게 수행하여 작업의 생산성을 향상시킨다. [12진로03-02] 신체와 도구를 사용하여 복잡한 작업을 수행한다. 〈작업 도구 및 기기〉 [12진로03-03] 교내 또는 지역사회 실습을 통해 농수산업에서 활용되는 도구 및 기기를 안전하고 효율적으로 사용한다. [12진로03-04] 교내 또는 지역사회 실습을 통해 제조업에서 활용되는 도구 및 기기를 안전하고 효율적으로 사용한다. [12진로03-05] 교내 또는 지역사회 실습을 통해 서비스업에서 활용되는 도구 및 기기를 안전하고 효율적으로 사용한다.

	〈직업과 정보통신〉 [12진로03-06] 스마트 기기를 직장 생활의 대인관계 유지와 업무 관련 정보의 공유 및 활용에 이용한다. [12진로03-07] 컴퓨터의 사무용 프로그램 사용 방법을 익혀 문서를 관리하고 업무에 활용한다.
04 진로 의사결정	〈자기 결정〉 [12진로04-01] 다양한 문제 상황에서 합리적인 해결 방법을 계획하고 문제를 주체적으로 해결한다. 〈직업 능력〉 [12진로04-02] 프로그램과 도구를 활용하여 자신의 직업과 관련된 흥미, 적성, 요구 등을 파악한다. [12진로04-03] 프로그램과 도구를 활용하여 자신의 작업 수행 능력을 파악한다. [12진로04-04] 지역사회 및 사업체 환경에 적응하는 능력을 파악한다. 〈전환 계획〉 [12진로04-05] 전공과 및 대학 진학에 필요한 정보를 수집하여 전환 계획을 수립한다. [12진로04-06] 직업훈련기관으로의 전환에 필요한 정보를 수집하여 전환 계획을 수립한다. [12진로04-07] 취업에 필요한 정보를 수집하여 전환 계획을 수립한다.
05 진로 준비	〈진학 및 취업 준비〉 [12진로05-01] 선택한 대학 및 전공과, 직업훈련기관, 지역사회 전환 기관, 사업체 등의 정보를 수집하여 분석한다. [12진로05-02] 이력서 및 자기소개서 등 진학 및 취업 관련 서류를 작성하고 면접을 준비한다. 〈직업 체험〉 [12진로05-03] 농수산업 분야의 현장 실습을 통하여 자신의 적성과 실습의 경험을 비교하고 필요한 직무능력을 기른다. [12진로05-04] 제조업 분야의 현장 실습을 통하여 자신의 적성과 실습의 경험을 비교하고 필요한 직무능력을 기른다. [12진로05-05] 서비스업 분야의 현장 실습을 통하여 자신의 적성과 실습의 경험을 비교하고 필요한 직무능력을 기른다.
06 직업 생활	〈자기관리〉 [12진로06-01] 직업 생활에 필요한 용모, 건강, 급여, 시간 등에 대한 자기관리 능력을 기른다. [12진로06-02] 시간과 비용에 맞는 교통수단을 선택하여 출퇴근한다. [12진로06-03] 일과 여가의 관계를 이해하고 직장과 지역사회의 시설을 이용하여 여가 활동을 즐긴다.

〈작업 태도〉
[12진로06-04] 직장에서 연속된 작업 지시에 따라 과제를 수행하고 결과를 점검한다.
[12진로06-05] 직장에서 상대와 상황에 맞게 의사소통하고 대화 예절을 지켜 원만한 대인관계를 유지한다.
[12진로06-06] 직장에서 요구되는 규칙을 이해하고 지킨다.
[12진로06-07] 작업장에서 발생할 수 있는 안전사고의 유형을 조사하고 작업장 안전 수칙에 따라 사고를 예방하고 대처한다.

12. 체육

초등학교 3~4학년

01 건강	〈건강관리〉 [4체육01-01] 신체의 각 부위별 명칭을 안다. [4체육01-02] 신체 부위를 여러 가지 방법으로 움직인다. 〈체력증진〉 [4체육01-03] 신체활동량이 많은 놀이에 참여한다. [4체육01-04] 다양한 체력 관련 놀이 활동 경험을 통하여 체력을 기른다.
02 도전	〈속도 도전〉 [4체육02-01] 이동 운동의 명칭에 맞게 동작을 따라한다. [4체육02-02] 다양한 이동 운동을 모방한다. [4체육02-03] 여러 가지 물놀이 활동을 수행한다. 〈거리 도전〉 [4체육02-04] 여러 가지 방법으로 한 발이나 양 발로 뜀뛴다. [4체육02-05] 크기와 무게가 다른 여러 가지 물체를 한 손 또는 양 손으로 던진다. 〈동작 도전〉 [4체육02-06] 매트에서 여러 가지 자세를 취한다. [4체육02-07] 다양한 방법으로 정지된 동작이나 이동하면서 균형을 잡는다. [4체육02-08] 팔과 다리를 이용하여 태권도와 관련한 기초 움직임을 수행한다. 〈표적 도전〉 [4체육02-09] 여러 가지 방법으로 물체를 보내는 조작 운동을 따라한다. [4체육02-10] 표적을 향하여 물체 보내기를 모방한다.
03 경쟁	〈놀이/게임 경쟁 활동〉 [4체육03-01] 고정되어 있거나 움직이는 물체를 피해 이동한다. [4체육03-02] 손·발·기구를 이용하여 물체를 여러 방향으로 보낸다. [4체육03-03] 손·기구를 사용하여 정지되어 있거나 공중에 있는 물체를 친다.
04 표현	〈움직임 표현〉 [4체육04-01] 힘 등에 변화를 주는 비이동 움직임을 따라한다. [4체육04-02] 방향이나 빠르기 등에 변화를 주는 이동 움직임을 따라한다. 〈민속 표현〉 [4체육04-03] 우리나라 민속 표현에 포함된 기본 움직임을 따라한다. [4체육04-04] 외국의 민속 표현에 포함된 기본 움직임을 모방한다.
05 안전	〈안전한 운동 생활〉 [4체육05-01] 안전하게 놀이 활동에 참가한다. [4체육05-02] 놀이 활동 기구와 시설물을 이용 수칙에 맞도록 안전하게 사용한다.

초등학교 5~6학년

01 건강	〈건강관리〉 [6체육01-01] 자신의 신체를 깨끗하게 유지하는 방법을 습득한다. [6체육01-02] 질병을 예방하기 위한 방법을 알고 실천한다. 〈체력증진〉 [6체육01-03] 비이동/조작 움직임을 활용한 체력 운동을 따라한다. [6체육01-04] 이동 움직임이 포함된 체력 운동을 모방한다.
02 도전	〈속도 도전〉 [6체육02-01] 움직임의 여러 요소를 결합하여 여러 가지 방법으로 달린다. [6체육02-02] 여러 가지 방법으로 물(속)에서 빠르게 이동한다. 〈거리 도전〉 [6체육02-03] 여러 가지 높이의 물체에 뛰어오르거나 다양한 방법으로 물체를 뛰어넘는다. [6체육02-04] 던지기 기구의 특성에 맞는 방법으로 던진다. 〈동작 도전〉 [6체육02-05] 매트에서 여러 가지 방법으로 구른다. [6체육02-06] 여러 가지 물체 위에서 다양한 자세로 몸의 균형을 유지한다. [6체육02-07] 태권도의 기본 동작인 지르기와 발차기 동작을 따라한다. 〈표적 도전〉 [6체육02-08] 여러 가지 고정된 표적을 향하여 물체를 가깝게 보낸다. [6체육02-09] 다양한 거리에서 크기가 다른 고정 표적을 맞힌다.
03 경쟁	〈놀이/게임 경쟁 활동〉 [6체육03-01] 여러 방향으로 이동하면서 쫓아가서 잡거나 피한다. [6체육03-02] 손을 사용하여 여러 가지 물체를 던지고 받는다. [6체육03-03] 발을 사용하여 굴러 오는 공을 멈추거나 찬다. [6체육03-04] 여러 가지 기구를 이용하여 물체를 친다. [6체육03-05] 다양한 물체를 손·기구로 쳐서 네트를 넘긴다.
04 표현	〈움직임 표현〉 [6체육04-01] 다른 사람의 여러 가지 동작을 따라한다. [6체육04-02] 주변 사물의 다양한 모습을 모방하여 표현한다. [6체육04-03] 흥미로운 활동이나 주제를 자유롭게 표현한다. 〈민속 표현〉 [6체육04-04] 우리나라 전통 음악에 맞춰 민속 표현을 따라한다. [6체육04-05] 외국의 전통 음악에 맞춰 민속 표현을 모방한다.
05 안전	〈안전한 운동 생활〉 [6체육05-01] 안전 규칙을 지키며 신체활동에 참가한다. [6체육05-02] 신체활동에 필요한 기구와 시설을 안전하게 사용한다. [6체육05-03] 신체활동에 사용되는 보호 장비를 바르게 착용한다.

중학교 1~3학년

01 건강	〈건강관리〉 [9체육01-01] 잘못된 자세를 예방하고 교정한다. [9체육01-02] 학교와 지역사회에서 건강한 생활에 필요한 여러 가지 활동에 참여한다. 〈체력증진〉 [9체육01-03] 친구들과 함께 체력을 기르는 신체활동에 참가한다. [9체육01-04] 가정과 지역사회에서 체력 운동을 규칙적으로 실시한다.
02 도전	〈속도 도전〉 [9체육02-01] 지정한 목표까지 빠르게 달린다. [9체육02-02] 물속에서 자유형과 평영 동작으로 빠르게 이동한다. 〈거리 도전〉 [9체육02-03] 제자리에서 가능한 멀리 뛴다. [9체육02-04] 도움닫기 하여 다양한 방법으로 건너뛰거나 멀리 뛴다. [9체육02-05] 정해진 구역 안이나 이동하면서 여러 가지 물체를 멀리 던진다. 〈동작 도전〉 [9체육02-06] 매트에서 다양한 방법으로 자세를 유지한다. [9체육02-07] 평균대에서 한 발이나 양 발로 균형을 잡는다. [9체육02-08] 태권도의 기본자세와 동작을 정확한 자세로 수행한다. 〈표적 도전〉 [9체육02-09] 매달려 흔들리는 물체를 여러 가지 도구로 던져 맞힌다. [9체육02-10] 굴러가는 물체를 여러 가지 도구로 던지거나 굴려 맞힌다. [9체육02-11] 이동하는 표적에 여러 가지 도구를 던져 넣는다.
03 경쟁	〈놀이/게임 경쟁 활동〉 [9체육03-01] 물체를 굴리거나 던져 친구를 맞힌다. [9체육03-02] 친구가 굴린 물체나 던진 공을 피한다. [9체육03-03] 손으로 공을 목표물에 던져 넣는다. [9체육03-04] 다양한 거리에서 발을 이용하여 목표물을 향해 찬다. [9체육03-05] 여러 가지 기구를 이용하여 목표물을 향해 친다. [9체육03-06] 손과 기구를 이용하여 물체를 네트 위로 주고받는다.
04 표현	〈움직임 표현〉 [9체육04-01] 자연현상이나 자신이 좋아하는 물건 등을 움직임을 통하여 표현한다. [9체육04-02] 기초 움직임을 통하여 자신의 감정이나 의사를 다른 사람에게 전달한다. 〈민속 표현〉 [9체육04-03] 우리나라 민속 표현을 특징에 맞게 표현한다. [9체육04-04] 외국의 민속 표현을 특징에 맞게 표현한다.
05 안전	〈안전한 운동 생활〉 [9체육05-01] 올바른 준비운동과 정리운동 방법을 실시한다. [9체육05-02] 운동 중 다쳤을 때 대처 방법을 익힌다.

고등학교 1~3학년

01 건강	〈건강관리〉 [12체육01-01] 규칙적인 신체활동을 통하여 건강 관련 질병(비만 등)을 예방한다. [12체육01-02] 일상생활에서 건강에 필요한 올바른 생활 습관을 실천한다. 〈체력증진〉 [12체육01-03] 체중 감량 및 유지를 위해 체력 운동을 지속적으로 실시한다. [12체육01-04] 일상생활에서 체력 운동을 생활화한다.
02 도전	〈속도 도전〉 [12체육02-01] 정해진 목표까지 빠르게 달리거나 목표 기록을 단축시킨다. [12체육02-02] 목표 지점까지 빠르게 헤엄을 치거나 자신 또는 타인의 기록을 경신한다. 〈거리 도전〉 [12체육02-03] 정해진 목표물을 뛰어넘거나 목표 높이를 높여 도전한다. [12체육02-04] 정해진 목표 지점까지 물체를 던지거나 자신 또는 타인의 던지기 거리를 경신한다. 〈동작 도전〉 [12체육02-05] 매트에서 정확한 동작으로 여러 가지 구르기를 한다. [12체육02-06] 평균대 위를 다양한 방법으로 균형을 유지하며 걷는다. [12체육02-07] 정확한 순서와 동작으로 두 가지 태권도 품새 동작을 실시한다. 〈표적 도전〉 [12체육02-08] 던지기 표적 도전 게임(다트, 디스크 골프 등)의 수행 능력을 높인다. [12체육02-09] 굴리기 표적 도전 게임(볼링, 보체, 보치아 등)을 통하여 도전 활동의 의미를 안다.
03 경쟁	〈놀이/게임 경쟁 활동〉 [12체육03-01] 여러 가지 피구의 규칙을 알고 즐겁게 참여한다. [12체육03-02] 다양한 술래잡기 게임에 적극적으로 참여한다. [12체육03-03] 여러 가지 축구형 간이 게임의 규칙을 이해하고 적극적으로 참여한다. [12체육03-04] 여러 가지 농구형 간이 게임의 규칙을 이해하고 적극적으로 참여한다. [12체육03-05] 여러 가지 하키형 간이 게임의 규칙을 이해하고 적극적으로 참여한다. [12체육03-06] 풍선 배드민턴 게임의 규칙을 알고 즐겁게 참여한다. [12체육03-07] 풍선 배구 게임의 규칙을 알고 즐겁게 참여한다.

04 표현	〈움직임 표현〉 [12체육04-01] 친구들과 함께 주위의 사물과 동식물을 표현한다. [12체육04-02] 움직임을 통해 친구들과 함께 다양한 감정을 타인에게 전달한다. [12체육04-03] 모둠별로 다양한 작품을 만들어 발표한다. 〈민속 표현〉 [12체육04-04] 친구들과 함께 우리나라 민속 표현을 발표한다. [12체육04-05] 친구들과 함께 외국의 민속 표현을 발표한다.
05 안전	〈안전한 운동 생활〉 [12체육05-01] 위험한 장소와 안전한 장소를 구별한다. [12체육05-02] 수상형과 산악형 야외 활동의 안전 수칙을 지킨다.

13. 음악

초등학교 3~4학년

01 표현	〈표현과 전달〉 [4음악01-01] 말 리듬에 어울리는 표정, 몸동작을 모방한다. [4음악01-02] 일상생활을 주제로 한 말 리듬을 따라 부른다. [4음악01-03] 타악기나 신체로 말 리듬을 표현한다. [4음악01-04] 몸이나 주변 물건으로 다양한 소리를 낸다. [4음악01-05] 여러 가지 타악기의 소리를 탐색한다. [4음악01-06] 여러 가지 타악기로 자연과 생활 주변의 소리를 즉흥적으로 표현한다. 〈음악의 요소〉 [4음악01-07] 빠른 곡과 느린 곡을 비교하며 듣는다. [4음악01-08] 빠른 음악과 느린 음악을 몸이나 타악기로 표현한다. [4음악01-09] 큰 소리와 작은 소리를 듣고 목소리와 몸으로 반응한다. [4음악01-10] 큰 소리와 작은 소리를 악기로 표현한다. [4음악01-11] 2박, 4박에 맞추어 걷거나 손뼉을 친다. [4음악01-12] 자진모리장단에 맞추어 전래동요를 부른다. [4음악01-13] 악기 소리나 목소리를 듣고 같은 음과 다른 음을 구별한다.
02 감상	〈음악의 특징〉 [4음악02-01] 자연의 소리나 생활 주변의 소리를 탐색한다. [4음악02-02] 다양한 소리를 듣고 그림, 몸동작, 악기로 표현한다. [4음악02-03] 계절에 어울리는 음악을 감상하고 분위기와 느낌을 자유롭게 표현한다. 〈음악의 분위기〉 [4음악02-04] 음악을 듣고 다른 사람의 움직임을 따라한다. [4음악02-05] 빠르기나 소리의 크기에 따라 몸이나 악기로 표현한다. [4음악02-06] 친구들과 함께 여러 가지 소리를 듣고 몸으로 반응한다.
03 생활화	〈음악과 소통〉 [4음악03-01] 자신이 좋아하는 음악을 들으며 표정, 몸동작, 목소리 등으로 반응한다. [4음악03-02] 가족, 친구가 좋아하는 음악을 함께 듣고 느낌을 표현한다. 〈음악의 쓰임〉 [4음악03-03] 여러 가지 놀이 동요를 부른다. [4음악03-04] 친구들과 함께 노래에 맞추어 놀이를 한다.

초등학교 5~6학년

01 표현	〈표현과 전달〉 [6음악01-01] 동요와 전래동요를 듣고 따라 부른다. [6음악01-02] 주고받는 형태의 전래동요를 부른다. [6음악01-03] 전래동요의 노랫말을 바꾸어 부른다. [6음악01-04] 묻고 답하는 형태의 말 리듬을 만들어 부른다. [6음악01-05] 선율 타악기의 종류와 소리를 탐색한다. [6음악01-06] 선율 타악기로 간단한 가락을 연주한다. [6음악01-07] 3음, 5음을 사용하여 선율 타악기로 즉흥 연주한다. 〈음악의 요소〉 [6음악01-08] 점점 빨라지거나 점점 느려지는 음악을 듣고 신체, 목소리, 악기 등 다양한 방법으로 표현한다. [6음악01-09] 점점 커지거나 점점 작아지는 음악을 몸이나 그림 등으로 표현한다. [6음악01-10] 손 높이의 변화에 따라 목소리나 악기로 점점 크게 또는 점점 작게 표현한다. [6음악01-11] 음의 길고 짧음, 또는 높은 음과 낮은 음을 그림, 몸동작 등 여러 가지 방법으로 표현한다. [6음악01-12] 긴 음과 짧은 음으로 된 리듬을 악기로 연주한다. [6음악01-13] 음의 높고 낮음을 다양한 방법으로 표현한다. [6음악01-14] 높낮이가 다른 음을 이용하여 즉흥 연주한다.
02 감상	〈음악의 특징〉 [6음악02-01] 목소리의 음색을 듣고 구별한다. [6음악02-02] 여러 가지 악기의 소리를 듣고, 소리의 특징을 비교한다. [6음악02-03] 서양 악기와 국악기의 소리를 듣고 구별한다. 〈음악의 분위기〉 [6음악02-04] 음악을 들으며 느낌을 몸으로 표현한다. [6음악02-05] 음악의 분위기를 그림으로 나타낸다. [6음악02-06] 음악을 듣고 즐거움, 슬픔, 기쁨 등의 다양한 느낌을 표현한다.
03 생활화	〈음악과 소통〉 [6음악03-01] 상황에 어울리는 음악을 찾아서 듣는다. [6음악03-02] 가정과 학교의 행사에 어울리는 노래를 부른다. 〈음악의 쓰임〉 [6음악03-03] 춤에 쓰이는 다양한 음악을 듣는다. [6음악03-04] 음악에 맞추어 춤을 춘다.

중학교 1~3학년

01 표현	〈표현과 전달〉 [9음악01-01] 자연스러운 목소리로 노랫말을 따라 읽는다. [9음악01-02] 편안한 자세와 호흡으로 발성하며 노래를 부른다. [9음악01-03] 가락악기의 종류와 소리, 바른 주법을 탐색한다. [9음악01-04] 실로폰, 리코더, 건반악기 등의 가락악기를 연주한다. [9음악01-05] 가락악기로 간단한 오스티나토를 연주한다. [9음악01-06] 가락악기로 곡의 일부나 전체를 연주한다. 〈음악의 요소〉 [9음악01-07] 악곡의 빠르기를 탐색하고 주어진 빠르기에 맞게 노래를 부르거나 악기를 연주한다. [9음악01-08] 2박자와 4박자, 3박자의 기본 강약을 몸이나 악기로 연주한다. [9음악01-09] 음악의 셈여림을 여러 가지 방법으로 표현한다. [9음악01-10] 악곡에서 반복되는 리듬 꼴을 찾아 몸이나 악기로 연주한다. [9음악01-11] 세마치장단을 구음으로 부르고 악기로 연주한다. [9음악01-12] 차례로 가는 가락과 뛰어가는 가락을 듣고 구별한다. [9음악01-13] 차례로 가는 가락과 뛰어가는 가락을 악기로 연주한다.
02 감상	〈음악의 특징〉 [9음악02-01] 음악을 감상하면서 성악곡, 기악곡의 특징을 탐색해 본다. [9음악02-02] 다양한 연주 형태의 음악을 감상하고 차이점을 찾아본다. [9음악02-03] 여러 형태의 퓨전 음악을 감상하고 느낌을 표현한다. 〈음악의 분위기〉 [9음악02-04] 주제를 떠올리며 표제음악, 묘사음악을 듣는다. [9음악02-05] 음악을 듣고 주요 장면을 그림이나 몸동작, 악기로 표현한다. [9음악02-06] 주제 선율에 어울리는 노랫말을 만들어 부른다.
03 생활화	〈음악과 소통〉 [9음악03-01] 다양한 행사에 쓰이는 음악을 찾아본다. [9음악03-02] 음악과 관련된 다양한 공연을 관람한다. 〈음악의 쓰임〉 [9음악03-03] 다양한 의식에 쓰이는 음악을 찾아본다. [9음악03-04] 가족 행사나 학급 행사에서 음악을 활용하는 태도를 가진다.

고등학교 1~3학년

01 표현	〈표현과 전달〉 [12음악01-01] 박자에 맞추어 노랫말을 읽는다. [12음악01-02] 일정 박을 연주하면서 박자에 맞게 노래한다. [12음악01-03] 가락의 높낮이를 몸동작과 가락 선으로 표현한다. [12음악01-04] 다른 사람과 조화를 이루어 아름다운 발성으로 노래한다. [12음악01-05] 다양한 악기의 종류와 소리를 탐색한다. [12음악01-06] 다양한 악기로 음악의 특징을 살려 합주한다. [12음악01-07] 이야기의 장면에 어울리는 소리를 다양한 악기로 연주한다. 〈음악의 요소〉 [12음악01-08] 빠르기에 변화를 주며 노래를 부르거나 악기를 연주한다. [12음악01-09] 셈여림에 변화를 주어 노래를 부르거나 악기를 연주한다. [12음악01-10] 여러 종류의 음악에서 다양한 리듬을 탐색한다. [12음악01-11] 여러 가지 장단에 맞추어 민요를 부른다. [12음악01-12] 가락에 어울리는 주요 3화음을 연주한다. [12음악01-13] 2~3개의 음으로 간단한 반주를 하면서 노래를 부른다. [12음악01-14] 합창이나 합주를 통해 소리의 어울림을 경험한다.
02 감상	〈음악의 특징〉 [12음악02-01] 세계 여러 나라의 음악을 감상한다. [12음악02-02] 서양 음악과 우리나라 음악의 차이를 알고 구분한다. [12음악02-03] 여러 나라의 음악을 감상하며 곡의 분위기에 맞게 신체 표현한다. 〈음악의 분위기〉 [12음악02-04] 오페라, 뮤지컬, 판소리 등 이야기가 있는 음악의 줄거리를 탐색하고 감상한다. [12음악02-05] 이야기 음악의 한 장면을 몸동작과 노래, 악기로 표현한다. [12음악02-06] 짧은 이야기를 음악극으로 만들고 재활용 악기나 효과음 악기를 이용하여 표현한다.
03 생활화	〈음악과 소통〉 [12음악03-01] 학교 및 학급 발표회에서 노래를 부르거나 악기를 연주한다. [12음악03-02] 공연 예절을 지키며 음악회를 관람한다. 〈음악의 쓰임〉 [12음악03-03] 영화나 드라마에 나오는 음악을 듣는다. [12음악03-04] 다양한 매체를 이용하여 음악을 듣는다.

14. 미술

초등학교 3~4학년

01 체험	〈지각〉 [4미술01-01] 자연물의 아름다움을 모든 감각기관을 사용하여 느껴 보고 그 느낌을 몸으로 표현한다. 〈소통〉 [4미술01-02] 생활 속의 다양한 대상들에서 자신이 좋아하는 이미지를 찾는다. [4미술01-03] 생활 주변의 익숙한 기호와 상징을 활용하여 자신의 느낌을 표현한다. 〈관계〉 [4미술01-04] 친구와 협력하여 다양한 자연과 사물의 모양을 표현한다.
02 표현	〈구상〉 [4미술02-01] 주변 인물과 대상의 모양과 형태를 탐색하여 신체를 이용하여 모방한다. 〈활용〉 [4미술02-02] 생활 주변의 다양한 재료들을 활용하여 표현한다. [4미술02-03] 기본적인 미술 표현 용구를 활용하여 대상을 표현한다. [4미술02-04] 선과 색을 모방하여 표현한다. [4미술02-05] 생활 속에서 여러 가지 선과 색을 찾아 다양한 방법으로 표현한다.
03 감상	〈미적 향수〉 [4미술03-01] 규칙을 지키며 미술관을 관람하고 작품을 감상한다. [4미술03-02] 미술 작품을 감상하고 작품에 나타난 대상이나 소재를 찾는다. 〈가치 발견〉 [4미술03-03] 자신의 작품과 친구의 작품을 소개한다. [4미술03-04] 자신과 친구의 작품을 소중히 여기고 다른 사람의 의견을 바른 태도로 듣는다.

초등학교 5~6학년

01 체험	〈지각〉 [6미술01-01] 자연물과 사계절의 변화를 몸으로 표현한다. 〈소통〉 [6미술01-02] 대중매체 등에 등장하는 이미지가 활용된 사례를 찾는다. [6미술01-03] 일상생활 속에 나타난 이미지를 활용하여 표현한다. [6미술01-04] 자신 주변의 다양한 환경을 꾸민다. 〈관계〉 [6미술01-05] 타 교과의 내용이 연계된 미술 활동에 참여한다.
02 표현	〈구상〉 [6미술02-01] 주변의 다양한 자연 모습을 관찰하고 여러 가지 방법으로 표현한다. [6미술02-02] 자신의 다양한 경험들을 이야기 나누고 기억에 남는 장면을 표현한다. 〈활용〉 [6미술02-03] 번지기, 뿌리기, 흘리기 등 우연의 효과를 이용하여 표현한다. [6미술02-04] 점, 선, 면, 형의 특성을 활용하여 여러 가지 방법으로 구성한다. [6미술02-05] ○, △, □ 모양을 조합하여 다양한 모양으로 구성한다. [6미술02-06] 질감이 있는 대상을 탐색하고 질감을 가진 재료의 특성을 살려 표현한다.
03 감상	〈미적 향수〉 [6미술03-01] 미술과 관련된 다양한 문화 공간을 찾아 체험한다. [6미술03-02] 전통미술과 현대미술 작품에 관심을 갖는다. 〈가치 발견〉 [6미술03-03] 미술작품에 대한 자신의 선호를 표현한다. [6미술03-04] 미술작품을 감상하는 바른 관람 태도를 지닌다.

중학교 1~3학년

01 체험	〈지각〉 [9미술01-01] 예술적 조형물의 아름다움을 다양한 방법으로 체험한다. [9미술01-02] 조형물이 생활에 미치는 영향을 구체적인 예를 들어 말한다. 〈소통〉 [9미술01-03] 글, 기호, 상징으로 표현된 이미지를 찾는다. [9미술01-04] 자신의 생각이나 느낌을 간단한 이미지로 소통한다. 〈관계〉 [9미술01-05] 다양한 분야에서 미술이 활용된 사례를 찾고 이를 응용하여 표현한다. [9미술01-06] 문화 예술 활동에 필요한 도구나 물품을 제작한다.
02 표현	〈구상〉 [9미술02-01] 인물화, 정물화, 풍경화 등의 주제의 특징을 살려 표현한다. [9미술02-02] 사물을 관찰하고 특징을 살려 다양한 방법으로 표현한다. 〈활용〉 [9미술02-03] 여러 가지 재료와 용구를 활용하여 입체로 표현한다. [9미술02-04] 한지 공예, 염색 공예 등의 기법을 응용하여 생활에 필요한 물건을 만든다. [9미술02-05] 기초적인 조형 원리를 활용하여 작품을 제작한다.
03 감상	〈미적 향수〉 [9미술03-01] 다양한 분야의 미술작품에 사용된 재료와 표현 기법을 감상한다. [9미술03-02] 미술가들의 작품에 나타난 특징을 분석하고 감상한다. 〈가치 발견〉 [9미술03-03] 여러 가지 방법으로 작품을 감상하고 느낌을 표현한다.

고등학교 1~3학년

01 체험	**〈지각〉** [12미술01-01] 지역과 시대에 따른 조형물의 아름다움을 찾는다. **〈소통〉** [12미술01-02] 생활 주변에서 시각문화의 아름다움과 의미를 체험한다. [12미술01-03] 다양한 이미지를 활용하여 소통한다. **〈관계〉** [12미술01-04] 자신이 장래에 희망하는 직업을 다양한 방법으로 표현한다. [12미술01-05] 미술작품에 표현된 다양한 직업을 찾고, 특징을 살려 표현한다. [12미술01-06] 미술과 관련된 다양한 직업을 체험한다.
02 표현	**〈구상〉** [12미술02-01] 자신이 상상한 내용을 표현한다. [12미술02-02] 다양한 발상법을 활용하여 작품을 제작한다. **〈활용〉** [12미술02-03] 사진, 영상 매체 등의 새로운 매체를 활용하여 표현한다. [12미술02-04] 전통 표현 기법과 재료를 활용하여 표현한다. [12미술02-05] 조형 요소와 원리를 활용하여 작품을 제작한다. [12미술02-06] 면재를 이용하여 입체 조형물을 만든다.
03 감상	**〈미적 향수〉** [12미술03-01] 시대나 지역에 따른 작가와 작품을 감상한다. **〈가치 발견〉** [12미술03-02] 자신과 친구의 작품을 다양한 방법으로 전시한다. [12미술03-03] 작가의 미술작품을 감상하고 서로의 느낌과 생각을 교류한다.

15. 선택-재활, 여가활용, 정보통신활용, 생활영어, 보건

재활

중학교 1~3학년

01 감각 운동	〈감각 활용〉 [9재활01-01] 감각기능을 활용하여 정보를 수집한다. [9재활01-02] 감각 자극을 수용하여 언어와 행동으로 반응한다. [9재활01-03] 신체 부위의 위치를 인식하고, 각 부위를 움직인다. [9재활01-04] 외부로부터의 자극을 지각하여 신체 평형을 유지한다. 〈신체 동작〉 [9재활01-05] 바른 자세를 유지하며 기본 동작을 수행한다. [9재활01-06] 바른 자세로 이동 동작을 수행한다. [9재활01-07] 신체 부위를 협응하여 움직인다. [9재활01-08] 대상의 형태와 대상들 간의 공간적인 관계를 인식하여 움직인다.
02 자립생활	〈일상 과제 수행과 관리〉 [9재활02-01] 식생활 관련 일상 과제를 수행한다. [9재활02-02] 의생활 관련 일상 과제를 수행한다. [9재활02-03] 신체와 신체 주변을 청결하게 유지하고 개선한다. 〈환경 이해와 적응〉 [9재활02-04] 자연적·물리적 환경을 이해하고 적응한다. [9재활02-05] 자신의 위치를 파악하여 근거리를 안전하게 이동한다.
03 의사소통	〈의사소통 참여〉 [9재활03-01] 다른 사람의 의사표현을 수용하여 반응한다. [9재활03-02] 일상생활에서 다양한 의사소통 상황에 참여한다. [9재활03-03] 의사소통을 돕는 도구와 방법을 탐색하여 활용한다. 〈의사소통 기술〉 [9재활03-04] 일상생활에서 사용되는 언어적·비언어적·반언어적 상징의 의미를 이해하여 활용한다. [9재활03-05] 대화에서 다른 사람의 요구를 파악하여 반응한다. [9재활03-06] 다른 사람과 소통하며 대화를 유지한다.

04 심리적 안정	〈자기 인식과 타인 이해〉 [9재활04-01] 자신의 신체적 특징을 이해하고 능력을 표현한다. [9재활04-02] 좋아하는 것과 싫어하는 것, 잘하는 것과 잘하지 못하는 것을 찾는다. [9재활04-03] 타인에 대한 이해를 바탕으로 자신과의 차이를 찾는다. 〈감정 표현과 공감〉 [9재활04-04] 기본 정서와 관련된 감정 상태를 찾아서 표현한다. [9재활04-05] 타인의 감정을 나타내는 단서를 지각하여 반응한다.
05 행동 관리	〈행동 조절〉 [9재활05-01] 자신이 원하는 것을 다른 사람에게 바람직한 방법으로 요구한다. [9재활05-02] 다른 사람의 거절에 적절하게 대응한다. [9재활05-03] 부정적인 감정을 상황에 맞는 긍정적 행동으로 표현한다. 〈사회 적응 행동〉 [9재활05-04] 사회적 상호작용 방법을 알고 타인과 바르게 대화한다. [9재활05-05] 도움이 필요한 상황을 알고 적절하게 도움을 요청한다. [9재활05-06] 자기 입장을 고려하여 타인의 부탁을 정중하게 거절한다.

고등학교 1~3학년

01 감각 운동	〈감각 활용〉 [12재활01-01] 다른 자극과 함께 제시된 감각 자극을 변별한다. [12재활01-02] 감각 자극을 인식하여 상황에 적절하게 대처한다. [12재활01-03] 자기 신체와 외부 대상 간의 공간적 관계를 인식하여 신체를 조절한다. 〈신체 동작〉 [12재활01-04] 상황에 적절한 자세를 유지한다. [12재활01-05] 상황에 따라 신체를 조절하여 동시 동작과 이동 동작을 수행한다. [12재활01-06] 신체 부위를 협응하여 작업 동작을 수행한다.
02 자립생활	〈일상 과제 수행과 관리〉 [12재활02-01] 올바른 식습관을 유지하고 관리한다. [12재활02-02] 올바른 의복 습관을 유지하고 관리한다. [12재활02-03] 건강한 생활 습관을 유지하고 관리한다. 〈환경 이해와 적응〉 [12재활02-04] 개인 또는 집단의 사회적 환경을 이해하고 적응한다. [12재활02-05] 자신의 위치를 파악하여 원거리를 안전하게 이동한다.
03 의사소통	〈의사소통 참여〉 [12재활03-01] 다른 사람의 의사표현을 이해하여 바르게 반응한다. [12재활03-02] 자신의 의사를 분명하게 전달한다. [12재활03-03] 의사소통을 돕는 방법과 도구를 활용한다. 〈의사소통 기술〉 [12재활03-04] 지역사회에서 사용되는 언어적·비언어적·반언어적 상징의 의미를 이해하여 활용한다. [12재활03-05] 대화에서 수집한 정보를 생활에 활용한다. [12재활03-06] 대화를 자연스럽게 시작하고 유지하며 종료한다.
04 심리적 안정	〈자기 인식과 타인 이해〉 [12재활04-01] 자신의 소중함을 행동이나 말로 나타낸다. [12재활04-02] 자신의 강점과 약점을 바르게 인식한다. [12재활04-03] 다양한 상황에서 타인의 감정을 인식한다. 〈감정 표현과 공감〉 [12재활04-04] 올바른 감정 표현과 부적절한 감정 표현을 구분한다. [12재활04-05] 자신의 감정을 상황에 맞게 통제한다. [12재활04-06] 타인의 감정 표현에 적절한 반응을 나타낸다.

| 05
행동 관리 | 〈행동 조절〉
[12재활05-01] 자기관리 기술을 활용하여 목표 행동을 조절한다.
[12재활05-02] 사회적 상황을 이해하여 상황에 적절한 행동을 선택한다.
[12재활05-03] 다양한 상황에서 주위의 자원을 활용하여 문제를 해결한다.

〈사회 적응 행동〉
[12재활05-04] 사회적 관계에서 나타날 수 있는 상황을 이해하고 적합한 의사결정을 한다.
[12재활05-05] 긍정적 인간관계를 형성하는 데에 필요한 기술을 익힌다.
[12재활05-06] 자신에게 주어진 역할을 알고 책임감 있게 수행한다. |

여가활용

> 중학교 1~3학년

01 여가의 이해	〈여가의 의미〉 [9여가01-01] 여가와 정해진 일과의 차이를 구별하고, 여가에 관심을 표현한다. [9여가01-02] 다양한 대상과 장소에 따른 여가활동의 종류를 살펴본다. 〈여가의 계획〉 [9여가01-03] 다양한 매체를 활용하여 여가활동에 관한 정보를 조사한다. [9여가01-04] 안전한 여가의 중요성을 알고, 안전한 여가를 위한 태도와 방법을 익힌다.
02 일상적 여가	〈가정 여가활동〉 [9여가02-01] 가정에서 자신이 할 수 있는 일상적 여가활동의 종류를 찾아본다. [9여가02-02] 가정에서 자신과 가족이 함께할 수 있는 일상적 여가활동을 탐색하여 선택하고 실천한다. 〈학교 여가활동〉 [9여가02-03] 학급에서 즐길 수 있는 다양한 여가활동의 종류를 찾아본다. [9여가02-04] 학급에서 혼자 또는 친구와 함께할 수 있는 다양한 여가활동의 방법을 알고 실천한다. 〈지역사회 여가활동〉 [9여가02-05] 마을의 주변 환경을 탐색하고, 마을에서 즐길 수 있는 여가활동의 종류를 살펴본다. [9여가02-06] 마을의 시설을 활용하여 할 수 있는 여가활동을 선택하고 실천한다.
03 소질 계발 여가	〈운동 여가활동〉 [9여가03-01] 신체 움직임으로 즐기는 운동 여가활동의 종류와 방법을 알고 안전하게 참여한다. [9여가03-02] 도구를 사용하는 운동 여가활동의 종류와 방법을 알고 안전하게 참여한다. 〈문화·예술 여가활동〉 [9여가03-03] 음악 여가활동에 자신의 생각과 감정을 표현하며 참여한다. [9여가03-04] 미술 여가활동에 자신의 생각과 감정을 표현하며 참여한다. 〈교양 여가활동〉 [9여가03-05] 방과 후 여가활동 프로그램을 탐색하고, 희망하는 강좌를 선택하여 참여한다. [9여가03-06] 복지관의 여가활동 프로그램을 탐색하고, 희망하는 강좌를 선택하여 참여한다.

04 사회적 여가	〈친교 여가활동〉 [9여가04-01] 가족이 함께 즐길 수 있는 친교 여가활동의 종류를 살펴본다. [9여가04-02] 가족과 함께할 수 있는 친교 여가활동을 계획하고, 바른 태도로 참여한다. 〈단체 여가활동〉 [9여가04-03] 학교에서 참여할 수 있는 단체 여가활동의 종류와 방법을 찾아본다. [9여가04-04] 단체 레크리에이션의 유형과 방법을 알아보고, 규칙을 지키며 참여한다. 〈여행 여가활동〉 [9여가04-05] 여행 여가활동의 종류를 살펴보고, 자신이 희망하는 여행 여가활동을 탐색한다. [9여가04-06] 가족과 함께하는 여행 여가활동의 준비 과정을 살펴보고, 가족여행에 참여한다.

고등학교 1~3학년

01 여가의 이해	〈여가의 의미〉 [12여가01-01] 여가의 다양한 기능과 필요성을 파악하고, 여가가 제공하는 정서적·신체적·사회적 즐거움을 살펴본다. [12여가01-02] 계절별·시기별 특성에 따른 여가활동의 종류를 살펴본다. 〈여가의 계획〉 [12여가01-03] 자신이 하고 싶은 여가활동에는 무엇이 있는지 살펴보고 선택한다. [12여가01-04] 건전한 여가활동의 모습을 살펴보고, 일상생활 속에서 건전하게 여가활동을 실천한다.
02 일상적 여가	〈가정 여가활동〉 [12여가02-01] 가정에서 할 수 있는 휴식형 여가활동의 방법을 알고 실천한다. [12여가02-02] 가정에서 할 수 있는 정서적·신체적 자기관리를 위한 여가활동의 방법을 알고 실천한다. 〈학교 여가활동〉 [12여가02-03] 학교 시설을 이용하여 즐길 수 있는 다양한 여가활동의 종류를 찾아본다. [12여가02-04] 학교에서 혼자 또는 친구와 함께할 수 있는 다양한 여가활동의 방법을 알고 경험한다. 〈지역사회 여가활동〉 [12여가02-05] 지역사회에서 즐길 수 있는 여가활동의 종류를 살펴본다. [12여가02-06] 지역사회의 자원을 활용하여 할 수 있는 여가활동을 선택하고 실천한다.
03 소질 계발 여가	〈운동 여가활동〉 [12여가03-01] 신체 움직임으로 즐기는 운동 여가활동의 실천 계획을 세워 생활 속에서 지속적으로 실천한다. [12여가03-02] 도구를 사용하는 운동 여가활동의 실천 계획을 세워 생활 속에서 지속적으로 실천한다. 〈문화·예술 여가활동〉 [12여가03-03] 문예 여가활동에 자신의 생각과 감정을 표현하며 참여한다. [12여가03-04] 영상 여가활동에 자신의 생각과 감정을 표현하며 참여한다. 〈교양 여가활동〉 [12여가03-05] 문화센터의 여가활동 프로그램의 종류를 살펴보고, 관심 있는 강좌의 이용 방법을 탐색한다. [12여가03-06] 평생교육기관의 여가활동 프로그램의 종류를 살펴보고, 관심 있는 강좌의 이용 방법을 탐색한다.

04 사회적 여가	〈친교 여가활동〉 [12여가04-01] 또래와 함께할 수 있는 여가활동의 종류를 살펴본다. [12여가04-02] 또래와 함께 즐길 수 있는 여가활동의 방법을 알고, 여가활동을 계획하여 실천한다. 〈단체 여가활동〉 [12여가04-03] 지역사회에서 참여할 수 있는 단체 여가활동의 종류와 방법을 알아본다. [12여가04-04] 인터넷 단체 여가활동을 탐색하고, 사이버 예절을 지키며 참여한다. 〈여행 여가활동〉 [12여가04-05] 여행의 목적에 따라 준비해야 할 사항을 파악하고, 여행을 계획하여 실천한다. [12여가04-06] 해외 여행지를 조사해 보고, 해외여행을 가기 위해 준비해야 할 사항들을 탐색한다.

정보통신활용

중학교 1~3학년

01 정보통신의 이해	〈다양한 정보통신의 세계〉 [9정통01-01] 주변에서 정보가 활용되는 예를 살펴본다. [9정통01-02] 다양한 형태와 방법으로 제공되는 정보를 받아들인다. 〈정보통신 예절과 보안〉 [9정통01-03] 사이버 공간에서 올바른 태도를 익힌다. [9정통01-04] 개인정보를 보호하려는 태도를 갖는다.
02 정보통신 기기의 사용	〈다양한 정보통신 기기〉 [9정통02-01] 정보통신 기기를 선택하고 그 사용 기능을 익힌다. [9정통02-02] 일상생활에서 사용되는 정보통신 기기를 올바르게 관리한다. 〈정보통신 기기 조작〉 [9정통02-03] 정보통신 기기별 기본 사용법을 탐색한다. [9정통02-04] 필요한 정보통신 기기를 선택하여 기본 사용법을 익힌다.
03 정보통신의 활용	〈필요한 정보의 수집〉 [9정통03-01] 목적과 필요성을 고려하여 정보를 수집한다. [9정통03-02] 주제와 관련된 핵심어를 이용하여 정보를 찾아 활용한다. 〈정보의 가공과 교환〉 [9정통03-03] 주제와 관련된 키워드를 이용하여 검색된 정보를 구별한다. [9정통03-04] 필요한 정보를 선택하여 활용한다.
04 정보통신과 소프트웨어	〈문제해결 과정의 체험〉 [9정통04-01] 문제해결에 필요한 필수적인 활동 요소를 차례대로 나열하고 실행한다. 〈문제해결과 소프트웨어〉 [9정통04-02] 문제해결 코딩 프로그램의 기초 단계 예제를 해결한다. [9정통04-03] 언플러그드 활동을 통한 문제해결 방법이 소프트웨어로 표현되는 방법을 체험한다.

고등학교 1~3학년

01 정보통신의 이해	〈다양한 정보통신의 세계〉 [12정통01-01] 다양한 정보통신 방식을 조사하고, 상황에 적절한 정보통신 방법을 선택한다. [12정통01-02] 다양하게 제공되는 정보를 형태별로 나열한다. 〈정보통신 예절과 보안〉 [12정통01-03] 사이버 공간에서 올바른 예절을 실천한다. [12정통01-04] 사이버 중독을 예방하기 위한 방법을 실천한다.
02 정보통신 기기의 사용	〈다양한 정보통신 기기〉 [12정통02-01] 시대의 변화에 따른 정보통신 기기의 사용법과 기능을 살펴본다. [12정통02-02] 정보통신 기기의 올바른 관리 방법을 익힌다. 〈정보통신 기기 조작〉 [12정통02-03] 필요한 기기를 선택하여 편리하게 사용하는 방법을 익힌다. [12정통02-04] 정보통신 기기에 사용되는 응용 프로그램을 설치한다.
03 정보통신의 활용	〈필요한 정보의 수집〉 [12정통03-01] 웹 브라우저의 기본 기능을 살펴본다. [12정통03-02] 검색 사이트를 이용하여 수집한 정보를 활용한다. 〈정보의 가공과 교환〉 [12정통03-03] 프로그램을 이용하여 생각을 표현한다. [12정통03-04] 정보 교환 방법을 익혀 정보를 교환한다.
04 정보통신과 소프트웨어	〈문제해결 과정의 체험〉 [12정통04-01] 조건을 고려하여 문제해결을 위한 단순화된 활동을 순서대로 나열한다. 〈문제해결과 소프트웨어〉 [12정통04-02] 코딩 프로그램의 기능을 익혀 간단한 문제를 해결한다. [12정통04-03] 조건이 포함된 프로그램을 실행하고 오류를 점검한다.

생활영어

> 중학교 1~3학년

01 듣기·말하기	〈소리〉 [9생영01-01] 알파벳 소리를 주의 깊게 듣고 식별한다. [9생영01-02] 낱말의 소리를 듣고 따라 말한다. [9생영01-03] 낱말과 어구의 강세·리듬·억양에 유의하여 듣고 따라 말한다. 〈의미 파악〉 [9생영01-04] 기초적인 낱말과 어구를 듣고, 그 의미를 파악한다. [9생영01-05] 일상생활 속에서 친숙한 외래어를 듣고 찾는다. [9생영01-06] 주변의 사물과 사람에 관한 쉽고 친숙한 표현을 듣고, 그 의미를 파악한다. [9생영01-07] 그림에 관해 간단한 낱말이나 어구로 표현한다. [9생영01-08] 일상생활에 사용되는 쉽고 친숙한 표현을 듣고, 그 의미를 파악한다. 〈표현〉 [9생영01-09] 쉽고 간단한 낱말이나 어구로 자기소개를 한다. [9생영01-10] 쉽고 간단한 인사말을 주고받는다. [9생영01-11] 주변 사람이나 사물 등에 대해 낱말이나 간단한 어구로 설명한다. [9생영01-12] 지시하는 말이나 설명하는 말을 듣고 그 과업을 적절하게 수행한다. [9생영01-13] 일상생활에서 사용하는 쉽고 친숙한 낱말과 어구를 말한다. [9생영01-14] 주요 표현을 사용하여 게임과 놀이에 참여한다. [9생영01-15] 주요 표현을 사용하여 찬트와 노래를 따라 한다. [9생영01-16] 일상생활 주제로 쉽고 간단한 표현으로 질문하고 답한다. [9생영01-17] 비언어적 의사소통 방법 및 보완·대체 의사소통 기기를 활용하면서 짧은 대화에 참여한다.
02 읽기	〈철자〉 [9생영02-01] 알파벳 철자에 따른 소리를 식별한다. [9생영02-02] 알파벳 대문자를 따라 읽는다. [9생영02-03] 알파벳 소문자를 따라 읽는다. [9생영02-04] 낱말의 소리와 철자의 관계를 이해한다. 〈낱말과 문장〉 [9생영02-05] 낱말의 소리와 철자의 관계를 이해하여 낱말을 읽는다. [9생영02-06] 쉽고 간단한 낱말이나 어구를 따라 읽는다. [9생영02-07] 쉽고 간단한 낱말이나 어구를 읽고, 그 의미를 파악한다. 〈읽기와 생활〉 [9생영02-08] 주변에서 볼 수 있는 알파벳 표기를 읽는다. [9생영02-09] 알파벳 대문자·소문자로 표기된 약자를 읽는다. [9생영02-10] 주변에서 볼 수 있는 낱말이나 어구를 소리 내어 읽는다. [9생영02-11] 주변에서 볼 수 있는 낱말이나 어구를 읽고, 그 내용에 적합하게 행동한다.

03 쓰기	〈철자〉 [9생영03-01] 알파벳 인쇄체 대·소문자를 식별한다. [9생영03-02] 알파벳 인쇄체 대문자를 따라 쓴다. [9생영03-03] 알파벳 인쇄체 대문자를 보고 쓴다. [9생영03-04] 알파벳 인쇄체 소문자를 따라 쓴다. [9생영03-05] 알파벳 인쇄체 소문자를 보고 쓴다. 〈낱말과 문장〉 [9생영03-06] 구두로 익힌 낱말을 따라 쓴다. [9생영03-07] 구두로 익힌 낱말을 보고 쓴다. [9생영03-08] 실물, 사진, 그림을 보고 쉽고 간단한 낱말을 쓴다. [9생영03-09] 실물, 사진, 그림을 보고 낱말을 써서 어구를 완성한다. 〈쓰기와 생활〉 [9생영03-10] 주변에서 볼 수 있는 알파벳 표기를 보고 쓴다. [9생영03-11] 주변에서 볼 수 있는 쉽고 간단한 낱말을 보고 쓴다. [9생영03-12] 간단한 어구를 완성한다.

고등학교 1~3학년

01 듣기·말하기

〈소리〉
[12생영01-01] 낱말의 소리를 듣고 말한다.
[12생영01-02] 낱말과 어구, 문장의 강세·리듬·억양에 유의하여 듣고 말한다.
[12생영01-03] 낱말과 어구, 문장을 듣고 강세·리듬·억양에 맞게 말한다.

〈의미 파악〉
[12생영01-04] 주변의 사물과 사람에 관한 설명을 듣고, 그 의미를 파악한다.
[12생영01-05] 그림이나 도표 등에 대해 낱말이나 어구로 말한다.
[12생영01-06] 일상생활 관련 대화를 듣고 간단한 질문에 답한다.
[12생영01-07] 대화를 듣고 화자의 감정, 의견, 경험 등을 친숙한 어구나 문장을 활용하여 말한다.
[12생영01-08] 대화를 듣고 화자의 위치와 장소 등을 간단한 문장으로 말한다.

〈표현〉
[12생영01-09] 간단한 어구로 자기소개를 한다.
[12생영01-10] 상황에 따른 다양한 인사말을 주고받는다.
[12생영01-11] 주변 사람이나 사물 등에 대해 낱말이나 어구로 설명한다.
[12생영01-12] 연속적으로 지시하는 말이나 설명하는 말을 듣고 그 과업을 적절하게 수행한다.
[12생영01-13] 상황에 따라 감정, 의견, 경험을 낱말이나 어구로 말한다.
[12생영01-14] 위치와 장소 관련 주제에 관해 질문하고 답한다.
[12생영01-15] 다양한 표현을 사용하여 게임과 놀이에 참여한다.
[12생영01-16] 다양한 표현을 사용하여 찬트와 노래를 따라 한다.
[12생영01-17] 일상생활 주제로 관해 간단한 표현으로 질문하고 답한다.
[12생영01-18] 비언어적 의사소통 방법 및 보완·대체 의사소통 기기를 활용하여 간단한 대화에 참여한다.

02 읽기

〈철자〉
[12생영02-01] 알파벳 대문자를 읽는다.
[12생영02-02] 알파벳 소문자를 읽는다.
[12생영02-03] 낱말의 소리와 철자의 관계를 이해한다.

〈낱말과 문장〉
[12생영02-04] 낱말의 소리와 철자의 관계를 이해하여 낱말을 읽는다.
[12생영02-05] 그림, 실물, 동작 등을 활용하여 어구나 문장을 읽고 그 의미를 파악한다.
[12생영02-06] 어구나 문장을 읽고, 그 의미를 파악한다.

〈읽기와 생활〉
[12생영02-07] 알파벳 대문자·소문자로 표기된 약자·축약어를 읽고 그 의미를 파악한다.
[12생영02-08] 일상생활에서 자주 사용하는 낱말이나 어구, 문장을 소리 내어 읽는다.
[12생영02-09] 주변에서 볼 수 있는 낱말이나 어구, 문장을 읽고 상황에 맞게 활용한다.

03 쓰기	〈철자〉 [12생영03-01] 알파벳 인쇄체 대문자를 쓴다. [12생영03-02] 알파벳 인쇄체 소문자를 쓴다. [12생영03-03] 짝을 이루는 알파벳 인쇄체의 대·소문자를 바꿔 쓴다. 〈낱말과 문장〉 [12생영03-04] 구두로 익힌 낱말이나 어구를 따라 쓴다. [12생영03-05] 구두로 익힌 낱말이나 어구를 보고 쓴다. [12생영03-06] 실물, 사진, 그림을 보고 어구를 넣어 문장을 완성한다. [12생영03-07] 실물, 사진, 그림을 보고 어구나 문장으로 표현한다. 〈쓰기와 생활〉 [12생영03-08] 주변에서 볼 수 있는 낱말이나 어구, 문장을 찾아 쓴다. [12생영03-09] 일상생활에서 볼 수 있는 낱말이나 어구, 문장을 쓴다. [12생영03-10] 실물이나 그림을 보고 문장으로 표현한다.

보건

중학교 1~3학년

01 일상생활과 건강	〈개인위생 관리〉 [9보건01-01] 청결하지 못한 생활 습관이 우리 몸에 미치는 영향을 설명한다. [9보건01-02] 몸을 청결하게 유지하는 방법을 익히고 실천한다. [9보건01-03] 용변 후 올바른 뒤처리 방법과 화장실 사용 예절을 실천한다. [9보건01-04] 치아의 소중함을 알고 올바른 치아 관리를 실천한다. 〈질병 예방〉 [9보건01-05] 신체 기관의 기능과 역할을 알고 바르게 관리한다. [9보건01-06] 질병을 이해하고 진료과별 의료기관을 선택한다. 〈건강한 생활 습관〉 [9보건01-07] 건강에 좋은 음식을 선택한다. [9보건01-08] 운동의 종류를 알아보고 자신에게 맞는 운동을 선택한다. 〈정신 건강〉 [9보건01-09] 자신과 타인의 감정을 이해하고, 자신의 감정을 적절하게 표현한다. [9보건01-10] 대화 시 바른 예절을 알고 올바른 대화법을 실천한다.
02 성과 건강	〈신체적 성〉 [9보건02-01] 청소년기 남녀의 신체적 변화와 차이를 찾아본다. [9보건02-02] 생식기관의 소중함을 알고, 건강한 관리방법을 실천한다. [9보건02-03] 임신과 출산의 과정을 이해하고 생명을 소중히 여기는 태도를 익힌다. [9보건02-04] 자위행위에 대해 알아보고, 올바른 처리방법을 찾아본다. 〈사회적·도덕적 성〉 [9보건02-05] 이성 간 성 심리의 차이를 존중하고, 지켜야 할 예절을 실천한다. [9보건02-06] 성폭력 상황을 구별하고, 상황에 맞는 대처 방법을 찾아본다. [9보건02-07] 음란물로 인해 나타나는 문제점과 대처 방법을 찾아본다.
03 안전과 건강	〈신변 안전〉 [9보건03-01] 가정 폭력의 위험성을 찾아본다. [9보건03-02] 학교 폭력의 위험성을 찾아본다. 〈생활 안전〉 [9보건03-03] 가정의 위험 요소를 인식하고 예방과 대처 방법을 실천한다. [9보건03-04] 생활용품을 안전하게 사용한다. [9보건03-05] 학교의 위험 요소를 인식하고 예방과 대처 방법을 실천한다. [9보건03-06] 등·하교 시 안전 수칙을 실천한다. [9보건03-07] 자신에게 일어날 수 있는 응급 상황을 알고 대처 방법을 실천한다. 〈안전한 선택〉 [9보건03-08] 청소년기 흡연·음주로 인하여 발생하는 신체적·사회적 문제점을 알아본다. [9보건03-09] 전자 매체를 바르게 사용하는 생활 습관을 형성한다.

고등학교 1~3학년

01 일상생활과 건강	〈개인위생 관리〉 [12보건01-01] 위생 습관을 점검하고 청결한 생활 습관을 실천한다. [12보건01-02] 계절과 상황에 맞는 적절한 의복을 선택한다. [12보건01-03] 남녀 간 신체적 특성에 따른 위생관리법을 실천한다. [12보건01-04] 구강 질환을 알아보고 올바른 치아 관리를 실생활에 적용한다. 〈질병 예방〉 [12보건01-05] 신체 기관별 질병을 알아보고 적절한 대처 방법을 적용한다. [12보건01-06] 감염병의 위험을 인식하고 예방 수칙을 실천한다. [12보건01-07] 건강검진의 필요성을 알고 의료기관 이용 및 방법을 실천한다. [12보건01-08] 의약품의 종류를 알아보고 올바르게 사용한다. 〈건강한 생활 습관〉 [12보건01-09] 영양소의 기능과 역할을 알고 올바른 식습관을 형성한다. [12보건01-10] 자신의 생활 습관을 점검한다. [12보건01-11] 비만의 원인을 찾아보고 비만을 예방하고 관리한다. 〈정신 건강〉 [12보건01-12] 자신의 감정을 바르게 인식하고 감정을 적절하게 표현한다. [12보건01-13] 스트레스가 초래되는 상황을 알고 해결 방법을 적용한다.
02 성과 건강	〈신체적 성〉 [12보건02-01] 건전한 성 욕구 조절 방법을 탐색하고 실천한다. [12보건02-02] 피임의 필요성을 이해하고, 피임 방법에 대해 찾아본다. [12보건02-03] 임신 중 바른 몸 관리 방법과 태아의 성장과정을 탐색한다. [12보건02-04] 출산의 징후와 과정 및 준비물을 알고, 신생아 돌보는 방법을 찾아본다. 〈사회적·도덕적 성〉 [12보건02-05] 다양한 성적 의사결정 상황에서 자신의 의사를 표현한다. [12보건02-06] 성폭력 상황에서의 대처 방법을 알아본다. [12보건02-07] 성폭력 발생 시 신고 절차와 예방과 대처 방법을 알아본다. [12보건02-08] 성매매와 성 상품화의 문제점을 알고 예방과 대처 방법을 찾아본다.

03 안전과 건강	〈신변 안전〉 [12보건03-01] 가정 폭력의 예방과 적절한 대처 방법을 알아본다. [12보건03-02] 학교 폭력의 예방과 적절한 대처 방법을 알아본다. 〈생활 안전〉 [12보건03-03] 지역사회 시설물 이용 시 안전사고 예방 수칙을 준수한다. [12보건03-04] 여가활동 안전 수칙을 준수한다. [12보건03-05] 화재 예방과 화재 발생 시 대처 방법을 찾아본다. [12보건03-06] 자연재해 발생 시 대처 방법을 찾아본다. [12보건03-07] 응급 상황을 인식하고 적절하게 대처할 수 있는 응급 처치 방법을 찾아본다. 〈안전한 선택〉 [12보건03-08] 흡연·음주로 인하여 발생하는 문제를 찾아본다. [12보건03-09] 흡연과 음주로 인한 피해가 발생하지 않도록 안전한 선택을 한다. [12보건03-10] 전자 매체 중독으로 인한 문제를 찾아본다. [12보건03-11] 전자 매체의 올바른 사용 방법을 실천한다.

16. 안전한 생활

초등학교 1~3학년

01 신변 안전	〈자기 위생 안전〉 [2안생01-01] 개인위생을 청결히 유지하는 방법을 알고 실천한다. [2안생01-02] 음식물 섭취 시 주의할 점을 알고 안전하게 음식물을 섭취한다. 〈폭력 예방〉 [2안생01-03] 또래 관계에서 지켜야 할 말과 행동을 알고 실천한다. [2안생01-04] 소중히 지켜야 할 나의 몸을 알고 적절하게 대처한다. 〈유괴·미아 사고 예방〉 [2안생01-05] 유괴 위험 상황 시 적절한 행동 요령을 알고 대처한다. [2안생01-06] 미아 사고 예방을 위해 지켜야 할 행동 요령을 알고 실천한다.
02 생활 안전	〈가정생활 안전〉 [2안생02-01] 생활용품 및 도구의 위험 요소를 알고 안전하게 사용한다. [2안생02-02] 생활 가구 및 시설의 위험 요소를 알고 안전하게 이용한다. [2안생02-03] 가스 및 가전제품의 위험 요소를 알고 안전에 주의한다. 〈학교생활 안전〉 [2안생02-04] 복도와 계단을 이용할 때 주의할 점을 알고 안전하게 통행한다. [2안생02-05] 학용품 및 교재·교구를 사용할 때 주의할 점을 알고 안전하게 사용한다. [2안생02-06] 출입문의 종류에 따라 주의할 점을 알고 바르게 열고 닫는다. [2안생02-07] 교실, 특별실 등을 이용할 때 지켜야 할 안전 수칙을 알고 안전하게 이용한다. [2안생02-08] 실내·외 놀이 기구의 이용 방법을 알고 안전하게 이용한다. 〈마을 생활 안전〉 [2안생02-09] 승강기, 에스컬레이터 등 편의 시설을 이용할 때 주의해야 할 점을 알고 안전하게 이용한다. [2안생02-10] 계절별 놀이 활동을 할 때 주의할 점을 알고 안전하게 참여한다. [2안생02-11] 자전거 등 바퀴 달린 탈 것은 보호 장구를 착용하고 안전하게 사용한다.

03 교통안전	〈보행 안전〉 [2안생03-01] 골목길을 안전하게 보행하는 방법을 알고 실천한다. [2안생03-02] 차도와 인도를 구분하고 인도에서 안전하게 보행한다. [2안생03-03] 횡단보도에서 신호등을 구분하고, 보행 수칙에 따라 안전하게 건넌다. 〈교통수단 이용 안전〉 [2안생03-04] 통학 버스를 안전하게 이용하는 방법을 알고 실천한다. [2안생03-05] 대중교통을 안전하게 이용하는 방법을 알고 실천한다.
04 재난 안전	〈화재〉 [2안생04-01] 화재를 예방하기 위해 지켜야 할 방법을 알고 실천한다. [2안생04-02] 화재 발생 시 지켜야 할 행동 요령을 알고 주변에 도움을 요청한다. 〈자연 재해〉 [2안생04-03] 황사 및 미세 먼지 예보에 따른 행동 요령을 알고 실천한다. [2안생04-04] 지진 발생 시 대피 행동 수칙을 지키며 안전하게 대피한다.

참고문헌

- 각 지역 2차 임용시험 시행계획
- 교육부(2015), 기본교육과정
- 교육부(2015), 기본교육과정 교사용 지도서
- 교육부(2021), '2022 개정 교육과정' 총론 주요사항 시안
- 교육부 블로그

편저자 리미쌔미

'유튜브 리미쌔미' 채널을 운영 중인 저자 김혜림, 현혜림, 오혜림은 같은 이름을 가진 3명의 현직 특수교사이다. 같은 학교 특수학급에 발령 받은 3명의 혜림샘들은 유튜브 채널을 통해 임용 관련 정보, 신규 특수교사를 위한 특수학급 운영 사례, 장애인식개선교육, 실제 특수학급 수업 공개 등 다양한 컨텐츠를 공유하며 특수교육의 생생한 현장이야기를 나누고 있다. 또한 '경기도 특수교육 컨퍼런스', '특수교육 백과사전 원격연수' 등을 통해 미래의 특수교사, 현직 특수교사에게 필요한 특수교육 정보들을 나누며 특수교사들의 소통을 위해 힘쓰고 있다.

김혜림
원광대학교 중등특수교육학과 학사, 단국대학교 학습장애, 난독증 교육과 석사, 2017년도 임용 최종합격, 경기도교육청 소속 교사

현혜림
가톨릭대 중등특수교육과 학사, 장애인직업재활사 자격증 소지, 2017년도 임용 최종합격, 경기도교육청 소속 교사
2020-2022 교육청 특수교육 역량강화 강의, 2021-국립특수교육원 에듀테크 관련 원격연수

오혜림
한국체육대학교 특수체육교육과 학사, 2016년도 임용 최종합격, 경기도교육청 소속 교사

초등·중등 특수교사임용 2차 면접·수업실연 임팩트

출간일	2022년 11월 24일
편저자	리미쌔미(김혜림, 현혜림, 오혜림)
발행자	㈜포러스 대표이사
주 소	(07282) 서울시 영등포구 선유로13길 25, 420 (에이스하이테크시티2)
전 화	02-6084-7730
팩 스	02-6919-1616
e-mail	forusbook@nate.com
URL	forusbook.tistory.com
ISBN	979-11-91321-70-8 (13370)
정가	27,000원

저자와의 협의하에 인지생략

도서출판 포러스

이 책의 저작권은 출판사에 있으므로 무단전재 또는 복제행위는 저작권법에 의해 처벌될 수 있습니다.
파본은 구입한 곳에서 교환해 드립니다.